Alfred C. Mierzejewski

Bomben auf die Reichsbahn

Der Zusammenbruch der deutschen
Kriegswirtschaft 1944 – 1945

EK-Verlag

Titel: Bei einem Fliegerangriff auf die Eisenbahnanlagen in Münster wurde 50 2449 so getroffen, daß sie danach wie ein „A" stehend aufgefunden wurde.
AUFNAHME: SLG. HANSJÜRGEN WENZEL

Rücktitel: Die durch die Bombardierung der Edertalsperre im Mai 1943 ausgelöste Flutwelle verwüstete auch mehrere Strecken der Reichsbahn. So wurde die Eder-Flutbrücke bei Grifte-Wolfershausen an der Strecke Kassel – Frankfurt (Main) von den Wassermassen weggerissen.
AUFNAHME: SLG. HANSJÜRGEN WENZEL

ISBN 3-88255-897-0

Titel der amerikanischen Originalausgabe:
The collapse of the German war economy, 1944 – 1945
– Allied air power and the German national railway –
© 1988 The University of North Carolina Press

Übersetzung aus dem Englischen: Ilona Eckert, M.A.

EK-Verlag GmbH – Postfach 5560 – 7800 Freiburg

Alle Rechte, auch die des auszugsweisen Nachdrucks, vorbehalten   © EK-Verlag 1993 – Printed in Germany

Inhaltsverzeichnis

Vorwort .... S. 5

1. Albert Speers System der industriellen Leistungsstärke .... S. 9
2. Die geografische Arbeitsteilung .... S. 26
3. Räder müssen rollen für den Sieg: die Deutsche Reichsbahn.. S. 44
4. Der Luftangriff auf die Reichsbahn:
   Kontroverse und Kompromiß vor dem Hintergrund
   rivalisierender Nachrichtendienste .... S. 71
5. Nur die Gegenwart zählt –
   Nutzung des Versorgungsspielraums .... S. 92
6. Erste Lähmungserscheinungen .... S. 110
7. Mit Spaten gegen Bomben .... S. 133
8. Bis die Räder stillstanden .... S. 167
9. Schlußgedanken .... S. 198

Anhang .... S. 207

Anmerkungen .... S. 216

Abkürzungsverzeichnis .... S. 258

Stichwortverzeichnis .... S. 260

Bibliographie .... S. 270

Vorwort

Das nachstehende Werk ist eine Darstellung des Zusammenbruchs der deutschen Wirtschaft in den Jahren 1944–1945. Es untersucht, wie das komplizierte Wirtschaftssystem, das Mitte des neunzehnten Jahrhunderts von den Deutschen entwickelt und von Albert Speer zu Kriegszwecken verfeinert wurde, infolge der Lähmung seines Transportsystems zerbröckelte. Das deutsche Transportnetz und speziell die staatliche Eisenbahn, die Deutsche Reichsbahn, war einem heftigen Bombenfeldzug der amerikanischen und britischen strategischen Luftstreitkräfte ausgesetzt, der im September 1944 begann. Innerhalb von vier Monaten war der Austausch hochwichtiger Güter, insbesondere der Kohle, in der Reichswirtschaft zusammengebrochen, und jede Form von industrieller Produktion war gesunken oder zum Stillstand gekommen. Wie dies geschah und wie die Alliierten dazu kamen, diese Verwüstungskampagne durchzuführen, wird im Detail geschildert.

Bis vor kurzem wurde die Wirtschaftsgeschichte des Dritten Reichs ziemlich vernachlässigt. Von den Arbeiten, die während der letzten paar Jahre erschienen sind, hat keine den Schwerpunkt auf das Wirken der deutschen Wirtschaft während des Zweiten Weltkriegs gelegt. [1] Außerdem handelt nur eine einzige Studie von der Deutschen Reichsbahn. [2] Im selben Maße besteht ein Mangel an ernstzunehmenden Arbeiten, die die Wirkung der strategischen Bombenabwürfe auf die Nazi-Wirtschaft untersuchen. Die meisten konzentrieren sich auf den Kampf um die Überlegenheit zu Luft, der lediglich eine vorbereitende Maßnahme für den tatsächlichen Angriff darstellt. Es wird kein Versuch unternommen, die unzähligen Arbeiten zu dem Thema aufzulisten. [3] Der eigentliche Zweck der strategischen Bombenangriffe bestand darin, Deutschlands Kriegsmaschinerie zu schwächen oder zu zerstören: seinen Verwaltungsapparat, seine Industrie und seine Streitkräfte. Nur vereinzelte Studien haben diesen Aspekt der Luftschlacht erforscht, allerdings ist keine jüngeren Datums und keine benützt das reichhaltige Angebot der Quellen in deutschen, amerikanischen und britischen Archiven. Am erwähnenswertesten sind die britischen und amerikanischen offiziellen Geschichtsdarstellungen sowie die Berichte des United States Strategic Bombing Survey (USSBS). [4] Ein paar andere Arbeiten haben das Schicksal bestimmter Industriezweige ergründet, die dem Bombardement ausgesetzt waren. [5] Um dazu beizutragen, diese Lücke zu schließen, werden in diesem Buch neue dokumentarische Quellen verwendet, die deutschen, amerikanischen und britischen Archiven entnommen sind, kombiniert mit einer frischen Sehweise von einem, der keine institutionellen Verbindungen, weder damals noch heute, zu einem der Akteure hat. Es sind viele Details eingefügt worden, die sich auf die Entwicklungen innerhalb der Reichswirtschaft und auf politische Entscheidungen auf beiden Seiten beziehen, denn es ist unerläßlich für die Aufklärung des Durcheinanders und der Mißverständnisse, die seinerzeit aufkamen und sich bis in die Gegenwart gehalten haben, wenn es um den Charakter der deutschen Kriegsrüstung geht und darum, wie die Zerschlagung ihres Transportbereichs durch

Bombenabwürfe zu ihrem Zusammenbruch beitrug. [6] Es wird eine chronologische Darstellung gebracht, da ein nach Themen geordneter Bericht nicht erschöpfend die Kette von Ereignissen und das Chaos schildern kann, das beginnend im September 1944 über Deutschland kam, sowie die gegenseitige Beeinflussung zwischen den führenden Köpfen der deutschen Wirtschaft und ihren Angreifern. Das Ergebnis ist hoffentlich eine Analyse des Zusammenbruchs einer hochentwickelten Industriewirtschaft. Sie könnte Aufklärung darüber geben, wie komplizierte Organisationen, in diesem Fall die Deutsche Reichsbahn und das Ministerium Speer, versuchten, mit massiven äußeren Bedrohungen fertig zu werden. Ebenso sollte sie für eine Ermahnung derer sorgen, die sogar in diesem Atomzeitalter zukünftige konventionelle Luftangriffe leichtfertig ins Auge fassen.

Drei Gliederungsthemen ordnen die vorliegende Arbeit. Wegen ihrer Wichtigkeit und der Neuartigkeit ihrer Anwendung verdienen sie zu Beginn eine Erläuterung.

Die erste entscheidende Überlegung geht davon aus, daß die deutsche Industriewirtschaft Jahrzehnte vor der Machtergreifung durch die Nazis geschaffen worden war, durch eine regionale und funktionale Arbeitsteilung, die durch die Nähe zu den Kohlevorkommen des Landes und ihrer Förderung begründet war. Ein ausgedehntes und stark verzweigtes Transportsystem ermöglichte es der Arbeitsteilung, wirkungsvoll zu funktionieren; es ließ zu, daß die Kohle zu Verbrauchern floß, die sich weitab von den Gruben befanden, und Fabrikwaren sowie Lebensmittel zwischen den Wirtschaftsregionen ausgetauscht wurden. Das Transportsystem an sich basierte auf Kohleenergie, und Hauptlieferant der Kohle war die größte Komponente des Systems, die staatliche Eisenbahn, die Deutsche Reichsbahn. Die Reichsbahn war ein ausgedehntes Netzwerk, das die Rohstofflager der deutschen Industriepyramide mit der Verwaltungsspitze verband, sowie mit dem Heer als Waffenabnehmer und jeder zwischengeschalteten Stufe. Der Verschiebebahnhof war das Herz. Hier nahm die Arbeitsteilung Gestalt an. Hier sammelte die Reichsbahn ihre Kraft. Hier wurden die Bewegungen auf dem gesamten Streckennetz kontrolliert. Doch der Verschiebebahnhof war Achillesferse zugleich. Bahnhöfe dieser Art waren anfällig für Verzögerungen und Unterbrechungen jeglicher Art, die rasch im ganzen Eisenbahnnetz und in der Wirtschaft ihren Nachhall haben würden, falls man sie nicht unter Kontrolle brächte. Darüberhinaus gaben einige wenige Verschiebebahnhöfe, die eng in die Arbeitsteilung eingebunden waren, das Tempo für den gesamten Mechanismus an. Sie waren von außerordentlicher Bedeutung, und die Reichsbahn traf umfangreiche Vorkehrungen, um sie vor den Kriegswirren abzuschirmen.

Der zweite Leitgedanke sagt, daß Albert Speer innerhalb der Zwangsvorgaben, Arbeitsteilung und Nazi-Wirtschaftspläne, ein System der industriellen Effizienz einsetzte, mit Hilfe dessen Deutschland in die Lage kam, seine Waffenproduktion nach dem Februar 1942 in ungeheurem Maße zu steigern. Die ideologischen und politischen Hindernisse, denen Speer gegenüberstand, waren vielschichtiger als das, was häufig erkannt worden ist. Sie bestanden nicht nur aus einer Reihe zusammenhängender Pläne, als „Blitzkrieg-Wirtschaftstheorie" charakterisiert, wie unlängst offenkundig gemacht wurde. [7] Die Nazis zweigten in der Tat ein beträchtliches Maß an Staatsgeldern für die Wiederbewaffnung ab. Zwei entscheidende Faktoren hinderten sie jedoch daran, den vollen Ertrag ihrer Investitionen zu ernten. Zum einen wurden ihre Bemühungen durch den großen Mangel an Leistungsfähigkeit abgewürgt, der aus Übereilung und intern aus entgegengesetzten ideologischen Forderungen entstanden war. Zum anderen entsprach ihre Aufrüstung nicht den vorsehbaren endgültigen Ausmaßen des Krieges, den sie zu initiieren hofften. Es kann keinen Zweifel darüber geben, daß die Nazis versuchten, die damals geläufigen Vorstellungen von der motorisierten Kriegsführung auf Moltkes traditionelle Strategie des schnellen Sieges zu übertragen. Sie hofften, einen zweiten sich hinziehenden und zermürbenden Wettstreit, ähnlich dem Ersten Weltkrieg, zu vermeiden. Sie strebten kurze, wenn auch nicht unbedingt kleine Kriege, an. Dies ist eine wichtige Erwägung, wenn es darum geht, die Wirtschaftsmobilmachung der Nazis und den Platz der Reichsbahn hierin einzuschätzen. Als Maßstab müssen die Anstrengungen dienen, die von Deutschland während des Ersten Weltkriegs unternommen worden sind, nicht die heutzutage üblichen. Speer und seine Gefolgsleute im Ministerium und bei der Reichsbahn wirkten in diesem geistigen Umfeld, nicht in unserem des ausgehenden zwanzigsten Jahrhunderts. Er formulierte eine Antwort, die für jene Zeit einzigartig passend war. Die Schlüssel zu Speers Reformen waren die Verbesserung der Produktionsverfahren durch seine Wiederbelebung des Netzwerkes aus Ringen und Kommissionen, seine sorgfältigen Bemühungen, Hitlers ausdrückliche Unterstützung für seine Politik zu erlangen und zu sichern, sowie die Schaffung eines zentralisierten Apparates, um Prioritäten festzustellen und Wirtschaftsdaten auszuwerten, was ihm erlaubte, das Ganze zu einem System zu komponieren. Speers Gefüge war genau ausbalanciert und mit Betonung der größtmöglichen Leistungsfähigkeit bürdete es der Reichsbahn eine große Last auf.

Und schließlich war da noch, immer unsichtbar wirkend und am Ende ausdrücklich von Speer eingefordert, das Phänomen der Versorgungselastizität. Zur kurzen Erläuterung sei gesagt, daß unter normalen Umständen die Produktion jeder Ware die Verwendung einer bestimmten Menge an Materialien beinhaltet. Wenn die Versorgung mit Materialien eingeschränkt oder angehalten wird, kann die Produktion dadurch auf normalem oder annähernd normalem Niveau weiterlaufen, daß auf Vorräte zurückgegriffen wird und bei ihrer Verarbeitung in der Fabrikhalle Noteinsparungen gemacht werden. Die Zeitspanne, in der die Elastizität beschworen werden kann, ist je nach Industriezweig verschieden. Ist sie jedoch erschöpft, übersteigt das Maß des sich ergebenden Produktionsrückgangs das, was gekommen wäre, hätte man den Ausstoß sofort gedrosselt, gemessen an der Abnahme der nutzbaren Reserven. Die entscheidende Erkenntnis daraus ist, daß aus der Vorenthaltung der Materialien durch Unterbrechung der Zulieferung nicht ein plötzlicher, vergleichbar starker, Produktionsrückgang resultieren kann. Die Verringerung des Ausstoßes verzögert sich stattdessen, was eine länger anhaltende Transportunterbrechung erforderlich macht. Falls die Transportstörung lang genug aufrechterhalten werden kann, macht sie sich aller Voraussicht nach gut bezahlt. Dabei kommt man auf einen Nebenaspekt – den Faktor Zeit. Er zeigte sich 1944 beim taktischen Bombenangriff auf zweierlei Art. Auf beiden Seiten ließ er einen Wettlauf entstehen, zwischen der Fähigkeit des Bombenschützen, Transporteinrichtungen zu zerstören und damit die Verkehrsunterbrechung andauern zu lassen, und der Fähigkeit der Reichsbahn, die Störungen zu beheben. In der zweiten Form forderte er deutsche Zähigkeit und Einfallsreichtum heraus, wenn es darum ging, die Elastizität gegen das Wissen des alliierten Geheimdienstes über den Zustand der deutschen Industrie auszunutzen sowie gegen die Beharrlichkeit, mit der die Luftwaffenbefehlshaber die Verschiebebahnhöfe bombardieren ließen. Beide Seiten setzten sich mit diesen Faktoren gemäß ihrer jeweiligen Einschätzung der allgemeinen Kriegssituation auseinander. Die Deutschen hofften, den Krieg zu verlängern, die Alliierten, ihn so bald wie möglich zu beenden. Aus der Kombination dieser Gesichtspunkte ergibt sich eine Studie, die den Schwerpunkt auf die ausschlaggebenden Komponenten der deutschen Wirtschaft und die wichtigsten Aktivitäten des Transportsystems legt. Zweckmäßigerweise läßt sie die unbedeutenden Produktionsarten und niedriges Verkehrsaufkommen außer acht, da beides keinen entscheidenden Einfluß auf die Produktion während des Krieges hatte. Dazu gehört auch der Transport der Juden in die Vernichtungslager. [8]

Eine Arbeit wie die vorliegende kann nicht ohne umfangreiche Hilfe vollendet werden. Großen Nutzen konnte ich aus den Ratschlägen und der großzügigen Unterstützung von Dr. Gerhard L. Weinberg und Dr. Samuel R. Williamson ziehen. Die Kritiken von Dr. Josef Anderle, Dr. Michael H. Hunt, Dr. James R. Leutze und Dr. George V. Taylor waren ebenfalls von unschätzbarem Wert. Als sehr aufschlußreich erwiesen sich die Kommentare von Lord Zuckerman. Ohne die finanzielle Unterstützung durch das Office of Air Force History, der Stiftung Air Force Historical Foundation, des Deutschen Akademischen Austauschdienstes sowie des Smith Fonds hätte ich die Forschung, die dieser Arbeit zugrundeliegt, nicht betreiben können. Archivare sind die entscheidenden Vermittler zwischen den Historikern und den Dokumenten, aus denen die Substanz der wissenschaftlichen Arbeiten besteht. Für ihre Hilfe in diesem Bereich bin ich Herrn John E. Taylor und Frau Teresa E. Hammett von der Abteilung Modern Military Headquarters am Staatsarchiv in Washington, D.C. zu Dank verpflichtet. Die Arbeit im Office of Air Force History wurde mir durch Oberstleutnant Elliott Convers III und Oberfeldwebel Jernigan erleichtert. Frau Judy E. Endicott vom USAF-Geschichtsforschungszentrum am Luftwaffenstützpunkt Maxwell half mir, die Mikrofilme von Dokumenten des alliierten Nachrichtendienstes zu bekommen. Kein Forscher, der am Bundesarchiv in Koblenz mit den Aufzeichnungen der Reichsbahn und des Ministeriums Speer arbeitet, kann anders als von der heiteren Miene und der konstanten Hilfsbereitschaft Frau Meiburgs beeindruckt sein. Ihr und ihren Kollegen gilt mein aufrichtigster Dank. Ebenso bin ich dem überaus kompetenten Personal des Bundes-/Militärarchivs in Freiburg im Breisgau zu Dank verpflichtet. Frau Renate Rimbach und ihre Hilfskräfte bei der BEWAG waren während meines Aufenthalts in Berlin äußerst freundlich und großzügig. Frau Dr. Evelyn Kroker und ihr fähiges Team am Deutschen-Bergbau-Archiv in Bochum verwalten ein vorbildliches Privatarchiv, wo mir jede Form von Hilfe gewährt wurde. In großem Maße profitierte ich auch vom Enthusiasmus und der Unterstützung von Herrn Jürgen Weise und seinen Kollegen am Rheinisch-Westfälischen Wirtschaftsarchiv in Köln. An die Angestellten des Public Record Office, Kew, geht mein Dank für ihre Hilfe. Ebenso dankbar bin ich dem Gesamtverband des deutschen Steinkohlebergbaus für die Versorgung mit Literatur. Mein Dank gilt all jenen an den städtischen und firmeneigenen Archiven in Deutschland, die auf meine Fragen nach Material geantwortet haben. Meine Dankbarkeit möchte ich ebenso gegenüber Frau Carolyn Ocell und Dr. Richard J. Kopec vom Institut für Geografie an der Universität von North Carolina in Chapel Hill zum Ausdruck bringen, beide waren für die Karten zuständig. Zum Schluß möchte ich mich bei denjenigen bedanken, die die verschiedenen Fassungen dieser Arbeit während ihrer Entstehungszeit getippt haben. Dazu gehören Frau Gail Urbanek, Frau Kathy Woods, Frau Shelly Ackerman und Herr Paul Sherer. Mein besonderer Dank gilt Frau Sarah Sherer. Ihre Geschicklichkeit im Umgang mit dem Textverarbeitungssystem und ihr Eingreifen in einem kritischen Moment können nicht genug gelobt werden. Bedanken möchte ich mich bei Nancy Brown Brewer für deren Hilfe. Für die Fehler, die stehengeblieben sind, ist einzig der Autor verantwortlich.

1. Albert Speers System der industriellen Leistungsstärke

Am Neujahrstag des Jahres 1945 ließ Albert Ganzenmüller, der junge, dynamische Chef der deutschen Staatseisenbahn, der Reichsbahn (DR), seinen Untergebenen eine aufmunternde Botschaft zukommen. [1] Er lobte ihre Anstrengungen während der vergangenen zwölf Monate und versprach ihnen, daß sie im Laufe des kommenden Jahres mit dem Erfolg deutscher Waffen belohnt werden würden. Doch was immer Ganzenmüller schrieb, nichts konnte den raschen Niedergang verbergen, den seine Eisenbahn während der vorangegangenen dreieinhalb Monate erlitten hatte. Durch gnadenlose Bombenangriffe der Alliierten war die Reichsbahn ins Trudeln gekommen und konnte nicht mehr ihren Part in der Wirtschaft übernehmen. Trotz der Bemühungen Ganzenmüllers und seines Freundes Albert Speer schraubte sich die Reichswirtschaft in den Abgrund hinunter. Ganzenmüller und Speer hatten ihre Ämter drei Jahre zuvor während einer ähnlich schwierigen, wenn auch nicht so ernsten, Notlage angetreten. Speer hatte eine Reihe von Wirtschaftsreformen eingeführt, in die auch die Reichsbahn miteinbezogen wurde und die Deutschland in die Lage versetzten, seine Waffenproduktion dramatisch zu steigern. Um die Krise zu verstehen, der Ganzenmüller und die Reichsbahn im Januar 1945 gegenüberstanden, müssen wir den Weg der Speerschen Reformen zurückverfolgen und schauen, inwieweit sie in die Geschichte der deutschen Wirtschaft unter Hitler hineinpaßten.

Die Wirtschaftsgeschichte Deutschlands während der Nazi-Herrschaft läßt sich in drei Perioden einteilen. Die erste reicht von der Machtergreifung im Januar 1933 bis zum September 1936. Es wurde eine zweifache Politik betrieben, die der Arbeitsplatzbeschaffung und die der Ausweitung der Waffenproduktion. Sie gründete auf Hitlers Angst vor politischer Unruhe im eigenen Land, die von der hohen Arbeitslosigkeit herrührte, und seinem Bedürfnis nach einer angemessenen Militärmacht, um seinen diplomatischen Absichten Nachdruck zu verleihen. Die Arbeitslosigkeit wurde auf das Niveau vor der Weltwirtschaftskrise gedrückt, das Bruttosozialprodukt kam dem von 1929 nahe, und die Staatsausgaben wurden deutlich auf die Rüstung verlagert. [2]

Die zweite Periode begann im September 1936. Als Reaktion auf die Devisenknappheit und den Widerstand des Wirtschaftsministers, Hjalmar Schacht, änderte Hitler seine Wirtschaftspolitik, indem er einen Vierjahresplan formulierte, mit dem Hermann Göring betraut wurde. Er appellierte an die Industrie, Deutschland innerhalb von vier Jahren kriegstauglich zu machen. Zu diesem Zweck würde der Staat die Expansion der synthetischen Treibstoff herstellenden Industrie und den größeren Verbrauch an minderwertigerem heimischen Eisenerz fördern. Das Luftfahrtministerium hatte seit einigen Jahren selbständig die Kapazität der Flugzeugindustrie erweitert. [3]

Wegen der technischen Unausgereiftheit der Kohlehydrierung und der Fischer-Tropsch-Verfahren sowie der Knappheit verschiedener Komponenten, die aus Stahl gewonnen wurden, blieb die synthetische Treibstoffproduktion weit hinter den Erwartungen. [4] Der Widerstand der im

Ruhrgebiet ansässigen Schwerindustrie behinderte den Fortschritt durch Ausbeutung der heimischen Eisenerzvorkommen. Im Gegenzug griff die Regierung schärfer in Wirtschaftsangelegenheiten ein. Am 15. Juli 1937 ordnete Göring die Schaffung der gigantischen Reichswerke Hermann Göring AG (RWHG) an, indem er verlängerte Kredite nutzte und Scharen von Ingenieuren aus den bestehenden Eisen- und Stahlwerken, um von heute auf morgen ein Führungspersonal zusammenzustellen. [5] Der Industriekomplex sollte das minderwertigere Eisenerz ausbeuten, das bei Salzgitter in Mitteldeutschland vorkam. [6] Paul Pleiger, ein tatkräftiger Manager, Technokrat und NSDAP-Mitglied aus dem Ruhrgebiet, wurde zum Leiter des neuen Konzerns ernannt. [7]

Eine weitere Beschleunigung der Aufrüstung erfolgte 1938. Die Produktion der meisten Waffen war angestiegen, doch nichtsdestotrotz wurde sie Hitlers ehrgeizigen Forderungen nicht gerecht, insbesondere wegen der Ineffizienz des Göringschen Unternehmens. [8] Das Synthetiktreibstoff-Programm mußte erst nennenswerte Ergebnisse hervorbringen, und die RWHG war immer noch fast zwei Jahre davon entfernt, ihre erste Tonne Eisen zu schmelzen. [9] Im November 1937 legte Schacht sein Amt als Wirtschaftsminister und Generalbevollmächtigter für die Kriegswirtschaft nieder. Am 7. Februar 1938 wurde er durch den politischen Neuling Walter Funk ersetzt. [10] In der Zwischenzeit wurde Göring mit der Kontrolle des Wirtschaftsministeriums beauftragt. Diese Gelegenheit nutzte er dazu, sein diffuses Vierjahresplan-Unternehmen mit dem Ministerium zu verquicken und Projekte auf Eis zu legen, von denen einige zum Synthetiktreibstoff-Sektor gehörten und lediglich langfristige Erfolge versprachen. Außerdem stellte er einen drastisch verkürzten Zeitplan auf, der für den erstmaligen Ausstoß von bemerkenswerten Mengen an synthetischem Benzin galt. [11]

Der ganze Plan lief darauf hinaus, Vorteile zu schaffen, die Deutschland in die Lage versetzen würden, in der nächsten Zukunft die erste Stufe der Erfolgsleiter eines militärischen Sieges zu erklimmen. Als die Feindseligkeiten dann begannen, war die deutsche Wirtschaft insgesamt nicht auf einen lang andauernden Krieg ausgerichtet. Es waren jedoch bedeutende Veränderungen bei der Verteilung der Mittel vorgenommen worden. Der Anteil des privaten Konsums war von 78 % (1933) des Bruttosozialprodukts auf 52 % (1938) gesunken. [12] Die Rüstungsausgaben stiegen von vier auf 22 % des Bruttosozialprodukts an, das ebenfalls um 16 %, verglichen mit dem Jahr 1928, angewachsen war. [13] Ein Anstieg des Ausgabenumfangs für die Bewaffnung hatte stattgefunden, doch war die Wirtschaft nicht nach dem Modell des Ersten Weltkriegs auf einen „totalen Krieg" vorbereitet worden. [14] Nach wie vor waren 29 % der gesamten industriellen Produktion dazu da, den Konsumentenbedarf zu decken. [15] Das Anwachsen der militärischen Schlagkraft war in erster Linie dadurch erreicht worden, daß Kapazitäten, die wegen der Weltwirtschaftskrise brachgelegen hatten, ausgenutzt wurden, und der Schwerpunkt darauf gelegt wurde, fertige Waffen zu produzieren. Ergänzend schickte man sich hastig an, neue Großanlagen zu bauen, die mit der Zeit einige Industriezweige Deutschlands weniger abhängig von militärisch wichtigen Rohstoffimporten machen würden und in solchen Gebieten liegen sollten, die weniger anfällig für Luftangriffe wären. [16] Die größte Zunahme des Anteils am Volkseinkommen, das dem militärischen Aufbau geopfert wurde, gab es ausschließlich in den Jahren 1938 und 1939, zu spät, um das Waffenarsenal noch wesentlich aufzustocken. [17] Die Grundstruktur der deutschen Industrie wurde nicht verändert. [18] Es wurden keine fortschrittlichen Fertigungsmethoden angewandt, und im Vergleich zu Hitlers Ambitionen nahmen sich die Forderungen, die an Kapital und Arbeiterschaft gestellt wurden, bescheiden aus.

Den Kriegsvorbereitungen der Reichswirtschaft war der Stempel der Nazi-Ideologie und des aufreibenden bürokratischen Wettstreits im Inneren aufgedrückt, der durch Hitler gefördert wurde. Es bildeten sich fünf Gruppen heraus, jede im Vertrauen, das wirtschaftliche Schicksal Deutschlands in die Hand nehmen zu können. Eine davon, die schwächste, konzentrierte sich in der NSDAP. Ihr Streben ging dahin, Deutschlands Gesellschaft nach Korporationsgrundsätzen neu zu ordnen und der Verstädterung sowie Industrialisierung entgegenzuwirken. Doch Hitler ließ sie bald links liegen, da sie gegen seine Rüstungsvorhaben und dem miteinhergehenden Bündnis mit der Industrie opponierte. [19] Dennoch löste sie sich nicht auf. Ungefährdet verharrte sie auf ihrer eigenen parteiinternen Machtbasis innerhalb der regionalen Gaustruktur. Eine zweite Gruppe, das Militär, war durch die interne Aufteilung geschwächt. Jede der drei Waffengattungen verfügte über ein eigenes Waffenbeschaffungsamt, das den Produktionsumfang und den Rohmaterialbedarf ohne vorherige Absprache mit den anderen festsetzte. Namentlich war diesen Truppenteilen das Wehrwirtschafts- und Rüstungsamt (WiRü-Amt) des Oberkommandos der Wehrmacht (OKW) übergeordnet, das von General Georg Thomas innegehabt wurde. Hitlers Politik der raschen Aufrüstung, welche der Schaffung von Reserven aus dem Weg ging und die generelle Umformung der Wirtschaft vermied, fand bei Thomas keinen Anklang. [20] Während der dreißiger Jahre stießen seine schrillen Rufe nach gründlichen Vorbereitungen der Industrie nicht nur auf taube Ohren, sie gingen auch auf Kosten seines politischen Einflusses. Doch trotz seiner politischen Isolation besaß er einen Trumpf von unschätzbarem Wert. Thomas hatte mühsam eine örtliche Berichterstattungsorganisation aufgebaut, die aus Wehrwirtschaftsoffizieren und Rüstungsoffizieren bestand. Deutschland bestand aus fünfzehn Wehrkreisen, von denen jeder seinerseits in Kommandos unterteilt war. Jedem dieser Gebiete wurden ein Wehrwirtschafts- oder Rüstungsoffizier bzw. beide zugeteilt. [21] Sie waren für die Erteilung von Aufträgen und die Rohmaterialien zuständig sowie für die Vorbereitung vierteljährlicher Berichte, die dem Hauptquartier in Berlin vorgelegt wurden. [22] Thomas verfügte daher in bezug auf die Wirtschaft über das vollständigste Kontroll- und Berichterstattungsnetz. Um es effektiv zu nutzen, fehlte ihm einfach eine ebenso fähige Bürokratie.

Was die organisatorische Entwicklung anging, kam das Reichswirtschaftsministerium (RWM) dem WiRü-Amt nahe, dessen Los der politischen Ohnmacht es nach 1937 teilte. Das RWM versuchte, die Wirtschaftsangelegenheiten mit Hilfe seiner Ministerialämter und einer Reihe komplizierter Zwangsorganisationen zu beeinflussen, die sämtliche Wirtschaftsaktivitäten nach geografischen und funktionellen Gesichtspunkten ordneten. Der Ministerialapparat war einfachst aufgebaut. Er bestand aus sieben Hauptbereichen in Berlin und wurde regional durch Landeswirtschaftsämter unterstützt. Darüberhinaus unterhielt das Ministerium auch die Reichsstellen, die besondere Rohmaterialien zu rationieren versuchten. An der Spitze der gebietsbezogenen Organisation stand die Reichswirtschaftskammer. An ihren untergeordneten Zweigen befanden sich die regionalen Wirtschaftskammern und die örtlichen Industrie- und Handelskammern. Die Funktionsstruktur setzte sich aus Reichsgruppen, von denen es im Jahre 1938 sieben gab, regionalen Wirtschaftsgruppen und Fachgruppen zusammen. [23] Zugunsten der eigenen Absichten bediente sich das Großkapital, insbesondere die Schwerindustrie, sowohl der mittleren und unteren Ebenen der Funktionsstruktur als auch des gesamten geografischen Gefüges. Die Interessengruppen und Kartelle benutzten die Kammern und Gruppen einfach als Deckmantel, hinter dem sie ihre üblichen Ziele verfolgten. Die Industrie als vierte Einheit nahm deshalb eine de facto unabhängige Rolle ein.

Das schlecht verwaltete Vierjahresplan-Unternehmen wurde 1936 gegründet, um die Kräfte dieser Gruppen auf die expansionistischen Ziele, die von Hitler bestimmt wurden, zu konzentrieren. Göring hoffte, Teile der bestehenden Bürokratie zugunsten seiner Ziele nutzen zu können und so richtete er zu Beginn nur ein sehr kleines Sekretariat ein. Es schwoll jedoch im Laufe der Monate an, bis er es 1938 mit dem RWM verknüpfte. Aus diesem Grund und weil Göring sein Interesse Anderweitigem zuwandte, löste sich der Vierjahresplan quasi in Wohlgefallen auf. [24] Als der Krieg begann, wetteiferten die Machtzentren miteinander, wobei sie in der Wirtschaftsführung größte Konfusion auslösten. Obwohl mehrere Vorschläge für die Ernennung eines Wirtschaftsführeres gemacht wurden, der Ordnung schaffen sollte, geschah nichts. Es wurde keine straff organisierte Struktur zur Kontrolle der Wirtschaft aufgebaut und keine Anstrengung unternommen, die Wirtschaft auf einen langen Krieg vorzubereiten, da die Nazi-Ideologie dies entweder als unnötig abtat oder als schädlich verwarf.

Die Nazi-Ideologie war das Produkt von Spannungen, die während der vorangegangenen sechzig Jahre aus der eigentümlichen Entwicklung der Politik und Wirtschaft in Deutschland erwuchsen. Sie kristallisierte sich nach der Niederlage von 1918 heraus, die von ihr auf den Zusammenbruch der Volksmoral wegen des wirtschaftlichen Elends zurückgeführt wurde, und gewann daraufhin an politischer Kraft und Akzeptanz in der breiten Öffentlichkeit. Sie befürwortete eine Flucht in volkstümliche Formen der Romantik sowie die Ablehnung von Industrialisierung und Liberalismus. [25] Die Begleiterscheinungen äußerten sich darin, daß von bürokratischen Einrichtungen nichts gehalten und die Rolle des Staates abgewertet wurde. [26] Dies verschwamm zu einer irrationalen Vorstellung vom gesellschaftlichen Aufbruch als fanatischer Ausbruch der emotionalen Energie des Volkes. Hitler malte ihn sich als imperialistischen Krieg aus, der entweder das Gebiet erobern würde, das Deutschland für sein Weiterbestehen benötigte, oder zum völligen Ruin des Volkes führen würde. [27] Die wirtschaftliche Realität würde durch die Kraft des eisernen Willens dazu gezwungen werden, das Abenteuer zu unterstützen. [28] Der letzteren Idee verlieh Hitler Ausdruck, als er darauf bestand, daß der Staat befehlen und die Wirtschaft die Wünsche des Staates erfüllen solle. [29] In dieser Formulierung wurde der Staat als Instrument der NSDAP verstanden.

Die spezielle Art von Wirtschaftsordnung, die sich aus diesem Bild ergab, war das „Führerprinzip". [30] Dynamische Einzelpersonen würden die Probleme meistern, indem sie Energie und Genialität walten ließen. Die Bürokratie würde durch die „industrielle Eigenverantwortlichkeit" – die freiwillige Leitung der Wirtschaft durch Geschäftsleute im Dienste der völkischen Bedürfnisse – auf ein Minimum beschränkt werden. [31]

Diese Vorstellungen zur Wirtschaft wurden mit ähnlichen Ideen zum Militär und zur Politik verknüpft. Konzepte der mobilen Kriegsführung, welche die Geschwindigkeit und den innovativen Einsatz kombinierter Waffen betonten, wurden von anderen entwickelt und von den Nationalsozialisten übernommen. Hitler paßte sie seinen imperialistischen Träumen an, indem er sich eine Folge von kurzen, heftigen Kriegen zur Gebietseroberung vorstellte, die letztendlich in einem Titanenkampf mit der Sowjetunion gipfeln sollten. [32] Zu Beginn würde die Wirtschaft lediglich die

Militärmacht erzeugen, die nötig sein würde, Deutschlands erste Gegner, schwach und isoliert, zu bezwingen. Die anfänglichen Eroberungen würden Deutschland nicht nur im strategischen Sinne den Rücken frei halten, sondern auch seine wirtschaftliche Position verbessern. [33]

Es wurde keine öffentliche Erklärung abgegeben, die diesen Entwurf dargelegt hätte. Doch jede seiner Komponenten, die mobile Kriegsführung, Gebietseroberungen und Wirtschaftsstimulation, war seit langem Gegenstand der öffentlichen Diskussion in Deutschland. Hitler selbst sprach dermaßen oft von diesen Themen, daß er sich ihrer zweifelsohne bewußt gewesen sein muß. [34] Er verkörperte nicht nur die Ängste des deutschen Volkes; Hitler hatte auch aus der Geschichte Deutschlands dessen Vorliebe für Blitzkriege aufgegriffen und kombinierte diese mit neuen Ideen, die sich auf den Gebrauch von Technologie auf dem Schlachtfeld bezogen. Trotzdem machten sich weder er noch Göring konsequent die Mühe, die Wirtschaft während der beiden ersten Perioden zu gestalten. Stattdessen griffen sie zu den Mitteln Ermahnung und Zwang.

Das Resultat war ein Wirtschaftssystem, das am westlichen Standard gemessen chaotisch und entsetzlich ineffizient war. Doch es erfüllte die Bedürfnisse, die von Hitler und dem deutschen Volk geäußert wurden. Vor 1936 schuf es Arbeitsplätze, und danach baute es ein mächtiges Militär auf. Es war durch sporadische, jedoch gewaltige, Eingriffe seitens der Regierung gekennzeichnet, welche als Reaktion auf Notfälle, die auf äußeren Entwicklungen beruhten, vorgenommen wurden. Seine legere Planlosigkeit und das Fehlen von zentraler Kontrolle sowie systematischem Wachstum begrenzte sofort seine allgemeinen Möglichkeiten und verlieh ihm eine beachtliche Flexibilität. Es förderte den rücksichtslosen Wettstreit der Bürokratie und erlaubte das Anwachsen von Verwaltungsimperien, die nicht unbedingt dieselben Ziele wie das gesamte System verfolgten. Allerdings ließ es dynamischen Einzelpersonen Spielraum, die unverzichtbare Beiträge zur Kriegsrüstung leisteten.

Fritz Todt war der erste dieser Personen. Als Leiter seines gleichnamigen Konstruktionsteams, das rasch und rationell die ersten Teilstücke der Autobahnen und des Westwalls errichtet hatte, hatte er sich einen Namen gemacht. Er hatte auch andere Posten bei der Regierung und von Berufs wegen inne. Dank seines Prestiges war Todt in der Lage, Empfehlungen für eine wirtschaftliche Neuordnung abzugeben, welche die Vorstellungen von übergeordneter Kontrolle beinhalteten sowie technologischer Rationalität, die ein Produktionswachstum versprach und nebenbei ein wenig zusätzliche Mittel erforderte. Diese Gedanken stießen bei Hitler auf Wohlwollen. Göring spürte dies und versuchte Todts Aufstieg für seine eigenen Zielsetzungen zu nutzen, indem er ihn am 23. Februar 1940 zum Generalinspektor für besondere Aufgaben im Vierjahresplan ernannte. Todt ergriff die Gelegenheit, seine Position zu festigen, indem er mit Hitler ausmachte, daß man ihn am 17. März zum Reichsminister für Bewaffnung und Munition (RMfBuM) ernennen würde. [35] Todts spätere Bemühungen waren nur von begrenztem Erfolg gekrönt. Er leitete einen behutsamen Anstieg der Waffenproduktion ein und führte Reformen durch, die den Grundstein für spätere Verbesserungen legten. Letzten Endes scheiterte er jedoch, da er im Dschungel der Bürokratiepolitik arg strauchelte.

Der größte Fehler des neuen Ministers bestand darin, daß er sich dazu entschied, keine unterstützende Bürokratie aufzubauen. Stattdessen bildete er Ausschüsse, welche sich aus führenden Herstellern und Ingenieuren zusammensetzten, die durch die Anwendung des Konzepts der industriellen Eigenverantwortlichkeit die Produktion steuerten.

In ihrer anfänglichen Form, die einige für die Produktion bestimmter Waffen verantwortliche und einige regional organisierte

Kommissionen miteinander kombinierte, war die Struktur weit davon entfernt, perfekt zu sein. Todt begriff schließlich, daß sein Funktionsbereich zu klein und zu isoliert war. Er war ihm insofern zu klein, als er sein eigenes Gebiet nicht wirkungsvoll leiten konnte, so beschränkt, wie es auf die Heeresrüstung war, ohne sich mit allgemeinen Fragen der Rohmaterialverteilung auseinanderzusetzen. Dieser Gedanke brachte ihn wiederum mit der Luftwaffe und der Marine in Konflikt. Um mit seinem zweiten Problem fertig zu werden, der Isolation, die sich aus dem Fehlen einer nationalen Informationssammelstelle ergab, schickte sich Todt mit Hitlers Einverständnis an, seinen Einfluß auf Thomas' regionale Berichterstattungsorganisation auszudehnen. Thomas war entgegenkommend, da er dies als Mittel zur Verminderung des Durcheinanders betrachtete, das die Waffenproduktion belastete. [36]

Der vergebliche Versuch, einen raschen Sieg über die Rote Armee zu erringen, brachte Todt zu der Überzeugung, daß Deutschland den Krieg nicht gewinnen könne. Am 29. November 1941 teilte er Hitler zum ersten Mal seine Meinung mit. Es folgte eine Reihe ergebnisloser Konferenzen, in denen es Todt nicht gelang, den Führer dazu zu bewegen, mit Friedensverhandlungen zu beginnen, und in denen schwache Maßnahmen zur Steigerung der Waffenproduktion Zustimmung fanden. Die erste Order vom 3. Dezember trug die Bezeichnung „Vereinfachung und Leistungssteigerung in unserer Waffenproduktion". [37] Sie sorgte dafür, daß Massenproduktionstechniken eingeführt wurden, die Produktion sich in den leistungsfähigsten Fabriken konzentrierte und Forschungsprojekte gestoppt wurden, die in ferner Zukunft ausgereift gewesen wären. Dies waren Ziele, für die Todt geworben hatte und die seit Monaten zu Bestandteilen von Anweisungen wurden. Hitler beabsichtigte keine grundsätzliche Neuordnung der Wirtschaftsangelegenheiten, lediglich eine kurze Aktion, um die gegenwärtige Krise zu überwinden.

Der letzte große Sturm auf Moskau scheiterte und mit dem Hervorbrechen einer gefährlichen sowjetischen Gegenoffensive am 6. Dezember 1941, durch welche die Wehrmacht über 150 Kilometer weit zurückgeschlagen wurde, begann eine neue Phase des Krieges. Die Zahl der Opfer war groß, die Verluste an Waffen und Ausrüstung gewaltig, die Ersatzteilreserven schwanden. [38] Nun rächte es sich bitter, daß die Steigerung der Waffenproduktion unterlassen wurde, der Rückzug drohte in eine Schlappe auszuarten. 1941 belief sich der Ausstoß an Munition nur noch auf 540 000 t, 325 000 t weniger als 1940. [39] Die Waffenendproduktion machte noch immer lediglich 19 % der gesamten industriellen Produktion aus. [40]

Hitlers Reaktion auf diese Krise war die Führer-Order Rüstung 1942, die am 10. Januar 1942 erlassen wurde. Unter Berücksichtigung seiner früheren Absicht, Britannien zu schlagen, verschob die Order den Produktionsschwerpunkt klar zugunsten der Armee, um diese in die Lage zu versetzen, den Feldzug im Osten zu beenden. Um den Bedarf für vier Monate zu decken, mußten die Vorratsmengen vergrößert und die Vielfalt der Waffentypen eingeschränkt werden. Es sollte ein Programm eingeführt werden, das dafür sorgen würde, daß vermehrt Kunststoffe verwendet, komplizierte Bestandteile durch einfache ersetzt und Einsparungen beim Rohmaterialverbrauch gemacht würden. Dieses Programm verordnete eine Steigerung der Kohle- und Ölproduktion, übertrug die Verantwortung für das Erreichen dieses Ziels jedoch auf die Vierjahresplan-Behörde, die schon seit sechs Jahren mit nichts anderem mehr als dieser Bemühung beschäftigt war. Feldmarschall Keitel, Chef des OKW, wurde dazu ermächtigt, Streitigkeiten, die in der Armee aufkamen, zu schlichten. Doch für die Durchführung ihrer eigenen Programme blieben die Führer der drei Waffengattungen der Streitkräfte selbst verantwortlich. [41] Die Verteilung der Arbeit auf die Industriezweige mußte von Keitel und Todt besorgt werden. Es wurden keine Anstalten gemacht, die zivile Produktion einzuschränken. An der Organisationsstruktur wurden keine Veränderungen vorgenommen.

Es ist zu einem Gemeinplatz geworden, die Führer-Order Rüstung 1942 als Wendepunkt in den Wirtschaftsangelegenheiten des Dritten Reichs zu betrachten. [42] Der Text der Order bietet jedoch keinen Anhaltspunkt in bezug auf die Frage, warum er eine größere Veränderung ausgelöst haben sollte. Gewiß verlangte er eine gesteigerte Waffenproduktion und Konzentration in Sachen Rohstoffverteilung und Produktionsleistung. Doch das war schon früher getan worden. In Wirklichkeit verkörperte die Order eine Weiterführung des bestehenden Systems bei höherem Intensitätsgrad. Sie war zwar wichtig, verkündete jedoch keine grundlegende Änderung der Politik. Bedeutung hat sie deshalb erlangt, weil sie mit Ereignissen in Zusammenhang gebracht worden ist, die ihr folgten und lediglich durch Zufall mit ihr verknüpft waren.

Am 8. Februar 1942 starb Todt, unter Umständen, die nicht vollständig geklärt wurden, bei einem Flugzeugunglück, als er Hitlers Hauptquartier bei Rastenburg verließ. [43] Betrachtet man Todts Verwaltung der deutschen Wirtschaft zwischen 1940 und 1941 allein unter dem Aspekt, wie sich die vorangegangenen Jahre dargestellt hatten, so war sie verdienstvoll. Er steigerte die gesamte Produktion. Wo sie absank, lag es an der fehlenden Nachfrage beim Militär. Doch stellt man sie den gewaltigen militärischen Vorhaben gegenüber und der bevorstehenden Materiallawine aus den alliierten Fabriken, der Deutschland ausgesetzt war, ist sie total unangemessen gewesen. Seit Jahren hatte Thomas Hitler davor gewarnt, zu hoch zu spielen. [44] Todt selbst hatte zu Friedensverhandlungen geraten. Doch der Führer arbeitete auf der Grundlage anderer, unrealistischer Voraussetzungen. Todt kann nicht dafür verantwortlich gemacht werden, daß eine grundsätzliche Änderung der Politik nicht gelang. Trotzdem kann er darin kritisiert werden, daß er seine Gelegenheit nicht dazu nutzte, mehr weitreichende Reformen einzuführen und auf Vergrößerung des Ausstoßes zu drängen. Trotz Todts Bemühungen, die Leitung der Waffenproduktion zu rationalisieren, überschnitten sich Dienstaufgaben und vermehrten sich Einrichtungen, die in Wirtschaftsangelegenheiten ein Rolle spielten, in noch schlimmerem Maße. Da er nicht dazu fähig war, alle Zügel der Wirtschaftskontrolle in seiner Hand zu sammeln, trugen seine Ausschüsse mit zum Durcheinander bei. [45] In Wirklichkeit schuf Todt eine Grundlage; um auf ihr einen Überbau zu errichten, fehlte es ihm jedoch an der bürokratischen Macht. Sein Nachfolger, Albert Speer, der von Hitler am 9. Februar fast so nebenbei ernannt wurde, beschloß, diesen Verhältnissen ein Ende zu bereiten. [46] Dies markierte den Beginn der dritten Phase wirtschaftlicher Aktivitäten der Nazis. Um also nicht dort zu scheitern, wo zuvor jeder gescheitert war, schickte er sich gleich zu Beginn an, bei der Bürokratie eine dreigeteilte Strategie greifen zu lassen. Er versuchte, sich seiner politischen Basis zu vergewissern, trachtete danach, die Entscheidungsfindung in der Wirtschaft an sich zu reißen, und arbeitete daran, einen zentralisierten Apparat für die Wirtschaftsideologie zu entwickeln. Das augenblickliche Problem, mit dem er konfrontiert war, bestand nicht darin, den Umfang der Reserven zu vergrößern, die der Waffenproduktion zugeteilt waren, sondern die in beträchtlichem Umfang bereits zur Verfügung gestellten Ressourcen wirkungsvoller einzusetzen. Speer machte sich als erstes daran, sich Hitlers Unterstützung zu sichern. Einen Versuch Funks und Görings, seine Autorität zu beschneiden, wehrte er ab und brachte es fertig, daß der Führer persönlich erschien, um ihm auf einer Versammlung, die am 13. Februar in der Reichskanzlei abgehalten wurde, beizupflichten. [47] Um Göring zu beschwichtigen, hatte Speer sich selbst dem Namen nach zum Untergebenen des Reichsmarschalls gemacht, als Generalbevollmächtigter für Rüstungsaufgaben im Vierjahresplan. [48] Darüberhinaus führte er regelmäßige Treffen mit Hitler ein, um Fragen zur Waffenproduktion zu klären. Da er wahrgenommen hatte, daß Hitler mit der Vorliebe eines Dilettanten die technischen Waffendetails wißbegierig aufsog, brachte er zu dem Thema, das erörtert werden mußte, stets Spezialisten mit, wobei er selbst sich darauf beschränkte, das Treffen in die gewünschte Richtung zu lenken und grundlegende politische Fragen anzusprechen. [49] Dadurch vergrößerte er sein eigenes Prestige und blieb im engsten Kreis um den Führer – ein äußerst wichtiges Kalkül im Nazi-Deutschland mit seiner byzantinischen Politik.

Speers erster Versuch, seinen Wirkungsbereich zu erweitern, schlug fehl. Er hatte seinen Freund, den Gauleiter Karl Hanke aus Breslau, dazu vorgeschlagen, ihm als Sonderbevollmächtigter in Arbeitsfragen zu Diensten zu stehen. Doch aufgrund des Widerstands der anderen Gauleiter, die als Reichsverteidigungskommissare für ihre Gebiete beachtlichen Einfluß auf die Arbeitsverteilung und die Produktion von Konsumgütern ausübten, wurde sein Kandidat abgelehnt. Stattdessen wurde der Posten einem Mitglied der alten Parteigarde zugeschanzt, dem Gauleiter von Thüringen, Fritz Sauckel, der die Gunst Martin Bormanns genoß. Und was noch schlimmer war: Sauckel war gegenüber Speer nicht weisungsgebunden. [50] Dieser Mißerfolg erwies sich in der Folge als ständige Problemquelle, da Sauckel es ablehnte, seine Arbeitskampagnen mit Speers Industrieplänen abzusprechen.

Speers erste Zentralisierungsmaßnahme kam nach zähen Verhandlungen zustande, indem am 22. April 1942 die „Zentrale Planung" ins Leben gerufen wurde. [51] Das neue Kontrollorgan setzte sich aus Speer, Paul Körner und Erhard Milch zusammen. Körner war Görings Stellvertreter in Sachen Vierjahresplan. Er war der Schwächste von den dreien, sowohl in Bezug auf politische Macht als auch Stärke der Persönlichkeit. Milch war Staatssekretär im Luftfahrtministerium und als Generalluftzeugmeister für die Luftwaffenproduktion verantwortlich. Milch – von aggressiver Natur – arbeitete gut mit Speer zusammen, und seine Gegenwart war eine Garantie dafür, daß die Belange der Luftwaffe berücksichtigt wurden. Ihrem Namen nach war die Zentrale Planung dafür vorgesehen, langfristig Prioritäten festzustellen. Doch ihr Name täuschte über ihre Funktion hinweg. Es mangelte ihr an Personal, um Pläne vorzubereiten und Informationen zu sammeln. Um die Befolgung ihrer Entscheidungen durchzusetzen, fehlte es ihr an gesetzlicher Macht. Planungen wurden dort auch nicht durchgeführt. Vielmehr wirkte sie als Schiedsstelle, vor der die Vertreter rivalisierender Interessen ihre Sache ausfochten. Durch diese relativ unstrukturierte Form war Speers scharfem Verstand und seiner Fähigkeit, in persönlichen Begegnungen zu dominieren, ein weites Betätigungsfeld gegeben. Wegen der mächtigen Bürokratie und der Dynamik ihres De-Facto-Vorsitzenden gewann die Zentrale Planung an Einfluß. Sie wurde zu Speers Vehikel zur Durchsetzung seiner Prioritäten, wenn es um die Rollenverteilung auf die übrigen Akteure in der Wirtschaftsarena ging.

Zu Beginn konzentrierte sich die Zentrale Planung darauf, die chaotische Methode der Stahlverteilung zu verbessern. Dies wurde als Abkürzung auf dem Weg zur Reformierung der gesamten Kriegswirtschaft erkannt, da Stahl der Grundstoff für die Waffenproduktion war. Die Kontrolle über den Stahl zu haben, hieße, darüber zu bestimmen, welche Waffen in welchem Umfang gebaut werden könnten. Auch die Verteilung anderer Basisfaktoren, wie Kohle,

Eisenerz und Transportraum, würde dadurch geprägt werden. Die alte Praxis, Stahl gemäß der Nachfrage aufzuteilen, wurde aufgegeben und durch eine Verteilung ersetzt, die sich nach den zu erwartenden Produktionsumfängen richtete und quartalsweise erfolgte. [52]

Rohmaterialien, die von den Stahlzuteilungen unbeeinflußt blieben, wurden von Speers Verbündetem im Wirtschaftsministerium, Hans Kehrl, aufgeteilt. [53] Als Chef der Hauptsektion II teilte Kehrl die kommerzielle Wirtschaft in „Lenkungsbereiche" ein, die den Wirtschaftsgruppen des Ministeriums entsprachen. Er schuf Verfahren zur regelmäßigen Sammlung statistischer Informationen und gewann den sehr fähigen Dr. Rolf Wagenführ vom Institut für Erforschung wirtschaftlicher Tendenzen als Leiter dieser Arbeit. [54] An den Sitzungen der Zentralen Planung nahm Kehrl regelmäßig teil. Daraus ergab sich, daß Speer gewaltigen Einfluß über einen Bereich erlangte, der offiziell nicht innerhalb seines Ressorts lag, und die Koordination von Wirtschaftsangelegenheiten verbesserte.

Eine Schwachstelle sowohl in Todts Organisation als auch im Vierjahresplan war das gegenseitige Vertrauen darauf, daß die anderen Informationen zusammentragen und ihre Pläne auf lokaler Ebene durchführen würden. Speer schickte sich an, diesen Irrtum zu vermeiden, und riß am 7. Mai Thomas' Wi-Rü-Amt an sich. Das Wehrwirtschaftsamt verblieb beim OKW, während die örtlichen Offiziere und Inspektoren dem Ministerium für Waffen und Munition unterstellt wurden. Bis zum November war Thomas vollkommen verdrängt worden. [55]

Speers Drang, alle Zügel der Wirtschaftskontrolle in seine Hände zu bekommen, sowie die Tatsache, daß es bei der Zentralen Planung hauptsächlich um Stahl ging, brachte die Industrie dazu, eine gewaltige Selbstschutzorganisation zu gründen, die Reichsvereinigung Eisen. Der Vorläufer dieser Interessengruppe war die Reichsvereinigung Kohle (RVK), die am 3. März 1941 gebildet worden war. Die RVK war eine Reaktion auf Todts und Görings Initiativen auf dem Energiesektor. Durch einen geschickten Schachzug bekamen die Firmen Paul Pleiger, von den Reichswerken Hermann Göring, an die Spitze der Organisation. Als Chef der RWHG war Pleiger ein unbequemer Gegner der etablierten Kohleinteressen gewesen. Allerdings hatte er auch erreicht, daß man ihn respektierte. Die RVK war dazu ermächtigt, alle notwendigen Schritte einzuleiten, um die Produktion zu steigern, die Arbeitsbedingungen der Minenarbeiter zu verbessern, die Verkäufe und Verbindungen zwischen den Kohlesyndikaten und ihren Mitgliedern zu kontrollieren, die örtliche Kohleverteilung zu organisieren, Statistiken zu erstellen sowie auszuwerten und Transportmaßnahmen zu planen. [56]

Die Reichsvereinigung Eisen (RVE) folgte diesem Modell. Ihr Ziel war es, das Durcheinander, das durch Wetteifern der zwölf Organisationen entstand, die bei der Eisenzuteilung ihre Hände im Spiel hatten, durch deren Ablösung zu beseitigen. Sie würde der Zentralen Planung eine geschlossene Front sowohl der eisen- als auch stahlverarbeitenden Industrie präsentieren. Mit der Zeit stellte es sich heraus, daß sie auch zum ernstzunehmenden Gegner für die RVK und die Reichsbahn werden würde. Speer bat den unabhängigen Hermann Röchling, Eigentümer der Röchlingschen Stahlwerke, Völklingen/Saar, die Leitung der neuen Organisation, die am 29. Mai 1942 gegründet wurde, zu übernehmen. [57] Als stellvertretende Vorsitzende ernannte Speer Alfred Krupp und den Mann, der zum De-Facto-Chef der Organisation wurde, Walter Rohland von der Vereinigte Stahlwerke A.G. (VSt), der zugleich Leiter des Hauptausschusses für Panzerkonstruktion war.

Am 20. März schuf Speer die bekanntesten seiner Organisationen, die Ausschüsse und Ringe, die er für seine Managementaufgaben brauchte. [58] Die Ausschüsse wurden Karl Saur unterstellt, dem Leiter der Technischen Abteilung im Ministerium Speer, während die Ringe Walther Schieber anvertraut wurden, der das Rüstungslieferungsamt leitete. In den Ausschüssen wurde die Endproduktion bestimmter Waffentypen kontrolliert, die Ringe organisierten dagegen die Produktion wichtiger, überall gebrauchter Teile. Die Ausschüsse und Ringe verfügten über keine Exekutivgewalt. Sie sollten das Prinzip der industriellen Eigenverantwortlichkeit verkörpern in der Hoffnung, daß dadurch die Energie und Schaffenskraft der Industrie erschlossen und für das Unternehmen Krieg nutzbar gemacht würden. Neben den Ministerialämtern am Pariserplatz in Berlin waren sie die Arenen, in denen die jungen Techniker und Ingenieure, die sich nach Gelegenheiten gesehnt hatten, die Wirtschaft umzustrukturieren, daran arbeiteten, ihre Träume wahr werden zu lassen. [59] Dies war der Grund dafür, daß die Partei sich an den Ausschüssen und Ringen störte. Durch sie war den Technokraten insgesamt zu viel Freiheit geboten. Solche Teile der Partei, die noch immer korporativistischen, antikapitalistischen und antimodernistischen Ideen nachhingen und sich um den Gauleiter scharten, wurden zu unermüdlichen Gegnern sowohl Speers als auch seiner Organisationen. Am 20. April 1942 kam das Ausschuß- und Ringsystem in Gang. Die Industrie hatte die Fesseln des Wirtschaftsministeriums und des Vierjahresplans größtenteils abgeschüttelt. Im Austausch gegen größere Freiheit hatte sie sich selbst einen Teil der Bürde aufgeladen, dafür Sorge zu tragen, daß das Kriegsunternehmen zu einem erfolgreichen Abschluß kommen würde. Doch als das neue System zu funktionieren begann, kamen die alten Tendenzen einer ausfernden und konkurrierenden Bürokratie wieder zum Vorschein. Am 1. Juni 1942 gab es 178 Sonder-Ringe und -Ausschüsse, die einer ständig wechselnden Anzahl von Haupt-Ringen und -Ausschüssen untergeordnet waren. Viele Fabriken waren sich nicht im Klaren darüber, gegenüber welchem Ausschuß oder Ring sie verantwortlich waren, und viele Ausschüsse und Ringe hatten nur eine vage Vorstellung davon, wer alles zu ihren Mitgliedern zählte. Der Informationsfluß, was die Produktion anbelangte, kam ins Stocken, und bei der Autoritätsfrage kamen neue Rivalitäten und Streitigkeiten auf. Selbst die Zentrale Planung verzettelte sich oft durch Haarspalterei und vernachlässigte die allgemeinen Probleme, für deren Bewältigung sie geschaffen worden war. Die Produktion ziviler Güter wurde nicht verringert, da es Speer nicht gelang, den Widerstand der Gauleiter zu brechen. [60]

Speer sah nur einen Ausweg aus der Misere, seine Politik der Expansion und Zentralisierung voranzutreiben. Zuerst verschaffte er sich die Kontrolle über die Seewaffenproduktion, was er schon zu Beginn seiner Amtszeit zu tun versucht hatte. Das Hindernis war Hitler gewesen, der die Marine davon abgehalten hatte, in der Zentralen Planung vertreten zu sein, als diese gegründet wurde. Nun waren seine Bedenken zerstreut, und auf Admiral Dönitz' persönliches Drängen hin bekam Speer am 31. März 1943 die Verantwortung für die Bewaffnung der Marine übertragen. [61]

Als nächstes hatte es Speer auf das Wirtschaftsministerium abgesehen. Am 10. Juni unterzeichneten er und Funk, nach langwierigen und schwierigen Verhandlungen, ein Abkommen, dem gemäß Speer alle Wirtschaftsbereiche bis auf den Nahrungsmittelsektor und die allgemeine zivile Planung überantwortet bekam. [62] Dies war die Voraussetzung dafür, daß Speer seiner Maschinerie zum dritten Mal einen größeren Bestandteil hinzufügen konnte – das Planungsamt.

Am 4. September 1943 setzte Göring seinen Namenszug unter eine Order, welche die Bildung des Planungsamtes genehmigte und Funk zur Zentralen Planung zuließ. Die

Reichsämter und Reichsvereinigungen wurden Speer übertragen, und dessen Ministerium wurde in Reichsministerium für Rüstungs- und Kriegsproduktion (RMfRuK) umbenannt, um den erweiterten Zuständigkeitsbereich anklingen zu lassen. Zehn Tage später wurde das Planungsamt eingerichtet und der Zentralen Planung direkt unterstellt. Sein Leiter war Hans Kehrl, der sein Personal aus der Hauptsektion II des Wirtschaftsministeriums mitbrachte. [63] Das Planungsamt bereitete Statistiken und Tagesordnungen für die Zentrale Planung vor, entwarf Order, die deren Beschlüsse enthielten, und überwachte Produktionsprogramme. Diesem Amt waren die Ausschüsse und Ringe untergeordnet. Kehrl übernahm persönlich die Leitung einer der Teilbereiche des Amtes, das Amt für Rohmaterialien. Die unabdingbare Grundlage für eine Planung, die bislang gefehlt hatte, war endlich geschaffen worden. Zum ersten Mal war die Zentrale Planung in der Lage, nicht nur als Schiedsrichter zu fungieren, sondern vielmehr in die Zukunft zu schauen und Initiativen zu ergreifen, die auf einer soliden empirischen Grundlage aufbauten.

Jetzt hatten Speer und das Planungsamt die Kontrolle über sämtliche Formen der Rüstungsproduktion – außer im Flugzeugbereich, den er stark beeinflußte –, über einen beachtlichen Teil des Konsumgüterausstoßes sowie die gesamte Rohmaterialproduktion. Doch das Planungsamt war nicht allmächtig. Es bekam nicht die Verantwortung für die Eisenproduktion übertragen, was zu einer Konkurrenz mit dem Rüstungslieferungsamt führte, welches Walther Schieber unter sich hatte. Außerdem konnte es keinen maßgeblichen Einfluß auf den Bereich Arbeit ausüben. [64] Hier hatte Sauckel seine Position gefestigt. Es blieb ziemlich viel Raum für Unstimmigkeiten übrig, da die Rüstungsämter der Streitkräfte nach wie vor Produktionspläne entwarfen, denen die angeblichen Bedürfnisse der drei Waffengattungen zugrundelagen. Diese Entwürfe wurden dem Planungsamt unterbreitet, mit anderen Vorhaben sowie Rohmaterialangeboten in Einklang gebracht, und der Zentralen Planung zur Abstimmung vorgelegt.

Im ganzen war das System erheblich verbessert worden. Viele Mißstände aus der Zeit vor dem Februar 1942 waren beseitigt worden. Kehrl hatte sich zu einem der mächtigsten Verwaltungsbeamten Deutschlands entwickelt. Doch führte allein die Größe der Organisation im Innern zu Reibungen und außerhalb zu Konflikten. Die erste Periode des Speer-Regimes hatte substantiell Vorteile gebracht, allerdings war die Aufgabenstellung damit noch lange nicht erfüllt.

Die Grundstruktur der Rüstungsbürokratie hatte ihre endgültige Gestalt angenommen – bis auf einen entscheidenden Bereich, der nicht erfaßt worden war –, die Luftfahrt. Diese würde später nicht infolge einer bürokratischen Kraftprobe dazukommen, sondern als Reaktion auf eine Notlage, die durch einen Luftangriff hervorgerufen wurde. Hierbei machte sich die erste Schwächung des Systems bemerkbar. Die erste wirtschaftliche Notlage, die durch einen Luftangriff verursacht wurde, kam im Sommer und Herbst 1943 zustande, nachdem die Achte Air Force die Kugellager-Produktionsanlagen angegriffen hatte, die sich um Schweinfurt konzentrierten. Die Antwort, die Speer fand, war die Ernennung Philip Kesslers zum Generalbevollmächtigten für Kugellager. Kessler meisterte das Problem brillant, ohne die reguläre Rüstungsorganisation zu stören. Speer hatte eine glückliche Hand gehabt, denn Kessler war ein ungewöhnlich selbstloser Mensch. Es war jedoch ein unheilverkündender Präzedenzfall eingetreten. [65] In Zukunft würde Speer weniger Glück haben.

Der zweite Rüstungsengpaß, der durch Luftangriffe hervorgerufen wurde, trat in der Woche vom 19. auf den 25. Februar 1944 ein. Die amerikanischen Luftwaffengeschwader Acht und Fünfzehn, die Geleitschutz-Jäger einsetzten, um ihre Bomber zu eskortieren, flogen eine Reihe heftiger Angriffe auf Flugzeug-Produktionsstätten in Deutschland und Österreich. Speer, der von General Adolf Galland, Inspizient der Jagdflugzeuge in der Luftwaffe, unterstützt wurde, hatte seit langem gefordert, daß die Jägerproduktion aufgestockt werden würde. [66] Die Angriffe waren, kombiniert mit einem schwelenden Konflikt zwischen Milch und Karl Saur von Speers Technischer Abteilung, der Auslöser dafür, daß in der Folge am 1. März 1944 der Jägerstab gegründet wurde, den Saur übernahm. Speer und Milch hatten Saurs Ernennung nicht gewünscht, doch Hitler handelte impulsiv und ernannte ihn während einer Diskussion in seinem Hauptquartier. [67] Mit schonungsloser Energie machte er sich sogleich an die Arbeit und hatte innerhalb weniger Wochen nicht nur die Verluste, die durch die Bombardierung erlitten worden waren, wettgemacht, sondern die Jäger-Produktion sogar verdoppelt. Hastig leitete er auch ein Programm zur Zerstreuung von Produktionsstätten ein, das sowohl Flugzeugrumpf- als auch Motorenfabriken über das ganze Reich verteilte, und ließ ehrgeizige Projekte zum Bau unterirdischer sowie durch Beton geschützter Produktionsanlagen anlaufen. [68] Um diesen zweiten Rüstungsnotstand zu beheben, hatte Speer den Ausweg in der Methode gesucht, die er schon einmal angewandt hatte. Das Ergebnis waren organisatorisches Chaos und das Hochkommen eines mächtigen, wenn auch unbeholfenen Konkurrenten aus seinen eigenen Reihen. Daß er die Kontrolle verlor, dazu hatte auch seine Abwesenheit aus Krankheitsgründen während der Krise beigetragen. [69] Die Übernahme der Kontrolle über die Luftwaffenrüstung im Laufe des Frühjahrs 1944 kennzeichnete das Ende der zweiten Phase der Ära Speer, gleichzeitig begann Speer, die Initiative an die alliierten Bomber zu verlieren.

Im Mai 1944 brach ein dritter Rüstungsnotstand aus, der auf eine Serie von sehr heftigen Angriffen zurückging, die von der Achten Air Force auf die Produktionsstätten für synthetischen Brennstoff in Mitteldeutschland geflogen wurden. [70] Wieder begegnete Speer der Notlage mit der Ernennung eines Generalbevollmächtigten, diesmal in der Gestalt Edmund Geilenbergs. Das Phänomen Jägerstab kehrte wieder. Geilenberg ignorierte alle anderen Bedürfnisse und requirierte rücksichtslos Materialien für seine Reparaturprogramme und geplanten Betonschutzschilde. Wunder wurden vollbracht, doch nahm die Öl-Fördermenge unter dem Einfluß wiederholter Bombardierungen stark ab, und das zerbrechliche Gefüge der Wirtschaftskontrolle wurde noch weiter zerrissen.

Die Phase nach dem Februar 1942 hatte einen wesentlichen Fortschritt erlebt. Eine echte Zentralisierung der Planung und Kontrolle, mit Ausnahme der Arbeitsangelegenheiten, was bedeutsam war, war erreicht worden. Diesbezüglich war die Schaffung des Planungsamtes im September 1943 die wichtigste Entwicklung. Zum ersten Mal besaß Deutschland die institutionelle Maschinerie, die für die rationale Durchführung all seiner Kriegsvorhaben nötig war. Ein Organ, das als Entscheidungsträger über keine direkte Autorität auf der Arbeitsebene verfügt oder Unterstützung von einem zentralisierten Apparat, der den Informationsfluß nutzbar macht, kann nicht wirkungsvoll funktionieren. Todts Bemühungen haben das klar gezeigt. Anfangs machte Speer sich den lokalen Kontrollmechanismus zu eigen, dachte jedoch naiv, ohne die zentrale Bürokratie auskommen zu können. Durch seine Erfahrungen mit den Sitzungen der Zentralen Planung wurde er eines Besseren belehrt. Daraufhin beugte er sich der Notwendigkeit, eine Bürokratie aufzubauen, und übertrug es Hans Kehrl, die Einzelheiten auszuformulieren.

Gleichfalls von Bedeutung war gewesen, daß Speer mit der Bürokratie erfolgreich Politik betrieb. Er hatte Göring, Keitel und Funk bezwungen und Thomas überwunden. Doch unter den treibhausähnlichen Bedingungen der Regierung im Dritten Reich, die ohne Eingabe der öffentlichen Meinung arbeitete, brachte der politische Wettstreit, der innerhalb der Bürokratie zum Blühen kam, neue Feinde hervor. Einige erschienen außerhalb des RMfRuK. Bis zum Frühjahr 1944 war Fritz Sauckel derjenige gewesen, der am meisten Probleme machte. Doch Sauckels Einfluß schwand, als seine Arbeitsprojekte wegen des Rückzugs 1943 und 1944 und des damit verbundenen Verlusts des Vorrats an Fremdarbeitern weniger effektiv wurden.

Die unruhige Koalition aus den Gauleitern, angeführt von Martin Bormann, wurde mächtiger und verstärkte im Frühjahr 1944 ihre Opposition gegen Speer. Der Reichspropagandaminister und Gauleiter von Berlin, Joseph Goebbels, war manchmal ein Mitglied dieser Clique, manchmal arbeitete er mit Speer zusammen. Er hatte wiederholt auf eine totale Mobilisierung der Wirtschaft gedrängt, um den gestiegenen Anforderungen des Krieges gerecht zu werden. [71] Allerdings zögerte er damit, Speer den Rücken zu stärken, und trachtete danach, seine eigene Autorität, speziell auf dem Gebiet der Arbeit, zu vergrößern.

Heinrich Himmler, Kommandant der SS und der deutschen Polizei, war ein weiterer Konkurrent mit ebenfalls noch unbestimmter Stärke. Auf der Grundlage seines Monopols, die Arbeit in den Konzentrationslagern auszunutzen, hatte Himmler einen kleinen Produktionsapparat geschaffen, der einen Teil des Bedarfs der SS-Militärverbände deckte. [72] Während des Frühjahrs 1944 strengte sich Himmler verstärkt an, seinen Machtbereich auszuweiten, und kollidierte dabei immer wieder mit Speer.

Zwei Kontrahenten tauchten während Speers Krankheit im Laufe des Frühjahrs 1944 auf. Xaver Dorsch, Leiter der Organisation Todt, des innerhalb des RMfRuK für Konstruktion zuständigen Verwaltungsapparates, übte schwere Kritik an Speers Politik und leitete eine bedrohliche Initiative ein, um ihn zu verdrängen. Sein Vorhaben konnte gerade noch verhindert werden. Aber durch die Affäre war die Atmosphäre im Ministerium vergiftet worden, und Dorsch war weit davon entfernt, seine Pläne aufzugeben. [73] Gleichzeitig hatte Saur, auch wenn er es nicht ausdrücklich auf Speers Posten abgesehen hatte, seine persönliche Autorität ausgeweitet. Seine straffe Führung des Jägerstabs sowie dessen offensichtlichen Erfolge steigerten sein Prestige enorm. Ebenfalls von großer Bedeutung war die Tatsache, daß während Speers Krankheit die Besprechungen von Rüstungsfragen mit Hitler von Saur geleitet wurden. Als Reaktion auf die unrealistischen Forderungen des Führers versprach er rasche und sensationelle Ergebnisse, mit einem Selbstvertrauen, das daher rührte, daß Saur die Komplexität der Probleme schlichtweg ignorierte. Letzten Endes kam es soweit, daß Hitler, anstatt sich mit den beiläufigen Bemerkungen und den versteckten Kritiken, die während des Sommers von Speer geäußert wurden, auseinanderzusetzen, immer öfter Saur damit beauftragte, die Wirtschafts- und Rüstungsprobleme aus dem Weg zu räumen. Gerade als Speer den Bau seiner Wirtschaftsmaschinerie vollendet hatte, wurde sie durch neue Feinde von außen besetzt und begann von innen her zu bröckeln.

Obwohl die Energie in internen politischen Streitereien verschwendet wurde, stieg der Ausstoß an Waffen dramatisch an. Der gesamte Rüstungsproduktionsindex, wenn man die Ausgangsgröße 100 bei den Monaten Januar/Februar 1942 ansetzt, war in zwei deutlichen Sprüngen gestiegen (siehe Diagramm 1.1). [74] Die erste Zunahme erfolgte von Februar 1942 bis zum Mai 1943, schnellte von 97 auf 232, und

Diagramm 1.1

Prozentuale Veränderungen im Index der Rüstungs-Produktion, 1942 – 1945

Jahr	Monat	Index	Rate %
1942	Jan.	103	
	Feb.	97	– 5,8
	März	129	+ 32,9
	April	133	+ 3,1
	Mai	135	+ 1,5
	Juni	144	+ 6,6
	Juli	153	+ 6,2
	Aug.	153	0,0
	Sept.	155	+ 1,3
	Okt.	154	– 0,6
	Nov.	165	+ 7,1
	Dez.	181	+ 9,6
1943	Jan.	182	+ 0,5
	Feb.	207	+ 13,7
	März	216	+ 4,3
	April	215	– 0,4
	Mai	232	+ 7,9
	Juni	226	– 2,5
	Juli	229	+ 1,3
	Aug.	224	– 2,1
	Sept.	234	+ 4,4
	Okt.	242	+ 3,4
	Nov.	231	– 4,5
	Dez.	222	– 3,8
1944	Jan.	241	+ 8,5
	Feb.	231	– 4,1
	März	270	+ 16,8
	April	274	+ 1,4
	Mai	285	+ 4,0
	Juni	297	+ 4,2
	Juli	322	+ 8,4
	Aug.	297	– 7,7
	Sept.	301	+ 1,3
	Okt.	273	– 9,3
	Nov.	268	– 1,8
	Dez.	263	– 1,8
1945	Jan.	227	– 13,6
	Feb.	175	– 22,9
	März	145	– 17,1

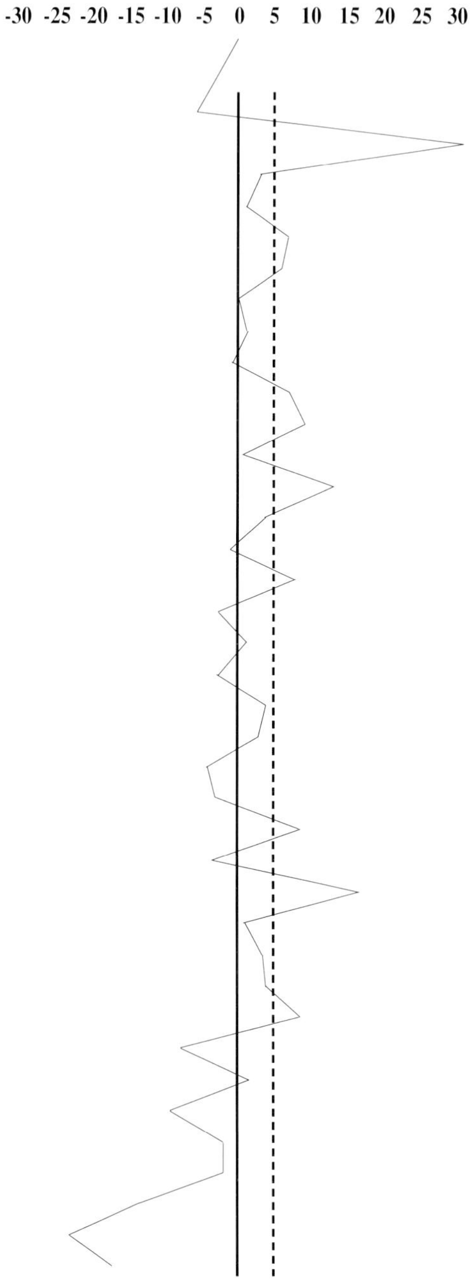

Quelle: Wagenführ, *Deutsche Industrie*, S. 66, 114, 178

kam auf einen monatlichen Schnitt von 5,5 %. Wenn man davon ausgeht, daß eine jährliche Wachstumsrate von 5 % für eine Wirtschaft als gut einzustufen ist, muß eine konstant erbrachte Leistung von 5,5 % als hervorragend beurteilt werden. Es folgte eine zweite Periode, die von Juni 1943 bis Februar 1944 dauerte und in der das Wachstum monatlich um die 0,9 % betrug. In dieser Zeitspanne stieg der Rüstungsindex lediglich von 226 auf 231. Dann setzte ein zweiter Rüstungsboom ein, der im März 1944 ein spektakuläres Anschwellen auf 17 % mit sich brachte. Alles in allem konnten Speer und die deutsche Wirtschaft einen verblüffenden Produktionserfolg verzeichnen. Es überrascht, wenn man bedenkt, auf welche Art und Weise dies erreicht wurde.

In der Zeit zwischen Speers Aufnahme seiner Dienstpflichten und dem Höhepunkt der Rüstungsproduktion Mitte 1944 war Deutschlands Bruttosozialprodukt nur um etwa sechs Prozent gestiegen. Der Anteil, der auf die Waffenproduktion entfiel, vermehrte sich lediglich um zirka fünf Prozent. [75] Die Rohstoffproduktion stieg nur um sieben Prozent. [76] Außerdem hatte der Ausstoß an zivilen Konsumgütern keine drastische Kürzung erfahren, bevor Speer nicht dem Wirtschaftsministerium im September 1943 die Kontrolle über die Rohstoff- und Konsumgüter produzierende Industrie abgerungen hatte. [77] Eine umwälzende Neuordnung der deutschen Wirtschaft gab es also auch nicht unter Speer. Der Zuwachs in der Rüstungsproduktion war mit anderen, subtileren Mitteln erreicht worden.

Eine Methode, die Speer anwandte, war die Umverteilung der Ressourcen innerhalb der Wirtschaft. Veränderungen in der Arbeitsverteilung geben darüber Aufschluß. Der gesamte Umfang der Arbeiterschaft änderte sich während des Kriegs kaum. [78] Allerdings nahm die Anzahl der Beschäftigten in den Rüstungsbetrieben zwischen dem 30. Juni 1941 und 31. März 1944 um 30,7 %

zu. [79] In Produktionsmengen ausgedrückt kletterte der Anteil der Waffenendproduktion am gesamten industriellen Ausstoß von 19 % (1941) auf annähernd 50 % (1944). [80] Doch waren weder der Anstieg des Bruttosozialprodukts noch der Einsatz von Produktionsfaktoren zu militärischen Zwecken so ausreichend, daß beides das massive und anhaltende Wachstum der Rüstungsproduktion angekurbelt haben könnte, das zwischen 1942 und 1944 erzielt wurde. Entscheidend waren einige andere Umstände, die sich in der Fabrikhalle bemerkbar machten.

Speers Erfolgsgeheimnis lag in einer Unzahl einzelner Rationalisierungsmaßnahmen begründet, die im Ganzen umfangreiche Einsparungen an sämtlichen Produktionsfaktoren möglich machten. Ein Hinweis darauf findet sich im „Mitteilungsblatt des Reichsministers für Rüstungs- und Kriegsproduktion" vom 9. Juni 1944. [81] Hier wird über einen Metallschlägerei-Betrieb gesprochen, bei dem die Produktion in dem Jahr zwischen dem 1. April 1943 und 31. März 1944 um 85 % gestiegen, während der Kohleverbrauch um 41 % gesunken war. Der Energieaufwand für eine Tonne fertigen Stahls war um 40 % verringert worden. Diese Entwicklung war typisch. Von 1941 bis 1944 war, in Einheiten gerechnet, das Verhältnis zwischen Rohmaterialaufwand und Endprodukt dramatisch von 4 : 1 auf 2 : 1 zurückgegangen. [82] Die Arbeitsproduktivität war ebenfalls angestiegen. Während Speers Amtszeit war in den metallverarbeitenden Betrieben der Wert, der von jedem Arbeiter pro Tonne Rohmaterial hinzugefügt wurde, um 18 % hinaufgeklettert. [83] Bei der Endfertigung aller Güterarten stieg die Arbeitsproduktivität um ein Drittel an. [84] Ausschlaggebend war, daß sich die Arbeitsproduktivität auf dem äußerst wichtigen Rüstungssektor in spektakulärer Weise verbesserte (siehe Tabelle 1.1).

Speers Bemühungen, junge Ingenieure einzusetzen, die sich in den Ausschüssen und Ringen sammelten, hatten natürlich

Tabelle 1.1

Index der Arbeitsproduktivität in der Rüstungsindustrie, 1941 – 1944

1941/42	1942/43	1943/44	Juni – Juli 1944
100	157	189	234

Quelle: Wagenführ, *Deutsche Industrie*, S. 125

Tabelle 1.2

Beispiele für Produktionssteigerungen in der Rüstungsindustrie, 1940 – 1944

	1940	1941	1942	1943	1944
Karabiner	1 351 700	1 358 500	1 370 180	2 244 100	2 585 600
Waffen und Munition (1 000 t)	865	540	1 270	2 558	3 350
mittelgroße Panzer	1 359	2 875	5 595	9 398	12 096
U-Boote	40	196	244	270	387
Einmotorige Jäger	1 870	2 852	4 542	9 626	25 860
Sprengstoffe(durchschnittl. Tonnen pro Monat)	–	21 775	24 232	34 359	44 009

Quellen: für die U-Boote siehe USSBS, *Overall Report (European War)*, S. 69; für die einmotorigen Jäger siehe USSBS, *Aircraft Industry*, Diagramm VI-1, gegenüber S. 93; für die Sprengstoffe siehe Becker „German War Economy under Speer", S. 300, Tabelle 17, auf der Grundlage von „Bericht über den Fortschritt der Arbeiten", BA R25/vorl. 105/8; für Waffen, Munition und mittelgroße Panzer siehe RMfRuK, „Ausstoß Übersicht 1940 – 44. Waffen, Geräte, Munition", 20. Februar 1945, S. 1, BA R3/1729 f. 2.

gefruchtet. In der gesamten Industrie wurden die besten Methoden propagiert, die Vielfalt der Modelle und Varianten wurde reduziert, und durch die industrielle Eigenverantwortlichkeit die Initiative zur Betriebsführung angeregt. [85] Daraus ergab sich, daß eine Produktionszunahme hauptsächlich bei solchen Waffen vorlag, die vom Militär am meisten benötigt wurden.

Der erstaunliche, sprunghafte Anstieg des Rüstungsausstoßes wird durch die Beispiele in Tabelle 1.2 zur Genüge veranschaulicht. Im Gegensatz zu den substantiellen Vorteilen, die 1940 und 1941 infolge der Todtschen Reformen gewonnen wurden, waren die wirklich bedeutungsvollen Zunahmen ein Produkt von Speers Zentralisierungsmaßnahmen in den Jahren 1942 und 1943. Sie allein machten die Leistungssteigerungen möglich, die ihn in die Lage versetzten, den Lebensstandard des deutschen Volks aufrechtzuerhalten und gleichzeitig die Rüstungsproduktion in sehr hohem Maße zunehmen zu lassen. Diese Zunahmen waren die Konsequenz von Speers kluger Einsicht, daß die Entscheidungen, die so planlos in den dreißiger Jahren gefällt wurden, verbunden mit der vorherrschenden ideologischen Einstellung, ihn daran hinderten, mit einem Programm zu beginnen, das eine größere Kapitalausdehnung sowie eine Umstrukturierung beinhaltete. Notmaßnahmen und lindernde Eingriffe von oben waren seine einzigen Alternativen. Entscheidend war die Schaffung des Planungsamtes, da es dafür sorgte, daß diese Maßnahmen ihren Zusammenhang und ihre Zielrichtung beibehielten. Keine zentrale Behörde, egal wie mächtig sie sein mag, kann funktionieren, ohne den Informationsfluß im Griff zu haben. Diesen Beitrag leistete das Planungsamt. Es ermöglichte die Leistungssteigerungen und deren massive Nutzung. [86]

Gemessen an diesem Standard kann Speers Leistung als durchweg hervorragend bezeichnet werden. Was nicht heißen soll, daß er und seine Untergebenen keine Fehler begangen hätten. Sie haben welche begangen. [87] Es besagt vielmehr, daß es Speer gelungen war, sich den bestehenden wirtschaftlichen, bürokratischen und ideologischen Verhältnissen anzupassen. Er erreichte das, was angesichts der verfügbaren Mittel erwartet werden konnte. Man kann einen Mann oder seine Generation nicht dafür verurteilen, die intellektuellen und emotionalen Schranken der damaligen Zeit nicht überwunden zu haben. Ebensowenig kann man einen Entscheidungsträger dafür geißeln, daß er seine materielle Umgebung nicht verändert hat. Wie diese Umgebung ausgesehen hat, das wird uns im Folgenden beschäftigen.

2. Die geografische Arbeitsteilung

Die Strukturreformen, die Speer eingeführt hatte, überlagerten das Grundgerüst, das seit Mitte des neunzehnten Jahrhunderts für die deutsche Wirtschaft charakteristisch gewesen war. Ein fester Handelsverkehr und eine regionale Spezialisierung hatten sich auf der Grundlage funktionaler und geografischer Faktoren entwickelt, was zu einer Arbeitsteilung führte, durch die das gesamte Gefüge imstande war, mehr zu produzieren als seine Einzelbestandteile hätten unabhängig voneinander insgesamt produzieren können. Der entscheidende Faktor war die Verbindung zwischen der Industrie und der Hauptenergiequelle des Landes – der Kohle. Die gesamte deutsche Industrie konzentrierte sich auf eine der beiden Kohlelagerstätten im Ruhrgebiet bzw. in Oberschlesien.

Die Kohle war Deutschlands einziger natürlicher Rohstoff, von dem genügende Mengen vorhanden waren. Seit Beginn des Zeitalters der Industrialisierung hatte die deutsche Industrie ihre Kohlevorkommen intensiv ausgebeutet, um den Mangel an anderen Rohstoffen auszugleichen, und um Kosten zu sparen, hatte sie sich an den Kohlelagerstätten angesiedelt. Die erste derartige Verbindung kristallisierte sich im Ruhrgebiet heraus. [1] Das Muster wiederholte sich anderenorts, wobei unterschiedliche Technologien zum Einsatz kamen und sich verschiedene Handelsbeziehungen ergaben, so daß eine Arbeitsteilung entstehen konnte, wie sie 1933 existierte. Auf der Schwelle zum Zweiten Weltkrieg bezog die deutsche Wirtschaft über 90 % ihrer Energie aus der einen oder anderen Form von Kohle. [2] Für das Schmelzen von einem Kilogramm Eisen mußte jedesmal fast das Doppelte seines Gewichts an Kohle verbraucht werden. Auf jede Tonne synthetisches Benzin kamen sechs Tonnen Kohle. Ein schwerer Panzer konnte erst dann aus der Fabrik herausrumpeln, nachdem 115 t Kohle in den unzähligen Betrieben, die ihn fertigten, verbrannt worden waren. [3] Plötzlich war die Kohle zur unverzichtbaren Grundlage der deutschen Wirtschaft und zum Lebenselexier ihrer alltäglichen Aktivitäten geworden.

Der oberflächliche Betrachter, für den die Kohle eine unbedeutende Substanz ist, läßt sie leicht außer acht, wenn er sich mit dem Bruttosozialprodukt beschäftigt oder Divisionen zählt. Ihr einfacher Ursprung und ihre Allgegenwärtigkeit verschleiern den Blick auf ihre ungeheure Bedeutung sowie die anspruchsvolle Technologie und das Verteilungssystem, beides war zu ihrer Nutzung notwendig. Kohle ist ein organisches Sedimentgestein, das durch die kombinierte Wirkung von Druck und Temperatur auf Pflanzenreste entstanden ist. Dadurch, daß die Intensität der formenden Kräfte und die Länge der Zeit, in der sie wirken, schwanken, entsteht eine große Auswahl verschiedener Kohlearten, von denen jede ihren eigenen Energiegehalt aufweist. Die zwei Hauptfamilien entstammen diesem Prozeß – Steinkohle und Braunkohle. Die wichtigsten sind die Steinkohlen, die von den Amerikanern als Bituminöse Kohlen bezeichnet werden. [4] Sie besitzen den größten Energiegehalt und sind am einfachsten zu handhaben.

Der Energiewert der Ruhrsteinkohle bewegte sich zwischen 6 800 und 7 600 Kalorien pro Kilogramm. Der Gehalt der Steinkohlen Oberschlesiens war ein klein wenig geringer. [5] Innerhalb dieser großen Gruppen gab es Schichtungen, jede mit ihrem eigenen Brennwert und thermischen Eigenschaften. Von der Industrie wurden diese

Schichtungen mechanisch bearbeitet, damit sie den Hochöfen ihrer Kunden angepaßt waren und auf diese Weise optimale Brenneigenschaften und verminderte Rückstände boten. [6] Als Sorten wurden sie von den Kohlehändlern auf den Markt gebracht. Der springende Punkt ist, daß Kohle kein Einheitsprodukt war. Die vielen geologischen Arten und die mit Rücksicht auf den Markt umgewandelten Kohlen, mit denen die deutschen Kohlehändler handelten, führten zu einer reich strukturierten Industrie, welche all die Probleme mit Lagerung und Nutzung erlebte, die man normalerweise mit feineren Rohstoffen in Verbindung bringt. Die Kohlen waren trotz all ihrer äußeren Ähnlichkeit nicht einfach austauschbar.

Um ihre Nutzung zu erleichtern, wurden einige, von der Kohle abgeleitete Formen entwickelt. [7] Die wichtigste war der Koks, eine harte, spröde, lockere Masse. Koks wurde zum ersten Mal Ende der fünfziger Jahre des 19. Jahrhunderts im Ruhrgebiet verwendet. Er ist frei von gasförmigen Bestandteilen der Kohle und wird dazu benützt, Schmelzöfen auszukleiden, um dadurch die Produktion von gleichmäßigerem und besser formbarem Eisen zu ermöglichen. [8] Koks war das wichtigste Steinkohle-Derivat, und seine Einführung löste einen Boom der eisenschaffenden Industrie in Deutschland aus, der eisenschaffende Betriebe dazu veranlaßte, sich im Ruhrgebiet zusammenzuballen, um so billig wie möglich an Koks heranzukommen. In ihrem Schlepptau folgten andere Schwerindustrie- und Zulieferbetriebe.

Im Kohlewirtschaftsjahr 1943/44 produzierte Deutschland 278,1 Mio. t Steinkohle und 53,3 Mio. t Koks. [9] Seine gesicherten Reserven beliefen sich insgesamt auf 190,6 Mrd. t. [10] Diese riesigen Lagerstätten waren auf ungefähr sechs Gebiete verteilt. Wirtschaftlich bedeutend waren jedoch nur drei, von diesen waren zwei von beeindruckender Wichtigkeit.

Das Ruhrgebiet war, da es über ein Drittel der nachgewiesenen Reserven in Deutschland verfügte, in der deutschen Steinkohleproduktion führend. [11] Es besorgte im Kohlewirtschaftsjahr 1943/44 45 % der Steinkohleförderung im Reich. Allerdings beruhte die Bedeutung des Ruhrgebiets nicht nur auf dem gewaltigem Ausmaß seiner Reserven, sondern auf dem Überfluß an solcher Kohle, die zu qualitativ hochwertigem Koks wurde. Das war es, wodurch Mitte des 19. Jahrhunderts in nur wenigen Jahrzehnten die Entwicklung des Ruhrgebiets vom verschlafenen Bauernländchen zum Industriegiganten vorangetrieben wurde, und es war dieser Faktor, der die Vorrangstellung des Ruhrgebiets während des Zweiten Weltkriegs sicherstellte. Über ein Drittel des Ertrags aus dieser Region wanderte in die Hochöfen, was anteilmäßig genau 63 % der Koksproduktion in Deutschland ausmachte. [12]

Was die Gesamtproduktion anbelangt, kam Oberschlesien dem Ruhrgebiet nahe. Die östliche Steinkohle-Region verfügte erwiesenermaßen über 114,5 Mrd. t Reserven, beinahe zwei Drittel vom gesamten Vorkommen in Deutschland. [13] Sie steuerte ein Drittel des Gesamtausstoßes bei, was 101 512 000 t ausmachte. [14] Die schlechtere Qualität der Kohle bedeutete allerdings, daß sie nur 13 % des nationalen Koksvorrats bereitstellte. [15] Dieser Faktor setzte Oberschlesien auf Rang Zwei. Wie wir gleich sehen können, bestimmte die geringere Leistung dieser Region in bezug auf Koksherstellung auch den Umfang ihres Beitrags in anderen Bereichen industrieller Produktion sowie die Anzahl der von ihr abhängigen Betriebe.

Gemeinsam dominierten das Ruhrgebiet und Oberschlesien auf dem deutschen Steinkohlemarkt. Nur ein einziges weiteres Gebiet fiel noch ins Gewicht, das Saarland. Es lag im Südwesten, nahe der deutschfranzösischen Grenze, wie sie vor dem Krieg bestanden hatte, und verfügte lediglich über vier Prozent der gesicherten deutschen Steinkohlereserven. [16] Es kam nur

Während die obere Aufnahme die modernen Anlagen des Zechenbahnhofs eines Bergwerks im Ruhrgebiet zeigt, scheinen die Anlagen auf der unteren Aufnahme noch älteren Datums zu sein.

AUFNAHMEN: SLG. DIERK LAWRENZ

Immer wieder faszinierend sind Aufnahmen von der Verladung von Massengütern, wie bei den beiden abgebildeten Aufnahmen. Die obere Abbildung zeigt die Verladung von Koks mittels verfahrbarer Koksverlademaschinen auf Zeche Friedrich-Heinrich in Lintfort im Kreis Moers, die untere die Verladung von Braunkohlenbriketts über Rutschen in einer mitteldeutschen Verladeanlage. AUFNAHMEN: SLG. DIERK LAWRENZ

Für die schlesischen Industriegebiete waren die Reichsbahndirektionen Breslau und Oppeln zuständig. Während die obere Aufnahme die Kohleverladung auf einer oberschlesischen Schachtanlage präsentiert, ermöglicht die untere Aufnahme einen Blick auf die Verladeanlage einer Kohlengrube im Waldenburger Revier.

AUFNAHMEN: SLG. DIERK LAWRENZ

Rydultau. Schreiberschacht.

Neben der Schwerindustrie im Ruhrgebiet und in Mitteldeutschland kam der oberschlesischen Industrie mit ihren Kohlezechen und Hüttenwerken eine große Bedeutung zu. Die obere Aufnahme zeigt den Schreiberschacht in Rydultau, auf der unteren Abbildung sind die Vereinigten Oberschlesischen Hüttenwerke in Gleiwitz zu erkennen. AUFNAHMEN: SLG. DIERK LAWRENZ

Bobrek O.-S. Gräfin Johannaschacht

Unweit der oberschlesischen Großstadt Beuthen lag Bobrek mit der Kohlenzeche „Gräfin Johannaschacht" (oben). An der Strecke Waldenburg-Dittersbach – Glatz befanden sich in Mölke die neuen Schachtanlagen der „Cons. Wenzeslausgrube" (unten). AUFNAHMEN: SLG. PEKNY, SLG. DIERK LAWRENZ

Cons. Wenzeslausgrube
Neue Schachtanlagen

Mölke
Post Ludwigsdorf Kr. N.

Das Städtedreieck Beuthen, Hindenburg und Gleiwitz trug den Charakter einer Industrielandschaft, wobei viele Eisenbahnlinien die Städte und die Werke miteinander verbanden. Zu diesen Bahnlinien gehörten die oberschlesischen Schmalspurbahnen. Die obere Aufnahme zeigt sie vor der Kulisse der Koksanstalt Skalley bei Hindenburg. Die zweite Aufnahme auf dieser Seite läßt einen Blick auf die Julienhütte bei Bobrek zu.

AUFNAHMEN: SLG. DIERK LAWRENZ

auf acht Prozent des Gesamtausstoßes an Steinkohle, sein Beitrag zur nationalen Koksversorgung lag in derselben Größenordnung. [17] Das Saarland spielte, obwohl es relativ klein war, nichtsdestoweniger eine bedeutende Rolle, da es die Kohle- und Eisenerzvorräte, die von einer alteingesessenen und hochentwickelten Industrie verwertet wurden, miteinander zu einer Einheit verband. Aus dem ersten Umstand ergab sich, daß das Saarland im Gegensatz zum Ruhrgebiet nicht auf Erzlieferungen von außen angewiesen war. Der zweite Gesichtspunkt besagte, daß es in der Lage war, Oberschlesien in bezug auf die Produktionsleistung bei halbfertigen und fertigen Metallwaren zu übertreffen. Aus all dem ergab sich, daß das Ruhrgebiet Deutschlands wichtigste kohleproduzierende Region war. Oberschlesien war nur in bezug auf Quantität bedeutend. Das Saarland versorgte sich selbst und war nicht dazu imstande, abhängige Regionen zu beliefern.

Das Muster, nach dem die Kohlenutzung vonstatten ging, kann auf zwei Arten interpretiert werden: industrie- und gebietsbezogen. Beide Formen decken sich, doch um der Klarheit willen werden sie getrennt abgehandelt.

Der absolut größte Steinkohlekonsument war der Bergbau selbst. Er verwendete ein Drittel des Ertrags, um seine technische Ausstattung mit Energie zu versorgen und Koks herzustellen. Als nächstes kam die Fabrikation, die ungefähr 17 % der Vorräte verbrauchte. Die Hälfte davon wurde aus dem Ruhrgebiet bezogen. Der Wichtigkeit nach auf Platz Drei lag das Transportwesen, das 15 % der gesamten Kohlefördermenge aufbrauchte und sich ziemlich gleichmäßig auf beide Hauptkohleregionen stützte. Dann kamen die versorgungswirtschaftlichen Einrichtungen, die ungefähr ein Zehntel der abgebauten Steinkohle verbrauchten. Die Gaswerke verließen sich bei der Deckung von fast zwei Dritteln ihres Bedarfs auf das Ruhrgebiet, während die Elektrizitätswerke sich gleichmäßig auf die beiden großen Steinkohlegebiete stützten. [18] Gas und Elektrizität können als Umwandlungen von Kohle betrachtet werden, die es erlauben, daß die Energie der Kohle an Orten konsumiert wird, die sich weitab von den Bergwerken befinden. Der Einsatz von elektrischen Leitungskabeln ließ auch zu, daß die zweite Kohlegruppe, die Braunkohlen, in einem Umfang abgebaut wurde, der national ins Gewicht fiel.

Braunkohle, Amerikaner kennen sie als Lignit, gehört zu den jüngeren Kohleschichten, die den geologischen Entwicklungsprozessen für kürzere Zeit als die Steinkohlen ausgesetzt waren. Der thermische Wert der rohen Braunkohle bewegt sich zwischen 2 000 und 2 500 Kalorien pro Kilogramm. [19] Sie enthält einen hohen Prozentsatz an Wasser, der sie brüchig macht. Aus diesen Gründen – geringem Energiegehalt und Brüchigkeit – war es im allgemeinen nicht wirtschaftlich, die Braunkohle über weite Entfernungen zu befördern oder über lange Zeiträume in großen Mengen zu lagern. Die Industrie paßte sich auf zwei Arten diesen Gegebenheiten an. Die eine bestand darin, Braunkohle für Transportzwecke umzuformen, indem sie zu Briketts verarbeitet wurde, die robuster waren und einen etwa doppelt so hohen Heizwert pro Gewichtseinheit hatten als rohe Braunkohle. Die andere Methode war, Produktionsanlagen in unmittelbarer Nähe zu den Braunkohleminen anzusiedeln. Im Gegensatz zur Steinkohle, die mit Hilfe von Schächten gewonnen wird, die ein paar hundert und manchmal ein paar tausend Fuß unter die Erdoberfläche hinabtauchen, kommt man an die Braunkohle durch Abbau über Tage in offenen Gruben heran. Dieser Faktor brachte mit sich, daß stromerzeugende Anlagen neben den Bergwerken gebaut werden konnten, wo die Rohkohle mit Hilfe von Förderbändern zu den Öfen gebracht wurde. [20] Produktionsstätten, die synthetischen Treibstoff herstellten, wurden aus demselben Grund neben den Braunkohlegruben plaziert.

Deutschlands Braunkohleabbau spielte sich hauptsächlich in zwei Gebieten ab. Das wichtigste, mit einem Anteil von über 80 % am Gesamtvorkommen, lag in der zentralen Region nahe Magdeburg und Leipzig. Verwaltungsmäßig wurde es der Einfachheit halber in das Zentraldeutsche Gebiet, das westlich der Elbe lag, und das Gebiet östlich der Elbe aufgeteilt. Der andere Hauptproduzent, dessen Anteil an den Reserven 12 % ausmachte, befand sich am linken Rheinufer in der Nähe von Köln. [21] Das Zentraldeutsche Gebiet dominierte mit einer Produktionsrate von 45 % im Kohlewirtschaftsjahr 1943/44. Die ostelbischen und rheinischen Gebiete trugen beide mit 27 % zur Gesamtmenge bei. Die geografische Verteilung der Brikettfertigungsanlagen war ähnlich. [22]

Die Braunkohle bildete zwar eine Ergänzung zur Steinkohle, da ihr Brennwert gegenüber letzterer jedoch nur ein Drittel betrug und ihre Beförderung problematisch war, konnte sie die Steinkohle niemals ersetzen, geschweige denn den Verlust eines der Hauptproduktionsgebiete für Steinkohle wettmachen. Allerdings ergab sich für die Braunkohle der Vorteil, daß sie zum Großteil weit entfernt von den Grenzen Deutschlands vorkam, so daß hier Abbau und Verteilung den äußeren Einflüssen weniger ausgesetzt waren. Im Kontrast dazu befanden sich die beiden wichtigsten Steinkohlelagerstätten gefährlich nah an Deutschlands Grenzen.

Wie wir gesehen haben, war der Elektrizität erzeugende Sektor einer der Hauptabnehmer der Braunkohle. Er nutzte Braunkohle zusammen mit Steinkohle und Wasser, um ein ausbalanciertes, redundantes Erzeugungssystem zu bilden. Steinkohle wurde verbrannt, um fast die Hälfte der Elektrizität in Deutschland zu erzeugen, Braunkohle brachte ein Drittel, und Wasserkraftwerke lieferten ein Fünftel. [23] Große öffentliche Anlagen wurden neben die Braunkohlegruben gesetzt, die wesentlich zum Produktionsumfang des Systems beitrugen. Kleinere Steinkohlekraftwerke erhielten ihren Standort in der Nähe von Großstädten und Industriegebieten, als man zu der Erkenntnis gekommen war, daß es wirtschaftlicher sei, Steinkohle als Fracht zu transportieren, anstatt Förderbänder zu bauen und zu betreiben. Wasserkraftwerke wurden in Süddeutschland und Österreich errichtet, um den Vorteil der schnell fließenden Flüsse zu nutzen. Einige andere kamen an Wasserreservoirs in anderen Gebieten. Gemeinsam wurden sie als riesige Speicherbatterien gebraucht, um Spitzenbelastungen gewachsen zu sein. [24] Anfang 1944 betrug die gesamte Erzeugungskapazität 13,3 Mio. Kilowatt, von denen 9,7 Mio. tatsächlich zur Nutzung bereitstanden. Der Unterschied zwischen Kapazität und Verfügbarkeit kam dadurch zustande, daß Kraftwerke geschlossen wurden, da sie routinemäßig gewartet wurden oder andere technische Einschränkungen vorlagen. [25] 1943 belief sich die Gesamtproduktion auf etwas mehr als 47 Mrd. Kilowattstunden. [26] Sie wurde durch den Reichslastverteiler (RLV), Dr. Richard Fischer, aufgeteilt, der gleichzeitig Leiter des Berliner Versorgungsbetriebs war. [27] Fischer hatte die Kontrolle über ein vereinheitlichtes System, das aus staatseigenen Kraftwerken bestand, die etwas mehr als die Hälfte des insgesamt erzeugten Stroms lieferten, und aus privaten Kraftwerken, von denen die meisten an die Schwerindustrie angeschlossen waren. [28] Jeder der Erzeuger war praktisch an das nationale Verteilersystem gebunden, das mit bestimmten Einschränkungen den Austausch von Produziertem zwischen verschiedenen Regionen erlaubte. [29] Der mit Abstand größte Stromverbraucher war die Industrie, die fast neun Zehntel von dem verschlang, was insgesamt erzeugt wurde. [30] Die Zweige mit dem größten Verbrauch waren die Elektrochemie und die Elektrometallurgie, die zusammen beinahe die Hälfte der Gesamtproduktion verbrauchten. Weit dahinter folgten Bergbau und Schwerindustrie. [31]

Gas erfüllte eine ähnliche Funktion wie die Elektrizität. Jedoch war seine Abhängigkeit von der Steinkohle weitaus größer. Es wurde in drei Grundformen [32] produziert und hatte allgemein einen Brennwert von 4 300 Kalorien pro Kubikmeter. [33] Erzeugt wurde es von zwei Gruppen von Industriebetrieben: in städtischen Gaswerken und Kokereien, in denen es als Nebenprodukt anfiel. Die Produktionsleistung betrug 1943 insgesamt etwas mehr als 29 Mrd. Kubikmeter. Am bedeutendsten waren die Kokereien, die über vier Fünftel der Gesamtproduktion lieferten. [34] Alle Erzeuger waren in ein weiträumiges Verteilernetz eingebunden. Der größte Verbraucher im Verteilernetz des Ruhrgebiets war beispielsweise die Schwerindustrie, die zwei Drittel des verfügbaren Angebots abnahm. [35] In derselben Region verbrauchten die eisenschaffende und chemische Industrie drei Viertel des Gases, das dort in Kokereien hergestellt wurde. [36] Die Kokereien lagen in der Nähe ihrer zugehörigen Kohlelagerstätten. Die städtischen Gaswerke waren, was ihre Kohle anbelangte, vom Transport – meist auf der Schiene – abhängig. Ihr Bedarf war enorm. Anfang 1944 verbrauchten Duisburg und Berlin, zwei typische Systeme, 37 505 t beziehungsweise 76 736 t Steinkohle monatlich. [37] Die Lagerhaltung schwankte. In Regionen nahe den kohleproduzierenden Gebieten wurde sie niedrig gehalten, in der Regel reichte sie für ein paar Tage, während sie bei weiter entfernten Orten, wie Frankfurt (Main) oder Stuttgart, sogar für zwei Wochen bemessen sein konnte. [38] Die Verteilung des Gasangebots unter den Verbrauchern und des Brennstoffs an die Kraftwerke lag in den Händen der Wirtschaftsgruppe Gas- und Wasserversorgungsbetriebe sowie der RVK und stand unter der ständigen Aufsicht des Planungsamtes.

Weder Elektrizität noch Gas waren ausreichend, obwohl keines von beiden so knapp war, daß es die Produktionsmenge in stärkerem Maße herabgesetzt hätte. Sparmaßnahmen wurden ergriffen und Pläne, die, falls notwendig, weitere Einsparungen möglich machen sollten, lagen bereits auf dem Tisch. [39]

Insgesamt betrachtet waren diese die Hauptabnehmer der Kohle. Einzelne Industriezweige verbrauchten weniger, woraus irreführenderweise auf deren untergeordnete Rolle geschlossen werden kann. Beschäftigt man sich mit den Daten zum Kohleverbrauch, darf man nicht vergessen, daß von den Industriebetrieben Gas und Elektrizität gleichzeitig genutzt wurden, und daß die Montage von Maschinenteilen, auch wenn sie nicht direkt einen hohen Energieeinsatz erforderte, nichtsdestoweniger ein unabkömmlicher Bestandteil des industriellen Systems war. Die Rüstungsindustrie verbrauchte beispielsweise nur ungefähr sieben Zehntel von einem Prozent der gesamten Kohleproduktion. Der Bereich der synthetischen Treibstoffe benötigte weniger als ein Zehntel. [40] Im Gegensatz dazu verbrauchte der eisenschaffende Zweig gut über ein Fünftel. [41] Der entscheidende Punkt war, daß Kohle auf jeder Ebene des Produktionsprozesses eine entscheidende Rolle spielte, und da dieser Prozeß ein unzertrennbares Ganzes bildete, hing das Funktionieren eines jeden Teilbereichs von dem reibungslosen Ablauf in allen anderen Bereichen ab.

Das Bild vom komplexen System mit voneinander abhängigen Bestandteilen war für diejenigen, die darin eingebunden waren, nur sehr schwer vorstellbar. Folglich arbeiteten Paul Pleiger und die Reichsvereinigung Kohle ständig daran, sicherzustellen, daß Konkurrenz in Sachen Energie nicht dazu führte, daß das Gesamtsystem in seiner Funktion behindert wurde. 1941 führte Pleiger eine Prioritätenliste ein, die das Transportwesen an erster Stelle nannte, zusammen mit Rüstungsfabriken, Versorgungsbetrieben, Kokereien und dem Militär. Ein Jahr später setzte er die Dauer der Kohlevorratshaltung auf zwei bis drei Monate fest, je nach dem wie die Kohle befördert wurde, um das Hamstern zu vermeiden. Die Richtlinien waren jedoch unklar und wurden nicht rigoros durchgesetzt. Stattdessen verließen sich die Firmen auf bestehende Geschäftsverbindungen und bezogen Kohletransporte von weit entfernten Lieferanten mit ein, um dadurch mehr Kohle zu bekommen als die Bestimmungen vorsahen. Pleiger versuchte dem Einhalt zu gebieten, indem er im April 1941 Deutschland in zwei große Gebiete aufteilte, die von den beiden führenden Steinkohleregionen versorgt wurden. [42] Das Land wurde von einer imaginären Linie gespalten, die sich von Rostock an der Ostsee über Stendahl, Magdeburg, Aschersleben, Weimar, Probstzella bis zur bayerischen Grenze hinzog. Östlich davon sollten sich die Industriebetriebe nach Oberschlesien hin orientieren. Im Westen und in Bayern waren sie in den Händen des mächtigen Rheinisch-Westfälischen Kohlen-Syndikats (RWKS), das Pleiger nominell untergeordnet war.

Die RWKS war 1893 gegründet worden, um die Kohlegrubenbesitzer im Ruhrgebiet dadurch vor Konkurrenz zu bewahren, daß Vorräte zusammengelegt und die Produktion begrenzt wurde, um die Preise zu halten. [43] Das Syndikat bestimmte in Wirklichkeit jede Phase der Handlungen, die seine Mitglieder vornahmen, und genoß die uneingeschränkte Macht der Aufsicht. [44] Im Laufe der Jahre verdrängte es oder sog alle Konkurrenz in der Region auf und setzte überall in West-, Mittel- und Süddeutschland Gebietsrepräsentanten ein, die Syndikatshandelsgesellschaften (SHGs), die sich mit den Kunden befaßten. Um die Mitte der zwanziger Jahre kontrollierte es drei Viertel der deutschen Steinkohleproduktion. Seine Vorherrschaft wurde in den Jahren 1934 und 1935 gestärkt, als die Aachener und saarländischen Minen vom Reichswirtschaftsministerium seinem Machtbereich zugeordnet wurden. [45] Die Aneignung der polnischen Teile Schlesiens durch das östliche Einflußgebiet hatte die Position des RWKS nicht fundamental geschwächt. Es kontrollierte immer noch die Hauptquelle für Koks im Lande und, obwohl die östliche Region ihre eigene Industrievereinigung hatte, das Oberschlesische Steinkohlesyndikat (OSS), war das RWKS unvergleichbar besser organisiert und hatte mehr bedeutende politische Beziehungen nach Berlin. Sein Vorsitzender, Rüdiger Schmidt, war deshalb einer der mächtigsten Wirtschaftsbosse Deutschlands, auch wenn er der unbekannteste war. [46] Wenn er es für richtig hielt, konnte er die Politik der Regierung beeinflussen. Solange Pleiger es dem Syndikat zugestand, Kohle selbst zu verteilen, gab es wenig Reibung. Als er sich jedoch einmischte, was er mit Beginn des Jahres 1944 häufiger zu tun begann, stieß er bei Schmidt auf Widerstand. So wie die Führer der Eisen- und Stahlindustrie, zu denen er ebenfalls ein gespanntes Verhältnis hatte, war auch Schmidt gegenüber allem mißtrauisch, was nach einer zentralen Wirtschaftskontrolle aussah, welche die Vorrechte des privaten Unternehmertums einschränken würde. [47]

Durch die Untersuchung des Verteilungsprozesses bei der Kohle kann ein Einblick in die Macht des RWKS gewonnen werden. Im allgemeinen verteilten das RWKS und die anderen Syndikate die Kohle gemäß den Richtlinien, die von der RVK eingeführt wurden. Falls eine Firma zusätzliche Kohle wünschte oder Kohle für eine neue Produktionsstätte, leitete sie einen Antrag an das nächste staatliche Wirtschaftsamt, das eine vorläufige Beurteilung dazusetzte und ihn dann nach Berlin weitersandte. Hier entschied die RVK nach Rücksprache mit dem Reichsverkehrsministerium (RVM), ob der Antrag gerechtfertigt war und ob ihm folgegeleistet werden könnte. Dann ging er an das RWKS, das ihn mit der Information aus eigenen Quellen verglich und, falls es dies für richtig hielt, Kohle zuteilte. Lediglich

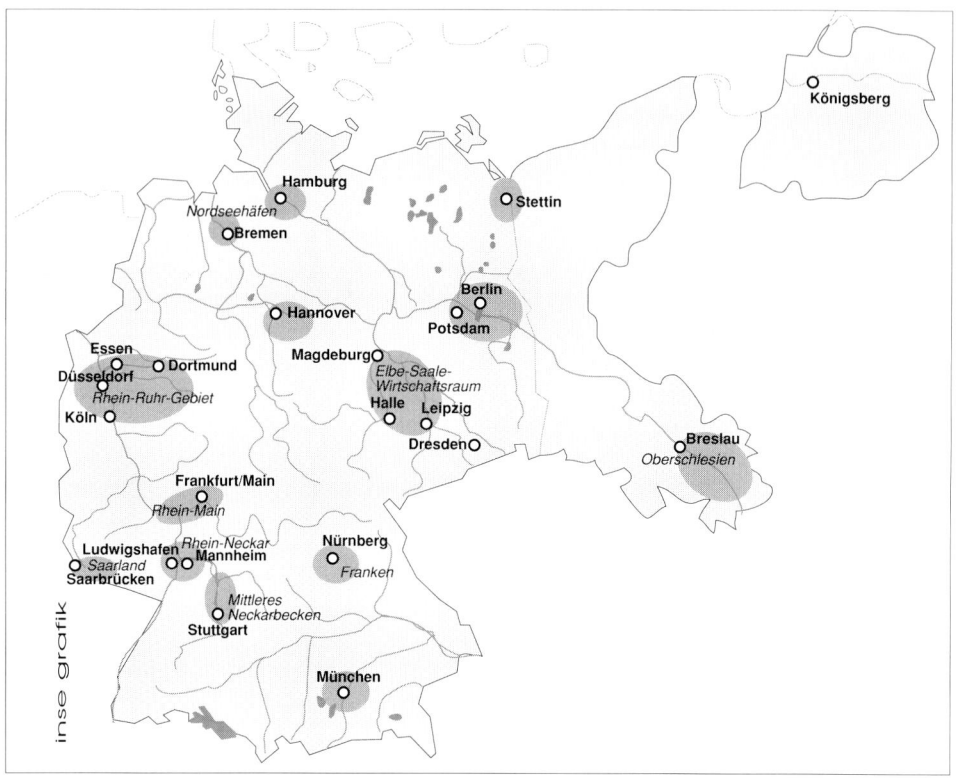

Karte 2.1 Wirtschaftsgebiete des Deutschen Reichs

Großverbraucher, wie die größeren eisenschaffenden Betriebe, und die Reichsbahn konnten diesen Prozeß umgehen und direkt mit dem Syndikat verhandeln. Da es allein die Kontrolle über die Kohle hatte und über eine eigene Struktur sowie Informationsquellen verfügte, hatte das RWKS die Kohleverteilung in der Hand und war folglich in der Lage, die Politik der Regierung zu blockieren, da seine Ziele nicht immer mit denen des Regimes zusammenfielen. So konnte Rüdiger Schmidt den Ablauf im Wirtschaftsapparat Speers stark beeinflussen. Er konnte viel dazu beitragen, daß dieser reibungslos funktionierte, oder ihn erheblich stören.

Wegen ihrer Wichtigkeit in allen Bereichen des Wirtschaftslebens und ihrem hohen Stellenwert in der Politik war die Kohleindustrie der entscheidende Faktor, durch den Deutschlands Wirtschaft geprägt war. Er bestimmte über die gesamte Skala der Wirtschaftsaktivitäten und deren geografische Struktur. Diese wurde von zwei Regionen, dem Ruhrgebiet und Oberschlesien, beherrscht, die Fabrikationssatelliten hervorbrachten, welche von ihnen in bezug auf Energie sowie grundlegende Güter aus der Schwerindustrie abhängig waren und sie im Austausch mit speziellen Fabrikwaren und Nahrungsmitteln versorgten (s. obige Karte 2.1). [48]

Von den beiden Kohlezentren war das Ruhrgebiet das wichtigere, wegen des Umfangs und der Qualität seines Kohleausstoßes und seiner mächtigen Wirtschaftsorganisationen. Es war nicht nur die Heimstätte des Bergbaus, sondern auch der Schwerindustrie sowie Eisen-, Stahl-, Chemie- und Maschinenbaukonzerne, die eine

Menge zuarbeitender Betriebe anzogen. Außen herum bildete sich ein Kreis abhängiger Gebiete, wie Hamburg und die Nordseehäfen, die das Ruhrgebiet mit leichten Fabrikgütern, importierten Petroleumprodukten und Eisenerz belieferten. In östlicher Richtung befanden sich Hannover, Kassel und Braunschweig, wo Maschinen- und Fahrzeugbau sowie andere Fabrikationsbetriebe angesiedelt waren. Im Südwesten lag der Raum, der Frankfurt (Main), den Komplex Ludwigshafen/Mannheim, sowie Stuttgart umgab, und in dem Leichtindustrie, Präzisionsfabrikation, elektrotechnische und chemische Betriebe vorkamen. In Bayern schließlich gehörten die Industriebetriebe, wie die Maschinenwerke in Nürnberg, ebenfalls zum Einzugsbereich des Ruhrgebiets.

Oberschlesien wies, da es weniger Kohle besaß, die zu Koks umgeformt werden konnte, weniger Satellitenindustrie auf. Ähnlich dem Ruhrgebiet brachte es zwar auch eigene Schwerindustriebetriebe hervor, jedoch in geringerem Ausmaß. Seine Hauptgefolgschaft bestand aus dem Ostseehafen und Fabrikationszentrum Stettin, der Flugzeug-, Maschinenbau- und Chemiefabriken bei Leipzig und Dresden, sowie der elektrotechnischen, Rüstungs- und Fahrzeugindustrie an der Spree in Berlin.

Die Überprüfung der Energiewirtschaft und Rohstoffversorgung der funktionalen Komponenten des Arbeitsteilungssystems kann dazu beitragen, seine Konturen scharf hervortreten zu lassen. Zur Erläuterung dient in erster Linie die Eisen- und Stahlindustrie, die im starken Maße auf Eisenerzlieferungen aus weit entfernten Gebieten angewiesen war. 1943 erhielt Deutschland über 80 Mio. t mit einem Löwenanteil von 44 %, bestehend aus Minette, die aus dem annektierten Lothringen bezogen wurde. Die Importe aus Schweden machten anteilig 12 % aus. [49] Letztere waren hochgeschätzt, da sie einen großen Eisengehalt aufweisen und leicht zu schmelzen waren. Die nationalen Erzreserven betrugen 1943 fast 20 Mio. t, was unter normalen Umständen drei Monate gereicht hätte. [50] Der Roheisenausstoß machte etwas über 24 200 000 t aus und die Stahlproduktion 30 600 000 t. [51]

In all diesen Bereichen war das Ruhrgebiet die Triebfeder. 1943 erhielt es 26,5 Mio. t Eisenerz, von dem ein Drittel aus Skandinavien kam und fast 18 % aus der Minette-Region. Der restliche Teil wurde aus heimischen Quellen gewonnen. [52] Beinahe acht Millionen Tonnen lagen auf Halde und waren für eine Produktion über zirka drei Monate ausreichend. [53] Die Produktionsleistung des Ruhrgebiets von neun Millionen Tonnen Roheisen machte einen Anteil von 44 % am nationalen Produktionsumfang aus. [54] Die dortige Stahlproduktion kam auf ähnliche Zahlen. [55]

Charakteristisch für das Ruhrgebiet war die gigantische Vereinigte Stahlwerke A.G. (VSt), deren Hauptverwaltung ihren Sitz in Düsseldorf hatte. Der Konzern wurde 1926 gegründet, um der Konkurrenz, die von großen amerikanischen Firmen ausging, begegnen zu können. [56] Ende der zwanziger Jahre modernisierte und rationalisierte er seine Anlagen, mit denen die ganze Palette von Kohlebergbau bis zu Munitionsfabriken betrieben wurde. Er hatte unter anderem Anteile an der Gelsenkirchener Bergwerks-AG (GBAG) und berühmten Stahlwalzwerken, wie Thyssen, Ruhrstahl und dem Bochumer Verein. Anfangs wurde er von Albert Vögler geleitet, der sich, obwohl er kein Nazi war, mit Göring und später mit Speer gut verstand. Einer der Mitglieder des Aufsichtsrats, Walter Rohland, spielte eine größere Rolle in Speers Ausschußsystem. 1943 produzierte die GBAG für ihre Muttergesellschaft 25,7 Mio. t Kohle und 9,8 Mio. t Koks. Sie behielt Reserven zurück, die einem Verbrauch über zehn Tage entsprachen. [57] Die VSt konsumierte etwa 5,3 Mio. t Eisenerz jährlich. Die Roheisenproduktion betrug 5,9 Mio. t und der Rohstahlausstoß 7,2 Mio. t, ungefähr ein Viertel der Gesamtproduktion

Eine der bedeutendsten deutschen Firmen war und ist Krupp in Essen. Während die obere Aufnahme dem Betrachter das „Stammhaus" vor Augen führt, gewährt die zweite Aufnahme einen Blick auf einige wichtige Teilbereiche der Kruppschen Fabrik.

AUFNAHMEN: SLG. DIERK LAWRENZ

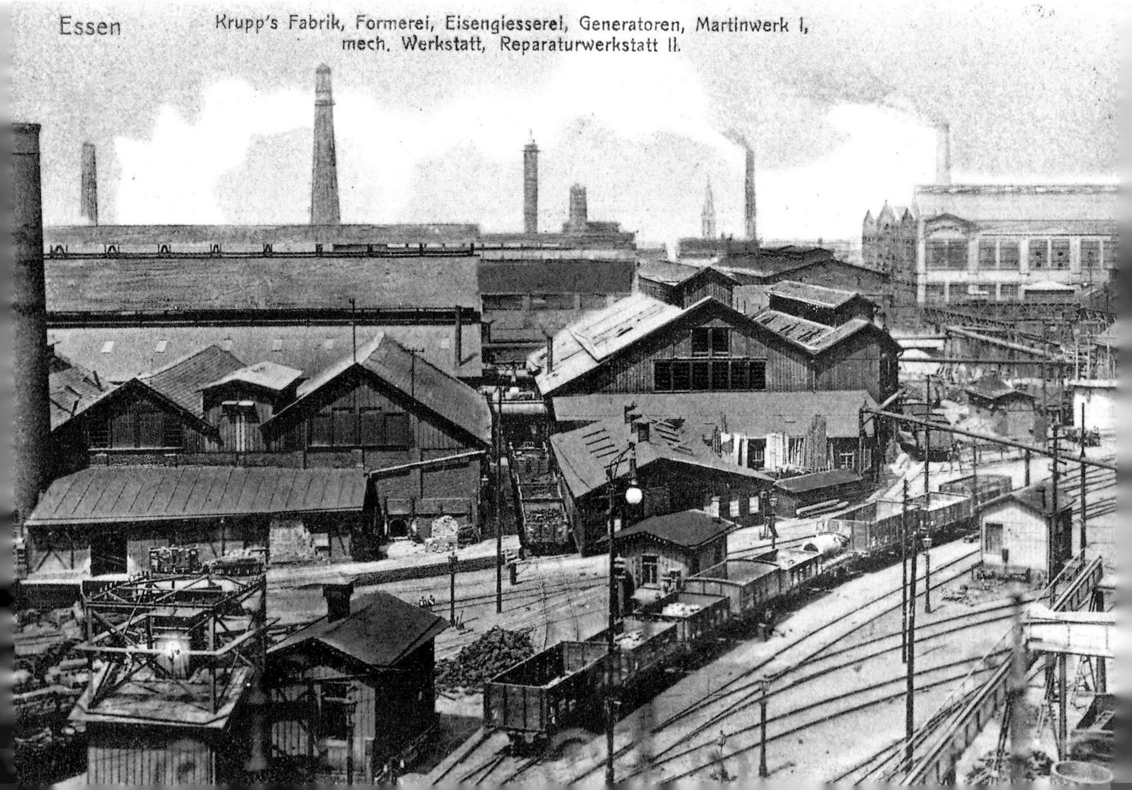

Essen — Krupp's Fabrik, Formerei, Eisengiesserei, Generatoren, Martinwerk I, mech. Werkstatt, Reparaturwerkstatt II.

Was Krupp für Essen war und ist, stellt(e) Hoesch für Dortmund dar. Die beiden abgebildeten Postkarten vermitteln einen Eindruck vom Ruhrgebiet, das heute so fast nicht mehr zu finden ist.   AUFNAHMEN: SLG. DIERK LAWRENZ

im Reich. [58] Die VSt mit ihrer riesigen Ausdehnung, Integration der Produktionsabläufe und politischen Schlagkraft, war für die Vorherrschaft der Grundstoffindustrie im Ruhrgebiet typisch, die mit einem starken Einfluß in Berlin verbunden war. Sie macht auch deutlich, warum die Stahlindustrie sich neben ihrer Energiequelle, der Steinkohle, niederließ und sich auf entfernte Eisenerzquellen verließ. Man war der Ansicht, daß die Kosten für den Transport von Eisenerz niedriger seien, als die für die Beförderung enormer Mengen von Kohle.

Das mitteldeutsche Industriegebiet, das Hannover, Kassel und Braunschweig umfaßte, war, was Steinkohle und halbfertige Waren anging, auf das Ruhrgebiet angewiesen und beschäftigte sich mit der Herstellung von Stahl, Waffen, Fahrzeugen und Maschinen. Es kontrollierte seine eigenen Erzlagerstätten bei Salzgitter und konnte auf nahe gelegene Braunkohlevorkommen zurückgreifen, um die Energie, welche es aus dem Ruhrgebiet bekam, zu ergänzen. Sein Anteil am nationalen Roheisenausstoß belief sich auf 10 %. [59] Der maßgebliche Faktor im Eisen- und Stahlsektor waren die RWHG. 1943 verbrauchten sie 2,6 Mio. t Kohle, von der praktisch alles vom RWKS, über den Mittellandkanal und die Reichsbahn, bezogen wurde. Sie nutzten 3,24 Mio. t Eisenerz, das meist vor Ort gewonnen wurde, und erzeugten 1,09 Mio. t Roheisen, das waren 5,5 % der Gesamtproduktion im Reich. [60]

Repräsentativer für die verarbeitende Industrie der Region war das Krupp-Gruson-Werk bei Magdeburg. In den achtziger Jahren des 19. Jahrhunderts war die Anlage von Krupp gekauft worden, um mit ihrer Hilfe in die Märkte für Artilleriegeschütz- und Panzerverkleidung einzusteigen. [61] Sie schuf den mittelgroßen Panzer Mk IV, das 75-mm-Geschütz und Artilleriegranaten mit unterschiedlichen Kalibern. Die entsprechenden Teile wurden ihr aus Essen und von hiesigen Subunternehmern mit der Bahn geliefert. Die Energieversorger, an die sich das Krupp-Gruson-Werk wandte, waren ganz verschieden. Gas wurde bei den Reichswerken Hermann Göring und den Magdeburger Stadtwerken gekauft, Braunkohle wurde vor Ort besorgt, Koks kam von den RWHG und Essen, und die gesamte Steinkohle aus dem Ruhrgebiet. Die Fabrik erzeugte den größten Teil ihrer Elektrizität selbst, den Rest erwarb sie bei den Stadtwerken. [62] Sie hatte Kohle- und Koksvorräte angelegt, die für vier bis sieben Wochen reichten. [63] Im ersten Quartal des Jahres 1944 stellte sie im Monat durchschnittlich 2 592,3 t von allen ihren Produkten her, zu denen 107 Panzer, 137 000 Granaten und 47 Flugabwehrgeschütze gehörten. [64] Anhand des Beispiels Krupp-Gruson kann gezeigt werden, wie sehr sogar größere Waffenhersteller in den Wirtschaftsregionen auf die Versorgung mit Energie, Rohstoffen und Fertigteilen von außen angewiesen waren, um ihre Verträge erfüllen zu können. Sie wurden nicht nur in den entsprechenden Mengen benötigt, sondern mußten auch rechtzeitig eintreffen, damit der Produktionsablauf nicht gestört wurde.

Eine ähnliche Situation herrschte in Ludwigshafen am Rhein im Betrieb der Gebrüder Giulini, die Bauxit in einer umgerüsteten Chemiefabrik zu Aluminium schmelzen ließen. Das Werk konnte jährlich 145 000 t Bauxit verarbeiten, was etwa einem Fünftel der gesamten Kapazität in Deutschland gleichkam. [65] 1943 bekam es 303 808 t Bauxit geliefert, alles mit der Bahn und aus Gebieten außerhalb Deutschlands, wodurch es gezwungen war, umfangreiche Vorräte anzulegen. Es erwarb 71 655 t Steinkohle vom RWKS-Gebietsrepräsentanten, dem Kohlenkontor Weyenmeyer, und 38 107 t Braunkohle aus dem Kölner Raum über das Rheinische Braunkohlesyndikat (RBS), was beides sowohl mit der Bahn als auch auf Frachtkähnen ankam. [66] Der Betrieb unterhielt ein eigenes Kohlekraftwerk, um seinen großen Energiehunger zu stillen, der für die Aluminiumindustrie typisch war.

Die vom Ruhrgebiet abhängigen Wirtschaftsregionen erstreckten sich über das westliche und südliche Deutschland, wo der Großteil der bedeutendsten Unternehmen des Landes zu Hause waren. Alle hatten sie die Abhängigkeit vom Ruhrgebiet in Sachen Energie gemeinsam, und was halbfertige Erzeugnisse anging, verließen sie sich in unterschiedlichem Maße auch auf diese Region. Gemeinsam bildeten sie eine zusammenhängende Produktionseinheit, die dazu fähig war, Deutschland mit dem Großteil seines Kriegsmaterials zu versorgen. Das Tempo, mit dem das Ganze arbeitete, wurde von seinem Herzstück, der Kohleindustrie, vorgegeben.

Oberschlesien verfügte über ein ähnliches, jedoch kleineres System. Im Jahre 1943 erzeugte es 1,1 Mio. t Roheisen, etwas über fünf Prozent der nationalen Gesamtmenge, und 2 350 000 t oder neun Prozent der deutschen Stahlproduktion. [67]

Von der östlichen Kohleregion war hauptsächlich Berlin abhängig. Die Reichshauptstadt beherbergte größere Automobil-, Eisenbahn-, Flugzeug-, elektrotechnische und Rüstungsproduktionsanlagen. Ein gutes Beispiel für die Energieverhältnisse in diesem Gebiet sind die Berliner Elektrizitätswerke (BEWAG), bekannt auch unter dem Namen Berliner Kraft und Licht. Die BEWAG versorgte die gesamte Industrie der Stadt und war wie sie vom Kohletransport aus entfernten Quellen abhängig. Die BEWAG unterhielt neun Kraftwerke im und um das Stadtgebiet, die im Jahr 1943 2,1 Mrd. kWh Strom erzeugten bzw. ungefähr 179 Mio. kWh im Monat. Mit der Bahn und auf Wasserwegen erhielten sie im Monat durchschnittlich 129 000 t Kohle, bei der der Anteil aus Oberschlesien 85 % ausmachte. Der Rest kam vom RWKS. Die Vorräte reichten für einen Verbrauch über zirka sieben Wochen. [68] Geleitet wurden die Versorgungsbetriebe von Dr. Richard Fischer, der gleichzeitig Reichslastverteiler war.

Die genannten Firmen waren für die Industrie in den Satellitenregionen und deren Verhältnis in Sachen Energie zu den beiden Zentren des Steinkohlebergbaus typisch. Daß auch etliche andere Betriebe wichtige Beiträge zu Deutschlands Kriegsmaschinerie leisteten, darf nicht übersehen werden. Einige waren von ähnlicher Größe wie die oben genannten. Andere verbrauchten nur wenige Tonnen Kohle, ein paar hundert Kubikmeter Gas und einige tausend Kilowattstunden Strom. Vielleicht belief sich ihre Güterherstellung nur auf ein paar tausend Kilogramm. Für das System waren sie jedoch lebenswichtig, da sie Fertigteile und solche, die montiert werden mußten, lieferten, ohne die die größeren Firmen, die sich mit der Endfertigung befaßten, nicht funktionieren konnten. Ähnlich den großen Konzernen verließen sie sich bei der Erfüllung ihrer Aufgabe auf den reibungslosen Austausch von Gütern. Einige werden später noch genannt, in der Zwischenzeit sollte man sich jedoch vor Augen halten, wie unentbehrlich ihr Beitrag gewesen war. Bis zum Ende des Jahres 1943 hatte die deutsche Wirtschaft eine sehr komplexe funktionale und geografische Arbeitsteilung entwickelt, die von einem Führungssystem gesteuert wurde, das von Speer vervollkommnet worden war. Ihre Stärke gründete auf der engen Einbindung und genauen Abstimmung ihrer einzelnen Bestandteile. Der Schlüssel zu ihrer Effizienz war die Ansiedlung der Industrie an den beiden großen Kohlezentren gewesen, dem Ruhrgebiet und Oberschlesien. Das Ruhrgebiet hatte Vorrang, da seine Kohle von besserer Qualität, die Palette seiner untergeordneten Industriebetriebe bunter und seine politische Organisation die überlegenere war. Der damals übliche Warenaustausch zwischen Industriezweigen und -regionen hatte eine entscheidende Bedeutung. Das Lebenselixir des Ganzen war die Kohle, und das Leitungssystem, das dafür sorgte, daß es unaufhaltsam strömte, und von dem das Schicksal des gesamten Organismus abhing, war die Deutsche Reichsbahn.

3. Räder müssen rollen für den Sieg: Die Deutsche Reichsbahn

Am Morgen des 17. Juni 1942, einem warmen Sommertag, saß Paul Pleiger an seinem Schreibtisch und schrieb einen Brief an Albert Speer, der wie ein kalter Winter über die rosigen Produktionspläne des neuen Ministers hereinbrechen würde. Pleiger erklärte, daß die Kohleproduktion zwar zunehme, aber daß sich bei den Verbrauchern eine Knappheit einzustellen drohe. Die Reichsbahn könne nicht alles an Kohle, was abgebaut worden sei, befördern. [1] Er rechnete vor, daß Transportprobleme im vorangegangenen Jahr den Verlust von über 60 Mio. t aller Kohlearten verursacht hätten, fast 27 Mio. t seien allein der Industrie verloren gegangen. [2] Eine Katastrophe, so argumentierte er, könne nur verhindert werden, wenn die Reichsbahn ihm pro Tag 22 000 Wagen mehr zur Verfügung stellen würde. [3] Im Mai hatte er es so formuliert, daß die Kohlenlage als reines Transportproblem betrachtet werden könne. [4]

Der Leiter der Reichsvereinigung Kohle war nicht der einzige, der die Alarmglocken läutete. Die Reichsvereinigung Eisen schätzte, daß über 2 Mio. t Eisen fehlen würden aufgrund des Kohlemangels in der Zeit vom Oktober 1942 bis zum März 1943. [5] Hochöfen im besetzten Frankreich und Belgien sowie viele Walzwerke in Deutschland liefen deutlich unter ihrer Kapazität, schuld daran war ein Mangel an Brennmaterial. [6] Als Hitler darüber informiert wurde, warnte er Pleiger, daß, falls der Ausstoß der Stahlindustrie wegen Kokskohlemangels nicht wie vorgesehen vergrößert werden könne, der Krieg verloren sei. [7]

Die Arbeitsteilung, von der die deutsche Wirtschaft geprägt war, baute auf der Kohle auf. Die verläßliche und pünktliche Verteilung der Kohle in ausreichender Menge sowohl an die Verbraucher innerhalb der Schwerindustrie bei den Minen als auch an die Konsumenten am Ende der Produktionskette, die weit von diesen entfernt waren, hing vom reibungslosen Funktionieren des Transportsystems ab. Es existierte eine Kohle/Transport-Verknüpfung, welche die funktional verschiedenen und geografisch getrennten Teile des Wirtschaftsorganismus zu einem zusammenhängenden Ganzen verband. Sie war die Grundlage aller wirtschaftlichen Aktivitäten in Deutschland. Genauso wichtig war die Rolle des Transportsystems beim Austausch von fertigen Industriegütern zwischen den Fabrikationszentren und bei der Versorgung der städtischen Ballungsräume, in denen sich die Industrie konzentrierte, mit Nahrungsmitteln. [8] Ohne Kohle konnte die deutsche Industrie nicht funktionieren, und ohne entsprechende Beförderung konnte sie keine Kohle bekommen. Die Abhängigkeit vom Transport war vielschichtig und ergab sich von selbst. Sie war der Dreh- und Angelpunkt für die militärische Macht des Reichs.

Das Transportsystem setzte sich aus zwei Teilen zusammen, der Deutschen Reichsbahn und dem Netz der Binnenwasserwege. Von den beiden war die Reichsbahn der weitaus wichtigere Bestandteil. 1943 beförderte sie über drei Viertel des gesamten Frachtaufkommens, während auf den Wasserstraßen lediglich ein Zehntel transportiert wurde. [9] Darüberhinaus bewegte sie

Dr.-Ing. Julius Dorpmüller, Generaldirektor der Reichsbahn seit 1926 und Reichsverkehrsminister seit 1937. AUFN.: KEYSTONE

Dr. Ganzenmüller, Staatssekretär im Reichsverkehrsministerium und stellv. Generaldirektor der Reichsbahn. AUFN.: KEYSTONE

90 % der Kohle, die insgesamt verfrachtet wurde. [10] Die Reichsbahn war der Hauptbestandteil der Kohle/Transport-Verknüpfung. Wegen ihrer Flexibilität und ihrem großen Dienstleistungsangebot war sie auch die wichtigste Stütze für die funktionale Arbeitsteilung. Sie konnte mehr Orte öfter und schneller erreichen als die Frachtkähne. Sie war das unentbehrliche Leitungssystem, der mächtigste Strebepfeiler der deutschen Wirtschaft.

Die Reichsbahn war ziemlich jung, sie wurde erst im Jahre 1920 durch den Zusammenschluß der unzähligen deutschen Ländereisenbahnen geschaffen, die bis ins zwanzigste Jahrhundert überlebt hatten. Allerdings war sie auch die Erbin eines langerprobten und verdienstvollen Eisenbahnwesens. Ihre Vergangenheit lebte in der Person des Reichsverkehrsministers Dr.-Ing. Julius Dorpmüller weiter, der ihr Leiter war. Dorpmüller war 74 Jahre alt und bekannt für seine Genialität und sein technisches Fachwissen. Er hatte reichlich Erfahrung mit dem Eisenbahnwesen gesammelt, unter anderem hatte er in China und in den großen Kohleregionen Deutschlands gearbeitet. Generaldirektor der DR war er seit 1926 und Verkehrsminister seit 1937 gewesen. Während der zwanziger Jahre ließ er die Reichsbahn nach dem Durcheinander infolge einer hastigen Vereinheitlichung und der Reparationskrise von 1923 wieder erstarken. Er führte Verbesserungen der Technik und der Verwaltung ein, durch die sie an die Weltspitze aller Eisenbahnen gelangte. Ebenso erfüllte er sie mit einer Philosophie, die auf die Bildung einer soliden Kapitalbasis Wert legte, auf eine Kapazitätserweiterung durch zusätzliche Fahrzeuge, die Durchführung des Betriebs innerhalb der Grenzen des verfügbaren Materials, und das Angebot einer großen Dienstleistungspalette, die auf einen großen Kundenkreis zugeschnitten war. Dorpmüller war politisch gesehen ein Konservativer, der es vermied, Mitglied der NSDAP zu werden. Als deutscher Patriot arbeitete er jedoch mit der Partei bei ihren wirtschaftlichen und militärischen Unternehmungen zusammen, unter der Bedingung, daß sie sich nicht in die inneren Angelegenheiten der Eisenbahn einmischte. [11]

Dorpmüllers Organisation war so gut ausgeklügelt, daß sie die Rhythmen der Wirtschaftsaktivitäten steuern konnte und, bei ausreichender Ankündigung, die kurzen militärischen Abenteuer, auf die Hitler aus war. In ihrer Grundstruktur betonte sie die Vorausplanung und Berücksichtigung von Eventualitäten. Die zentralen Organe gaben Richtlinien vor und überwachten den täglichen Betrieb. Regionale und lokale Verwaltungsstellen ließen das System arbeiten und die Züge laufen.

Im Mittelpunkt befand sich das Verkehrsministerium, das für alle Formen des Verkehrs, bis auf den in der Luft, zuständig war. Es war in sechs Bereiche aufgeteilt. Die beiden wichtigsten waren die der Eisenbahn und der Wasserstraßen. Die übrigen befaßten sich mit Seehandel, Straßengüterverkehr und allgemeinen Verwaltungsaufgaben. [12] Innerhalb des Eisenbahnbereichs gab es zehn Teilbereiche. Für die Leitung des Verkehrs waren zwei von außerordentlicher Bedeutung: E I, der Bereich Verkehr und Tarif, und E II, der Betriebsbereich. Unterstützt wurden diese Teilbereiche durch das Hauptwagenamt (Hwa), das im Zentralamt (RZA) mit Sitz in Berlin eingerichtet worden war. Die regionale Konrolle wurde von drei Generalbetriebsleitungen (GBL) ausgeübt. Sie waren für Betriebsangelegenheiten innerhalb ihrer Gebiete zuständig, insbesondere für den reibungslosen und pünktlichen Ablauf des Verkehrs. Wegen ihrer Aufsicht über die Waffentransporte und ihrer engen Zusammenarbeit mit dem Militär war ihre Existenz ein streng gehütetes Geheimnis. Ihre Hauptverwaltungen befanden sich in Berlin (GBL-Ost), München (GBL-Süd) und Essen (GBL-West) und gaben ein bequemes Mittel ab zur Überwachung der allgemeinen Trends innerhalb des Reichsbahnbetriebs. Ihnen angeschlossen waren die Generalverkehrsleitungen (GVL], welche den Wasserstraßen-, Straßenbahn- und Straßenverkehr sowie den Reichsbahnbetrieb aufeinander abstimmten. [13]

Die für den Betrieb der DR wesentliche Einheit war die Reichsbahndirektion (RBD). 1943 gab es 31 RBD'en, die sich über die Gebiete der drei GBL'en (siehe Karte 3. 1) verteilten. Jede Reichsbahndirektion war mit einer Bezirksverkehrsleitung (BVL) verbunden. Die Direktionen setzten Züge ein, betrieben bahneigene Werkstätten und hatten die Aufsicht über Lokomotiven und Wagen. Sie hatten den engsten Kontakt zu den Transportkunden. Innerhalb der allgemeinen Richtlinien, die von Berlin vorgegeben waren, übten sie eine enorme Macht aus.

Die Verteilung von Wagenraum war eine konzertierte Aktion, die das Hauptwagenamt, die Bereiche E I und E II, sowie die GBL'en und RBD'en gemeinsam durchführten. Jeden Tag verkehrten mindestens 30 000 Güterzüge. Ungefähr 17 000 von ihnen liefen nach einem festen Fahrplan. Die restlichen wurden nur nach Bedarf eingesetzt. Jede RBD unterhielt einen Fahrzeugpark, bestehend aus Wagen und Lokomotiven, mit dem sie den Anforderungen gerecht zu werden versuchte. An jedem Morgen zwischen sechs und zehn Uhr meldete sie ihre Pläne und ihren Bedarf an die entsprechende GBL und das Hwa. Diese Stellen koordinierten die Bewegungen zwischen den RBD'en und verteilten Wagen an diejenigen, die sie brauchten. Danach

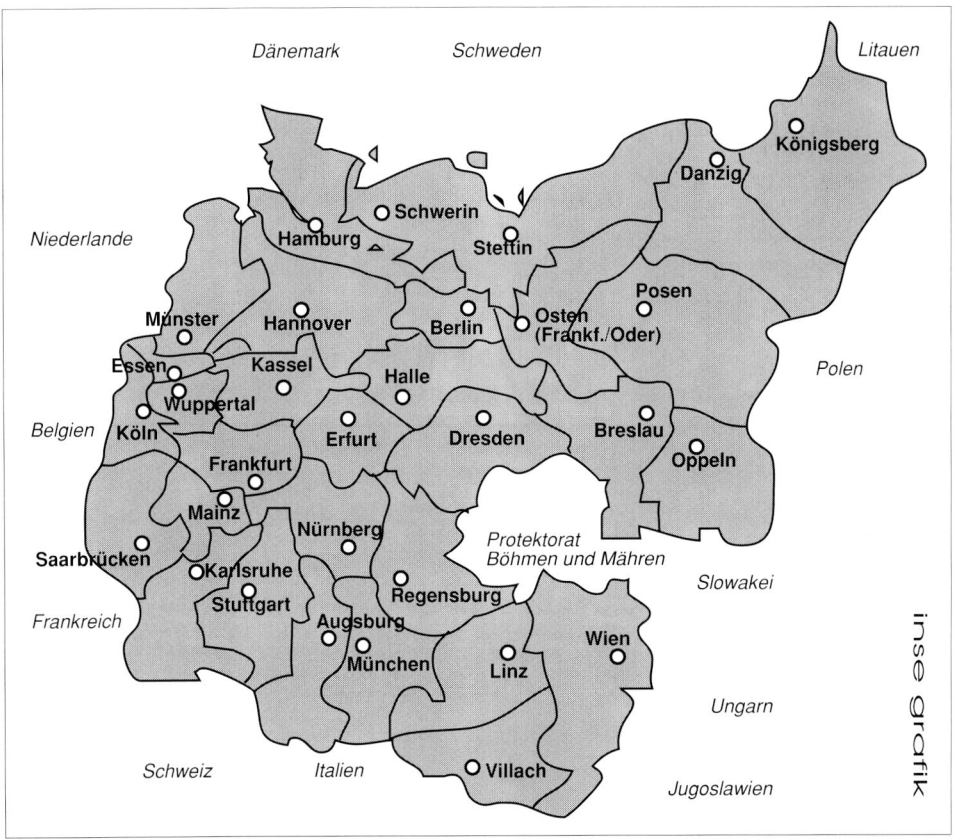

Karte 3.1   Übersichtskarte der Reichsbahn-Direktionen

arbeitete jede RBD unabhängig, wobei die zentralen Verwaltungsbehörden als Schiedsrichter wirkten, die nur dann, wenn es erforderlich war, einschritten, um eine direkte Rolle zu spielen. Das System, das sich daraus ergab, war flexibel, obwohl es an einem gewissen Mangel an der Koordination litt, die von der Zentrale ausging, was auf eine unklare Trennung der Kompetenzbereiche zwischen Hwa, GBL und RBD zurückging. [14]

Die Bewältigung eines so komplexen Unternehmens, in dem die Bewegungen von ein paar tausend Zügen, Bahnkunden und der Betrieb von Bahnhöfen gleichzeitig stattfanden, machte es notwendig, daß Berge von Informationen rasch, präzise und verläßlich gesammelt wurden. Die Reichsbahn hatte diese Notwendigkeit erkannt und ein modernes, umfassendes sowie großzügiges Fernmeldenetz eingerichtet, das aus 800 000 km Kabel bestand, welches 600 000 Telefonapparaten und 200 000 Fernschreibern diente. [15] Während des Krieges wurden über 7 700 km neue Leitungen gelegt. [16] Die Direktionen waren durch doppelte Kabelleitungen mit Berlin verbunden, die vergraben waren oder über Masten geführt wurden, die sich neben der Strecke befanden. Die Stationen waren mit den Direktionen durch Leitungen verbunden, die ungefähr einen Meter tief unter der Erde lagen und Brücken sowie Viadukte mieden, indem sie gesondert unter den Hindernissen hindurch oder um sie herum verliefen. [17] Die Ausstattung wurde durch das Zentralamt in Berlin beschafft, und dort sowie in München und Wien waren Ausbesserungswerke eingerichtet, Schulen befanden sich in Berlin, Dresden und Stuttgart. [18] Im Durchschnitt übermittelte das Netz täglich über 2,5 Mio. Gespräche, von denen jedes durchschnittlich zwei Minuten dauerte, und über 0,5 Mio. Telegramme, die jeweils zehn Wörter enthielten. [19] Es wurden Regeln eingeführt, die die Länge der Mitteilungen und Gespräche begrenzten. Solche, die unwichtig erschienen, wurden unterbrochen.

Das Telekommunikationsnetz war in drei ineinandergreifende Bestandteile unterteilt. Ein Betriebsnetz, das sich mit den Direktionen deckte, verband sämtliche Stationen und Ausbesserungswerke miteinander und wies alle 1 000 Meter entlang der Strecke Telefone auf. Jede Station hatte ihre eigene Vermittlungsstelle, die Verbindungen zu allen Arbeitsplätzen in ihrem Bereich herstellte, und besaß spezielle Leitungen zu den nächsten größeren Transportkunden, wie zum Beispiel Kohlezechen und Stahlwerke. Und schließlich gab es noch vier Hauptnetze, die sich sowohl aus Telefon- als auch Telegrafenleitungen zusammensetzten, die in Berlin, Essen, Frankfurt (Main) und Nürnberg zusammenliefen und der Fernvermittlung dienten. Die technische Grundlage des Netzes war die Bahnselbstanschlußanlage (Basa), die es einem Anrufer ermöglichte, mit jeder Stelle zu telefonieren, indem er einfach die entsprechende Nummer wählte, ohne sich an die Vermittlung wenden zu müssen. Alle Direktionsverwaltungen und andere größere Betriebsanlagen, wie Ausbesserungswerke und Bahnhöfe, wurden mit Basa ausgerüstet. [20]

Für die Reparatur der Kommunikationswege wurden besondere Züge, die mit Ersatzteilen und Werkzeugbeständen ausgestattet und mit Technikern bemannt waren, in ständiger Bereitschaft gehalten. Materialvorräte wurden an Orten aufbewahrt, die von den Bahnhöfen und anderen möglichen Bombenzielen weit entfernt lagen. Kommunikationsräume wurden verstärkt, um einer Druckwelle und Splittern standzuhalten. Überall verstreut gab es Stellen, die mit Fernmeldeapparaten versehen waren, und in Güter- und Lastkraftwagen wurden mobile Basa eingebaut. [21]

Lange vor dem Krieg war erkannt worden, daß Telefon- und Telegrafensysteme, egal welche Vorkehrungen getroffen würden, gegenüber Luftangriffen ungeschützt blieben. In der Folge wurden die größeren Ämter mit Funkgeräten ausgestattet, damit im Notfall Verständigungsmöglichkeiten gewährleistet wären. Sie standen nie in ausreichender Anzahl zur Verfügung, und mit der Wehrmacht focht die DR einen aussichtslosen Kampf um Frequenzen. [22] Das Funkgerät brachte jedoch eine weitere Verwundbarkeit mit sich, die sofort erkannt und angesprochen wurde. Die Ämter in Berlin, jede RBD-Verwaltung und die GBL'en waren mit einer Enigma-Chiffriermaschine ausgerüstet. [23] Dieser Dienstweg war nur hohen Beamten, wie Dorpmüller und seinen unmittelbar Untergebenen, sowie den Präsidenten der RBD'en und GBL'en vorbehalten. [24] Die Verwendung der Enigma durch die Reichsbahn wurde damals geheimgehalten, und kurz vor der Kapitulation 1945 wurden alle ihre Spuren vom DR-Personal bewußt beseitigt. Dennoch ist klar, daß die Enigma bis zum Schluß benutzt wurde und an Bedeutung gewann, als sich der Krieg seinem Ende näherte. Als Furcht aufkam, was die Sicherheit ihrer übrigen Dienstwege anbelangte, und als die überirdischen Leitungen durch Bombardierungen durchtrennt wurden, verließ sich die DR noch stärker auf ihren scheinbar unentschlüsselbaren Code. [25]

Der Bemühung, die innere Funktionsweise der Reichsbahn zu verbergen und den Informationsfluß trotz Störung von außen sicherzustellen, entsprachen ihre Vorkehrungen, die sie traf, um den Verkehr nicht zum Stillstand kommen zu lassen. Wie alle staatlichen Organisationen im Dritten Reich rief die DR eine Abteilung des Reichsluftschutzbundes ins Leben, die den Namen Eisenbahn-Luftschutzdienst erhielt. Sie überwachte den Luftraum auf der Informationsgrundlage, die von der Luftwaffe sowie ihren eigenen Ämtern kam, und gab Fliegeralarm. Wenn ein Angriff bevorzustehen schien, hielten die Züge in Tunnels oder Waldgebieten und die Besatzung stieg aus. Kein Zug konnte während eines Angriffs in einen Bahnhof einfahren oder ihn verlassen. Die Bahnhöfe unterbrachen ihren Betrieb während eines Luftangriffs, arbeiteten jedoch bis zum allerletzten Augenblick. Dann flüchtete sich das Personal vor den Schrapnell-Geschossen in Unterstände und kleine Betonbunker, die neben den Arbeitsstätten errichtet worden waren. Gelegentlich suchte es die größeren Bunker auf, die zum Schutze der Reisenden gebaut worden waren. [26]

Im Februar 1944 veranlaßte die steigende Belastung der deutschen Industrie durch Luftangriffe die DR dazu, im Verkehrsministerium eine zentrale Luftschutzbefehlstelle einzurichten. Sie war dafür zuständig, Arbeitskräfte und Materialien in die Gebiete zu senden, die unter Luftattacken gelitten hatten. [27] Vor dem Krieg waren Reparatur-Kolonnen gebildet worden, die insgesamt aus 16 000 Mann bestanden, von denen 5 700 von der DR kamen. Sie wurden beim Wiederaufbau stark beschädigter Bahnhöfe eingesetzt. [28] Eine eigene Reparaturmannschaft behob kleinere Schäden. Die DR hatte schon immer spezielle Gleisanlagen-Bauzüge unterhalten. Sie waren mit besonderen Werkzeugen sowie Maschinen ausgerüstet und auf größeren Eisenbahnstationen flächendeckend abgestellt. Während des Krieges wurden sie reaktiviert und in ständiger Bereitschaft gehalten. [29] Material lagerte in Depots, die entlang der Strecke eingerichtet waren.

Externe Behörden unterstützten die Reichsbahn, indem sie Arbeitskräfte und technische Dienste zur Verfügung stellten, die jenseits der Möglichkeiten der DR lagen. Dazu gehörte die Organisation Todt, technische Trupps der Wehrmacht und der Reparaturdienst des Instandsetzungsdienstes des Sicherheits- und Hilfsdienstes (IS) des Reichsluftschutzbundes. [30] Die OT konnte mit Tausenden von Arbeitern eingreifen, Fremdarbeiter und Gefangene mit eingerechnet, während sich die IS auf die Instandsetzung von Anlagen und Brücken in Stadtgebieten spezialisierte.

Die Reparatur von Signalen war eine besonders haarige Angelegenheit, und die Reichsbahn hatte sich schon frühzeitig darauf vorbereitet. Ersatzteile waren knapp, da sie in der Industrie geringe Priorität besaßen und der größte Versorger, die Vereinigten Eisenbahnsignalwerke, mit Standort in Berlin-Siemensstadt, am 20. Januar 1944 zerbombt worden war. Um beschädigte Signale und Fernmeldeeinrichtungen auszubessern, wurden 168 Bauzüge zusammengestellt. Mobile Signale und Stellwerke wurden vorbereitet, die es den Bahnhöfen ermöglichten, den Betrieb aufrechtzuerhalten, bis die laufenden Reparaturarbeiten abgeschlossen werden konnten. [31]

Es wurde ein festes Konzept eingeführt, das vorgab, wie die Instandsetzungsmannschaften nach einem Bombenangriff vorzugehen hatten. Zuerst wurde eine Direktverbindung hergestellt, um die Störung auf den jeweiligen Bahnhof zu beschränken, der getroffen worden war. Als nächstes wurde der Rangierbereich repariert. Dann wurden die Güterverkehrsanlagen und Bahnsteige in Angriff genommen und schließlich die Lokschuppen. [32]

Von Anfang an hatte man begriffen, daß diese Vorkehrungen sich bei einem großangelegten Angriff als ungeeignet erweisen würden. Deshalb wurden für die Kompensierung des zeitweiligen Verlusts eines größeren Bestandteils im System Pläne angelegt. Sie basierten auf den Standardregeln für die Bewältigung von Notsituationen und beinhalteten den Streckenbetrieb ohne Signale, bei dem nur das eine Gleis einer zweigleisigen Strecke offen war und auf dem „falschen Gleis", entgegen der gewöhnlichen Fahrtrichtung, gefahren wurde. Darüber hinaus wurden Vorkehrungen für die Umverladung von Gütern und die Verkehrsabwicklung zwischen den Bahnhöfen getroffen, unter Einbeziehung des Falles, daß man im Ruhrgebiet zwei größere Bahnhöfe verlöre. [33]

So besaß die Reichsbahn ein gutes Verwaltungswesen und eine umsichtige Art der Verkehrsbewältigung, die lediglich ein wenig an mangelnder Abstimmung zwischen ihrer Zentrale und den regionalen Ämtern krankte. Um in jedem denkbaren Notfall gewappnet zu sein, hatte sie umfangreiche Vorbereitungen durchgeführt. Es überrascht nicht, daß sie sich Änderungsvorschlägen von außen widersetzte und ihnen auch bis zum Frühling 1942 erfolgreich widerstand. [34] Doch dann bröckelte ihre Front unter dem Druck der gewaltigen Krise, die das ganze deutsche Kriegsunternehmen erfaßte und Speer an die Macht brachte. Die Niederlage bei Moskau und der furchtbare Winter, der ihr sowohl in der Sowjetunion als auch in Deutschland folgte, lösten eine ernste Transportkrise aus. Die langen Fernmeldeleitungen, die nach Osten führten, meldeten der DR den Verlust von Lokomotiven und Wagen. Viele waren wegen der extremen Kälte lahmgelegt. Bis zum März 1942 konnte der verfügbare Wagenraum nur etwa zwei Drittel des Bedarfs decken, der Kohlewagenraum lag ein Zehntel unter seinem Soll. [35] Es folgten Werksstilllegungen und vor den Bergwerken türmte sich die Kohle auf.

Dorpmüller erkannte selbst den Ernst der Lage und bot an, die Kontrolle über Eisenbahnangelegenheiten an Speer abzugeben. Doch der neue Rüstungsminister scheute davor zurück, sich eine so schwere Last zusätzlich zu den anderen kniffligen Aufgaben aufzubürden. Darum verschaffte er sich Hitlers Zustimmung für Veränderungen im Personal- und Verwaltungsbereich, welche die DR neu beleben und sie in sein werdendes System der industriellen Effizienz eingliedern würden. [36]

Speer erreichte, daß die Leiter der Bereiche Verkehr und Betrieb entlassen wurden, und ersetzte sie durch Dr. Fritz Schelp bzw. Gustav Dilli. Schelp war 45 Jahre alt und 19 Jahre lang bei der DR tätig gewesen. Dilli brachte eine Ingenieursausbildung mit und war 52 Jahre alt. Er war ein Fachmann für das Aufstellen von Güterfahrplänen und hatte seinen Dienst im Ruhrgebiet, in den besetzten Gebieten und bei der GBL-West versehen. [37]

Die wichtigste aller Ernennungen, die Speer vornahm, war die des tatkräftigen Dr. Albert Ganzenmüllers zum neuen Staatssekretär und stellvertretenden Generaldirektor der Reichsbahn. Ganzenmüller, 37 Jahre alt, verkörperte die Sorte des jungen, engagierten und dynamischen Verwaltungsbeamten, die Speer schätzte. Er besaß eine Ausbildung als Elektroingenieur und hatte sich durch seinen Dienst im besetzten Westen hervorgetan. Für den Dienst im Osten hatte er sich freiwillig gemeldet und seinen guten Ruf dadurch erworben, daß er in der Ukraine den allumfassenden Winterverkehrsnotstand meisterte. Hinzu kam, daß er ein überzeugter Nationalsozialist war, der im November 1923 am Hitler-Putsch teilgenommen hatte und im April 1931 der NSDAP beigetreten war. Er mischte aktiv bei Parteiangelegenheiten mit und hatte in ihren Sportwettkämpfen einige Preise gewonnen. [38] Routinebürokratie war ihm verhaßt, und so weigerte er sich beispielsweise, Mitteilungen zu unterzeichnen, die über vier Seiten lang waren. Er war davon überzeugt, daß die Schwierigkeiten der Reichsbahn von der schlechten Verwaltung kamen und nicht vom Fahrzeugmangel. Ganzenmüller, Schelp und Dilli waren gemeinsam von Speer damit beauftragt worden, das im Grunde solide System der Reichsbahn mit neuer Energie zu erfüllen. Sie sollten die alten, konservativen, kundenorientierten Praktiken abschaffen, um Schnelligkeit und Effizienz zu betonen und dadurch ohne größere Erweiterungen des Kapitals eine Leistungssteigerung zu ermöglichen. Speer traf zwar Vorkehrungen für eine erhöhte Produktion von Lokomotiven einfachster Bauart, umfangreiche Neubauten von Bahnhöfen oder Gleisanlagen waren dagegen nicht geplant. [39]

Diese personellen Veränderungen wurden von organisatorischen Reformen begleitet, durch welche Speer die DR in seinen Verwaltungsapparat integrierte. Anfangs teilte er seinen Ringen und Ausschüssen Vertreter des Transports zu. [40] Sie erwiesen sich jedoch als ungeeignet. Am 21. Juni 1942 gründete er in seinem Ministerium ein Verkehrsamt, bestehend aus ihm selbst, Ganzenmüller, Erhard Milch, Willi Liebel, einem Major aus Nürnberg, der ebenfalls ein guter Freund war, Wilhelm Landfried vom Wirtschaftsministerium, Karl Kaufmann, dem Gauleiter von Hamburg und speziellen Bevollmächtigten für Seeverkehr, sowie Wilhelm Meinberg, der innerhalb der Vierjahresplanverwaltung für den Kohletransport zuständig war. [41] In diesem Gremium hatte Milch den Vorsitz, wobei Speer im Hintergrund blieb. Es leitete Maßnahmen ein, um die Wagenbeladung zu beschleunigen und den Verkehr von den Schienen auf die Wasserstraßen zu verlagern.

Als man glaubte, daß es seine Aufgaben erfüllt hatte, wurde es im September 1942 aufgelöst. [42]

Am selben Strang zogen das Verkehrsamt und Hans Kehrl, der zum Sonderbeauftragten für die Reichsbahn ernannt wurde. Kehrl konzentrierte sich auch darauf, die Verladezeit zu verringern und unnötige Transporte zu beenden. Zu letzteren gehörten Güter, die über große Entfernungen geliefert wurden, obwohl der Käufer sie auch vor Ort hätte bekommen können. Die Abschaffung solcher Sendungen schonte den Transport durch die Verkleinerung des durchschnittlichen Güteraufkommens und durch Beseitigung des Phänomens, daß ähnliche Produkte auf der Schiene aneinander vorbeifuhren, auf dem Weg zu benachbarten Verbrauchern und Spediteuren. Kehrl bemühte sich auch darum, die gesamte Nachfrage zu begrenzen, indem er den Transport auf die wichtigsten Güter, wie Kohle und Stahl, ausrichtete und die Beförderung anderer Frachtarten abschaffte oder verminderte. [43] Um den Spediteuren das Programm stärker ins Bewußtsein zu bringen, betrieb die Reichsbahn eine Werbekampagne unter dem Motto „Räder müssen rollen für den Sieg!" [44] Ebenso wie das Verkehrsamt hörte Kehrl im Herbst 1942 auf, sich in Transportangelegenheiten einzumischen.

Von etwas längerer Dauer war der Einfluß des Büros für Transportorganisation. Es wirkte von November 1942 bis zum 1. September 1943, vertraglich gebunden an das RWM, um Kehrls Programm auf der Grundlage von Studien weiterzuführen, die es vorher unabhängig betrieben hatte. Ab September 1943 wurde es in das Ministerium eingegliedert und verlor danach an Einfluß. Es untersuchte die wirtschaftlichen Beziehungen zwischen den Industrieregionen im Reich und leitete Maßnahmen zur Rationalisierung des Güterverkehrs ein. [45]

Diese strukturellen Maßnahmen, die Speer ergriff, waren alle von kurzlebiger Natur, obwohl sie der Reichsbahn doch sehr dabei halfen, die Krise von 1942 zu überwinden. Beständiger war die Zentralverkehrsleitstelle (ZVL). Sie entsprach seinen Ausschüssen und Ringen in der Industrie, und mit ihrer Gründung wurden die Methoden der Verkehrsbeeinflussung im Reich von Grund auf geändert. Der ZVL stand der 56 Jahre alte Ernst Emrich vor, der seine Eisenbahner-Karriere 1912 begonnen hatte und gleichzeitig Chef der GBL-Ost war.

Für den Transport der Kohle verwendete die Deutsche Reichsbahn hauptsächlich Ganzzüge. Zwei solcher aus OOt-Wagen gebildeten Züge sind auf den beiden Abbildungen zu erkennen. Sie werden von Dampfloks der Baureihe 58^{10} (pr. G 12) gezogen.

AUFNAHMEN: SLG. DIERK LAWRENZ

Den Erzumschlag zwischen Schiff und Reichsbahn zeigt die obige Aufnahme. Im Osnabrücker Hafen wartet 56 145 mit einem Kübelwagenzug auf das Ende der Beladung. Mit einem Güterzug aus Kohlewagen passiert eine Dampflok der Baureihe 55^{25} ein Industriewerk im Ruhrgebiet. (unten)   AUFNAHMEN: SLG. DIERK LAWRENZ

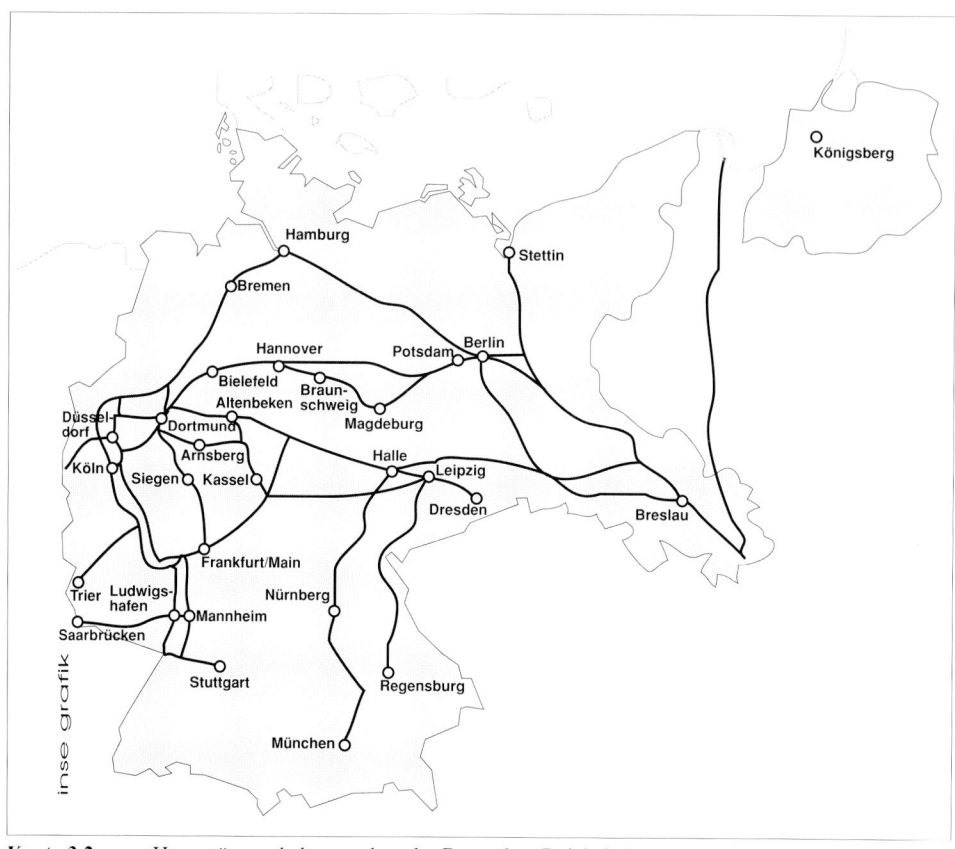

Karte 3.2 Hauptgüterverkehrsstrecken der Deutschen Reichsbahn

[46] Die ZVL, sie bestand seit Juni 1942, setzte sich aus Beauftragten aller Ministerien zusammen, die mit Wirtschaftsangelegenheiten zu tun hatten. Die Leiter der wichtigsten Reichsbahnämter und der Abteilung für Binnenwasserstraßen im RVM erstatteten dort regelmäßig Bericht zur Verkehrslage. Obwohl die ZVL satzungsgemäß keinerlei Machtbefugnisse hatte, war sie doch aufgrund der Wichtigkeit ihrer Mitglieder sowie ihrer Einzigartigkeit als Forum, auf dem sich Kunden von Transportleistungen direkt begegnen konnten, und weil sie den Segen Speers genoß, das mächtigste Verwaltungsorgan und übte Einfluß auf die Verkehrspolitik des Reichs aus. Sie allein war es, die den Verbrauchergruppen Wagenraum zuteilte, und sie verließ sich auf Dilli und das Hauptwagenamt, wenn es darum ging, genaue Quoten festzulegen – mit Ausnahme des Kohletransports, den überwachte die ZVL ständig und streng. [47]

Das Endergebnis dieser personellen und administrativen Reformen bestand darin, daß die Reichsbahn die Krise im Winter 1942 überwand und danach deutlich besser dastand. Sie brachte die notwendige Unterstützung für Speers Rüstungssteigerung, indem sie die Tonnage, die sie beförderte, durch gesteigerte Arbeitsleistung erhöhte, nicht durch die Schaffung von mehr Wagenraum. Dadurch war Pleiger in der Lage, die Sitzung der Zentralen Planung zu Kohlefragen am 30. April 1943 mit der Feststellung abzuschließen, daß die Lage zufriedenstellend sei. [48]

Auch wenn Veränderungen in der Führung ihr eine erhöhte Leistung abverlangen konnten, waren der Reichsbahn letzten Endes durch den Bestand an physischem Vermögen doch Grenzen gesetzt. 1943 beschäftigte sie ungefähr 1,5 Mio. Menschen, von denen etwa 12 % Fremdarbeiter und Kriegsgefangene waren. [49] Sie hielten 78 879 Streckenkilometer in Betrieb, von denen 55 % als Haupstrecken angesehen wurden, die für den Schwerlastverkehr geeignet waren. Zwei Drittel der Hauptstrecken waren zweigleisig ausgeführt, und weitere drei Prozent wiesen drei oder mehr Gleise auf. Etwa drei Prozent, vor allem in Süddeutschland, waren elektrifiziert. [50] (Zu den Hauptgüterverkehrsstrecken siehe Karte 3.2)

Der Fahrzeugpark, der sich auf dem ausgedehnten und gut unterhaltenen Schienennetz der Reichsbahn bewegte, war in jeder Hinsicht enorm. Seit Juli 1944 umfaßte er 34 545 Lokomotiven, von denen 32 295 dampfgetrieben waren. [51] Sie waren in 740 Bahnbetriebswerken (Bw) zu Hause, die von 95 Reichsbahn Ausbesserungswerken (RAW) unterstützt wurden. Die RAW waren richtige Fabriken, die in der Lage waren, umfangreiche Reparaturarbeiten auszuführen. [52] Manche hatten eine Belegschaft von über 1 000 Leuten. [53]

Wie der Rest der Wirtschaft war auch die Reichsbahn stark auf Kohle angewiesen. 1943 verbrauchten ihre Lokomotiven über 32 Mio. t Steinkohle. [54] Die Vorräte hielten 20 Tage. [55] Das Zentralamt kaufte die Kohle direkt bei den Syndikaten. Nur bestimmte Arten waren zu gebrauchen, und die Ingenieure gingen zu den Zechen, um sie auszuwählen. [56] Der Hauptlieferant war das RWKS, welches ungefähr 43 % des Bedarfs bei der Reichsbahn deckte, während Oberschlesien etwa 40 % beisteuerte. [57]

Die gefräßigen Lokomotiven zogen insgesamt 1 208 438 Güterwagen, von denen 973 045 im Besitz der DR waren. [58] Es gab zwei Haupttypen. Gedeckte Güterwagen, die ungefähr ein Drittel der Gesamtmenge ausmachten, wurden eingesetzt, um verderbliche Fracht oder solche, bei der jedes einzelne Stück sehr wertvoll war, zu befördern, während offene Wagen, die zwei Drittel des Wagenparks ausmachten, dazu verwendet wurden, Massenware zu transportieren, wie zum Beispiel Kohle. Beide Typen hatten eine durchschnittliche Kapazität von 20 t. Ab 1942 wurden sie jedoch regelmäßig mit einer oder zwei Tonnen überladen. [59]

Das Transportangebot war umfangreich, den Vorschriften zum Betrieb der Züge und den Bedürfnissen des Marktes angepaßt. Durchgangsgüterzüge verkehrten nur zwischen größeren Handelszentren und hielten nicht an kleineren Bahnhöfen. Andere sammelten Fracht und verteilten sie auf eine Unzahl von kleinen Stationen, Güterschuppen auf Personenbahnhöfen, und firmeneigenen Verladestellen. [60] Fast ein Drittel aller Züge fuhr leer, da nicht immer eine Rückfracht vereinbart werden konnte, obwohl energische Versuche unternommen wurden, dies zu erreichen. Züge, die gemischte Güter beförderten, waren durchschnittlich 39 Wagen lang. [61] Die Ladung betrug im Mittel zirka 300 t. [62] Kohlezüge hatten eine Länge von etwa 40 Wagen und transportierten ca. 800 t, obwohl viele, die sich aus speziellen Wagen mit großer Ladekapazität zusammensetzten, es auf über 1 000 t brachten. [63] Die meisten Güterzüge fuhren mit etwa 50 km/h, ein Drittel bewegte sich jedoch mit 60 km/h. [64]

Dieses ganze geschäftige Verkehrstreiben wurde von den Teilen gesteuert, die allgemein als Nerv der Reichsbahn angesehen wurden – ihre Verschiebebahnhöfe. [65] Der Verschiebebahnhof stellte die Verkörperung der wirtschaftlichen Arbeitsteilung dar. Güter aus allen möglichen Herkunftsorten wurden mittels einer komplizierten Sortiermethode, die nach einem genauen

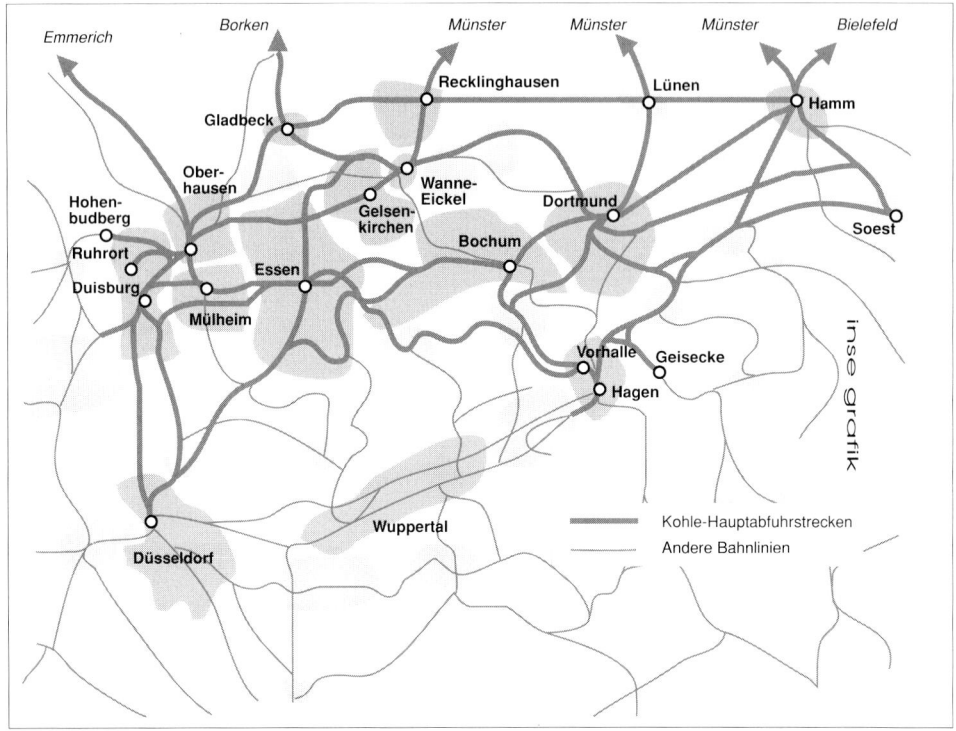

Karte 3.3 Streckennetz im Ruhrgebiet

Plan sowohl innerhalb einzelner Verschiebebahnhöfe als auch zwischen ihnen ablief, zu ebenso zahlreichen Zielen dirigiert. Auf den Verschiebebahnhöfen wurden keine Wagen beladen. Kleinere Ladungen wurden vielmehr in die Güterhallen gebracht, die sich unweit von ihnen oder neben größeren Personenbahnhöfen befanden. Größere Sendungen wurden an Rampen verladen, die von Herstellern genutzt wurden, die durch Nebengleise mit der Hauptbahn verbunden waren. Sämtliche größeren Schwerindustriebetriebe besaßen ihre eigenen Verladestellen. An diesen Punkten wurde jedem Wagen eine Karte mitgegeben, die in einem Fach an seiner Außenseite steckte. Sie begleitete den Wagen bis zu seinem Ziel und fand im Sortierungsprozeß Verwendung. Die Karte war mit einem Stempel versehen, der die Dringlichkeit der Ladung mit einem Kennwort, zum Beispiel „Panzer", angab. Die Wagen wurden durch Nahgüterzüge eingesammelt und zum nächsten Verschiebebahnhof gebracht, wo sie in einem Gleisbündel stehengelassen wurden, das wie ein Grillrost geformt war und Einfahrgruppe genannt wurde. Die Lokomotive fuhr weg, um gewartet zu werden. Dann stieß eine kleine Rangierlokomotive die Kette der Güterwagen, die von Arbeitern entkuppelt worden waren, über einen Ablaufberg, einen Erdhügel, über den ein Gleis verlegt worden war. Ihr eigenes Gewicht und die Schwerkraft zogen sie zu einem zweiten Gleisbündel, in dem jedes Gleis eine Route repräsentierte. In den Gleisen dieser Richtungsgruppe wurden die Wagen nach der Reihenfolge aufgereiht, in der sie herabgerollt kamen. Fernbediente Weichen und Gleisbremsen lenkten sie in das richtige Gleis und hinderten sie daran, aufeinander zu prallen. Nachdem sie alle sortiert worden waren, zog eine Rangierlokomotive die Wagen zur Ausfahrgruppe, wo eine Streckenlokomotive sie mit auf ihren Weg nahm. Diese ganze hochkomplizierte und gefährliche Arbeit fand während der Nacht statt, um es bereitgestellten Zügen zu ermöglichen, in den frühen Morgenstunden abzufahren und die Ladung während der Geschäftsstunden auszuliefern. Der gesamte Rangierprozeß konnte noch um ein Vielfaches aufwendiger sein, wenn ein Verschiebebahnhof Verkehrsströme bewältigte, die, aus verschiedenen Richtungen kommend, sich in ihm kreuzten, oder wenn er neben einem Hafen lag. Auf jeden Fall war es eine extrem umständliche und heikle Angelegenheit, die für Störungen, die durch das Wetter oder menschliches Versagen bedingt waren, anfällig war. [66] Probleme in einem Rangierbahnhof hatten in den übrigen ihren Nachhall. Aus diesem Grund wurden Ganzzüge eingesetzt, die nur eine Art von Ladung beförderten, in der Regel Kohle oder Erz. Sie zusammenzustellen, dauerte länger als bei gewöhnlichen Zügen, weshalb sie bei der Reichsbahn anfangs unbeliebt waren. Ihre Vorteile in Bezug auf verminderten Rangieraufwand gewannen jedoch an Bedeutung und so wurden sie im Laufe der Monate immer häufiger eingesetzt. [67]

Die Bedeutung und Empfindlichkeit des Rangiervorgangs brachte mit sich, daß die ZVL und andere Ämter, die für die Zuteilung von Wagenraum verantwortlich waren, ihre Arbeitsvorgänge sehr genau überprüften. Es war unvermeidlich, daß ihre größte Aufmerksamkeit den drei wichtigsten Direktionen galt, die gemeinsam der Reichsbahn das Tempo vorgaben. Da sie die Zentren des Kohleumschlags waren, spiegelten sie die geografische Arbeitsteilung exakt wider.

Der RBD Essen kam die größte Bedeutung zu (siehe Karte 3.3). Sie brachte es allein auf ein Zehntel aller Rangiertätigkeiten, und, was noch viel wichtiger war, von ihr gingen 38 % der Steinkohletransporte durch die Reichsbahn aus. In ihrem Einflußbereich lagen fünf der zehn größten Verschiebebahnhöfe der DR. Doch die Größe allein war nicht ausschlaggebend für die Bedeutung eines Verschiebebahnhofs. Genauso entscheidend war sein Standort sowohl im Verhältnis zur Industrie, von welcher der Verkehr ausging, als auch den Empfängern. Daraus ergab sich, daß ein paar Rangierbahnhöfe innerhalb der RBD Essen und den umgebenden Direktionen von allergrößter Wichtigkeit waren. Rüdiger Schmidt vom RWKS erkannte ihren Wert, und gemeinsam mit der Reichsbahn machte er sich täglich Gedanken über ihr Wohlergehen, da sie den Kohlestrom zwischen dem Ruhrgebiet und seinen Einzugsgebieten regelten. [68]

Das größte dieser Tore zum Ruhrgebiet lag im Bereich der RBD Essen am östlichen Rand der Region, nordöstlich von Dortmund, und hieß Hamm. Es konnte bis zu 150 Güterzüge pro Tag (insgesamt 10 000 Güterwagen) zusammenstellen und war damit der größte Verschiebebahnhof Deutschlands. Er hatte die Kontrolle über die dichtbefahrene viergleisige Strecke, die über den Bielefelder Viadukt in Richtung Hannover und Berlin führte. Diese war die am häufigsten befahrene Route in Deutschland. In Hamm wurden die Nahgüterzüge aus dem Ruhrgebiet für die Entsendung nach Osten miteinander verbunden und die eingefahrenen Durchgangsgüterzüge wurden aufgelöst, damit ihre Fracht innerhalb der Region verteilt werden konnte. [69]

Im Nordwesten der RBD Kassel lag Soest, das 4 000 Wagen pro Tag bewältigen konnte. Es bestimmte das Tempo des Kohlestroms auf seinem Weg, der über den Altenbekener Viadukt verlief, zu den vom Ruhrgebiet abhängigen Regionen in Sachsen. Weiter südlich befand sich Geisecke, das bei einer Kapazität von 3 000 Wagen täglich den Transport nach Osten über den Arnsberger Viadukt nach Kassel regelte. Noch weiter südlich und in westlicher Richtung lag der

Eisenbahnkomplex bei Hagen, dessen bedeutendster Rangierbahnhof Vorhalle war, mit einer Kapazität von 3 800 Wagen pro Tag. Er war das Tor zum berühmten Siegerland, das sich in südlicher Richtung neben den alten Eisenerzvorkommen des Ruhrgebiets bis Frankfurt (Main) erstreckte. Vorhalle und Geisecke wurden von der RBD Wuppertal verwaltet.

In der entgegengesetzten Ecke des Ruhrgebiets lag Wedau, das zur RBD Essen gehörte und pro Tag 7 200 Wagen abfertigen konnte. Es regelte den Verkehrsstrom, der von Duisburg, Oberhausen und Essen ausgehend in südlicher Richtung am rechten Rheinufer entlang verlief, um Düsseldorf, dessen Rangierbahnhof in Derendorf und schließlich Mannheim zu erreichen.

Im Bereich der RBD Köln befand sich nördlich von Wedau am linken Rheinufer Hohenbudberg. Es vermochte täglich ungefähr 6 000 Wagen zu bewältigen, und beeinflußte den Verkehr, der sich am linken Rheinufer hinunter nach Köln bewegte.

Innerhalb derselben Direktion gab es dann schließlich noch Münster, das zwar nur 2 000 Wagen pro Tag schaffte, aber den Verkehrsstrom regulierte, der vom riesigen Güter- und Kohlebahnhof bei Wanne-Eickel [70] kam und nach Norden zu den Nordseehäfen verlief. In umgekehrter Richtung fand ebenfalls ein bedeutender Verkehr statt, mit Industriewaren, Nahrungsmitteln und Eisenerz.

Das zweite Kohlezentrum, Oberschlesien, wurde durch die RBD Oppeln bedient. Hier gestaltete sich der Verkehr viel einfacher, da er sich im allgemeinen aus der Region hinaus in Richtung Westen über die sogenannte Kohlebahn nach Berlin und Sachsen hin bewegte. Beinahe ebenso wichtig war der Verkehr, der sich auf der Magistrale abspielte, die nordwärts nach Gdingen an der Ostsee führte. Von dort aus wurde die Kohle zu den Nordseehäfen und nach Skandinavien versandt. Auf der Magistrale wurden 60 000 t von insgesamt 160 000 t der täglich aus Oberschlesien exportierten Steinkohle befördert. [71] Der bedeutendste Rangierbahnhof der RBD Oppeln befand sich bei Gleiwitz mitten im Kohlerevier. Hier konnten täglich 6 800 Wagen verschoben werden. Innerhalb der RBD Oppeln betrug das allgemeine Güterverkehrsaufkommen insgesamt 12 %, und dort kam auch ein Drittel des Steinkohletransports zustande. [72]

Als Mittler zwischen den beiden Hauptkohleregionen und den westlich, nördlich und östlich von ihnen gelegenen Industriegebieten fungierte die RBD Halle. Bei ihr machte der Güterwagentransport 7,5 % aus, der Anteil am gesamten Braunkohletransport kam auf 45 %. [73] Ihr Anteil an der gesamten Güterzugbildung vermittelt einen falschen Eindruck von ihrer Wichtigkeit, da die Arbeitsschritte hier sehr komplex waren und unter großem Zeitdruck ausgeführt wurden, damit der Verkehr anderswo nicht ins Stocken geriet. Ihre beiden bedeutendsten Verschiebebahnhöfe lagen bei Halle und Falkenberg und verfügten über eine Kapazität von 4 800 bzw. 7 000 Wagen pro Tag. [74]

Diese drei zentralen Direktionen, Essen, Halle und Oppeln, bestimmten den gesamten Umfang und die Geschwindigkeit der Arbeitsvorgänge bei der Reichsbahn. Sie spielten deshalb so eine Rolle, weil sie mit dem Kohlehandel in Verbindung standen und ihre geografische Lage sie zu Quellen oder Mittlern des Industriegüterverkehrs machte. Zwei Direktionen in den Randgebieten und eine in der Mitte des Landes waren nicht nur für das Schicksal der DR die entscheidenden Faktoren, sondern auch für Deutschland, da sie das reibungslose Funktionieren der Arbeitsteilung möglich machten.

In Berlin wurde speziell darauf geachtet, daß sie den Kohleverkehr meistern konnten. In dieser Sache wurde den RBD'en Essen und Oppeln für ihre Unternehmungen viel Spielraum gelassen. Das Hauptwagenamt und die ZVL verfolgten die Entwicklungen jedoch genau und hielten in den RBD'en Halle, Berlin und den benachbarten Regionen Kohlewagen in Reserve, um bei irgendwelchen Unregelmäßigkeiten im Verkehr aushelfen zu können. Ganz besonders bemühte man sich darum, Kohle in Ganzzügen zu transportieren, mit regelmäßigen Fahrten, die sich nach einem Fahrplan richteten und gegenüber anderen Zügen Vorrang hatten. [75]

Komplizierter wurde es dadurch, daß die Muster der Verkehrsabläufe sich jahreszeitlich änderten. Der Sommer war die ruhigste Periode, da die Kohlenachfrage dann am niedrigsten war. Im September erhöhte sich dann das Tempo, weil die Firmen sich beeilten, Reserven für den Winter anzulegen. Wenige Wochen später entwickelte sich im Osten ein großer, dringender Bedarf, um die Ernte nach Westen in die städtischen Regionen zu befördern, bevor sie verdarb. Für die Reichsbahn war das die schwierigste Zeit im Jahr. Nach der Ernte blieb das Verkehrsaufkommen hoch, bis das warme Frühlingswetter den Bedarf an Kohle und damit auch an Transport senkte. Immerfort ermahnte die Reichsbahn die Konsumenten, Reserven während der Sommermonate anzulegen, wenn genügend Wagenraum vorhanden war. Es ließ sich jedoch nicht vermeiden, daß sie diese Gelegenheit ausließen. [76]

Um die Aktivitäten der Reichsbahn in den drei GBL'en und den drei wichtigsten Direktionen zu verfolgen, sind vier Indikatoren ausgewählt worden, die alle auch von der DR selbst zum selben Zweck verwendet wurden. Am aufschlußreichsten ist die Menge der Wagenstellungen. Sie mißt die Arbeit im Zentralnerv des Systems, den Verschiebebahnhöfen. Die Wagenstellung bedeutete das Einfügen eines Wagens in einen Zug. Sie war nicht gleichbedeutend mit der Beladung. [77] 1943 erreichte die Reichsbahn ihre größte Menge an Wagenstellungen seit 1916, indem sie 48 614 078 Wagen zu Güterzügen zusammenstellte. [78] Der größte Anteil entfiel auf den Kohletransport, der fast einem Drittel der Wagen entsprach. [79] 1943 wurden zirka 14,5 Mio. Kohlewagen bereitgestellt. Um verschieden große Güterwagen vergleichbar zu machen, sprach man, wenn es um sie ging, von 10-t-Einheiten. Gemäß dieser Maßeinheit, die auch in dieser Darstellung verwendet wird, wurden 26 266 876 Wagen bereitgestellt. [80] Vom Gewicht her machte die Kohle – nur um diese Zahlen ins rechte Licht zu rücken – 43 % des gesamten Frachtaufkommens bei der DR aus. [81] Im November 1943 stellte die Reichsbahn durchschnittlich 81 696 Kohleeinheiten bereit, davon 57 197 für Steinkohle und 21 499 für Braunkohle. [82] Das Plansoll schwankte zwischen 81 000 und 83 000, in Abhängigkeit von der Jahreszeit und anderen Umständen. [83]

Ein zweiter bedeutender Maßstab waren die Rückstände, das heißt, die Züge, deren planmäßige Abfahrt sich um mehr als zwei Stunden verzögerte. 1943 umfaßten die täglichen Rückstände im ganzen System 282 Züge. [84]

Ein weiterer interessanter Meßwert ergab sich aus der Zeitspanne, die für das Ent- und Neubeladen eines Wagens nötig war. Diese Umlaufzeit betrug im November 1943 sechseinhalb Tage. [85] Je kürzer die Güterwagenumlaufzeit war, desto weniger Zeit wurde dazu benötigt, um ein bestimmtes Verkehrsvolumen zu bewältigen.

Zuletzt wird die Aufmerksamkeit dem Kohlevorrat gelten, der den DR-Lokomotiven für die Nutzung zur Verfügung stand und in Verbrauchstagen angegeben wurde. Er liefert einen sehr verläßlichen Hinweis auf den allgemeinen Zustand des Kohleverkehrs, da die Kohletransporte für die Reichsbahn absoluten Vorrang hatten. Außerdem mißt er genau, inwieweit der Lokomotivbetrieb reibungslos ablief. Die Notreserve reichte für zehn Tage. [86] Im Sommer 1943 bewegten sich die Vorräte an Dienstkohlen um die 19-Tage-Marke. [87]

Die Aufnahmen auf dieser Seite zeigen zwei Güterbahnhöfe in der Reichsbahndirektion Halle (Saale). Auf der oberen Aufnahme sind mehrere Güterzüge mit Braunkohlewagen zu erkennen. Braunkohle gehörte zu den wichtigsten Rohstoffen im Wirtschaftsraum Mitteldeutschlands. Während der unten abgebildete Güterbahnhof bereits elektrifiziert ist, wurden auf der oberen Aufnahme erst die Masten und die Quertragwerke montiert.

AUFNAHMEN: SLG. DIERK LAWRENZ

Eine wichtige Rolle in der Verteilung der oberschlesischen Kohle spielten die Rangierbahnhöfe in der Reichsbahndirektion Oppeln. Beide Abbildungen zeigen den Rangierbahnhof in Gleiwitz.

AUFNAHMEN: SLG. DIERK LAWRENZ

Ihre beste Form in der Kriegszeit erreichte die Reichsbahn 1943. Speers Veränderungen des Führungsstils hatten sie in die Lage versetzt, ihre ganze Stärke im Einklang mit der steigenden Rüstungsproduktion entfalten zu können. Für das neue System stand Ganzenmüller. Er führte der DR neue Energie zu und schuf die alten, konservativen Führungs- und Betriebspraktiken ab, die von Dorpmüller verkörpert wurden. Die traditionelle Arbeitsteilung, die den RBD'en Essen, Halle und Oppeln eine spezielle Bedeutung zukommen ließ, wurde dabei der neuen Situation angepaßt.

Dennoch blieb der Zustand, angesichts der zusätzlichen Produktionssteigerungen, die von Speer angestrebt wurden, mangelhaft. Die Wagenstellungen lagen ständig ungefähr ein Viertel unter dem Soll. [88] Von den 200 000 Wagen, welche die Industrie täglich anforderte, wurden wahrscheinlich nur etwa 165 000 wirklich gebraucht. [89] Die tatsächlichen Wagenstellungen beliefen sich 1943 im Durchschnitt auf 158 352 Wagen täglich, was zwar knapp, aber schon so weit unter dem Bedarf lag, daß es der Produktion einen Hemmschuh verpaßte. [90] Die Kohlewagenstellungen erreichten ebenfalls beinahe ihr Ziel, doch die gesamte Tonnage, die von der RVK angepeilt wurde, 275 Mio. t im Kohlewirtschaftsjahr 1943/44, wurde um fast fünf Prozent verfehlt. [91] Dies war zwar wieder nur knapp, doch angesichts der Forderung nach ständig wachsenden Mengen bedeutete jedes Kilogramm nicht ausgelieferte Kohle in der Tat einen Produktionsrückgang.

Zwei Gründe können für die Unzulänglichkeit der DR angeführt werden. Erstens war die durchschnittliche Länge der Fahrten von 183 km (1938) bis zum Ende des Jahres 1943 auf 375 km ausgedehnt worden.

Dies wurde durch die Erweiterung des geographischen Bereichs verursacht, den die Reichsbahn infolge der Gebietsaneignungen Hitlers und wegen der Industrie bediente, die sich verteilt hatte, um den Luftangriffen zu entgehen. Ein Großteil des Verteilungsprogramms wurde aufs Geratewohl durchgeführt, dabei wurde von den beteiligten Firmen auf die Erfordernisse des Transports nur wenig Rücksicht genommen. Ein verzweifeltes Gedränge setzte im März 1944 ein, als die Luftfahrtindustrie weiträumig zerstreut wurde, um den amerikanischen Luftangriffen zu entkommen, die im Februar gegen sie unternommen worden waren. Das Ergebnis bestand aus einer kurzzeitigen Erholungspause für die Fabriken und einer größeren Belastung für die Verschiebebahnhöfe, die mehr Richtungen zu bedienen hatten. Die längeren Wagenläufe zu entfernten Orten hielten die Wagen länger auf der Strecke, so daß mehr Wagen benötigt wurden, um ein konstantes Frachtvolumen befördern zu können. [92]

Der entscheidende Grund war dennoch, daß der Krieg über die Ausmaße, wie Hitler sie sich ursprünglich gedacht hatte, weit hinausgewuchert war. Reichsbahnbeamte sind damals und nach dem Krieg zu dem Schluß gekommen, und viele Historiker sind derselben Meinung, daß die DR nicht genügend auf den Krieg vorbereitet war. [93] Sie sprechen vom stark gestiegenen Transportbedarf, der angeblich schon 1938 die Kapazität der Reichsbahn überstiegen habe. In Wirklichkeit war die DR gut auf die kurzen Eroberungsfeldzüge vorbereitet, die Hitler im Sinn hatte. Sie verfügte über ein unverbrauchtes Potential, das durch die Weltwirtschaftskrise brach lag und wegen der eigenen Ineffizienz nicht ausgenutzt wurde. Ihre Kapazität war durch Kapitalerhöhungen erweitert worden, die vor dem Krieg vorgenommen worden waren. Die staatlichen Investitionen in das Transportwesen und insbesondere in die Reichsbahn stiegen von 1937 bis 1938 um 40 %. [94] An den Strecken wurden umfangreiche Verbesserungen vorgenommen. [95] Während der dreißiger Jahre hatte die Reichsbahn darum gekämpft, die Geschwindigkeit bei der Personenbeförderung zwischen den größeren Stadtgebieten, wie Ber-

Tabelle 3.1

Vergleich des Zustands der deutschen Eisenbahn im Ersten und Zweiten Weltkrieg

Jahr	Güterwagen	Lokomotiven	Tonnage [1]	Wagenstellungen [1]	Durchschnittl. Wagenstellungen pro Tag	Nettotonnenkilometer [2]	Durchschnittl. zurückgelegte Entfernung [3]	Umlauf [4]
1913	617 748	27 214	501	40,7	133 433	67,7	119	3,05
1938	650 229	25 183	547	47,2	154 521	92,8	182	4,2
1916	711 507	31 038	416	51,4	167 213	–	164	4,6
1943	973 045	36 329	675	48,6	158 352	178,0	269	7,6

[1] in Millionen, [2] in Milliarden, [3] in Kilometern, [4] in Tagen

Quellen: Kreidler, Eisenbahnen, S. 284, 335, Tabelle 3.1, 336, Tabelle 3.2, 337, Tabelle 3.3, 338, Tabellen 3.5 und 3.6; Sarter, Deutsche Eisenbahnen im Kriege, S. 276, Tabelle A, 278, Tabellen E, F und G; Wehde-Textor, „Dokumentarische Darstellung", S. 43, BA R5 Anh I/11; USSBS, German Transportation, S. 74-75, Beleg 72.

lin, Hamburg, Köln, Frankfurt (Main) und Stuttgart, den wahren Zentren des Wirtschaftslebens, zu erhöhen. Um sie dem Sprung nach vorne anzupassen, wurden die Schnellzüge, Gleisbettungen und Signale verbessert. Dies kam auch dem Güterverkehr zugute, da seine Durchschnittsgeschwindigkeit um ein Drittel anstieg. [96] Eine Serie umfangreicher Verbesserungen wurde an den Verschiebebahnhöfen vorgenommen, die in den zwanziger Jahren begannen und in der Erweiterung und Modernisierung der Rangierbahnhöfe in Ostdeutschland zwischen 1940 und 1942 gipfelten. [97] Der Betrieb wurde mechanisch auf den neuesten Stand gebracht, mit Gleisbremsen, fernbedienten Weichen und Funkgeräten. [98] Der Bestand an Rangierlokomotiven wurde von 1932 bis 1938 um das 15fache erhöht. [99] Gegenüber dem Vergleichsjahr 1913 (siehe Tabelle 3.1) besaß die DR 1938 mehr Güterwagen und weniger, aber stärkere Lokomotiven, bildete mehr Züge und transportierte ein Drittel mehr an Fracht. Dies verhielt sich so, obwohl die Streckenlänge im Durchschnitt um mehr als die Hälfte erweitert und die Umlaufzeit um ein Drittel ausgedehnt wurde. Während die deutschen Eisenbahnen 1913 von den verschiedenen Ländern betrieben wurden, konnte die Reichsbahn, da sie vereinheitlicht war, über eine modernere und produktivere Ausstattung verfügte und wirkungsvoller verwaltet wurde, mit einem größeren Dienstleistungsangebot auf ähnlicher Kapitalbasis aufwarten. Aus denselben Gründen war sie in der Lage, ihre Leistung während des Kriegs weiter zu verbessern. Als der Krieg begann, besaß die Reichsbahn, entgegen der allgemein vertretenen Ansicht, eine große Flotte an modernen Fahrzeugen, die auf soliden, hervorragend instandgehaltenen Gleisanlagen eingesetzt wurden, und zu all dem gehörte eine umfangreiche Instandsetzungsorganisation, die beides unterhielt. Die Reichsbahn genoß den Ruf, eine der besten Eisenbahnen der Welt zu sein. Letzten Endes wurde sie durch die gewaltigen Forderungen, die ihr durch Hitlers Größenwahnsinn auferlegt wurden, erdrückt. Trotzdem leistete die Reichsbahn Bewundernswertes und kämpfte bis zum Ende gegen eine Übermacht.

Den gesamten Transportbedarf, insbesondere für Massengüter, hätte die Reichsbahn auch unter optimalen Bedingungen nicht ohne fremde Hilfe decken können. Seit der Jahrhundertwende hatten die Transportplaner es sich so gedacht, daß die Binnenwasserstraßen die Eisenbahnen unterstützen sollten. Während der dreißiger Jahre befaßten sich sowohl die Weimarer Republik als auch das Nazi-Regime mit einem umfangreichen Programm, das auf eine Kapazitätserweiterung des Netzes abzielte, indem Flüsse ausgebaut und an das Kanalsystem angeschlossen wurden. Dennoch war das Netz der Binnenwasserstraßen 1943 auf einen Tiefpunkt jenseits der Erwartungen abgerutscht. Sein Anteil an der insgesamt beförderten Tonnage und am Kohleverkehr war seit Kriegsbeginn stetig geschrumpft. Außerdem war effektiv auch seine Leistung gesunken. [100] Für den Verfall gab es drei Hauptgründe. Der eine bestand aus dem Abgang von Schiffspersonal zur Wehrmacht. Der andere war das Absinken des Instandsetzungsniveaus. Die schlechte Organisation machte am meisten aus.

Der Verkehr auf Deutschlands Flüssen und Kanälen stand gewöhnlich unter der Gesamtaufsicht von Werner Hassenpflug, dem Leiter der Sektion Binnenwasserstraßen im Verkehrsministerium. [101] Diesen Posten hatte er 1942 während Speers Reformbestrebungen übernommen. Sein Auftrag bestand darin, Schwung in die schwerfällige Verwaltung der Wasserstraßen zu bringen, doch die dem Schiffahrtsgeschäft innewohnende Eigentümlichkeit und die Launen des Wetters vereitelten ihm dies. Anders als die Reichsbahn, die direkt vom Staat betrieben wurde, war der Verkehr auf den Wasserwegen in den Händen von Bootsbesitzern und Spediteuren, die bei ihrer Arbeit den Profit im Auge hatten. [102] 1935 waren sie in die Handelsgruppen des Wirtschaftsministeriums strukturell eingegliedert worden, die Verbindungen zu ihren historisch gewachsenen Privatorganisationen hielten sie aufrecht. [103] Der absoluten Kontrolle durch den Staat hatten sie sich jedoch entziehen können. Es gab einfach zuviele einzelne Besitzer von Kähnen, als daß irgendein Kontrollorgan sie hätte alle vor denselben Karren spannen können. Alle waren sie sehr auf ihre Freiheit bedacht, und fahren konnten sie, wie sie wollten, wo doch weite Strecken der Wasserwege unüberwacht waren und in den Häfen geschäftiges Treiben herrschte. Sie konnten sich einschiffen, wann sie wollten, wegen gewinnbringender Fracht verhandeln, ihre Kähne festmachen und als Lagerraum vermieten, wenn dies größere Erträge versprach, oder, falls ihnen ein Gebiet zu gefährlich vorkam, dieses gänzlich meiden. Die Umgebung, in der sie sich fortbewegten, unterschied sich so sehr von den starren Schienen der Eisenbahn, und die Tradition des privaten Handels war so tief verwurzelt, verglichen mit der bei allen Eisenbahnaktivitäten üblichen zentralen Führung und Planung sowie den weitreichenden und engen Verbindungen der deutschen Eisenbahnen zum Staat, daß die örtlichen Behörden des Verkehrsministeriums nur wenig mehr taten als Statistiken sammeln.

Das Land war in zwölf Schiffahrtsgebiete aufgeteilt, die von Wasserstraßendirektionen verwaltet wurden. Es wurden Schiffahrtsämter, die ihnen untergeordnet waren, eingerichtet, um den Verkehr zu überwachen und nominell auch Prioritäten zu ermitteln. An wichtigen Häfen und Orten, wo sich Wasserwege kreuzten, wurden Schiffahrtsstellen eingerichtet, um die Fahrten zu regeln, Genehmigungen zu erteilen und Protokolle zu führen. Alle diese Ämter standen über die GVL und BVL in Kontakt mit der Reichsbahn. [104]

Dieser schwache und lose strukturierte Apparat verwaltete eine Flotte von 19 248

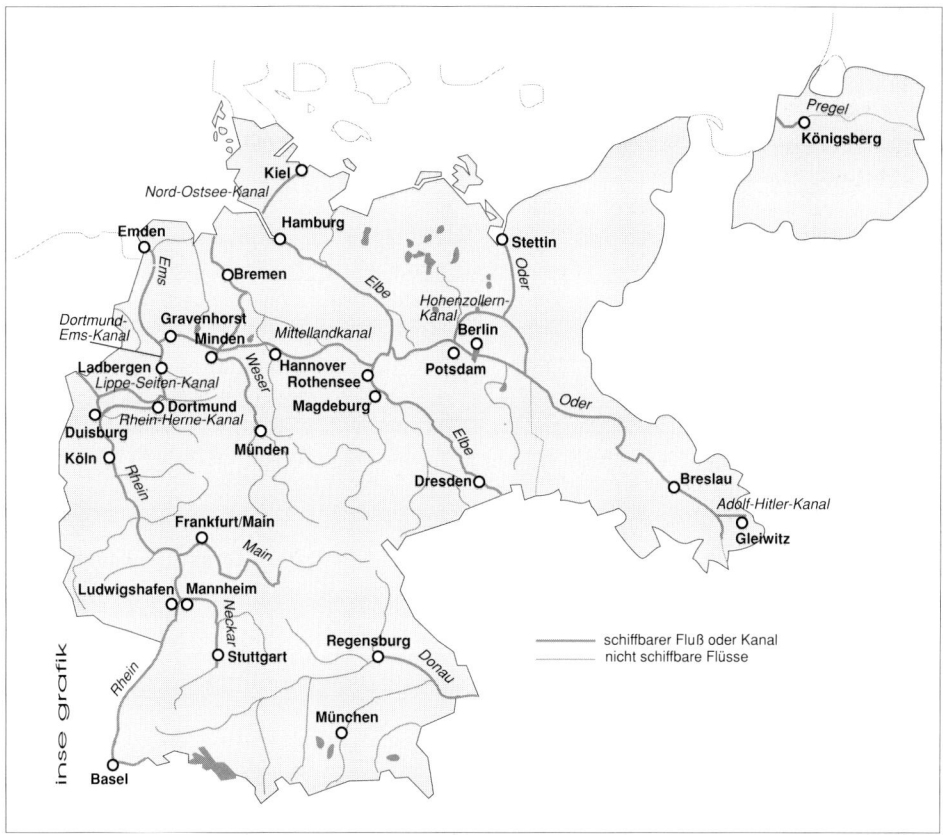

Karte 3.4 Flüsse und Kanäle im Deutschen Reich

Kähnen, die mit 8 262 170 t beladen waren. Ihre Besatzung bestand aus 45 858 Menschen, von denen zirka sechs Prozent weiblich und fast ein Drittel Fremdarbeiter waren. [105] 1943 beförderten sie gemeinsam 82 Mio. t an Fracht. [106] Ihr wichtigstes Ladegut war die Kohle, die 37 % der Fracht ausmachte. [107] Auf den Kanälen im westlichen Teil Deutschlands wurden ungefähr 40 % des Schiffsraums von der Kohle eingenommen, und auf dem Rhein 60 %. [108]

Die Struktur des Wasserstraßensystems (siehe Karte 3.4) spiegelte seine Rolle innerhalb der Arbeitsteilung wider. Der Rhein unterstützte den Nord-Süd-Verkehr zwischen dem Ruhrgebiet und seinen Versorgungsgebieten im Südwesten. Auf ihm fuhren über eine schiffbare Strecke von mehr als 1 300 km 4 177 Kähne. Die durchschnittliche Kapazität der Frachtkähne betrug 1 000 t. Der bei allen Arten von Kähnen insgesamt zur Verfügung stehende Raum entsprach 3 238 074 t. [109] Den großen Fluß entlang wurde eine große Anzahl von Häfen betrieben; dennoch geben nur ein paar von ihnen das Wesen des Verkehrs auf dem Strom wider, und auf sie wird die Aufmerksamkeit während der ganzen Darstellung gerichtet sein.

Am bedeutendsten war der riesige Duisburg-Ruhrort-Komplex. Im Jahre 1943 wurden dort ungefähr 10 Mio. t Fracht abgefertigt, von der beinahe die Hälfte aus Kohle bestand. [110] Von ihm gingen etwa ein Viertel der gesamten Kohleverschiffung von Ruhrgebietshäfen auf den Rhein aus. [111] Der Empfänger am anderen Ende dieses

Wichtiges Bindeglied zwischen Eisenbahn und Schiffsverkehr spiel(t)en die Rheinhäfen. Die obere Aufnahme gestattet einen Blick auf die Hütten-, Gleis- und Umschlaganlagen am Niederrhein in Duisburg, dem größten deutschen Binnenhafen. Kleiner ausgefallen sind hingegen die Umschlaganlagen des Düsseldorfer Hafens.

AUFNAHMEN: SLG. DIERK LAWRENZ

An der deutschen Nordseeküste bestimm(t)en mehrere Häfen den Warenumschlag, u. a. die von Hamburg und Nordenham. Auf beiden Aufnahmen geht es um die Entladung von Kohlenzügen. Die obere Aufnahme zeigt auf Entladung wartende Kohlenzüge im Hamburger Oberhafen, das untere Bild demonstriert die Entladung eines Kohlenzuges, gebildet aus Großkübelwagen. AUFNAHMEN: SLG. DIERK LAWRENZ

Verkehrsflusses war Mannheim, wo ungefähr 70 % der gesamten Kohle angenommen wurden, die vom Ruhrgebiet aus in südliche Richtung transportiert wurde. Der Hafen von Mannheim verfügte über eine eigene Brikettfabrik, um Braunkohle zu verarbeiten, und war für die umliegenden Industriebetriebe mit der Eisenbahn leicht erreichbar. 1943 bewältigte er über vier Millionen Tonnen Fracht, von der ungefähr drei Viertel aus Kohle bestanden, die aus der Rhein/Ruhr-Region ankam. [112]

Das, was die Einzugsgebiete des Ruhrgebiets nach Norden und Osten hin versorgte und als seine Zuleitung für Eisenerz aus Skandinavien fungierte, war der Dortmund-Ems-Kanal (DEK). Er wurde 1899 für Frachtkähne mit einer Kapazität von 750 t fertiggestellt und nach dem Ersten Weltkrieg umgebaut, um Schiffe mit einer Ladung von bis zu 1 500 t aufnehmen zu können. [113] Ungefähr 1 400 Kähne, die zusammen eine Ladekapazität von über einer Million Tonnen aufwiesen, waren auf ihm in Betrieb. [114] Er versorgte eine große Anzahl von Häfen, darunter Dortmund, und die Kohlehäfen der Zechen, die an seinem südlichen Teil und am Rhein-Herne-Kanal (RHK) lagen, durch den er mit dem Rhein verbunden war. [115] Ein geeigneter Ort, um die Aktivität auf ihm zu messen, ist die Schleuse bei Münster, die südlich der Stelle lag, wo er mit dem Mittelland-Kanal zusammentraf. Diesen Punkt passierten 1943 insgesamt 13 749 308 t Fracht. Davon waren 60 % Steinkohle, die nach Norden und Osten befördert wurde, und 39 % Eisenerz, das in Richtung Süden zu den Schmelzöfen des Ruhrgebiets unterwegs war. [116]

Im Westen vervollständigte der Mittelland-Kanal (MLK), der 1938 fertig wurde und Kähnen mit bis zu 1 700 t Verdrängung diente, das Wasserstraßensystem. [117] Der MLK wurde von derselben Gruppe von Frachtkähnen befahren, die auch auf dem Dortmund-Ems-Kanal eingesetzt wurde. Mit der Elbe traf er bei Minden mittels Schleusen zusammen. und über ein Aquädukt überquerte er den Fluß. Seine wichtigsten Häfen lagen bei Hannover und Salzgitter, wobei letzterer den Reichswerken Hermann Göring diente. [118] Wenn die Frachtkähne die spektakuläre Schiffshebeeinrichtung bei Rothensee in der Nähe von Magdeburg benützten und dann die Elbe und Havel sowie angeschlossene Kanäle durchfuhren, konnten sie Berlin erreichen. Der MLK beförderte ungefähr 18 Mio. t Fracht, von der die Hälfte aus Kohle bestand, wie bei Minden festgestellt wurde. [119]

Berlin war, was den Handel auf dem Wasserweg anging, in erster Linie von der Oder, mit der es über den Oder-Spree-Kanal verbunden war, abhängig. Der Verkehr kam hauptsächlich durch Steinkohle aus Oberschlesien zustande, Braunkohle aus Mitteldeutschland spielte hier eine geringere Rolle. Die Oder beherbergte 2 343 Frachtkähne mit einer Gesamtnutzlast von 854 135 t. Sie waren kleiner als die Kähne auf dem Rhein und den westdeutschen Kanälen und besaßen eine durchschnittliche Kapazität von 430 t. Die Nebenkanäle wurden von 2 413 Booten befahren, die in der Lage waren, 577 882 t Fracht zu befördern. Diese Kähne waren ebenfalls relativ klein und verfügten über eine mittlere Kapazität von 307 t. [120]

In Berlins Häfen wurden jedes Jahr zirka 13,5 Mio. t Fracht umgeschlagen, wobei der Anteil der Kohle an der Gesamtmenge 29 % ausmachte. Zwei Drittel der Kohle stammten aus Oberschlesien. Die Quelle des Hauptverkehrsstroms war der Hafen von Gleiwitz. Er war über den Adolf-Hilter-Kanal, der 1940 fertiggestellt wurde und 750-t-Frachtkähne aufnehmen konnte, mit der Oder verbunden. [121] Sein Verkehr bestand nahezu gänzlich aus Kohleladungen, die jährlich etwa bis zu 4,5 Mio. t ausmachten. [122]

Das Gesamtpotential des Wasserstraßennetzes wurde wegen der bereits erwähnten Hindernisse in der Verwaltung niemals ausgenutzt. Sein Wert war darüberhinaus auch dadurch begrenzt, daß es den Witterungseinflüssen ausgesetzt war. Jeden Winter wurde der Verkehr wegen des Eises für ein paar Wochen angehalten, und während des Sommers war er durch niedrigen Wasserstand eingeschränkt. Abgesehen von den Einwänden der Bootsverleiher war es schwierig, Schiffe, die für einen Wasserweg gebaut waren, woanders einzusetzen, da sie unterschiedliche Eigenschaften besaßen. Letztlich konnten die Frachtkähne nur einem geringen Teil des Marktes dienlich sein, da es topografische Einschränkungen gab, was den Ort anbelangte, wo sie gebaut werden konnten, und wegen der gegebenen Lage der schiffbaren Flüsse. Nicht geeignet waren sie für Expreßgüter, Maschinenfertigteile und andere, relativ kleine Ladungen. Ihr Hauptbeitrag bestand darin, Kohle und Erz zu transportieren, doch auch hierbei stellten sie eine Ergänzung und niemals einen potentiellen Ersatz für die Reichsbahn dar. Ihre stofflichen und organisatorischen Einschränkungen führten insgesamt dazu, daß die Wasserstraßen dabei versagten, die Bedürfnisse des Speerschen Programms zur Rüstungsproduktion zu erfüllen. Im Kohlewirtschaftsjahr 1943/44 beförderten die Fracht- und Schleppkähne gegenüber dem Vorjahr fast ein Viertel weniger an Kohle und verglichen mit 1940/41 fast ein Zehntel weniger. [123]

Vor diesem düsteren Hintergrund wurde Speers sorgfältig ausbalancierter Mechanismus von einer neuen Krise heimgesucht, die im Frühjahr 1944 begann. Die Kohleproduktion lag ein Zehntel unter dem Erwarteten, und der Koksausstoß fiel um fünf Prozent unter sein Soll. [124] Die Reichsbahn verfehlte ihr Ziel nur knapp, und die Wasserstraßen waren vom ihrigen weit entfernt. [125] Das Ergebnis war eine spürbare Verknappung der Kohlevorräte in der Industrie. Die übliche Auffüllung der Vorräte während des Sommers fand nicht statt. [126] Um diese Angelegenheit zu diskutieren, berief Speer am 25. Mai 1944 eine Sitzung der Zentralen Planung ein.

Die Versammlung entpuppte sich als die stürmischste der ganzen Kriegszeit. Pleiger malte ein trostloses Bild von der Kohleproduktion, die dadurch lahmgelegt war, daß es am Transport mangelte, die Vorräte in den Fabriken auf die Hälfte gegenüber dem Vorjahr zusammenschrumpften, und die Halden sich rings um die Zechen wild auftürmten. Die Talfahrt, so mahnte er, werde immer rasanter, und drastisches Handeln sei nötig, um sie zu stoppen. Er forderte 86 000 Kohlewagen pro Tag, 25 000 für das Ruhrgebiet und 28 000 für Oberschlesien. [127]

Es folgte ein Klagegesang mit Bitten um Kohle und leidenschaftlichen Berichten vom mangelnden Transport. Überall wurde davon geredet, daß die alliierten Bomber dabei seien, die Verschiebebahnhöfe in Frankreich und Belgien zu zerstören, und daß sie den dortigen Kohlestrom unterbrochen hätten. Die Reichsbahn schickte sogar immer noch Kohle aus dem Ruhrgebiet dorthin. Dies führte zu einer Drosselung ihrer Stärke, da die Wagen im Durcheinander verloren gingen und niemals mehr nach Deutschland zurückkehrten. [128] Kehrl warnte, daß das Reich kurz davor stünde, in einen größeren Kohlenotstand zu geraten. [129]

Speer war ebenfalls der Meinung, daß sich Deutschland am Rande einer Krise befand, die den Ausgang des Kriegs bestimmen könnte. Er prophezeite, daß bald heftige Angriffe auf die Verschiebebahnhöfe in Deutschland beginnen würden. Obwohl er auf eine energische Verteidigung durch die Luftwaffe hoffte, betonte er, daß der Schlüssel darin liege, wie gut die Reichsbahn und insbesondere ihre Reparaturmannschaften in den entscheidenden Verschiebebahnhöfen des Ruhrgebiets dem Sturm trotzen würden. [130] Das Schicksal der Kohleversorgung und des mit ihr verbundenen gesamten, von Speer genau ausbalancierten, Industriesystems lag in den Händen der alliierten Bomberbefehlshaber. Mit ihnen werden wir uns als nächstes beschäftigen.

Neben der Kohle- und Stahlindustrie waren für das Deutsche Reich auch die Öl- und die Kaliindustrie bedeutend. In Nordenham baute die Deutsch-Amerikanische Petroleum-Gesellschaft große Petroleumtanks. In Sehnde standen die Gebäude des Kalischachts Friedrichshall.

AUFNAHMEN: SLG. DIERK LAWRENZ

4. Der Luftangriff auf die Reichsbahn: Kontroverse und Kompromiß vor dem Hintergrund rivalisierender Nachrichtendienste

Der Luftangriff auf die Reichsbahn, der Speer so unausweichlich schien, war in Wirklichkeit das Produkt eines wenig stabilen Kompromisses zwischen den alliierten Luftwaffenbefehlshabern und hätte genauso gut auch nicht stattfinden können. Einflußreiche Organisationen und Persönlichkeiten machten gegen die Idee, die Transportmittel anzugreifen, Front. Sie taten es zum Teil deshalb, weil ihnen die Probleme, denen die deutsche Kriegswirtschaft gegenüberstand, und die Verwundbarkeit des dortigen Transportsystems nicht klar waren. Verläßliche und detaillierte Informationen über die laufende Wirtschaftsaktivität im Reich waren spärlich. Dabei hatten sich in Deutschland der Grundaufbau der Wirtschaft, die Rolle, welche die Kohle in ihr spielte, sowie die Funktion des Transportsystems seit Kriegsbeginn nicht verändert, was durch ein Studium der verfügbaren Quellen hätte erkannt werden können. Außerdem lagen bei den alliierten Nachrichtenoffizieren der Luftstreitkräfte bis 1944 völlig ausreichende Erkenntnisse über die Reichsbahn und das Binnenwasserstraßensystem griffbereit in den Regalen. Die maßgeblichen Hindernisse, die einem großangelegten Angriff auf das deutsche Transportnetz im Weg standen, waren bürokratischer Natur.

Ein Wetteifern innerhalb der Informationsbehörde und zwischen den Streitkräften trübte den Blick auf Wesentliches. Fast genauso ausschlaggebend waren die verständliche Furcht seitens der Luftwaffenkommandanten, ihre Streitkräfte würden von solchen Zielsystemen, die sich für lohnender erachteten, abgelenkt, sowie der Mangel an Klarheit über die Frage, was Bomber in der Tat ausrichten können. Speziell die Amerikaner hatten erhebliche Schwierigkeiten damit, eine Wirtschaft zu verstehen, die sich sehr von der ihrigen unterschied. Es darf auch nicht vergessen werden, daß die alliierten Luftwaffenkommandanten keine historischen Präzedenzfälle hatten, nach denen sich sich hätten richten können, und daß die vor dem Krieg entwickelten Theorien keine Erfolgsrezepte waren. Trotzdem wurde nach hitziger Debatte ein ausbaufähiger Kompromiß erreicht. Er mußte ständig überarbeitet werden. Eine elegante Lösung war er nicht. Er war weniger wirkungsvoll, als er hätte sein können. Allerdings können im Krieg nie optimale Ergebnisse erzielt werden.

Als die alliierten Luftwaffenbefehlshaber sich dem Problem gegenübersahen, eine Strategie zu entwickeln, um Deutschland zu schlagen, waren sie sich der Tatsache ganz und gar bewußt, daß das, was sie taten, niemals vorher in vergleichbarer Weise vorgekommen war. Anders als die Armee- und Marineführer konnten sie sich nach keinem Geschichtsbeispiel richten, wenn sie Rat suchten. Es gab keine theoretischen Leitfäden, die auf Erfahrung basierten und ihnen den Weg gewiesen hätten. Stattdessen verfügten sie über das, was sie während des gegenwärtigen Kriegs selbst an Erfahrungen gesammelt hatten, sowie die Spekulationen einiger weniger Autoren, die das Problem während der Kriegsjahre angesprochen hatten. Der bekannteste von all jenen war der Italiener Giulio Douhet, dessen Werk über die Vorherrschaft in der Luft 1921 erschien. Leider lieferte Douhet kein Regelverzeichnis für das Aufbauen einer Luftwaffe und ihren Einsatz im Kampf. Er wartete vielmehr mit einem idealisierten Szenario für einen Luftwaffenbefehlshaber der Zukunft auf, wobei er sich auf seine begrenzten Beobachtungen der Auswirkungen von deutschen Bombenabwürfen auf italienische Städte während des Ersten Weltkriegs und seine eigenen Mutmaßungen stützte. Douhet argumentierte, daß es die unabdingbare Grundvoraussetzung für einen erfolgreichen Luftangriff sei, die Überlegenheit in der Luft zu erlangen. Dies könne nur durch offensives Vorgehen erreicht werden: durch Operieren über feindlichem Gebiet und Besiegen der gegnerischen Luftwaffe. Nur dann könne der Angriff auf das Kräftezentrum der feindlichen Nation beginnen. Das Problem, wie diese Gelegenheit zu nutzen wäre, würde allerdings sehr groß sein. Douhet betonte, daß die Auswahl der Ziele die allerwichtigste Aufgabe sein würde, die auf die Luftwaffenbefehlshaber zukommen würde, da das Ergebnis der gesamten Aktion von diesen zu Beginn gefällten Entscheidungen abhängen würde. Douhet war davon überzeugt, daß, falls eine richtige Auswahl getroffen werden würde, unter Einbezug der gesamten sozialen, wirtschaftlichen und verwaltungstechnischen Struktur des feindlichen Staates, die Luftstreitkräfte den Krieg im Alleingang gewinnen könnten. Damit dies stattfinden könne, sei es unbedingt notwendig, daß die Luftwaffe verwaltungsmäßig ihre Unabhängigkeit erlangte, um sie davor zu bewahren, ihre Ressourcen an zweitrangige Ziele zu verschwenden. Obwohl er die Luftwaffenkommandanten dazu ermahnte, mit der Armee und Marine zusammenzuarbeiten, machte er deutlich, daß die Luftwaffe unabhängig von beiden agieren sollte. Nur auf diese Weise könne sie die Masse und Konzentration erlangen, die entscheidend sein würde. Douhet stellte sich in seiner Diskussion über eine imaginäre Luftwaffenoffensive einen gewaltigen, erbarmungslosen Angriff auf die Produktionsstätten des Gegners und seiner Bevölkerung vor. Er spekulierte, daß die psychologische Wirkung dieser Offensive deren physische Auswirkungen übertreffen würde und letztendlich zum Zusammenbruch des gegnerischen Staates führen würde. [1]

Die strahlende Vision von einer raschen und entscheidenden Luftwaffenoffensive, die die Wiederkehr der Leiden in den Schützengräben verhindern würde, erwies sich als überaus verführerisch. Zwei Staaten machten sie sich zu eigen. 1918 schuf Britannien eine unabhängige Luftwaffe, die Royal Air Force, hauptsächlich um eine „strategische" oder unabhängige Luftwaffenoffensive gegen Deutschland durchzuführen. Als 1936 die Wiederaufrüstung begann, erhielt die RAF und insbesondere ihr Zweig für die strategische Offensive, der Bomberverband (Bomber Command), die höchste Priorität, was Ressourcen und die Vergabe von Geldmitteln anging. Britische Strategen folgerten, daß der kleine Inselstaat den Kontinent nicht befreien könne, bevor Deutschlands Kampfkraft nicht durch Blockaden und Bombardierungen vermindert sein würde. Dies stimmte nicht mit Douhets Grundsätzen überein. Ebenso wenig stand es im Einklang mit den Verordnungen, die vom Organisator und geistigen Vater der RAF, Hugh Lord

Trenchard, formuliert worden waren. Es öffnete jedoch die Tür für eine kraftvolle Offensive aus der Luft gegen deutsche Stadtgebiete, von welcher der Befehlshaber des Bomberverbands im Februar 1942, Sir Arthur Harris, glaubte, daß sie zu Deutschlands Niederlage führen würde, ohne daß ein größerer Feldzug zu Lande nötig sein würde. [2]

Eine andere Vorbedingung für den Sieg, die von britischen Strategen aufgestellt wurde, bestand aus der Bildung einer großen Koalition gegen Deutschland. Das entscheidende Mitglied würden die Vereinigten Staaten sein. In Amerika war das Konzept vom Sieg durch strategische Bombardierungen für das U.S. Army Air Corps (= U.S. Army Air Forces nach dem 20. Juni 1941) übernommen worden. Hier hatte es wegen seines technologischen Charakters, seiner Eignung für den Angriff auf eine moderne, komplexe Wirtschaft, und der Dynamik, die es bei der Schaffung einer unabhängigen Luftwaffe erzeugen würde, Anziehungskräfte ausgeübt. Von entscheidender Bedeutung war, daß das U. S. Army Air Corps kein unabhängiges Ganzes war. Seine formelle Unterordnung gegenüber dem, was es als stationierte Bodentruppen wahrnahm, würde auf seine Position bei strategischen Fragen während der gesamten Kriegsdauer abfärben. Zunächst wurden Douhets Ideen zusammen mit ähnlichen Theorien, die von William Mitchell entwickelt worden waren, unverändert in die amerikanische Luftwaffen-Doktrin aufgenommen. Ab 1935 änderte die Taktische Abteilung in Maxwell Field, Alabama, ihre Konzepte jedoch dahingehend ab, daß eine Doktrin entstand, die großen Wert auf die präzise Bombardierung von industriellen Angriffszielen bei Tageslicht legte, um den Feind ohne Hilfe schlagen zu können. Von Anfang an war angenommen worden, daß der Feind Deutschland sein würde. [3]

Dies alles war noch extrem unklar. Es konnten keine Beweise für die Wirksamkeit von Bomben, keinerlei Beispiele aus der Geschichte angeführt werden, um diese Theorien zu bestätigen. Die Luftwaffenstrategen in Britannien und Amerika leiteten ihre Gedanken aus Grundprinzipien ab und vertrauten auf das, was Flugzeuge in Situationen, die man sich nur vage vorstellen konnte, ihrer Erwartung nach wohl würden ausrichten können. Sie nahmen an, daß die Industriezweige auf eine bestimmte, vorteilhafte Weise auf die Bombardierungen reagieren würden. Kurzum, die Theorie der strategischen Bombardierung beruhte zu einem Großteil auf Vertrauen. Ein Festhalten an diesem Vertrauen wurde durch die harten Existenzkämpfe gefördert, die sowohl RAF als auch USAAF während der zwanziger und dreißiger Jahre ausfochten. Eine Infragestellung der Theorie der strategischen Bombardierung wurde nicht zugelassen, da sie einem Angriff auf die gegenwärtige und zukünftige Existenz der beiden Luftwaffen als Organisationen gleichkam. Die Führer beider Luftwaffen, insbesondere die Amerikaner, gehörten der ersten Fliegergeneration an, die viel mehr an das Fliegen als an theoretische Spekulationen gewöhnt waren. Sie waren keine Intellektuelle. Sie waren dynamische Führer, Männer der Tat, die keine Geduld für die Feinheiten der Nachrichtendienst-Analysen oder Wirtschaftswissenschaften hatten. Die Kombination von Neuem, Furcht und Dynamik führte dazu, daß die Auswahl der Ziele während des Kriegs willkürlich vorgenommen wurde. Die alliierten Strategen lernten, während sie in einer bürokratischen Umgebung wirkten, die durch starkes Wetteifern geprägt war, im Laufe der Zeit dazu. Ständig war Vertrauen wichtiger als Nachdenken.

Durch die Begegnung mit der Realität der Nazi-Wirtschaft und den konkurrierenden Anfragen nach Ressourcen seitens der anderen Streitkräfte ergab sich das Problem, den Auftrag der strategischen Luftstreitkräfte und ihrer Bomber klar zu umschreiben. Es wurde notwendig, festzulegen, was man überhaupt als Erfolg ansehen würde. Dies löste wiederum kritische Fragen darüber

Tabelle 4.1

Vergleich der Wirtschaftsmacht der kriegführenden Staaten in Europa, 1943

	Bevölkerung (in Millionen)	Stahlproduktion [1]	Steinkohleförderung [1]	Flugzeugherstellung (Stück)	Panzerherstellung (Stück)
Britannien	42	13,2	202,1	26 263	7 476
USA	137,3	82,1	535,3	85 898	29 497
Sowjetunion	170,5	8,4	92	34 900	24 012
Deutschland	81,1	30,6	268,3	25 200	19 824

[1] in Millionen Metertonnen angegeben

Quellen: Bevölkerung: für Britannien, Mitchell, *European Historical Statistics*, S. 8, Tabelle A1, Schätzung; für die Vereinigten Staaten, Department of Commerce, *Statistical Abstract of the United States*, S. 6, Tabelle 2; für die Sowjetunion, Mitchell, *European Historical Statistics*, S. 7, für 1939; für Deutschland, USSBS, *German War Economy*, S. 202, Anhang Tabelle 1. Stahl: für Britannien, Mitchell, *European Historical Statistics*, S. 225; für die Vereinigten Staaten, Bureau of the Census, *Historical Statistics of the United States*, 2:693; für die Sowjetunion, Milward, *War, Economy, and Society*, S. 95, Tabelle 19; für Deutschland, USSBS, *German War Economy*, S. 251, Anhang 71. Steinkohle: für Britannien, Mitchell, *European Historical Statistics*, S. 192; für die Vereinigten Staaten, Bureau of the Census, *Historical Statistics of the United States*, 2:588; für die Sowjetunion, Milward, *War, Economy, and Society*, S. 95, Tabelle 19; für Deutschland, RVK, Statistischer Bericht Nr. 13, S. 3, BBA 15/1103. Flugzeuge: für Britannien, Postan, *British War Production*, 2:485, Anhang 4; für die Vereinigten Staaten, Holling, *Buying Aircraft*, S. 555, Tafel 14; für die Sowjetunion, Moscow Institute Marksizma-Leninizma, *Geschichte des großen Vaterländischen Krieges der Sowjetunion*, 6:60, ergibt sich durch Multiplikation des monatlichen Durchschnitts mit 12; für Deutschland, RMfRuK, „Ausstoß-Übersicht 1940 – 44. Waffen, Geräte, Munition", 370-293/45 g. Rs., Geheime Reichssache, Februar 1945, S. 1, BA R3/1729, f. 2. Panzer: für Britannien, Milward, *War, Economy, and Society*, S. 91, Tabelle 6; für die Vereinigten Staaten, Thompson and Mayo, The Ordnance Department, S. 263, Tabelle 21; für die Sowjetunion, Moscow Institute Marksizma-Leninizma, *Geschichte des großen Vaterländischen Krieges der Sowjetunion*, 6:60, ergibt sich durch Multiplikation des monatlichen Durchschnitts mit 12; für Deutschland, RMfRuK, „Ausstoß-Übersicht 1940 – 44. Waffen, Geräte, Munition", S. 1.

aus, wie die Bombenoffensive in die gesamte Strategie passen würde und wie der Faktor Zeit zu beurteilen sei. Überlegungen darüber, wie lange der Krieg dauern würde und wie Deutschland geschlagen werden würde, spielten beim Auswahlverfahren für die Zielsysteme eine entscheidende Rolle. Ein erster Versuch zur Klärung dieser Punkte wurde auf der Casablanca-Konferenz im Januar 1943 unternommen. Präsident Roosevelt und Premierminister Churchill bestätigten, daß eine Invasion des europäischen Kontinents notwendig sein würde, um Deutschland zu besiegen. Sie kamen auch darin überein, daß zuerst ein Luftangriff nötig sein würde, um die Luftwaffe und die Industriekapazität des Reichs zu schwächen. Der Auftrag, den sie den strategischen Streitkräften erteilten, war absichtlich ungenau. Die RAF und die USAAF hatten sich energisch dafür eingesetzt, ihre Handlungsfreiheit zu behalten. Sie waren in hohem Maße erfolgreich. Die Aufgabe, die sie erhielten, bestand aus der „fortschreitenden Zerstörung und Zersprengung des deutschen Militärs, des Industrie- und Wirtschaftssystems sowie der Untergrabung der Kampfmoral des deutschen Volks bis zu einem Punkt, wo seine Fähigkeit zum bewaffneten Widerstand endgültig eingedämmt sein wird." [4]

Dieser Auftrag erlaubte effektiv beiden Luftwaffen, ihre eigenen Strategien anzuwenden, um Deutschland unabhängig voneinander zu schlagen. Es wurde kein Zeitlimit gesetzt. Die Untergrabung der Kampfkraft des deutschen Volks konnte als direkte Schwächung der Wehrmacht oder Zerschlagung der Kriegswirtschaft interpretiert werden. Nirgendwo stand geschrieben, welches Maß an Niedergang der Kampfkraft oder Produktion eine „endgültige Eindämmung" ausmachte. Churchill und Roosevelt setzten grobe Richtlinien fest, die es ihnen erlaubten, ihre Pläne den späteren Entwicklungen anzupassen. Die Luftstreitkräfte verfeinerten zwar ihre Ziel-Prioritäten im Laufe des Jahres 1943, gelangten jedoch nie zu einer klaren, allgemein akzeptierten Siegesdefinition. Dies hinderte sie daran, ihre Aktionen angemessen einzuschätzen. Es erschwerte es auch erheblich, den Erfolg der strategischen Bombenoffensive rückblickend zu beurteilen. Daher dürfte es von Nutzen sein, ein grobes Richtmaß zu erstellen und dazu die strategische Gesamtsituation und vergleichend die wirtschaftliche Macht der beiden Seiten, die Ende 1943 in Europa kämpften, nochmals genau anzuschauen (siehe Tabelle 4. 1).

Deutschland litt an einer Unterlegenheit in der Heeresstärke, die es daran hinderte, Armeen im selben Umfang wie seine Gegner ins Feld zu schicken. Obwohl das besetzte Europa die Überlegenheit der Alliierten, was die Bevölkerungszahlen anging, ausglich, konnten die eroberten Gebiete, mit Ausnahme Frankreichs und Böhmens, keine hochwertigen Waffen produzieren. Ebenso wenig waren sie dazu in der Lage, Rohmaterialien und landwirtschaftliche Erzeugnisse in ausreichenden Mengen zu liefern, um genügend Kräfte in Deutschland frei zu machen, die den Vorteil der Alliierten hätten wett machen können. Die meisten Arbeiter in Europa arbeiteten gegen ihren Willen für das Dritte Reich und deshalb verhältnismäßig unproduktiv. Während des Kriegs erreichte Frankreichs Produktionsleistung niemals ihr Vorkriegsniveau. [5] Die Beiträge, die aus diesen Gegenden stammten, waren mit Ausnahme derer aus Böhmen ab August 1944 für Deutschland verloren.

Es war ein mäßigender Faktor, daß ungefähr ein Fünftel der amerikanischen Kampfhandlung gegen Japan gerichtet war. Außerdem kämpfte Deutschland innerhalb seiner eigenen Linien. Mit jedem Schritt nach vorn bewegte sich der Feind weiter fort von seinen Nachschubquellen, während die deutschen Streitkräfte sich den ihrigen näherten. Je mehr Einbußen der Feind bei der Aufrechterhaltung langer Kommunikationsleitungen erlitt, desto mehr Vorteile ergaben sich für Deutschland, das zudem über die Fähigkeit verfügte, seine Streitkräfte leichter zwischen den verschiedenen Fronten hin- und herwechseln zu lassen. Außerdem blieb die deutsche Armee ihren Gegnern gegenüber fast bis zum Ende taktisch überlegen. [6] Trotzdem benötigte Deutschland, auch dann, wenn man diese mäßigenden Einflüsse berücksichtigt, jede Tonne Stahl, jedes Flugzeug und jeden Panzer, den es produzieren konnte. Speer und Ganzenmüller erkannten dies. Angesichts der zahlenmäßig nicht erfaßbaren, bestimmenden Faktoren, das heißt, ohne die Qualität der politischen und militärischen Führung auf beiden Seiten zu kennen, ist es unmöglich, präzise zu berechnen, welcher Produktionsrückgang kurz vor dem totalen Zusammenbruch entscheidend gewesen sein mag. Eine vorsichtige Schätzung zeigt, daß Deutschland 1943 bei der Panzerproduktion im Verhältnis 3 : 1 unterlegen war. Hätte ein Verhältnis von 4 : 1 einen Unterschied gemacht? Hätte ein Vorteil von 6 : 1 oder 7 : 1 anstelle von 5 : 1 bei den Flugzeugen den Sieg der Alliierten beschleunigt? Das kann keiner beantworten. Wenn jedoch die strategische Bombardierung die Rüstungsproduktionsrate um ein Viertel oder Drittel senken konnte, nicht unter den Soll-, sondern den Ist-Wert, dann ist es durchaus denkbar, daß sie das fein ausbalancierte, stark strapazierte deutsche Industrie/Militär-System zum Einsturz bringen konnte. Deshalb wird diese Größe, die Senkung um ein Viertel bis ein Drittel, als grobe Richtlinie, als Richtmaß dienen, an dem die Ergebnisse der Transport-Offensive gemessen werden. Da die Verfügbarkeit von Waffen für das Militär sowohl durch die Produktion als auch durch Vorratshaltungen möglich gemacht wird, müssen letztere ebenfalls berücksichtigt werden. Als grober Richtwert wurde für die Fertigungszeit, ein weiterer verkomplizierender Faktor, eine Dauer von drei bis acht Monaten angenommen, abhängig von der jeweiligen Waffe oder Ware. [8] Produktionsrückgänge aufgrund von Gebietsverlusten können ebenfalls berechnet werden. Verluste, die auf direkte Beschädigung von Fabriken zurückgehen, können aus der Gesamtstatistik nicht herausgelöst werden. Für bestimmte Fabriken ist es allerdings in einigen Fällen möglich. Persönliche Eindrücke von Werksangehörigen können die statistischen Daten ergänzen. Trotzdem darf nicht vergessen werden, daß es für die zusammenspielenden Auswirkungen von direktem Schaden und dem Verlust beim Transport während des Herbstes 1944 und danach keine Zahlen gibt. Sie lassen sich nur erahnen. Der Richtwert „ein Viertel bis ein Drittel" erweist sich auch dabei als nützlich, um das, was durch den Bombenangriff erreicht wurde, sowohl gegenüber dem Standard des vollständigen Zusammenbruchs als auch der Wegbereitung für eine Bodenoffensive zu bewerten. Speers fein ausgewogenes System wurde durch kleinere Schläge erschüttert, und es ist schwer vorstellbar, daß eine Verminderung der Anzahl an Divisionen, die der Roten Armee und den westlichen Alliierten gegenüberstanden, um 25 bis 33 % den Vormarsch jener nicht stark beschleunigt hätte. Außerdem kann in Anbetracht des Informationsmaterials, das an Stellen erhältlich war, die den alliierten Nachrichtendienstmitarbeitern zugänglich waren, bis auf solches, das geheimgehalten wurde, berechtigterweise argumentiert werden, daß damals ein ähnlicher Standard hätte benutzt werden können.

Es kann kein Zweifel darüber bestehen, daß die Aufgabe, die weiter oben dargestellt wurde, gefährlich war. Doch die strategischen Luftstreitkräfte, die Deutschland während des Frühjahrs 1944 bedrohten, waren enorm. Der Bomberverband verfügte bei seiner Aufstellung im April 1944 über 1 023 Bomber. Darunter waren 614 hervorragende Avro Lancasters, die bis zu 11 000 kg an Bomben transportieren konnten, obwohl die Hälfte normal war. [9] In Verbindung mit dem Bomberverband operierten die 4 085 Bombenflugzeuge der United States Strategic Air Forces (USSTAF). Letztere waren unterteilt in die Achte Air Force mit 2 788 Bombern, die von England aus flogen, und die Fünfzehnte Air Force, die mit 1 297 Bombern von Foggia/Italien aus operierten. [10] Die Amerikaner benutzten die viermotorigen Flugzeuge B-17 Flying Fortress und B-24 Liberator, die beide eine durchschnittliche Bombenlast von 2 000 bis 2 500 kg bei sich trugen. [11] Der Grund, weshalb die amerikanischen Flugzeuge geringere Bombenlasten beförderten, bestand darin, daß sie schwerer bewaffnet und gepanzert waren als ihre britischen Gegenstücke. Sie sollten sich bei Tageslicht ohne Jägereskorte ihren Weg zu ihren Angriffszielen erkämpfen, während die Flugzeuge des Bomberverbands versuchten, das Abgefangenwerden zu vermeiden, indem sie bei Nacht flogen, und deshalb weitaus leichtere Waffen bei sich trugen und leichter gepanzert waren. Bis zum April 1944 hatten die Amerikaner die Notwendigkeit einer Jägereskorte erkannt und eine Streitmacht von 1 942 P-51 Mustangs, P-47 Thunderbolts, und P-38 Lightnings gebaut, um ihre Bomber zu schützen. Die Achte Air Force hatte die Aufsicht über 1 242 und die Fünfzehnte über 700 von ihnen. [12] Die Jäger konnten nur wenig zum Bombengewicht, das auf Deutschland niederging, beitragen, obwohl sie solche Ziele, wie zum Beispiel Lokomotiven, unter Beschuß nehmen konnten. Ihre Bedeutung lag darin, daß sie einen Schutzschild für die Bomber bildeten und der deutschen Luftwaffe Verluste zufügten. Das wesentlichste Merkmal dieser Streitkräfte war ihre überwältigende Größe. Nach vorsichtiger Schätzung konnten die alliierten strategischen Bomber im Durchschnitt monatlich über 100 000 t an Bomben befördern. [13] Das bedeutete, daß ein einzelnes Zielsystem mit Sprengstoff überhäuft oder eine Anzahl davon schwer getroffen werden konnte. Die Schlagkraft dieser Streitkräfte wurde bei ihrer Aufstellung im Frühjahr 1944 von den alliierten Bomberbefehlshabern nicht erkannt. Ihre Einstellung war durch Erinnerungen an die Jahre 1942 und 1943 geprägt, als ihre Streitkräfte ausgeschickt wurden, damit Flugzeuge den Schauplatz Nordafrika und den Pazifik sicherten sowie der Bedrohung durch U-Boote begegneten. Doch bis 1944 war die Knappheit dem Überfluß gewichen. Die alliierten Bomberbefehlshaber kämpften darum, ihre Streitkräfte auf eine begrenzte Anzahl von Zielsystemen und Zielen konzentrieren zu können. Damit unterschätzten sie das, was ihre Streitkräfte ausrichten konnten. Diese Furcht, sich bei dem Unternehmen zu verzetteln, verbunden mit dem Wunsch, den Krieg alleine zu gewinnen, hatte einen starken Einfluß auf die Reaktionen der alliierten Luftwaffenbefehlshaber auf Vorschläge, daß sie ihre Ressourcen für die Bombardierung neuer Zielsysteme bestimmen sollten.

Die Kommandostruktur, die von den amerikanischen und britischen Stabschefs geschaffen wurde, gewährte den Befehlshabern der strategischen Luftwaffe einen großen Spielraum, damit sie ihren eigenen Ideen folgen konnten. Nominell unterstanden sowohl der Bomberverband unter General Sir Arthur Harris als auch die USSTAF unter General Carl Spaatz dem Marschall der Royal Air Force, Sir Charles Portal, Luftwaffenstabschef, RAF, der als Vertreter der vereinigten Stabschefs agierte. [14] Die Achte Air Force unterstand dem Kommando von Generalmajor James H. Doolittle und die Fünfzehnte dem von Generalleutnant Nathan F. Twining. Diese Situation sollte sich mit dem Herannahen der Invasion auf dem Kontinent, der Operation Overlord, ändern. Der Oberste Befehlshaber der Alliierten, General Dwight D. Eisenhower, würde das Kommando über sämtliche Streitkräfte, Einheiten der Luftwaffe mit eingeschlossen, die an dem Angriff teilnehmen würden, übernehmen. Ein alliiertes Expeditionscorps der Luftstreitkräfte war unter General Sir Trafford Leigh-Mallory gegründet worden, um die Invasion zu unterstützen. Weder Spaatz noch Harris dachten, daß die Invasion Erfolg haben würde, und jeder hoffte, den Krieg allein mit der Luftstreitmacht zu gewinnen. Deshalb empfanden beide den Beginn der Invasion als Ansporn, die Deutschen zu erledigen. Beide bemühten sich auch darum, es zu vermeiden, sich der Autorität Leigh-Mallorys zu beugen, dem sie als Mann, der nur im Jägereinsatz erfahren war, mißtrauten und der, so fürchteten sie, ihre Bomber falsch gebrauchen würde.

Um Harris und Spaatz zufriedenzustellen, wurde ein Kompromiß ausgearbeitet. Am 29. Februar ordnete Churchill an, daß Eisenhowers Stellvertreter, General Sir

Arthur Tedder, das Oberkommando über alle drei Luftwaffenbefehlshaber innehaben und einen Plan für den Einsatz sowohl der strategischen als auch taktischen Luftstreitkräfte ausarbeiten solle, um die Invasion zu unterstützen. Die strategischen Luftstreitkräfte würden nur dann unter Tedders Kommando kommen, wenn dem Plan für ihren Einsatz zugestimmt werden würde. [15] Daraus ergab sich, daß Spaatz und Harris die Macht erhielten, jeden Einsatz ihrer Streitkräfte, mit dem sie nicht einverstanden waren, abzublocken oder zumindest aufzuschieben.

Die Zwänge, die sich im März 1944 auf die beiden Befehlshaber der strategischen Streitkräfte auswirkten, waren immens. Beide betrachteten Overlord als eine Bedrohung ihrer organisatorischen Freiheit und ihres Traums vom Sieg mit Hilfe der Luftwaffe. Ihre Ängste wuchsen mit jedem Tag, der verging und mit dem Overlord bedrohlich näher rückte. Harris hatte seit 1942 Bombenhagel auf deutsche Städte niedergehen lassen. Er vertrat die Ansicht, daß schon ein paar weitere Schläge die Wirtschaft des Reichs zum Einsturz bringen würden. Seine Bomber erlitten jedoch immer mehr Verluste, die in der Katastrophe über Nürnberg am 31. März ihren Höhepunkt hatten. [16] Als Kontrast dazu hatten die Begleitschutzjäger der Achten Air Force in der letzten Februar- und ersten Märzwoche der Luftwaffe über Deutschland eine schwere Niederlage beigebracht. Nun konnten die amerikanischen Bomber über Deutschland hinwegziehen und ohne Angst vor lähmenden Verlusten Ziele bombardieren, die ihre Befehlshaber auswählten. Die Erlangung der Überlegenheit in der Luft schuf die Vorbedingungen sowohl für eine konzertierte strategische Luftoffensive gegen Wirtschaftseinrichtungen als auch für die Invasion. Spaatz dachte deshalb, daß nun die einmalige Gelegenheit für die Realisierung seiner Träume gekommen sei. Es hatten sich allerdings auch Tür und Tor für das geöffnet, was er als möglicherweise allergrößte Ablenkung fürchtete. Ein entscheidender Wendepunkt war erreicht worden. Es mußten grundlegende Entscheidungen darüber gefällt werden, wie die strategischen Bomber einzusetzen seien. Bei diesen Entscheidungen würde der Nachrichtendienst, was die deutsche Wirtschaft anging, eine bedeutende, wenn auch längst nicht entscheidende, Rolle spielen.

Die Information, die den Alliierten zur Verfügung stand und sich auf Deutschlands Wirtschaft bezog, war zwar zur Genüge vorhanden, jedoch von unterschiedlicher Qualität. Der maßgebliche Faktor bei der Bestimmung des aus diesem Wissen zu ziehenden Nutzens bestand nicht aus seinem Inhalt, sondern vorgefaßten Meinungen, mit denen es von den Analytikern versehen wurde, und aus der Fähigkeit der nachrichtendienstlichen Einrichtungen, wirkungsvoll in einer bürokratisch und politisch stark konkurrierenden Umgebung zu funktionieren, welche die Entscheidungsträger der Luftstreitkräfte umgab.

Es gab zwei Hauptarten der Information: offene und verdeckte. Die Daten, die sich nicht unter Verschluß befanden, waren öffentlich zugänglichen Quellen entnommen, wie beispielsweise Berufs- und Wirtschaftszeitschriften, Zeitungen, Produktbeschreibungen, Telefonbüchern und Eisenbahn-Kursbüchern. Zu geheimen Informationen gelangte man durch Methoden, die dem Feind nicht bewußt waren. Die wichtigsten Mittel für die Sammlung geheimer Informationen bestanden aus der Fotoaufklärung, den Verhören von Kriegsgefangenen sowie dem Abhören codierter und chiffrierter Funkübertragungen. Die Fotoaufklärung war die Quelle der umfangreichsten und in vieler Hinsicht auch verläßlichsten Information. [17] Die Schwarz/Weiß- und Infrarotfotografie konnte die Standorte von Fabriken darstellen, Aufschluß über Aktivitäten geben, indem sie Rohstoffvorräte oder fertige Erzeugnisse zeigten, die auf ihre Verladung warteten, sowie Kenntnisse über Bombenschäden vermitteln. Die Interpretation des Fotomaterials wurde in der zentralen Auswertungsstelle der Alliierten (Allied Central Interpretation Unit, ACIU) in Medmenham vorgenommen. Hier wurden Fotos entwickelt und sowohl für die Briten als auch Amerikaner ausgewertet. [18] Gefangene und Reisende konnten befragt werden, um Aufschlüsse über die Gedanken und Pläne von Entscheidungsträgern zu erhalten sowie über Aktivitäten in Laboratorien oder Werksbereichen, die dem Blick der Kamera entgingen. Doch diese Informanten besaßen einen begrenzten Kenntnisstand und lieferten oft sehr impressionistische Berichte.

Die dritte Form der verdeckten Informationssammlung, die Funkspruchauswertung, spielte für die Formung einer Luftstrategie bis zum Frühjahr 1944 eine geringe Rolle. Ihre bedeutendste Methode war „Ultra", das System für die Dechiffrierung des hochrangigen deutschen Funkverkehrs, der von der Enigma-Chiffriermaschine hervorgebracht wurde. Ultra lieferte eine Fülle von Daten über Truppenbewegungen. Es sagte jedoch wenig über wirtschaftliche Ereignisse aus, da solche Informationen über Inlandsleitungen oder die Post flossen. [19] Die Reichsbahn benutzte allerdings die Enigma, und im Februar 1941 wurde ihr Code, der von den Briten „Rocket" und später „Reichsbahn" genannt wurde, geknackt. [20] So war Ultra potentiell eine Quelle der Wirtschaftsinformationen und von großem Wert. Doch solange die Reichsbahn, wie gesagt, ihre Kabelleitungen benutzen konnte, war durch Rocket wenig herauszubekommen. Eine ergänzende Quelle für die Funkspruchauswertung war die „MAGIC"-Dechiffrierung der Berichte, die vom japanischen Botschafter in Berlin nach Tokio übermittelt wurden. Bisweilen erhielt man daraus Momentaufnahmen der Ereignisse in Deutschland. Ihr Wert wurde dadurch geschmälert,

daß es den Diplomaten an Wirtschaftsfachwissen mangelte und die Deutschen die Militärattachés absichtlich irreführten. MAGIC stand den amerikanischen Planungsstäben in Washington und über sie dem Ministerium für Kriegswirtschaft (Ministry of Economic Warfare, MEW) in London zur Verfügung. [21] Ultra wurde den gemeinsamen Hauptquartieren zur Verfügung gestellt, dem Befehlshaber der Army Air Force, General Henry H. Arnold und seinen Nachrichtenoffizieren, den Luftwaffenbefehlshabern sowie ihren Nachrichtenoffizieren, den Luftwaffendivisionen und sogar den Group Commanders. [22]

Ein größeres Problem, das dem alliierten Luftwaffenkommando begegnete, waren allein der Umfang der zur Verfügung stehenden Information und der sogar noch größere Bedarf an zusätzlichen Daten. Hunderte von Fotoaufklärungseinsätzen wurden pro Monat geflogen und eine beachtliche Menge an Gefangenen wartete darauf, überprüft zu werden. Die Anzahl der Flugzeuge, die für fotografische Zwecke bereitstanden, war jedoch begrenzt, und Gefangene sowie Handelsreisende kamen nicht immer aus der richtigen Gegend oder hatten nicht immer Zugang zu der Art Information, die erwünscht war. Mit Ultra verhielt es sich ebenso. Während des Jahres 1943 wurden monatlich im Durchschnitt 84 000 Enigma-Nachrichten von der Staatlichen Codierungs- und Dechiffrierabteilung in Bletchley Park (Government Code and Cypher School, GC and CS) entschlüsselt, die für die Dechiffrierung aller Enigma-Funksprüche auf dem europäischen Kriegsschauplatz zuständig war. [23] Weitaus mehr wurden allerdings nicht oder nur mit Verzögerung entschlüsselt. Die Entscheidungen darüber, welche Standorte fotografiert, welche Gefangenen zuerst verhört und welche Enigma-Botschaften vorrangig behandelt werden sollten, wurden von den Organisationen getroffen, welche die Information, die es zu bekommen galt, verwenden würden. [24]

Auf diese Weise waren diejenigen, die am meisten in der Lage waren, zu wissen, was wichtig war, dazu fähig, die begrenzten Mittel der Alliierten auf die Kategorie von Daten zu konzentrieren, die sie am meisten benötigten. Dieses Übereinkommen hatte jedoch einen negativen Aspekt. Einrichtungen, die mit der Auswertung von Informationen beauftragt sind, entwickeln häufig auch ein Interesse an der Art und Weise, wie diese genutzt werden. Sie hängen allmählich einer bestimmten Strategie an, suchen nach der Information, die ihre Wahl bestätigt, und versuchen, solche Information, die ihre Haltung in Frage stellt, auszuklammern oder zu übergehen. Dieser bürokratische Egoismus spielte im Nachrichtendienst der alliierten Luftwaffe und in der Entscheidungsfindung eine entscheidende Rolle. Im Frühjahr 1944 gab es einen Überschuß an Einrichtungen, die mit der Nachrichtenauswertung betraut waren. Ein hochkompliziertes Kollektiv aus Ämtern, Büros und Ausschüssen hatte sich herausgebildet. Unter ihnen herrschte heftige Konkurrenz, und die allseitig akzeptierten Erkenntnisse über die deutsche Wirtschaft waren häufig eher das Ergebnis einer Art bürokratischer Lehrmeinung als das einer vernünftigen Analyse.

Auf britischer Seite bestand die Spitze der Nachrichtendienst-Pyramide aus dem gemeinsamen Unterausschuß der Nachrichtendienste (Joint Intelligence Sub-Committee, JIC), das den Stabschefs zugeordnet war. Der JIC setzte sich aus den Leitern der Nachrichtendienste der drei Waffengattungen und Vertretern des Auswärtigen Amts sowie des Ministeriums für Kriegswirtschaft zusammen. Es stand mit dem amerikanischen JIC in Verbindung. Der JIC stimmte den Kurs britischer Geheimdienstpolitik, überwachte die Verwaltung zwischengeschalteter Ausschüsse, koordinierte, beurteilte und leitete strategische Interpretationen weiter. Es erstellte seine Berichte, indem es Mitteilungen, die von untergeordneten Organen verfaßt wurden, benutzte sowie das, was es durch seinen direkten Zugriff auf Ultra in Erfahrung bringen konnte. [25]

Ein Büro im Luftfahrtministerium beurteilte ebenfalls mögliche Zielsysteme und die Ergebnisse von Bombenangriffen. Die Abteilung AI 3 (c) lieferte Basisinformationen über Ziele an alle Luftstreitkräfte bis auf Group-Ebene, die Amerikaner mit eingeschlossen. Sie hatte Zugang zu Ultra, der Fotoaufklärung, zu Berichten über Gefangenenbefragungen und die nicht unter Verschluß befindlichen Informationen. Die Resultate der Bombenangriffe wurden vom stellvertretenden Luftwaffenstabschef (I), Generalmajor F. F. Inglis ausgewertet. Zusätzlich verfolgte der stellvertretende Leiter der Bombereinsätze, Brigadegeneral Sidney O. Bufton, den Fortschritt der Bomber und schlug neue Zielsysteme vor. Sir Arthur Harris ärgerte sich über Buftons Einmischungen und mißtraute dem Luftfahrtministerium (Air Ministry). Als Antwort richtete er sich in seinem Hauptquartier bei High Wycombe einen eigenen Nachrichtendienst ein. [26] Ein weiterer Hauptdarsteller im Tauziehen der Nachrichtendienste war die Abteilung Angriffsziele (Objectives Department) des Zweigs für Feindbeobachtung (Enemy Branch) im Ministerium für Kriegswirtschaft. 1942 eingerichtet und unter der Leitung von Oliver L. Lawrence, wertete das Objectives Department Daten zur deutschen Wirtschaft aus und schlug Zielsysteme für die Bombardierung vor. Es befürwortete ausgewählte Angriffe auf Bereiche mit Schlüsselfunktion, da es erkannte, daß Ergebnisse nur mit der Zeit erzielt werden konnten. Alle sechs Monate gab das MEW ebenfalls allgemeine Gutachten über den Zustand der deutschen Wirtschaft heraus, die zweimal pro Woche durch Zusammenstellungen der aktuellen, vom Nachrichtendienst gesammelten Wirtschaftsdaten ergänzt wurden. Im April 1944 wurde Enemy Branch dem Auswärtigen Amt überstellt, wodurch es an Prestige zu gewinnen schien. [27] Das MEW hatte zu sämtlichen offenen und geheimen Informationsquellen Zugang.

Ein Bestandteil des MEW war der Eisenbahnforschungsdienst (Railroad Research Service, RRS), der von C. E. R. Sherrington geleitet wurde. Als der Krieg ausbrach, wurde der RRS von der britischen Eisenbahnindustrie ins Leben gerufen, um das Luftfahrtministerium zu beraten. [28] Er erhielt ebenfalls alle Arten von Information und war bei der Entschlüsselung des Reichsbahn-Codes behilflich. Die Struktur des Nachrichtendienstes, welcher den amerikanischen Luftstreitkräften diente, war neueren Datums und in vielerlei Hinsicht weniger ausgeprägt. Bei Kriegsbeginn besaß das Army Air Corps keinen Nachrichtendienst. Es vertraute auf die Armee, was Daten anbelangte, und zog Nutzen aus den privaten Studien, die von Offizieren der Taktischen Abteilung des Air Corps in Maxwell Field, Alabama, betrieben wurden. Als der Krieg ausbrach, schufen die Amerikaner hastig einen Apparat für den Nachrichtendienst. Was Einrichtungen und Informationen betraf, verließen sie sich jedoch während des Kriegs immer auf die Briten. Die Hast, mit der die Amerikaner ihr Informationssystem formten, verfolgte sie bis zum Kriegsende. Arnold wandte sich an sein Offiziercorps und Zivilisten, um eine Reihe von Ad-hoc-Büros einzurichten, die ihn rasch mit Informationen versorgen sollten, während seine reguläre Organisation Gestalt annahm. Davon übten zwei, die Abteilung Luftkriegspläne (Air War Plans Division, AWPD) und der Einsatzuntersuchungsausschuß (Committee of Operations Analysts, COA), einen bedeutenden, wenn auch vorübergehenden Einfluß auf Gutachten des U.S.-Nachrichtendienstes aus. Drei weitere Einrichtungen, eine zivile, eine militärische und eine, die sich aus Zivilisten in Uniform zusammensetzte, waren von länger anhaltender Bedeutung.

Das zivile Organ war der Forschungs- und Analyse-Zweig des Amts für Strategische Dienste in Washington (Research and Analysis Branch of the Office of Strategic Services, R&A, OSS). Der R&A wurde während des Augusts 1941 unter der Schirmherrschaft der Kongreßbibliothek und Archibald MacLeish ins Leben gerufen. Er setzte sich aus Akademikern zusammen, die von allen möglichen Universitäten einzig ihrer Kompetenz und ihres Fachwissens wegen hergeholt wurden. Dem R&A war ein großes Angebot an nichtgeheimen Quellen zugänglich, wozu die amerikanischen Bibliotheken gehörten und die, welche im Besitz von Wirtschafts- und Handelsorganisationen waren. Es erhielt auch Berichte über Gefangenenverhöre aus zweiter Hand und erbeutete Dokumente. Über Ultra verfügte er nicht. [29] Während des Frühjahrs 1942 gründete das OSS ein Zweigbüro in London, das die Bezeichnung Abteilung für Kriegswirtschaft (Economic Warfare Division, EWD) erhielt. Die EWD schuf ihrerseits im April die Abteilung Feindliche Ziele (Enemy Objectives Unit, EOU), um der Achten Air Force Informationen über Angriffsziele zukommen zu lassen. [30] Die EOU brachte Berichte über Zielpunkte hervor, die auf offen zugänglichen Quellen und einigen geheimen Daten basierten, jedoch nicht auf Ultra. [31] Das Personal der Abteilung bestand aus Akademikern, die vorübergehend mit militärischen Rängen ausgestattet worden waren. Die EOU existierte somit irgendwo zwischen der zivilen und der militärischen Welt. Ihre Zivilisten in Uniform waren ängstlich darum bemüht, das Vertrauen ihres militärischen Gegenübers zu gewinnen. Aus dem zivilen Leben brachten sie das akademische Handwerk und die Liebe zur bürokratischen Politik mit. Die EOU war eine schwere Geburt und würde sich mit jeder Nachrichtendienstagentur, mit der sie zu tun haben würde, herumschlagen. Ihr einmaliger Grad an Egoismus machte sie zu einem erbitterten Gegner für alle, die nicht mit ihr einverstanden waren, und gab ihr ein, selbst gegen solche vorzugehen, deren Ansichten sich mit ihren eigenen deckten.

Der rein militärische Informationsdienst, der den amerikanischen Teil der strategischen Luftoffensive unterstützte, war das Amt des Nachrichtendienstes des stellvertretenden Luftwaffenstabschefs (Assistant Chief of Air Staff-Intelligence, AC/AS A-2). Er wurde während des Jahres 1942 gegründet und besaß eine analytische Abteilung mit einem auf Europa ausgerichteten Zweig, der von Generalmajor James P. Hodges geleitet wurde, einem früheren Bombardment Group Commander der Achten Air Force. [32] Ähnliche A-2-Organisationen wurden auf jeder untergeordneten Kommandoebene eingerichtet, die USSTAF mit einbezogen, wo ihr Leiter Brigadegeneral George MacDonald war. Das A-2 in Washington und seine Unterabteilungen verließen sich primär auf Daten und Gutachten, die von anderen Büros erstellt wurden. Speziell das AC/AS A-2 war dermaßen weit vom Kriegsschauplatz entfernt, daß es geringen Einfluß auf die Ereignisse ausübte. Bei solchen Gelegenheiten, wo es dennoch welchen ausgeübt hätte, wurde es vom impulsiven General Arnold übergangen. Das A-2 bei der USSTAF spielte eine bedeutende Rolle, obwohl die Stimmung hier von der EOU geprägt wurde. Die AWPD wurde im Juni 1941 aus Offizieren der Taktischen Abteilung des Air Corps gebildet. Am 3. Juli erhielt sie die dringliche Aufgabe, für Präsident Roosevelt einen Produktionsplan für Flugzeuge vorzubereiten. [33] Da die Anzahl der zu bauenden Flugzeuge vom Zweck abhing, für den sie benötigt wurden, schlug die AWPD eine regelrechte Strategie des Einsatzes von Luftstreitkräften zur Bezwingung Deutschlands vor. Um dies zu rechtfertigen, erstellte sie ein Gutachten anhand von Informationen, die sich auf offen zugängliche Datenquellen stützten und auf das, was ihre Offiziere vor dem Krieg selbst herausbekommen hatten. Danach wurde die AWPD aufgelöst, 1942 wieder reaktiviert und nochmals aufgelöst.

Der COA wurde auf Befehl von General Arnold am 9. Dezember 1942 gegründet. Er setzte sich aus prominenten Anwälten, Akademikern und Geschäftsleuten mit und ohne Uniform sowie einigen Berufsoffizieren zusammen. [34] Arnold war vom Niveau der AWPD-Wirtschaftsanalyse und den Gutachten, die von seinen uniformierten Untergebenen entwickelt worden waren, enttäuscht gewesen. Der COA sollte rechtzeitig eine umfassende Analyse der deutschen Kriegswirtschaft liefern, nach welcher sich die beabsichtigte gemeinsame Bombenoffensive orientieren konnte. Er stützte sich auf offene Quellen und Expertenbefragungen innerhalb und außerhalb des Militärs. Am 8. März 1943 lieferte er ein Gutachten ab und wandte dann, auch wenn er weiterhin bestehen blieb, seine Aufmerksamkeit der japanischen Wirtschaft zu.

Die konzeptionellen Probleme, mit denen diese Organisationen zu tun hatten, waren enorm. Sie mußten die Struktur der deutschen Wirtschaft sowie das Ausmaß ihrer gesamten Produktionsleistung möglichst sorgfältig im Überblick darstellen. Ferner mußten sie die relative Wichtigkeit der verschiedenen Bereiche der Wirtschaft bestimmen und ihre Störempfindlichkeit in bezug auf Bombenabwürfe beurteilen. Während sie damit beschäftigt waren, mußten sie in groben Zügen die alliierte Strategie im Hinterkopf haben. Was letztere Gedankengänge anbelangte, so gab es hier zwei wichtige Aspekte. Es war die Entscheidung getroffen worden, auf dem Kontinent zu landen, der Wehrmacht zu begegnen und ihr im offenen Kampf eine vernichtende Niederlage zu bereiten. Für die endgültige Abrechnung war jedoch während des ganzen Jahres 1943 kein Zeitpunkt festgesetzt worden. Dieses und das Fehlen einer klaren Definition dessen, was man als Erfolg ansehen würde, ließ die Probleme auf seiten der Informationsdienste der Luftstreitkräfte sehr groß werden. Falls das Ziel der Luftoffensive daraus bestand, die Wehrmacht in Verbindung mit einem Feldzug zu Lande nur zu schwächen, dann würden Zielsysteme, die sich ziemlich am Ende der Produktionskette befanden, ausgewählt werden. Das würde bedeuten, daß man Standorte der Rüstungsendproduktion oder der Fertigteileherstellung auswählen würde, die speziell für die Endprodukte bestimmt war, da ihr Verlust in ziemlich kurzer Reihenfolge direkte Auswirkungen auf das Militär zeigen würde. Wenn man jedoch die Invasion lange aufschöbe, dann könnte die allgemeine Schwächung der Reichswirtschaft das Ziel werden, da mehr Zeit zur Verfügung stünde. Dann könnte man Zielsysteme tiefer im Inneren der Wirtschaftsstruktur auswählen, die von der Endproduktion weiter entfernt waren und wo sich größere Vorratshalden befanden. Ein erfolgreicher Angriff dieser Systeme würde zwar länger dauern, dafür jedoch zu einer vollständigen Zerschlagung der deutschen Wirtschaft führen. Diese Überlegungen verlangten eine klare Bestimmung von Auswahlmöglichkeiten, die nicht nur Zielsysteme, sondern auch Angriffsarten betrafen. Die taktischen Erwägungen bezogen sich auf die Frage, auf welche Weise ein Ziel anzugreifen sei, das heißt, in der Nacht oder bei Tag, aus großer oder geringer Höhe, oder im Sturzflug. Taktische Überlegungen bestimmten auch, ob ein ganzes Gebiet mit einem Bombenteppich bedeckt werden oder ein einzelnes Ziel, zum Beispiel eine Fabrik, präzise getroffen werden sollte. Bei den Angehörigen der strategischen Luftstreitkräfte wurde der Ausdruck „taktisch" gebraucht, um eine Art von Ziel zu beschreiben, das direkt mit dem Ausgang eines speziellen Bodengefechts in Verbindung gebracht wurde. Der strategische Angriff konzentrierte sich auf die Quellen der feindlichen Kampfstärke. Strategische Erwägungen beinhalteten die entscheidende Frage, ob man einen allgemeinen oder zielgerichteten Angriff durchführen solle. In einem Großangriff wäre die gesamte Wirtschaft oder Gesellschaft das Objekt der Zerstörung. Ein zielgerichteter Angriff würde dagegen versuchen, nur die wesentlichen Bereiche der Wirtschaft auszuschalten und dadurch das ganze System lahmzulegen. [35] Im Frühjahr 1944 setzte sich die USSTAF für einen zielgerichteten Angriff ein, bei dem Präzisionstaktiken bei Tageslicht angewendet werden würden. Der britische Bomberverband setzte auf einen Großangriff bei Nacht mit gebietsbezogenen Taktiken. Beide strebten den Zusammenbruch der gesamten deutschen Wirtschaft an. Das MEW und Luftfahrtministerium unterstützten den zielgerichteten Angriff zur Erreichung desselben Ziels. OSS und R&A befürworteten im allgemeinen den zielgerichteten Angriff, ohne dabei irgendeine Vorstellung in bezug auf den letztendlichen Zweck auszudrücken. Die EOU setzte sich heftig für den zielgerichteten Angriff ein, da er nach kurzer Zeit direkte Auswirkungen auf die militärische Situation haben würde. [36] Der COA war derselben Ansicht. [37]

Dieses Auseinanderklaffen der Meinungen machte die Zielauswahl sehr kompliziert, insbesondere deshalb, weil die Meinungsverschiedenheit zwischen EOU und General Spaatz nicht deutlich angesprochen wurde. Außerdem geriet die EOU mit den beiden neuen Protagonisten in Konflikt, die im Zusammenhang mit Overlord auf der Bildfläche erschienen, Sir Arthur Tedder und sein wissenschaftlicher Berater, Dr. Solly Zuckerman. Der Streit, der zwischen ihnen entbrannte, war teilweise eine Folge der unterschiedlichen Auffassungen über Bombardierungen, teilweise rührte er daher, daß die EOU Tedders Absichten mißverstand und vom bürokratischen Egoismus geleitet wurde. So ergab es sich, daß die maßgeblichen Faktoren bei der Bestimmung der Angriffsziele für die alliierten strategischen Luftstreitkräfte aus den Ansichten der Entscheidungsträger bestanden, speziell derer von Harris, Spaatz und Tedder, sowie dem Einfluß ihrer Ratgeber auf sie, der Glaubwürdigkeit, welche die Nachrichtendienste bei ihnen genossen, und aus dem, was über die deutsche Wirtschaft, insbesondere über ihren Energie- und Transportsektor, bekannt war.

Das Gesamtbild, das sich die Alliierten von der deutschen Wirtschaft machten – ihre Produktionsleistung, Organisation und Arbeitsteilung, sowie die Bedeutung dieser Punkte für die strategische Luftoffensive – war in höchstem Maße unvollständig. Die allgemeine Darstellung, an der das MEW und JIC bis Mitte 1943 festhielt, war keinesfalls verläßlich. Es wurde darauf hingewiesen, daß die deutsche Wirtschaft bis an ihre Grenze überlastet sei und daß in ihr keine Neuverteilung von Ressourcen möglich sei. Immer wieder wurde ihr Zusammenbruch vorhergesagt, ständig wurden die Auswirkungen der strategischen Bombardierung überschätzt. Das MEW vertrat sogar die Auffassung, daß die Industriekapazität dabei sei, von der Rüstungsproduktion zum Ausstoß ziviler Güter verschoben zu werden. Die AWPD teilte die grundlegende Auffassung des MEW, daß das deutsche Wirtschaftssytem bis zum Reißen überspannt sei. Der COA vergaß es in der Eile, diese Ansicht in Frage zu stellen. [38]

In der Mitte und zum Ende des Jahres 1943 wurde dieses unrealistische Bild korrigiert. Der JIC und MEW erklärten, daß es keinen Beweis dafür gäbe, daß sich ein allgemeiner Zusammenbruch abzeichne, und daß offensichtlich Reserven in der Fertigungskapazität existierten. [39] Der JIC betonte, daß kein verläßlicher Maßstab zur Verfügung stünde. Doch im Februar 1944 stellte das MEW erneut fest, daß die Rüstungsproduktion in der Tat gesunken sei und daß keine Reserven vorhanden seien, die zugunsten der Waffenproduktion verschoben werden könnten. [40]

Ein wichtiger Grund für die Unfähigkeit, die deutsche Produktionsleistung richtig zu beurteilen, ergab sich, neben der falschen, anfänglichen Annahme, daß die deutsche Wirtschaft schon zu Beginn des Kriegs vollkommen und sorgfältig mobil gemacht wurde, aus dem Unvermögen des MEW und OSS R&A, Speers Programm richtig zu folgen. Das MEW wurde nie auf die Existenz der Zentralen Planung aufmerksam, die einer der Schlüssel zu Speers Erfolg war. Die anderen Organe wurden zwar wahrgenommen, ihr Zweck wurde dem MEW jedoch nicht klar. Es nahm an, daß sie lediglich seinen Management-Apparat vervollständigten, und zweifelten an ihrer Effektivität. [41] Da es den Gesamtzusammenhang nicht begriff, konnte es Speers Initiativen nicht einschätzen. Der R&A war nur ein wenig besser. Schon bald nach der Gründung des RMfRuK nahm er die Veränderungen genauestens wahr. Er betrachtete Speer als echten Nazi, als technokratischen „Monomanen" und Schlüsselfigur in der deutschen Wirtschaft. [42] Dem R&A-Nachrichtendienst entgingen auch die heftigen Konkurrenzkämpfe nicht, die innerhalb der Nazi-Bürokratie wüteten. Er identifizierte Kehrl als entscheidende Figur und erkannte, daß Speers Organisation die des Wirtschaftsministeriums und des OKW abgelöst hatte. [43] R&A gelangte trotzdem zu dem Schluß, daß „es für die neue Organisation unmöglich sein würde, die Rüstungsproduktion zu steigern". [44] Der Nachrichtendienst argumentierte, daß die Ringe und Ausschüsse die Spannung zwischen der NSDAP und der Wirtschaft verstärken und das Management in seiner Wirksamkeit beeinträchtigen würden. Teile dieser Analysen waren sehr gut durchdacht, der maßgebliche Schluß, daß wachsendes Durcheinander und stagnierende Produktion daraus resultierten, war allerdings falsch. Bei der Beurteilung der Rohstoffsituation Deutschlands tappte das MEW arg im Dunkeln. Bis

Ende 1942 überschätzte es die Verminderung der Vorräte. Dennoch hielt es die Versorgung mit Eisen, Stahl und Kohle im Moment für ausreichend. Nachdem es 1943 seine Meinung geändert hatte, präsentierte es ein sehr verwirrendes Bild, wobei es die zur Verfügung stehenden Vorräte unterschätzte, jedoch andeutete, daß keine Verknappung eintreten würde, die die Waffenproduktion hemmen würde. [45] Kurzum, das MEW merkte, was die so wesentliche Vorratsproblematik und die Rohrleitungen anbelangte, beides extrem wichtige Gesichtspunkte für die Auswahl von Bombenzielen, einfach nicht, was vorging.

Das MEW-Gutachten zu speziellen Arten der Produktion war nur um ein geringes besser. Es verschätzte sich arg bei der Anzahl der Werkzeugmaschinen, die der deutschen Wirtschaft zur Verfügung standen, und bei der Anzahl der Arbeiter, die sie bedienten. [46] Daraus ergab sich, daß es nicht in der Lage war, die Leistungsfähigkeit der Industrie im Reich zu beurteilen und Speers Maßnahmen einzuschätzen. Man muß allerdings zugeben, daß es sehr schwierig gewesen wäre, eine korrekte Beurteilung zu erstellen. Indem es jedoch britische Praktiken einfach auf die deutsche Industrie übertrug, kam das MEW dazu, die Hinweise, die anhand erbeuteter Dokumente zu bekommen waren, falsch zu interpretieren. Bis zur zweiten Hälfte des Jahres 1942 schätzte das MEW die Produktionsrate bei Flugzeugen auch viel zu hoch ein, und später dann, nach der zweiten Hälfte des Jahres 1943, unterschätzte es die Jägerproduktion um 58 % und die Gesamtproduktion um ein Drittel. [47] Erfolgreicher war es bei der Einschätzung der Panzerproduktion. Während des Jahres 1940 überschätzte es diese um 39 %. Ab Juni 1944 wurde die Panzerproduktion nur um zirka 7 % unterschätzt. [48]

Die MEW-Gutachten über den Gesamtzustand der deutschen Wirtschaft und die Rüstungsproduktion wurden sowohl von den Briten als auch den Amerikanern genutzt. Die beiden Verbündeten brachten eine Vielzahl unterschiedlicher Interpretationen zu der Arbeitsteilung, die in Deutschland herrschte, und die Rolle, welche der Transport in ihr spielte, hervor. Bei den Amerikanern war die AWPD der Annahme, daß die Reichsbahn mit beinahe ausgelasteter Kapazität betrieben werde und ein verlockendes Ziel sei. Von ihrem Standpunkt aus, der nicht unvernünftig war, betrachtete sie das Ruhrgebiet als Dreh- und Angelpunkt des Systems und die Verschiebebahnhöfe als seine wesentlichsten Bestandteile. Sie war sich der Wichtigkeit des Binnenwasserstraßensystems voll bewußt und riet stark dazu, dieses anzugreifen. Der COA machte sich ein völlig falsches Bild von der DR. Er betrachtete die Lokomotiven als maßgeblichen Faktor zur Bestimmung der Kapazität einer Eisenbahn. Den Anteil an Gütern, die von der Eisenbahn befördert wurden, unterschätzte er, wobei er ihn bei der Hälfte aller beförderten Güter annahm und behauptete, daß Deutschland auf ein Drittel des gegenwärtigen Güterverkehrs verzichten könne. Der COA kam zu dem Schluß, daß 17 500 Lokomotiven zerstört werden müßten, um der deutschen Wirtschaft Schaden zuzufügen – eine Aufgabe, welche die Kapazität der Luftstreitkräfte überstieg. [49]

Als Overlord näherrückte, kam die USSTAF den Rufen nach einer Bombardierung der europäischen Eisenbahnen zuvor. General MacDonald ersuchte Major W.F.R. Ballard vom Nachrichtendienst (intelligence section) der Mediterranean Allied Air Forces (MAAF) darum, ihn mit einem Gutachten zu versorgen, das sich auf Erfahrungen stützte, die während der Angriffe auf Eisenbahnen in Sizilien und Italien gesammelt worden waren. Ballard gab zur Antwort, daß die Bombardierung des Transportsystems lediglich den Vormarsch der Bodentruppen unterstützen könne, eine Wirtschaft durch sie nicht zerschlagen werden könne, da zu wenig Flugzeuge zur Verfügung stünden, als daß ein umfassender Angriff hätte durchgeführt werden können, und da ein beträchtliches Maß an Kapazität in Deutschland brachläge. Er nahm auch an, daß in Deutschland ein zu geringer Frachtanteil mit der Bahn transportiert werde, als daß er eine Rolle spielen würde. [50]

Die EOU selbst befaßte sich nie mit dem Transport, die Reichsbahn ausgenommen. [51] Stattdessen verließ sie sich auf Darstellungen, die von anderen, wie zum Beispiel die MAAF, vorbereitet worden waren. Am 8. Februar 1944 gab sie der USSTAF den Hinweis, daß die Stockung, die infolge der Angriffe auf Verschiebebahnhöfe auftrete, „unbedeutend" (immaterial) sei. Sie sprach nachdrücklich vom „riesigen Puffer der zusätzlichen Kapazität" (vast cushion of excess capacity), welcher der Eisenbahn und der Wirtschaft zur Verfügung stünde. [52] Dieses Argument konnte sie nur deshalb bringen, weil sie lediglich den militärischen Verkehr bewertete. Ihre ablehnende Haltung gegenüber einem allgemeinen Angriff brachte sie zu dem Gedankengang, daß eine Unterbrechung des Wirtschaftsverkehrs irrelevant sein würde, da die Wirkung, die sie auf die Wehrmacht haben würde, mit Verzögerung eintreten würde. Angesichts der wilden Jagd auf jede Tonne Kohle und Stahl in Deutschland kann diese Ansicht nur als befremdlich bezeichnet werden.

Eine spezielle Gutachterkommission (evaluation board) der Army Air Forces, bestehend aus Nachrichtenoffizieren, die aus Washington, Britannien und der MAAF herbeordert wurden, stellte ihre Sicht der Dinge ebenfalls dar. Sie kam auch zu dem Schluß, daß die Verschiebebahnhöfe keine geeigneten Ziele wären, um den Verkehrsfluß zu unterbinden, und wies auf den Überschuß an Fahrzeugen hin, dessen sich die Reichsbahn erfreute. Ihrer Ansicht nach boten Brücken allgemein eine viel bessere Möglichkeit zur Unterbrechung des Verkehrsflusses. [53] In Anbetracht dieser völlig unrichtigen Einschätzungen könnte man zu dem Schluß gelangen, daß es an den zur Verfügung stehenden Informationen über die Reichsbahn mangelte. Die AWPD und andere kamen jedoch zu richtigen Erkenntnissen. Sie stützten sich auf offene Quellen, von denen viele schon vor dem Krieg zur Verfügung standen. Das MEW war während des Frühjahrs 1944 eifrig dabei, an einer Reihe sehr umfassender Handbücher zur deutschen Wirtschaft zu arbeiten, die ein genaues Bild von der Kohleindustrie und der Rolle der Reichsbahn sowie der Binnenwasserstraßen vermittelten. [54] Schon früher, im Dezember 1942, hatte das MEW darauf hingewiesen, daß der Kohlebergbausektor gegenüber einer Störung durch indirekte Ursachen, wie zum Beispiel ein Verkehrschaos, besonders verwundbar sei. [55] Der RRS brachte eine Reihe genauer Darstellungen der Reichsbahn und ihrer wirtschaftlichen Bedeutung heraus. Im November 1940 sandte Sherrington einen Bericht an den Bomberverband, den er später der Achten Air Force zukommen ließ und der hervorhob, daß die Verschiebebahnhöfe das Rückgrat und die verwundbarsten Stellen der Eisenbahn seien. Er unterstrich insbesondere die Wichtigkeit derer im Ruhrgebiet. [56] In einem anderen Bericht, der zur selben Zeit zustandekam, mißbilligte er den Angriff auf Lokomotiven, sogar die Bombardierung ihrer Lokschuppen und Einrichtungen, es sei denn, der Angriff wäre Bestandteil einer Offensive gegen die Verschiebebahnhöfe. [57] Im März 1941 verfaßte Sherrington ein anderes Papier, das sowohl an den Bomberverband als auch später an die Achte Air Force verteilt wurde und in welchem er den Angriff auf Eisenbahnzentren befürwortete, auf solche Orte mit Schlüsselbedeutung, wo Verschiebedienste und Fahrzeugwartung stattfanden. Er betonte, daß die Reichsbahn, da sie der wichtigste Transporteur der Ruhrkohle sei, den bedeutendsten Einzelbestandteil der deutschen Wirtschaft darstellte. [58] Sherringtons Berichte waren präzise und im allgemeinen richtig. Man kann ihnen lediglich ankreiden, daß sie die Wichtigkeit der RBD'en Halle und Oppeln nicht erwähnen. Dennoch waren es sehr nützliche Beiträge. Im November 1943 gelang der technischen Nachrichtenabteilung (technical intelligence section) TN I(c) des militärischen Nachrichtendienstes (Military Intelligence) MI 8 im Kriegsministerium eine prinzipiell richtige Einschätzung des Ruhrgebiets und seiner Eisenbahnen. Obwohl sie die Bedeutung der Verschiebebahnhöfe übersah, hob sie dennoch die Wichtigkeit des Kohleverkehrs in dieser Region hervor und die Rolle, die die RBD Halle spielte. Im Ganzen betrachtete sie die Reichsbahn als „den größten Einzelfaktor bei der Aufrechterhaltung des wirtschaftlichen Lebens des Landes" (the greatest single factor in maintaining the economic life of the nation) [59]

Zur selben Zeit verfaßte der R&A OSS eine Reihe sehr wertvoller Berichte über die Reichsbahn. Seine Behauptung, daß die DR zwar unter sehr großem Druck stünde, es jedoch trotzdem geschafft habe, den Transportbedarf bis Ende 1943 knapp zu decken, war richtig. In den Augen des R&A bestand die Hauptaufgabe der Reichsbahn darin, Kohle und andere Rohstoffe zwischen dem Ruhrgebiet und seinem Hinterland zu bewegen. Die Schlüsselpunkte dieser Bewegungen waren die Verschiebebahnhöfe. Der Bericht lieferte eine genaue, detaillierte Information über die Standorte und Kapazitäten der größten Verschiebebahnhöfe der DR. Er nahm sogar die ZVL wahr und interpretierte ihre Rolle richtig. Seiner Meinung nach hatten Lastkraftwagen keine Bedeutung und die Kanäle wurden dazu benutzt, die Eisenbahn zu entlasten. Er schlug eine Anzahl von Angriffen vor, um das Ruhrgebiet und Oberschlesien zu isolieren, hob jedoch paradoxerweise Brücken als Angriffsziele und Schienenunterbrechungen hervor. [60] In einer Einschätzung der politischen Position der Reichsbahn stellte er fest, daß die DR zwar nicht im starken Maße nazifiziert, jedoch im Grunde politisch konservativ sei und eine verläßliche, patriotische Stütze des Regimes sein würde. [61]

Alles in allem zeigte keiner der Einzelberichte irgendeiner dieser Ämter ein vollständiges Bild von der Reichsbahn oder der Arbeitsteilung. Aber viele kamen der Wahrheit sehr nahe. Insgesamt lieferten sie fast alle Komponenten für ein brauchbares Gutachten. Während des Kriegs hatte sich die Arbeitsteilung in Deutschland prinzipiell nicht geändert. Lediglich die Nuancen waren neu. Deshalb hätten diese Berichte, die auf Vorkriegsinformation basierten und keine genauen, detaillierten, aktuellen Statistiken aufwiesen, dennoch die geistige Grundlage für eine wirkungsvolle Luftoffensive gegen das deutsche Transportsystem bilden können. Die Hauptschwierigkeit lag in der fehlerhaften Beurteilung des Gesamtzustands der deutschen Wirtschaft. Die Argumentation ging dahin, daß die Bombardierung des Transportsystems, falls die deutsche Wirtschaft immer noch die Kontrolle über große Reserven an ungenutzter Kapazität hätte, zu lange brauchen würde, bis sie sich bezahlt machen würde. Mit dieser Ansicht verband sich die falsche Annahme, daß die Reichsbahn ebenfalls ein zusätzliches Potential hätte. Von gleicher Bedeutung war die überhitzte Atmosphäre des bürokratischen Wetteiferns, die in den Hauptquartieren der alliierten Luftstreitkräfte herrschte.

Die Spannung stieg ins Unerträgliche, als die beiden Neuankömmlinge, Tedder und Zuckerman, ungefähr Ende 1943 auftauchten und beharrlich ein Zielsystem befürworteten, das sowohl für Harris als auch Spaatz ein Greuel war. Tedder und Zuckerman waren die Hauptprotagonisten der Transportbombardierung während der kommenden Monate. Tedder eröffnete einen Zweikampf mit Speer, es ging um das Schicksal der deutschen Kriegswirtschaft. Während der Wettstreit stattfand, mußten sowohl der stellvertretende Oberste Befehlshaber als auch der Kriegsminister mit einer schwierigen bürokratischen Opposition im eigenen Lager fertig werden.

Tedder und Zuckerman entsprachen nicht dem Bild von Luftwaffenstrategen. Tedder war, auch wenn er eine Karriere als Offizier der RAF gemacht hatte, ein schweigsamer Intellektueller, der nicht von der lautstarken Art der Cockpit-Typen war. Er verachtete Formalitäten und verabscheute den Prozeß der Entscheidung durch ein Komitee sowie die Schaffung eines nachrichtendienstlichen Gutachtens durch einen Kompromiß, der zwischen den Lehrmeinungen zustande kam und das alliierte Kommando beherrschte. Zuckerman war ein Zivilist, den Tedder bei sich behielt, damit er ihm persönlich bei der Planung behilflich sein konnte. Er war in Südafrika geboren und hatte in Oxford eine Ausbildung in Zoologie erhalten, wo er dieses Fach später auch lehrte. Zuckerman betrachtete Probleme als Ganzes und hielt ihre einzelnen Bestandteile für die Teile eines vollständigen Organismus. Er war ein schwieriger Mensch, der von seinen geistigen Fähigkeiten überzeugt war. Dieses Gespann, der unkonventionelle Flieger und der reizbare Intellektuelle, konfrontierte die fest verwurzelten Nachtrichtenämter der Luftstreitmacht in Britannien mit einem Programm, das für letztere zu schwer zu verstehen und beinahe unmöglich zu akzeptieren war.

Als Zuckerman in England ankam, wurde er mit einem Plan konfrontiert, der vom vereinigten Planungsstab (Joint Planning Staff) des SHAEF (Supreme Headquarters Allied Expeditionary Forces) vorbereitet worden war und der die Bombardierung von zwanzig Eisenbahnzielen erforderte, die sich 50 bis 60 Meilen hinter den Landungsstränden befanden. Er bemerkte sofort, daß dies unangemessen war. Nachdem er das zur Verfügung stehende Informationsmaterial in bezug auf die deutsche Abwehr in Westeuropa studiert hatte, entwickelte Zuckerman einen Plan, der den konzertierten Angriff auf 76 „Eisenbahnzentren" (railway centers) in Frankreich, Belgien und Westdeutschland verlangte. Das unmittelbare Ziel bestand darin, das Gesamtpotential der Verkehrserzeugung bei den Eisenbahnen, die das Invasionsgebiet bedienten, zu verringern. Durch die Reduzierung der Leistungsfähigkeit der Eisenbahnzentren hoffte er, das Verkehrsvolumen einschränken und kanalisieren zu können. Danach könnte die Leistungsfähigkeit durch die Bombardierung von Brücken, die Unterbrechung von Schienen und die Beschießung von Lokomotiven im geeigneten Moment kurz vor der Landung noch weiter geschwächt werden. Obwohl einiges an Bewegung auf der Schiene weitergehen würde, würde die Wehrmacht daran gehindert sein, rasch in großem Umfang Verstärkung in die Region hinter dem Landekopf zu bringen. Doch das war nicht alles. Tedder und Zuckerman begriffen, daß der Eisenbahntransport nicht nur für die Wehrmacht, sondern auch die deutsche Wirtschaft lebensnotwendig war. Angriffe auf die Eisenbahnzentren im Westen Deutschlands würden dazu beitragen, sowohl den Umfang des Militärverkehrs, der westwärts floß, zu vermindern als auch die industrielle Aktivität im Reich einzudämmen und letztendlich zum Stillstand zu bringen. Nun gab es sie, die atemberaubende Konzeption. Tedder trachtete danach, auf kurze Sicht die Armeen zu unterstützen und über längere Sicht die deutsche Kriegswirtschaft zu lähmen. Er würde seine Verpflichtungen gegenüber der Invasion erfüllen und gleichzeitig den alten Traum der Theoretiker wahrwerden lassen, die durch strategische Bombardierung die feindliche Wirtschaft zu zerstören gedachten. [62]

Tedder charakterisierte seine Idee als den „gemeinsamen Nenner" (common denominator). Er und Zuckerman wählten ein Zielsystem, das von allen Flugzeugtypen angegriffen werden konnte und sowohl kurzfristige militärische als auch langfristige wirtschaftliche Ergebnisse bringen würde. Seine Strategie erforderte einen konzeptionell und geografisch selektiven Feldzug, bei dem Bombardierungstaktiken angewandt werden würden, die einen mäßigen Grad an Genauigkeit verlangten. Er betrachtete die Angriffe auf andere Systeme, insbesondere den synthetischen Treibstoff, als Ergänzung. Das Kernproblem würden hierbei erneut Zeitpunkt und Verteilung des Bombardierungsvorhabens sein.

Diese Vorstellung basierte zu einem Großteil auf Zuckermans Erkenntnissen aus einer Studie über die Bombardierung der sizilianischen und italienischen Eisenbahnen, die er im Dezember 1943 vollendet hatte. [63] Indem er erbeutete italienische Eisenbahnberichte und seine Eindrücke verarbeitete, die er durch die eigene Besichtigung von Bahnhöfen gewonnen hatte, kam Zuckerman zu dem Schluß, daß die verwundbarsten Bestandteile eines Eisenbahnsystems seine Betriebszentren waren, zu denen Ausbesserungswerke, Lokschuppen und Kontrolleinrichtungen gehörten. Die Zerstörung oder das Unbrauchbarmachen solcher Zentren würde die wesentliche Fähigkeit einer Eisenbahn, Verkehr zu erzeugen, schwer beeinträchtigen. Er behauptete, daß eine Eisenbahn ein komplexer Organismus sei, der aus gegenseitig voneinander abhängigen Teilen bestünde, und deshalb das Herauswerfen dieser Komponenten aus dem Gleichgewicht Schockwellen hervorbringen würde, die im ganzen System widerhallen und zu seiner Lähmung führen würden. Zuckerman erkannte, daß von den Bombern keine absolute Genauigkeit erreicht werden konnte. Bestimmte Bahnhofsbereiche konnten nicht isoliert angegriffen werden. Deshalb schlug er vor, daß Eisenbahnzentren als Ganzes bombardiert werden sollten. Sämtliche Hauptmerkmale des Eisenbahnsystems würden dort, wo sie in einer Gruppe beieinanderlagen, gleichzeitig angegriffen werden. Zuckerman bemerkte auch, daß zur selben Zeit, in der Transportangriffe stattgefunden hatten, ein Kohlemangel in Sizilien und Süditalien entstanden war. Den Grund dafür konnte er nicht präzisieren. Dies gab zu denken. Er und Tedder waren sich der Wichtigkeit des Ruhrgebiets bewußt. Sie hofften, daß sie, falls die Angriffe ostwärts nach Deutschland hinein ausgedehnt werden könnten, das Ruhrgebiet auch daran hindern würden, seine Einzugsgebiete mit Kohle zu versorgen. Unter dem Druck der Ereignisse hatte Zuckerman es versäumt, ein vollkommen lückenloses Bild des Systems zu zeichnen, dessen Angriff er erhoffte, wobei er die Bedeutung des Verschiebebetriebs zu gering einstufte. Er begriff jedoch genug, um ihn als Teil des Eisenbahnzentrums für die Zerstörung zu bestimmen und um Tedder von der Richtigkeit seiner Entscheidung zu überzeugen. Außerdem fuhr er damit fort, seine Ideen unter Berücksichtigung brandneuen Beweismaterials zu entwickeln. Speers schlimmste Befürchtungen waren dabei, im stellvertretenden Obersten Befehlshaber und seinem Berater Gestalt anzunehmen.

Während Tedder und Zuckerman damit beschäftigt waren, ihr Konzept zu vervollständigen und es auf seinem Gang durch die verschiedenen Rangstufen der Nachrichtendienste und des Kommandos behüteten, bereitete die EOU einen eigenen Entwurf vor. Die EOU hatte äußerst negativ auf den Transportangriffsplan reagiert, sobald sie von ihm erfahren hatte. [64] Ihrer Ansicht nach war das Konzept rein taktischer Natur, da ein Angriff auf eine Eisenbahn unmöglich Ergebnisse von strategischer Bedeutung erreichen konnte. Wenige Wochen später arbeitete die EOU einen umfassenden Plan für den Einsatz der alliierten strategischen Luftstreitkräfte aus. Sie nahm wahr, was richtig war, daß die Achte Air Force während der letzten Februarwoche 1944 allmählich die Oberhand über Deutschland gewann. Diesen unvorhergesehenen Vorteil empfahl sie, durch den Beginn eines massiven Angriffs auf Deutschlands Raffinerien für Synthetiktreibstoff und dazugehörige Anlagen zur Rohölverarbeitung auszunutzen. Sie sagte voraus, daß man dem Deutschen Reich über die Hälfte seiner Erdölreserven innerhalb von sechs Monaten ab Beginn des Überfalls vorenthalten würde, falls 54 Ziele funktionsunfähig gemacht und regelmäßig wieder heimgesucht werden würden, um die Vollendung von Reparaturen zu verhindern. [65] Die EOU argumentierte, daß Öl der bestimmende Faktor im Wirtschaftsleben Deutschlands und die Grundlage seiner militärischen Unternehmung sei. Laut EOU verbrauchte der zivile Sektor ein Drittel der Flüssigbrennstoff-Produktion im Reich. [66] Sie versprach ein rasches Ende der Wehrmachtkampfhandlungen, den Zusammenbruch der zivilen Wirtschaft und den Verfall der Kampfmoral des deutschen Oberkommandos, falls ihr Plan befolgt werden würde. Sie kam zu dem Schluß, daß „unter den verbleibenden Zielsystemen das Öl allein die Gelegenheit bietet, falls man es zum Abschluß bringt, den deutschen Kampfhandlungen ein Ende zu bereiten" (oil alone, among the remaining target systems, offers the opportunity, if completed, of bringing the German war effort to a close). [67] In einem ausführlichen Überblick über weitere voraussichtliche Zielsysteme lehnte die EOU alle ab. Sie verdammte die Eisenbahnen, da es zwischen ihnen und den kämpfenden Einheiten einen zu großen „Puffer aus zivilem und langfristigem industriellen Einsatz" gäbe (cushion of civilian and long-term industrial use). [68]

Doch die EOU irrte sich mit ihrer Analyse. Zweifellos würde die Vorenthaltung von Treibstoff gegenüber der Wehrmacht größere militärische Folgen haben. Die EOU versprach diese jedoch nur für die Zukunft nach sechs Monaten und bis Overlord waren es nur noch zwei Monate. Tedders Plan versprach schnellere Resultate auf taktischer Ebene. Die Vorstellung, daß flüssiger Brennstoff für die Aktivität der deutschen Industrie lebensnotwendig sei, war völlig irrig. Wie wir gesehen haben, bezog die deutsche Wirtschaft 90 % ihrer Energie aus Kohle. Die Hoffnung, die Kampfmoral des OKW brechen zu können, ignorierte die Rolle Hitlers und der Loyalität, derer er sich sowohl in der Wehrmacht als auch im deutschen Volk immer noch sicher sein konnte. Ohne Zweifel wäre eine richtige Beurteilung des letzteren Faktors unter den gegebenen Umständen schwierig oder unmöglich gewesen. Doch zu argumentieren, daß eine auf das Öl ausgerichtete Aktion die deutsche Wirtschaft ruinieren würde, war die Folge davon, daß man das Bild der eigenen Wirtschaft auf die Deutschlands übertrug, anstatt Informationen sorgfältig auszuwerten. Das Wissen, welches Deutschlands Abhängigkeit von der Kohle betraf, wie oben erwähnt, konnte man sich aus Verschlußsachen und offenen, nicht geheimen Quellen aneignen, die aus der Vorkriegszeit stammten.

Die EOU war sich dieser Fehler in ihrem Programm nicht bewußt und begann einen bürokratischen Guerilla-Kampf gegen den Transportangriffsplan. [69] Was das Kontern anging, verließ sich Tedder auf seine guten Beziehungen zu Eisenhower und Portal. Das Ergebnis war ein Kompromiß, der sowohl Angriffe auf das Transportsystem als auch das Öl vorsah. Dies war möglich, da Tedder bereits kalkulierte, nur etwa die Hälfte der Bomberkapazität, die ihm bei den strategischen Luftstreitkräften zur Verfügung stand, einzusetzen. Der auf das Öl ausgerichtete Feldzug mit seinen ungefähr 50 Zielen, könnte mit der verbleibenden Kapazität durchgeführt werden. Viele der Eisenbahnzentren in Deutschlands Westen, die zu Angriffszielen wurden, waren jedoch Opfer des Kompromisses. Dies hatte keine Auswirkung auf den taktischen Aspekt in Tedders Plan. Es gefährdete allerdings das Erreichen der langfristigen strategischen Ziele.

Der Kompromiß wurde zwischen März und Mai ausgehandelt. Harris' Bedenken, daß seine Flugzeuge keine so kleinen Ziele wie Verschiebebahnhöfe treffen könnten, wurden als erstes aus dem Weg geräumt. Am 4. März befahl Portal eine Reihe von Testangriffen auf Rangierbahnhöfe in Frankreich. Sie erwiesen sich als sehr erfolgreich. [70]

Auf der Hauptversammlung am 25. März waren sämtliche Schlüsselfiguren anwesend. Während der Diskussion legten Eisenhower und Portal eine der wesentlichen Schwachstellen des Ölplans bloß: Er würde nicht rechtzeitig seine Wirkung haben, um die Invasion unterstützen zu können. Beide befahlen, daß Tedders Transportangriffsplan angenommen werden solle. [71] Spaatz betrachtete den Ölplan jedoch als seine letzte Gelegenheit, zu zeigen, zu was eine Luftstreitmacht imstande sei, und Harris die Schau zu stehlen sowie den Krieg allein zu gewinnen. [72] Außerdem glaubte er, daß die Operation Overlord scheitern würde. [73] So bot er es am 31. März an, Transportziele in Frankreich anzugreifen, wenn er dafür die verbleibenden Bomber dazu benutzen könnte, Ziele wie ölverarbeitende Anlagen und Kugellagerfabriken in Deutschland anzugreifen. [74] Unterdessen war Churchill gegen Tedders Plan, da er befürchtete, daß er zu viele Opfer unter der französischen Bevölkerung fordern würde, die neben den Bahnhöfen lebte. Doch die Vertrauensbekundungen des Sprechers der freien Franzosen (Free French) in Britannien, Generalmajor Pierre J. Koenig, und schließlich Präsident Roosevelts zerstreuten die Bedenken des Premierministers Mitte April. [75] Am 19. April gab Eisenhower Spaatz mündlich die Erlaubnis, seine Achte Air Force gegen Deutschlands Synthetik-Treibstoff-Industrie einzusetzen, solange er seinen Verpflichtungen gegenüber dem Transportangriffsplan nachkäme. [76] Fünf Tage zuvor hatte Eisenhower das Kommando über sämtliche alliierte Luftstreitkräfte in Europa übernommen und gab die Autorität über sie an Tedder weiter. Der stellvertretende Oberste Befehlshaber ließ die Weisung ergehen, daß die deutsche Industrie und die Luftwaffe die höchste Priorität erhielten, wobei der Overlord-Transportangriffsplan an die zweite Stelle kam. [77] Er versicherte sich dessen, daß die Angriffe auf das Transportsystem und das Öl im Gleichgewicht blieben. [78] Ende Mai ließ die Achte Air Force ihre ganze Wut an den Eisenbahnschienen aus, die zur Front führten, und an den Reichsbahneinrichtungen entlang der Westgrenze Deutschlands. Tedder ordnete die Zerstörung von Brücken und den Beschuß mit Maschinengewehren an, um die Vernichtung, die bereits den Verschiebebahnhöfen zuteil geworden war, zu vervollkommnen. [79] Sowohl in den letzten Tagen vor der Invasion als auch unmittelbar nach der Truppenlandung verteidigte Tedder den wackeligen Kompromiß gegen unaufhörliche scharfe Kritik. Währenddessen waren auf der anderen Seite der Linie Speers Ressourcen im Begriff, rasch zu schwinden. Ihm war die Bedeutung der doppelten Offensive schrecklich klar.

5. Nur die Gegenwart zählt – Nutzung des Versorgungsspielraums

Der Kompromiß, der von den Befehlshabern der alliierten Luftstreitkräfte ausgehandelt worden war, ließ einen Sprengstoffhagel auf die Verschiebebahnhöfe der französischen und deutschen Eisenbahnen niedergehen. Das Unheil brandete gegen die Westgrenze der Reichsbahn. Die Kohlepforten bei Münster, Geseke und Wedau wurden entweder an ihrer Quelle oder innerhalb ihrer Einzugsgebiete getroffen. Bis zu dem Zeitpunkt, als die Truppen die Küste erreichten, am 6. Juni, hatten die strategischen Luftstreitkräfte 56 930 t an Bomben auf Transportziele zur Unterstützung der Operation Overlord in Frankreich, Belgien und Westdeutschland abgeworfen. [1] Im Laufe des Sommers verschob sich der Brennpunkt des Angriffs in Verbindung mit dem Herannahen der Armeen nach Osten. Im Juli und August wurden über Deutschland pro Monat durchschnittlich 2 400 t an Bomben auf Transportziele abgeworfen. [2] Während der ersten zwei Septemberwochen erhöhte sich das Tempo. Dieser heftigen Attacke konnten die Jäger der Luftwaffe nur einen schwachen Widerstand entgegensetzen. Vom Obersten Kommando der Luftwaffe wurde der Verteidigung der Synthetiktreibstoff-Anlagen in Mitteldeutschland Vorrang gegeben. Doch sogar hier war die Verteidigung kraftlos, was auf die riesigen Verluste zurückzuführen war, die während des Frühjahrs bei der Verteidigung dieser Ziele und dem Versuch, sich der Invasion entgegenzustemmen, erlitten wurden. [3] Flak wurde auch neben den Hydrierungsanlagen im Gebiet um Leuna und Leipzig in der Nähe der RBD Halle konzentriert. [4] Doch aufgrund der zunehmenden Knappheit an Schwarzpulver, die seit den Angriffen auf das Öl herrschte, wurden der Munitionsausgabe Beschränkungen auferlegt. [5] Diese Schwäche führte dazu, daß sich das Problem im Transportsektor zu einem Wettlauf zwischen der militärischen Macht, die von Tedder geführt wurde, und dem Wirtschaftsapparat, der von Speer und Ganzenmüller geleitet wurde, entwickelte.

Von der ersten Welle der Luftangriffe am wenigsten betroffen war das System der Binnenwasserstraßen. Es war nicht direkt getroffen worden, trotzdem spürte es die Auswirkungen des Wagenmangels in den Häfen und der Versuche des RVM und RWKS, den Verkehr von der Reichsbahn auf die Frachtkähne zu verlagern. Die Gesamttonnage, die während des dritten Quartals des Jahres 1944 befördert wurde, lag etwa 15 % niedriger als im selben Zeitabschnitt des Vorjahres. Der Kohletransport auf dem Rhein lag ein wenig über dem Normalen. [7] Die Abnahme in der gesamten Beförderung wurde durch niedrigen Wasserstand während des Frühjahrs und Sommers sowie durch die chronische Disorganisation der Bootsbesitzer hervorgerufen. Obwohl der Stauraum auf den Kähnen in der Tat knapp war, wurden sie mancherorts festgemacht und von ihren Eigentümern, die auf höheren Profit auswaren, als Lagerräume genutzt. [8]

Da es ihnen an der Möglichkeit und Zeit mangelte, neue Kähne bauen zu lassen, griffen sowohl der Rüstungsminister als auch der Verkehrsminister zu organisatorischen Maßnahmen, um die Tonnage zu erhöhen, die auf den Wasserstraßen befördert wurde. Wenn sie einer Krise gewahr werden, greifen komplexe Organisationen nach Mitteln, die ihnen in der Vergangenheit sehr dienlich waren. Das geschah auch in diesem Fall. Am 30. Juni ordnete Speer an, daß der Stauraum der Kähne effektiver genutzt werden solle. [9] Am 13. September enthob die ZVL die Bevollmächtigten für Wasserstraßen, die 1942 ernannt worden waren und ihre Verpflichtungen den Schiffahrtsstellen übergeben hatten, ihrer Ämter. Diese Stellen wurden der Reihe nach angewiesen, der ZVL direkt Bericht zu erstatten. Zusätzlich wurden viele ihrer Leiter ausgetauscht, weil man hoffte, dadurch die Kontrolle aus der Zentrale zu verstärken. [10] Währenddessen, im Juni, appellierte Adolf Sarter, Leiter der GBL-West, an das RWKS, etwas von ihrem Kohleverkehr auf die Wasserstraßen zu verlagern. Davor scheute das Syndikat anfangs jedoch zurück. [11]

Aus der Warte der ZVL in Berlin stellte sich die Situation Mitte August als unheilverkündend dar. Emrich betrachtete die Angriffe auf die Verschiebebahnhöfe als die größte Bedrohung, gefolgt vom Rückzug im Osten. Zusammen hinderten diese Zwangssituationen die Reichsbahn daran, ihr Soll an Kohlewagen zu erfüllen. [12] Als Reaktion berief die ZVL am 23. August eine Krisensitzung ein, in der Ganzenmüllers und Speers Assistent, Willi Liebel, für die absehbare Zukunft die Richtung des gesamten Transportsystems bestimmte. Ganzenmüller betonte, daß Speer dabei war, eine größere Anhebung der Rüstungsproduktion zu planen, um die Verluste der Wehrmacht im vorherigen Sommer auszugleichen und die Verteidigung Deutschlands vorzubereiten. Die Pläne des Ministers konnten nur mit maximaler Anstrengung auf seiten der Reichsbahn und der Bootsbesitzer erfüllt werden. Die Beförderung der Kohle war besonders wichtig. An manchen Orten waren die Vorräte der Industrie auf einen so geringen Umfang zusammengeschrumpft, daß sie nur für drei Wochen reichten. Die fehlenden Gelegenheiten, während des Sommers Kohle zu befördern, konnten nie mehr wettgemacht werden. Deshalb mußte jede Chance, jeder mögliche Weg wahrgenommen werden. Ganzenmüller ordnete an, daß Militärtransporte zu den Einheiten an der Front oberste Priorität genießen sollten. Als nächstes würde man die Kohle befördern. Dann käme die Ernte. Liebel informierte die ZVL darüber, daß man mit sofortiger Wirkung den Einheiten in den Gebieten um die Fabriken Waffentransporte zuleiten würde. Transporte zu Depots würde es nicht mehr geben. Die Vorräte in den Produktionsanlagen würden dazu verwendet werden, den Ausstoß weiter zu erhöhen, und die Beförderung von Rohstoffen würde gestoppt werden, um Wagenraum für fertige Waffen frei zu machen. Jeder Güterwagen, ob offen oder gedeckt, würde für jede denkbare Fracht, die es zu bewegen galt, verwendet werden. Liebel unterstrich die Warnung Ganzenmüllers, daß das Reich einem furchtbaren Notstand entgegengehe, und mahnte, daß dieser nur mit Unterstützung der Reichsbahn überwunden werden könne. [13]

Damit die DR ihre Aufgabe erfüllen konnte, ließ man ihr Hilfe zukommen. Im Juni befahl Hitler der OT, Frankreich zu verlassen und sich ins Ruhrgebiet zu begeben, um beschädigte Eisenbahneinrichtungen zu reparieren. Im Juli erklärte sich die Reichsbahn mit den Plänen einverstanden, die es vorsahen, daß Arbeitskräfte aus der Wehrmacht, dem Reichsarbeitsdienst und sogar aus Fabriken dafür eingesetzt wurden, die Verschiebebahnhöfe wiederherzustellen. [14]

Doch die Probleme häuften sich weiterhin über der DR. Die Reichsvereinigung Eisen forderte zusätzlichen Wagenraum, um

Bei dem ersten großen Luftangriff auf den Stuttgarter Hauptbahnhof am 22. November 1942 wurde die Hallenkonstruktion zerstört, von der nur noch die Betonpfeiler übrigblieben. Die untere Abbildung (Bestand: Bild MA 46) zeigt die Überreste eines Triebwagenzuges (bestehend aus ET 25 020[1], 021[1] und 022[1]), der nicht mehr rechtzeitig die Stuttgarter Bahnhofshalle verlassen konnte.

AUFNAHMEN: SLG. HANSJÜRGEN WENZEL, SLG. MILITÄRARCHIV FREIBURG

Ein Luftangriff auf Aschaffenburg am 17./18. August 1943 zerstörte die dortigen Bahnanlagen. Die obere Aufnahme gewährt einen Blick auf zerbombte Reisezugwagen im Hauptbahnhof. Die untere Abbildung entstand im Güterbahnhof, rechts steht 78 491, eine Vertreterin der Lokgattung pr. T 18.

AUFNAHMEN: VERKEHRSARCHIV NÜRNBERG

Eisenerz zu den Schmelzöfen transportieren zu können. Im Osten war die Getreide-, Rüben- und Kartoffelernte eingebracht und wartete auf Wagen, um in den Westen gebracht zu werden. Das Ernährungs- und Landwirtschaftsministerium warnte davor, daß durch Verzögerungen ein Großteil der Feldfrüchte verderben würde. Am 6. September entschieden sich Speer und Ganzenmüller dafür, dem Nahrungsmitteltransport aus dem Osten in den nächsten zwei Wochen absoluten Vorrang einzuräumen. [15]

Die Kohletransporte standen vor ähnlichen Problemen. Trotz Ganzenmüllers Aufruf sank das Volumen des Wagenraums, über den die Kohle verfügen konnte, weiter und hinderte die Fabriken daran, Vorräte für den Winter anzuhäufen. Es war das eingetreten, vor dem der Chef der DR gewarnt hatte. Versuche wurden unternommen, den Verkehr soweit umzugestalten, daß mehr Kohle befördert werden konnte. Das RWKS willigte widerstrebend ein, stärker von Ganzzügen Gebrauch zu machen und sie bei den Kohlegruben zusammenzustellen, wie es in Oberschlesien bereits gang und gäbe war. [16]

Das Problem mit der Eisenerzbeförderung eskalierte während des Sommers. Die RVE empörte sich lautstark darüber, daß sie bei der Verteilung von Wagenraum zu kurz käme und daß jede Verminderung in der Erzversorgung eine Abnahme des Eisen- und Stahlausstoßes bedeuten würde. Während des Julis entfielen die Erzlieferungen aus Schweden als Folge einer Entscheidung in Stockholm, die wegen des intensiven Drucks seitens der Alliierten, die Erzversorgung des Reichs einzustellen, getroffen wurde. Das RVM und Röchling kamen darin überein, dies durch umfangreichere Minette-Transporte auszugleichen. [17] Der gesamte Erztransport sank jedoch im Laufe des Augusts um ein Viertel. Die Beförderungsrate auf dem Wasser, insbesondere auf dem Rhein, blieb konstant, der Eisenbahntransport sank hingegen um 28 %. [18]

Die Situation und das wichtigste Problem, dem Deutschlands Industrie Ende August gegenüberstand, war das Schwinden der Kräfte bei der Reichsbahn. Die Summe der Güterwagenstellungen lag während des dritten Quartals des Jahres 1944 nur vier Prozent unter dem Niveau des selben Zeitabschnitts im Jahre 1943. Allerdings war die Rate der Kohlewagenstellungen um 16 % niedriger. Die Wagenstellungen für Braunkohle verringerten sich um neun Prozent. [19] Es herrschte kein Mangel an Wagen oder Lokomotiven. Die Schwierigkeit steckte im Verschiebedienst. Die Attacken in Frankreich und Belgien hatten ein Chaos geschaffen, das sich ostwärts nach Deutschland hinein fortpflanzte. Die Reichsbahn war dazu gezwungen, Wagen in das Inferno im Westen zu schicken, um das Militär zu unterstützen. Die Folge war, daß das wichtigste Kohlezentrum, das Ruhrgebiet, und mit ihm das Saarland, vom sich ausbreitenden Chaos als erstes erfaßt wurde. Während des dritten Quartals des Jahres 1944 lagen die Wagenstellungen für Steinkohle im Ruhrgebiet um sieben Prozent im Rückstand. Angesichts des dringenden Bedarfs an jeder Tonne Kohle war dies schon bedrohlich genug. Doch auch die Wagenstellungen für Braunkohle in der Region westlich von Köln verringerten sich um 18 %, obwohl die Produktion auf normalem Niveau weiterlief. [20] Dies hatte größere Auswirkungen auf das Industriegebiet um Mannheim und bürdete den Steinkohlelieferanten im Ruhrgebiet eine größere Last auf. Im Ruhrgebiet selbst lief die Kohleproduktion normal ab. Trotzdem begannen die Vorräte, sowohl an Kohle als auch Koks, bei den Minen und Hochöfen anzuwachsen, während sie sonst normalerweise auf ein Minimum zusammenschrumpften. [21]

Die RBD Saarbrücken erlitt die größten Rückschläge. Die Rückstände der Züge häuften sich und Verspätungen vermehrten sich. Kohlezüge, die nach Frankreich unterwegs waren, blockierten die Rangiergleise.

Ein Bombenangriff auf die Edertalsperre im Mai 1943 zerstörte durch die ausgelöste Wasserflut auch mehrere Bahnstrecken. Die Aufnahme oben zeigt die zerstörte Eder-Flutbrücke bei Grifte-Wolfershausen an der Strecke Kassel – Frankfurt (M). Unten sehen wir die beschädigten Gleise bei Bergheim-Giflitz (Brilon Wald – Wabern).

AUFNAHMEN: SLG. HANSJÜRGEN WENZEL

Züge, die nach Frankreich geschickt wurden, kehrten häufig nicht mehr zurück und verursachten somit einen Mangel an leeren Wagen. [22] Während des dritten Quartals lagen die Güter- und Kohlewagenstellungen um ein Drittel unter dem Normalwert. [23] Die unmittelbarste Folge dessen war eine Brennstoffknappheit im Saarland und eine Verminderung der Minette-Lieferungen um 98 %. [24] Die Eisen- und Stahlindustrie war dazu gezwungen, Vorräte zu verbrauchen, um die Produktion aufrechtzuerhalten. Der Eisenausstoß sank jedoch um 43 % und die Stahlproduktion um 40 %. [25] Da das Saarland beinahe ein Drittel der nationalen Eisenproduktion lieferte und ein Viertel des Stahlausstoßes, stellten diese Verluste einen größeren Schlag gegen Speers Produktionspläne dar. Das Saarland hörte auf, ein bedeutender Faktor im Industrieleben Deutschlands zu sein. Doch das Ruhrgebiet arbeitete weiterhin mit Hochdruck. Der Stahlausstoß blieb bis in den September hinein auf normalem Niveau. Dies wurde auf Kosten der Vorräte erreicht. Die Lieferungen des schwedischen Erzes begannen sich erst ab September zu verringern. Die Minette-Versorgung kam Ende August zum Stillstand. [26] Da das Ruhrgebiet nicht stark auf die Minette angewiesen war, war dies an sich nicht bedeutend. Trotzdem war es, neben dem bevorstehenden Ende der schwedischen Lieferungen, ein Bote des Unheils, das sich am Horizont zusammenbraute. Die Vorräte wurden im August um 22 % unter den Normalwert reduziert. [27] Der Roheisenausstoß sank im August nur um vier Prozent. [28] Der Fall Vereinigte Stahlwerke gibt die Situation genau wieder. Die Eisen- und Stahlproduktion verlief zufriedenstellend, verglichen mit dem Monatsdurchschnitt des Vorjahres. Der Kohle- und Koksausstoß bei der GBAG lag ebenfalls im Normalbereich. An den Minen hatte sich jedoch die Kohle, die auf Halde lag, vervierfacht und die Koksbestände bei den Hochöfen hatten sich verfünffacht. Die Kohle- und Koksvorräte der Walzwerke hatten sich nicht gravierend verändert. Doch die Erzvorräte waren um ein Viertel geringer und die Erzlieferungen aus Schweden betrugen nur halb so viel wie sonst. [29] Die Folge war, daß die Führer der Stahlindustrie im Ruhrgebiet nach erweitertem Wagenraum für Eisenerz riefen. Dies taten sie in erster Linie nicht deshalb, weil sie eines drohenden Produktionsrückgangs gewahr wurden, sondern es ablehnten, ihre Vorräte anzugreifen, um damit die Nazis zu unterstützen. [30] Vögler, Rohland und der Rest hatten dem Hitler-Regime seit langem nüchtern gegenübergestanden, und nun, da die Niederlage näherkam, bereiteten sie sich für die Wirtschaft und politische Landschaft nach dem Krieg vor. Sie versuchten, ihre Produktionsanlagen, so weit es ging, intakt zu halten, alte Geschäftsverbindungen aufrechtzuerhalten und einen Rohstoffvorrat in der Hinterhand zu behalten, der es ihnen erlauben würde, so schnell wie möglich wieder mit der Produktion fortzufahren. Anderswo im Ruhrgebiet lief die Produktion wie gewohnt weiter. In Düsseldorf traten keine größeren Produktionsschwierigkeiten auf, weder in den Versorgungsbetrieben noch Rüstungsfabriken. [31]

Im Hinterland des Ruhrgebiets Richtung Süden wiederholten sich die Probleme, mit denen die RBD Saarbrücken zu tun hatte, in Mannheim, Karlsruhe und Stuttgart. Die GBL-Süd berichtete Anfang September, daß sie zwar genügend Lokomotiven hätte, die Probleme im Verschiebebetrieb den Verkehr jedoch behindern würden. Die Fernmeldeeinrichtungen hatten argen Schaden genommen und der Zugverkehr war auf die Nachtstunden begrenzt. [32] Die unweigerliche Konsequenz war eine Kohleverknappung. Bei Ludwigshafen litten zum Beispiel vier von elf größeren Fabriken, die von der örtlichen Rüstungsinspektion überwacht wurden, an der Verringerung ihrer Kohlevorräte. Sie waren direkt von Lieferungen abhängig, die mit der Bahn von den Rheinhäfen hergebracht wurden. [33] Der Hafen von Mannheim funktionierte mit wenigen Unterbrechungen den ganzen Sommer über, doch wurde die Beförderung der Kohle aus den Kohlehalden neben den Kais zusehends schwieriger. [34] In den wenigen kleinen Problemen steckten verschiedene Einzelfaktoren. Die Statistiken verbargen die Belastungen, unter denen sich die Werksleiter abmühten, Wagenraum zu finden, damit sie an die Reihe kamen und ihre Produktionsmengen verladen konnten. [35] Eine Ahnung der bevorstehenden Katastrophe überkam das Gebiet.

Im Ganzen verlief die Produktion von Grundstoffen und Waffen im Westen zufriedenstellend. Doch mußte bereits auf Reserven von Rohstoffen und Einzelteilen sowie auf Ersatzstoffe zurückgegriffen werden, um das Tempo beizubehalten. Das Fiasko hatte sich lediglich im Saarland ereignet. Dies war wegen der Geschwindigkeit, mit der es sich entwickelte, bedeutsam. Für die Reichswirtschaft war dies ein schlechtes Zeichen, da es der Stahl- und Koksindustrie des Ruhrgebiets, die ohnehin unter großem Druck stand, eine noch schwerere Last auferlegte. Tatsache war, daß das Saarland ausgeschaltet worden war und es nichts gab, was das Ruhrgebiet tun konnte, um dies auszugleichen. Im Ruhrgebiet selbst regten sich die Leiter der Stahlindustrie und Schmidt vom RWKS über die Maßnahmen auf, die das Regime ergriffen hatte, um dem wachsenden Transportproblem zu begegnen. Speziell das RWKS war gegen sie, da sie ihr Vorrecht einschränkte, ihre Kunden so zu bedienen, wie sie es für richtig hielt, auch in Zeiten des nationalen Notstands.

Im Zuge der physischen und psychologischen Schwächung des Westens erlangten die mittel- und ostdeutschen Industriegebiete eine größere Bedeutung. Solche Regionen Mitteldeutschlands, die Einzugsgebiete des Ruhrgebiets waren, wurden durch Nutzung der Kanäle und zu einem geringeren Anteil durch umfangreichere Lieferungen aus Oberschlesien gut mit Kohle versorgt. Der Dortmund-Ems- und auch der Mittelland-Kanal brachten die Kohle in normalem Umfang nach Osten. Zudem ging der Abbau der Braunkohle in der Elberegion ohne Unterbrechung weiterhin vonstatten. Die RBD Halle hatte zunehmend Schwierigkeiten damit, den Transport letzterer zu ermöglichen. Die Anzahl ihrer gesamten Wagenstellungen fiel im dritten Quartal um fast neun Prozent und ihre Wagenstellungen für Braunkohle sank um sechs Prozent. Diese Abnahmen waren das Ergebnis von Stockungen im Verkehr, der durch die Region hindurch nach Westen verlief, und der Störung, die durch Luftangriffe auf die nahegelegenen Hydrierungsanlagen bedingt war. Obwohl sie gering waren, führten sie doch zu einer kleinen Abnahme in der Roheisenproduktion. Im Einzugsgebiet der Ruhrregion, das um Hannover lag, kamen keine Energieprobleme auf und das Soll der Waffenproduktion wurde trotz zunehmender Schwierigkeiten erreicht, die daher kamen, daß Lieferungen von Einzelteilen immer öfter ausblieben. Kohlevorräte für den Winter konnten nicht angelegt werden. Die Rüstungsproduktion war weder bei den RWAG noch bei Krupp-Gruson beeinträchtigt. [36]

Der Grund, weshalb die Produktion im Hinterland des Ruhrgebiets, in Mitteldeutschland, beinahe ungestört weiterlief, lag darin, daß das RWKS von anderen Syndikaten unterstützt wurde. Die ober- und niederschlesischen Steinkohlesyndikate griffen ein, um viele der RWKS-Kunden in dieser Region zu versorgen. Daraus ergab sich, daß die Kohlevorräte in den örtlichen Handelsvertretungen des RWKS ausreichten, auch wenn sie unter dem gewünschten Winterniveau lagen. Im allgemeinen reichten sie für drei bis fünf Wochen. Ein anderer Hauptgrund dafür, daß die RWKS in der Lage war, so viele ihrer Kunden zu beliefern, war das reibungslose Funktionieren des Wasserstraßensystems. Dem Druck nachgebend, der von Sarter und dem RVM ausgeübt wurde, erhöhte das RWKS den Anteil seiner Kohlelieferungen, die auf dem Wasserweg zugestellt wurden, von einem Fünftel im Januar 1944 bis zum September auf mehr als ein Viertel. Rüdiger Schmidt hoffte, diesen Anteil auf ein Drittel zu erhöhen. [37]

Im Osten hatte die GBL-Ost mit Problemen zu kämpfen, die den Verkehr betrafen, der zu den westlichen Direktionen hin verlief. [38] Ab Anfang September war der Betrieb wegen der Schwierigkeiten beim Austausch des Verkehrs mit den GBL-West und -Süd eingeschränkt. In der RBD Oppeln entstanden Probleme, die von der Notwendigkeit herrührten, den Verkehr westwärts zu leiten, um der heranstürmenden Roten Armee zu entgehen. [39] Dies war ein neuer Faktor. Seine Bedeutung würde im Laufe der kommenden Monate zunehmen. Vorerst erlitt das östliche Kohlezentrum im dritten Quartal des Jahres 1944 einen Verlust von 16 % an Gesamtwagenstellungen und 18 % an Steinkohle-Wagenstellungen. [40] Auf der Oder lief der Verkehr an den Kohlehäfen von Oppeln und Gleiwitz normal und verhinderte so eine größere Notlage. [41] Der Steinkohleabbau sank in der Region um vier Prozent gegenüber dem Stand im August des Vorjahres. [42] Die Eisenproduktion verringerte sich um fünf Prozent. [43] In den Rüstungsfabriken waren die Kohlevorräte nach wie vor ausreichend, obzwar einige Typen nicht erhältlich waren. Die Versorgung mit Einzelteilen war bedarfsdeckend und die Rüstungsfabriken dieser Region erfüllten ihr Soll. [44] Im Haupteinzugsgebiet Oberschlesiens, in Berlin, sorgte das ausreichende Funktionieren der Wasserstraßen dafür, daß die Produktion ungestört weiterlief. [45] Die BEWAG hatte keine Probleme damit, den Elektrizitätsbedarf zu decken. [46] Die Kohlevorräte reichten ungefähr für zwei Monate. Lieferungen aus dem Ruhrgebiet waren stark zurückgegangen, doch schufen die aus Oberschlesien einen Ausgleich. Dies galt auch für die Rüstungsproduktion der Stadt. Bis in den September hinein machten Speers Rüstungsinspektoren keine größeren Schwierigkeiten aus. [47]

Die Reichswirtschaft hatte den anfänglichen Schock der Transportbombardierung außergewöhnlich gut überstanden. Es war ihr deshalb gelungen, weil sie auf Vorräte zurückgriff und die Prioritäten in der Arbeitsverteilung, bei den Komponenten und Materialien verschob. Nur das Saarland hatte einen größeren Einbruch erlitten. Die Folgen davon waren in der Endproduktion nicht sofort spürbar. Der Verlust der Region verminderte jedoch das Gesamtwaffenpotential des Landes, da seine Rolle darin bestand, an zweiter Stelle gleich nach dem Ruhrgebiet zu stehen, was die Stahlproduktion anbelangte. Beim Steinkohleausstoß ergaben sich keine erheblichen Probleme, er sank nur um zwei Prozent. Der Braunkohleausstoß fiel um fünf Prozent, was auf die Transportunterbrechung westlich des Rheins zurückzuführen war. Die Koksproduktion war nur um 1,5 % geringer. [48] Die Elektrizitäts- und Gasversorgung war ebenfalls ausreichend. [49] Schlüsselbedeutung hatte das Anwachsen der Kohlehalden neben den Minen. Verglichen mit dem Sommer 1943 stiegen die Steinkohlevorräte sprunghaft um 462 %, die Koksreserven der Hochöfen um 580 % und die Menge an Braunkohle neben den Gruben um 400 %. [50] Obwohl die Produktion nicht unterbrochen wurde, konnte die Fördermenge nicht zu den Walzwerken und Fabriken gesandt werden. Dort mußte auf die Vorratshalden zurückgegriffen werden, um dies auszugleichen. Noch war das Schwinden der Vorräte bei den Konsumenten nicht bedrohlich. Doch wenn man sich daran erinnert, daß dies die Jahreszeit war, in der die Vorräte wieder aufgefüllt werden sollten, dann wird das zukünftige Unheil grell sichtbar. Dasselbe galt für Eisenerz. Bei den Stahlwerken waren die Vorräte nur halb so umfangreich wie während des Vorjahres. [51] Die Ursache war der Rückgang der Minette-Transporte aus Lothringen, und der Hauptverlierer war das Saarland. Die Roheisenproduktion des Reichs fiel im August, verglichen mit dem Vorjahr, um ein Viertel. [52] Dies lag fast ausschließlich an der Katastrophe im Saarland. Die Stahlproduktion sank nicht im gleichen Maße, da sowohl im Saarland als auch anderswo hochwertiges Erz durch Schrott ersetzt werden konnte. [53] Folglich verringerte sich die Stahlproduktion um 16 %. [54] Während die Grundstoffindustrie ihre ersten Rückschläge erlitt, boomte die Rüstungsendproduktion, wo Materialien und Einzelteile verwendet wurden, die schon Monate zuvor in den industriellen Fertigungsprozeß eingegangen waren, immer noch stark und zum zweiten Mal während des Kriegs. Im Juli 1944 schnellte der Index der Rüstungsendproduktion auf den Wert 322. Nur der anfängliche Spurt zwischen Februar 1942 und Mai 1943 übertraf den Zeitraum März bis Juli 1944, was die monatliche Wachstumsrate anbelangte. [55] In diesen Monaten wurden viele der wichtigsten Waffen produziert. Der „Panther"-Panzer, die 88-Millimeter-Antipanzer-Munition, die 105-Millimeter-Flak und der K-98-Karabiner erreichten die größten Ausstoßmengen der Kriegszeit. [56] Dieser erstaunliche Erfolg war möglich, weil Speer und Kehrl eine Organisation geschaffen hatten, die Deutschlands begrenzte Ressourcen verhältnismäßig effizient ausbeuten konnte. Sie begriffen jedoch, was die Transportangriffe, die sich allmählich nach Osten ausdehnten, für die Zukunft bedeuten würden. Deshalb trafen sie unmittelbar nach der Invasion Gegenmaßnahmen für die vorweggenommenen Auswirkungen. [57]

Die erste Initiative, die von Speer ergriffen wurde, bestand darin, Hitler einen Erlaß über „die Konzentration der Rüstung und Kriegsproduktion" unterzeichnen zu lassen. [58] Dies sorgte für eine drastische Einschränkung der Entwicklung von neuen Waffen. Der Erlaß machte es möglich, daß Ingenieure in andere Industriezweige versetzt wurden, wo sie durch die Einführung neuer Produktionsmethoden und einfachere Waffenkonstruktionen Mittel zur Rohmaterialeinsparung entwickeln konnten. Mitglieder eines Ausschusses sollten ernannt werden, der die Einhaltung des Erlasses überwachen würde. Eine Woche später ordnete Speer an, daß die Eisen- und Stahlzuteilungen für Maschinen-, Fahrzeug- und Rüstungshersteller zu streichen seien und die Betriebe ihre reichlichen Vorräte an diesen Materialien verbrauchen sollten. [59] Nach einer Schätzung des RMfRuK hatten sich die Eisen- und Stahlvorräte der Fabriken während des Jahres 1943 beinahe verdoppelt und ein Maß erreicht, das dafür ausreichen würde, die gegenwärtige Produktionsrate für sechs bis acht Monate beizubehalten. [60] Am 13. Juli ernannte Speer Inspektoren, die er dazu ermächtigte, die Fabrikgelände unangemeldet zu betreten, um die Bestände zu überprüfen. [61] Diese Maßnahmen dienten dem Zweck, die Endproduktion der Waffen aufrechtzuerhalten oder zu steigern und gleichzeitig die Belastung der Reichsbahn zu verringern. Der schwindende Wagenraum, der noch zur Verfügung stand, würde dazu benutzt werden, fertige Waffen zu transportieren. Das gesamte Programm war darauf ausgerichtet, kurzfristige Ergebnisse zu erzielen. In einer seiner regelmäßigen Konferenzen mit Hitler am 20. August riet Speer dazu, daß die industrielle Planung sich nur auf die nächsten neun Monate konzentrieren solle, und Hitler stimmte dem zu. Die langfristige Planung war irrelevant. [62] Stillschweigend gaben Speer und Hitler zu, daß Deutschland sich in einem Überlebenskampf befand, in dem die nächsten paar Wochen entscheidend sein würden. Größere Rückschläge waren bislang nur im Saarland aufgetreten. Doch Speer glaubte daran, daß bei den Aliierten eine Übereinstimmung im Kommandobereich herrsche, was gar nicht der Fall war. Er sah eine neue Serie heftiger Luftangriffe auf die Synthetik-Treibstoff-Industrie und insbesondere die Reichsbahn voraus. Vor letzterem fürchtete er sich ganz besonders. Während er die ersten Schläge abwehrte, wurde er mit der dringenden Aufgabe konfrontiert, die Wehrmacht, die aus Frankreich und Polen nach Deutschland zurückströmte neu auszurüsten. Um ihr gerecht zu werden, griff er zu Methoden, die sich während der vorangegangenen zweieinhalb Jahre bewährt hatten. Am 1. August schuf Speer den sehr erfolgreichen Jägerstab ab und setzte ihn als Rüstungsstab wieder ein. [63] Er hoffte, die Energie seines dynamischen Führers, Karl Saur, zugunsten der gesamten Rüstungsindustrie nutzen zu können. Unglücklicherweise hatte Speers Methode, spezielle Ausschüsse und Stäbe zu bilden, ihren Wert verloren. Saurs grobe Methoden stifteten bald Verwirrung und ließen die Fabrikbesitzer auf Abstand gehen. Außerdem wurde Saur von dem Ehrgeiz getrieben, Speer abzulösen. Auch von anderer Seite geriet die Bürokratie und politische Haltung des Rüstungsministers zusehends unter Beschuß. Die SS nahm ihm seine Verachtung der Nazi-Ideologie übel. Die Partei, insbesondere die Gauleiter und Bormann, beneideten ihn wegen seiner Macht, die er über die Arbeit in den Fabriken hatte, und übten Kritik an seinen engen Beziehungen zur alten Wirtschaftselite. Dennoch rief Speer am 1. August die Rüstungsunterausschüsse, um die Handlungen der Gauleiter, die als Mitglieder der Reichsverteidigungskommission ein Interesse an Wirtschaftsangelegenheiten hatten, aufeinander abzustimmen, sowie die Verteidigungswirtschaftsämter ins Leben.

In seiner Rede, die er in Posen hielt, kündigte Speer seine Maßnahmen an, betonte die Notwendigkeit der Improvisation und zitierte Produktionsstatistiken, um zu demonstrieren, daß nur sein System der industriellen Eigenverantwortlichkeit für Deutschland die Produktionszunahmen erringen konnte, die es so verzweifelt benötigte. Doch Bormann und die Gauleiter waren unbeeindruckt. In einem Schreiben an die Gauleiter, das Speers Erlaß zur Schaffung von Unterausschüssen beigeheftet war, machte Bormann deutlich, daß sie im Falle von Unstimmigkeiten mit Speers Rüstungskommissaren sich zwecks einer endgültigen Entscheidung ausschließlich an ihn wenden sollten. Die Partei betrachtete Speers Initiative als eine Gelegenheit, seinen Apparat zu unterwandern. Infolge des versuchten Attentats auf Hitler am 20. Juli und Goebbels Ernennung zum Kommissar für Maßnahmen des totalen Kriegs hatten die parteilichen Angriffe einen neuen Impuls erhalten. Bormann und Goebbels hatten eine vorübergehende Allianz gebildet. Dies war die Machtkonstellation, die hinter Bormanns Bereitschaft stand, mit Speer „zusammenzuarbeiten". Der Rüstungsminister begriff bald, daß sein Schachzug falsch gewesen war. Auf einer Versammlung am 6. September klagte Speer darüber, daß die Gauleiter seine Produktionspläne ruinieren würden. Um Schützengräben auszuheben, seien Facharbeiter aus den Fabriken und sogar die Lokführer der Reichsbahnlokomotiven weggeholt worden. Weil er verstimmt war, drohte er, alle Verantwortung für die Leitung der Kriegswirtschaft den Parteibonzen in den Schoß zu werfen. [64]

Doch bald gewann er seine Selbstsicherheit zurück. Speer würde nicht so leicht von dem Apparat lassen, den er mit so viel Sorgfalt und Mühe aufgebaut hatte. Noch am selben Tag, dem 6. September, begann er, gegen die Partei und die Abtrünnigen in seinem eigenen Ministerium vorzugehen. Er ordnete an, daß in Zukunft alle Bevollmächtigten von der Hauptstelle seines Ministeriums in ihren Ämtern bestätigt werden würden. Viel zu viele Parteifunktionäre hatten sich einfach selbst zu Bevollmächtigten für die Kriegsproduktion ernannt und sich unter den Deckmantel der Autorität seines Ministeriums begeben. Viele seiner eigenen Untergebenen hatten sich, ohne von Berlin aus dazu ermächtigt worden zu sein, ebenfalls selber Macht zugeteilt. Es war klar und Speer hatte es eingesehen, daß die Praxis, spezielle Kommissare mit außergewöhnlichen Vollmachten zu ernennen, ungut war. Der offenkundigste Fall war wahrscheinlich der von Heinz Kammler, der unter Himmlers Protektion die Vollmacht erhalten hatte, die Düsenflugzeugproduktion voranzutreiben und die Grundlage der Rüstungsindustrie zu verändern. [66] Kammler griff sich Leute und Ressourcen, ohne vorher mit Speer darüber gesprochen zu haben, und verursachte Konfusion und Bestürzung.

Speer wandte sich auch gegen Hitlers Befehl, die Fabriken zu zerstören und die Industriegebiete zu evakuieren, bevor die alliierten Armeen sie überrannten. Während er in der zweiten Septemberwoche in den westlichen Gebieten unterwegs war, ordnete er an, daß die Produktionsanlagen mit maximaler Kapazität bis zum allerletzten Moment vor ihrem Verlust arbeiten sollten. [67]

Entgegen der Annahme in der Partei war die Beziehung Speers zur Industrie dabei, sich zu verschlechtern. Das RWKS ärgerte sich über seine Versuche, sich auf dem Markt einzumischen. Rüdiger Schmidt stufte die Haltung der Behörden in Berlin als feindselig ein und warnte den Aufsichtsrat, daß dem RWKS ein Existenzkampf bevorstehe. Damit meinte er, daß es dazu gezwungen wäre, das „freie Unternehmertum" gegen den Staat zu verteidigen, nicht die Auflösung durch einmarschierende Armeen. Während des Septembers setzte sich Schmidt öffentlich gegen die Prioritäten in der Kohlezuteilung, die von Speer und Ganzenmüller festgesetzt worden waren, zur Wehr. Er ordnete beispielsweise an, daß den Privathaushalten im Ruhrgebiet genügend Kohle zugestellt werden solle, um ihren Bedarf zu decken. Dies war seiner Ansicht nach gerechtfertigt, da die Kohle ohnehin nicht zu Industriebetrieben außerhalb des Ruhrgebiets geliefert werden konnte. [68]

Da Speers und Kehrls Initiativen rasch von den Ereignissen eingeholt wurden, den Angriffen von innen und Bombardierungen von außen, handelten beide wieder entschlußfreudig, um der verschlechterten Situation zu begegnen. Am 9. September gab Speer den „Rüstungsbefehl" aus, der für die Zukunft der Wirtschaft des Dritten Reichs entscheidend war. Er bestimmte, daß alle fertiggestellten Waffen unmittelbar der Wehrmacht zugestellt werden sollten. Die Rohstoffreserven, mit Ausnahme der Kohle, sollten soweit abgebaut werden, daß sie für zwei Wochen reichten. Die Reserve an Fertigteilen mußte nur noch für acht Tage genügen. Solche Fabriken, die über umfangreichere Vorräte als vorgeschrieben verfügten, durften diese nicht an Fabriken, die weniger hatten, weitergeben. Stattdessen sollten sie die Vorräte durch die Produktion von Waffen verbrauchen und keine weiteren Lieferungen erhalten, solange sie noch über der Grenze lagen, die er gezogen hatte. Das Ziel, so betonte Speer, bestehe darin, die maximale Menge an fertiger Rüstung in kürzester Zeit herzustellen und sie so schnell wie nur möglich an die Front zu schaffen. [69]

Ergänzt wurde der „Rüstungsbefehl" durch die „Kohlesparaktion", die Speer am 20. September ankündigte. [70] Der Minister forderte, daß die Kohle so effizient wie möglich genutzt werden solle, um die Produktion zu steigern, die Belastungen der Reichsbahn zu verringern und die gegenwärtige Periode der ungesicherten Versorgungslage zu überbrücken. Um Energie zu sparen, würde man zusätzlich Rationalisierungsmethoden anwenden. Das Heizen würde ohne Rücksicht nur noch mit Einschränkung erlaubt sein und alternative Energiequellen würden die Lücke auszufüllen haben. Jedes Werk würde einen Energiefachmann ernennen, der an regionalen und nationalen Organisationen beteiligt sein würde, die dem Erfahrungsaustausch und dem Bekanntmachen der besten Methoden dienen würden.

Der Rüstungsbefehl und die Kohlesparaktion vom September 1944 kennzeichnen den Punkt, an dem die deutsche Wirtschaft den Abgrund überschritt und im Chaos versank. Speer hatte ausdrücklich eine Elastizität in der Versorgung verlangt, um die Wirtschaft am drohenden Kohlenotstand vorbeizuführen. Wenn dies geschehen sein würde, sollten später neue Pläne ausgearbeitet werden. Bis zu einem gewissen Grade war dieses Programm eine rationale Antwort auf eine überaus gefährliche Situation. Die Wehrmacht benötigte dringendst große Mengen an neuer Ausrüstung, um die horrenden Verluste auszugleichen, die sie während des Sommers erlitten hatte. Zur selben Zeit sank die Fähigkeit der Wirtschaft, diese Bedürfnisse zufriedenzustellen, aufgrund der Bombenabwürfe auf die Verschiebebahnhöfe und die Auswirkungen dieser Angriffe für die Zukunft. So trieb Speer ein Glücksspiel. Er vertraute darauf, daß die neuen und wiederaufgerüsteten Divisionen, die mit Waffen ausgestattet waren, die sein System produziert hatte, die anstürmenden britischen, amerikanischen und sowjetischen Armeen stoppen würden. Er vertraute auch darauf, daß der Plan des Generals der Abfangjäger, Adolf Galland, zur Abwehr der amerikanischen Bombardierungen, die bei Tage stattfanden, Erfolg haben würde, oder daß die alliierten Luftwaffenbefehlshaber es nicht schaffen würden, ihren Vorteil auszunutzen, so wie es in der Vergangenheit immer gewesen war. Doch die Einschätzung dieser Risiken war erschreckend wirklichkeitsfremd. Der Umfang der feindlichen Armeen und Luftstreitkräfte sowie der Industrie, die hinter ihnen stand, war außerordentlich groß. Das deutsche Volk hatte bereits furchtbare Verluste erlitten, und die Überlastung der Wirtschaft ging bis zur Leistungsgrenze. Nun brach das empfindliche Bauwerk, das Speer zur Lenkung der Rüstungsproduktion errichtet hatte, aufgrund der Transportbombardierung zusammen. Es waren nicht nur in einigen Gebieten die Ausstoßmengen, die schwanden, und der Zustand der Reichsbahn, der sich verschlechterte. Die politischen Spannungen, die vom Nazi-Regime geschürt wurden, begannen, das System von innen her aufzureiben. Die Zusammenarbeit begann zusehends schwieriger, die zentrale Kontrolle weniger durchführbar zu werden. Ein unerwarteter Nebeneffekt der Transportbombardierung, die rasche Verschlechterung des elektronischen Kommunikationsnetzes, förderte diesen Prozeß. Da sich die öffentlichen Telefonzentralen neben größeren Bahnhöfen befanden, wurden sie, wenn die Bahnhöfe bombardiert wurden, oft mit getroffen, so daß die Telefone nicht mehr in Betrieb waren. Speer und Kehrl stimmten darin überein, daß Berlin im Begriff war, seine Bedeutung als Leitstelle für die Wirtschaft wegen der Transportbombardierung rasch zu verlieren. Da sie dies erkannte, hatte die Reichsvereinigung Kohle ihre Büros aus Berlin nach Ludwigslust verlegt, das sich 150 km entfernt in nordwestlicher Richtung befand. Das RWKS und mit ihm die GBAG, Ruhrgas und die Rheinisch-Westfälischen Elektrizitätswerke richteten am 12. September über das Ruhrgebiet verstreut Nachrichtenübermittlungsstellen ein. [71] Speer hatte sich dafür entschieden, die deutsche Wirtschaft einzig für die Gegenwart leben zu lassen, aus der Überzeugung heraus, daß es ein Ende aller Hoffnungen für die Zukunft bedeuten würde, wenn sie es nicht schaffen würde, die Gegenwart zu überleben.

Der erstaunliche Aspekt in Speers Plan war, daß er angesichts der Meinungsverschiedenheit im Kommandobereich der alliierten Luftstreitkräfte durchaus zum Erfolg hätte führen können. Die Informationsquellen, welche die deutsche Wirtschaft betrafen, waren nicht einheitlich. Sie lieferten jedoch genügend Hinweise darauf, was in Frankreich als Folge der Transportbombardierung geschehen war und was nun dabei war, der deutschen Industrie Fesseln anzulegen. Die entscheidende Frage war, welche Gruppe aus dem brutalen bürokratischen Machtkampf, der den ganzen Sommer über wütete, als Sieger hervorgehen würde.

Die Information, die aus der Fotoaufklärung hervorging, machte die Ergebnisse der Angriffe auf Verschiebebahnhöfe in Frankreich, Belgien und Westdeutschland deutlich. Dennoch erlaubten die Fotos nur eine Schätzung darüber, in welchem Maße der gesamte Verkehrsumfang betroffen war und, insbesondere, welche Arten des Verkehrs verringert worden waren, um den Militärtransport weiterhin durchführen zu können. Außerdem konnten die Bilder keine Antwort auf die Frage geben, ob die Angriffe auf die Verschiebebahnhöfe oder die Brücken am wirkungsvollsten gewesen waren.

Mit Hilfe von Ultra wurde diese Lücke zum Teil geschlossen. Im April und Mai entschlüsselte es die Kommunikation zwischen der Armee und der Luftwaffe, wodurch deutlich wurde, daß das Verkehrsvolumen der Eisenbahn dramatisch gesunken war und die Militärtransporte nicht verringert worden waren. Zur selben Zeit knackte die GC und CS den Code, der von der deutschen Polizei verwendet wurde. [72] Durch die Beeinträchtigung des Telefonbetriebs machten die Kohlebergwerke, Stahl- und Chemiefabriken vermehrt Gebrauch von den Polizeifunkeinrichtungen, um Informationen nach Berlin zu übermitteln. Doch keine dieser Quellen wurde voll ausgeschöpft, da die Stellen, die sie auswerteten, durch den politischen Streit in der Bürokratie blockiert waren.

Am 27. Mai versuchte die EOU, ihrer Opposition zuvorzukommen, indem sie Spaatz einen Vorschlag über den Einsatz der strategischen Luftstreitkräfte nach der Festigung des Stützpunkts in der Normandie unterbreitete. Er sah vor, daß begrenzte Aktionen unternommen wurden, die Flugzeugfabriken und Landebahnen zu beschädigen, um die Luftwaffe weiter zu schwächen. Zusätzlich sollten zwei Riegel gebildet werden, einer entlang der Seine-Loire-Linie und der andere entlang des Albert-Kanals und der Meuse, um den Eisenbahnverkehr abzuwürgen. Die besonderen Ziele würden Brücken sein. Schließlich sollte ein konzertierter Überfall auf Deutschlands Ölindustrie gestartet werden, der durch Angriffe auf Kugellager-, Rüstungs- und Panzerfabriken unterstützt werden würde. Die EOU kam zu dem Schluß, daß die schweren Bomber keinen größeren Beitrag für den Sieg auf dem Schlachtfeld leisten könnten, als durch den Angriff auf die deutsche Ölproduktion einen Vorteil zu schaffen. [73] Zwei Tage nach den Landungen in Frankreich setzte Spaatz diesen Plan in die Tat um, wobei er dem Öl Vorrang gab. [74] Er hatte sich allerdings zu früh aufgemacht. Eisenhower und Tedder erteilten den Bombern die schwere Aufgabe, Montgomerys unsicheren Halt auf dem Kontinent zu festigen, so daß Spaatz' Initiative matt gesetzt wurde.

Ein maßgeblicher Faktor in bezug auf die Frage, wie die strategischen Bomber eingesetzt werden würden, war das Bild vom Gesamtzustand der deutschen Wirtschaft, wie es vom MEW entwickelt worden war. In seiner halbjährlich erscheinenden Zusammenfassung, die im Juni herauskam, brachte das MEW eine ziemlich genaue Schätzung der deutschen Kohleproduktion und der Auswirkungen, die vom bevorstehenden Verlust der schwedischen Erzlieferungen ausgehen würden. Es bemerkte keine Veränderung in der Rüstungsproduktion, allerdings ließ es die Möglichkeit irgendwelcher starker Zuwächse ebenfalls außer acht. Was das MEW entdeckte, waren die wachsenden Transportprobleme, und es war der Ansicht, daß die Reichsbahn in Schwierigkeiten sei. Es wußte jedoch nicht, was dies für die Zukunft bedeutete. Dennoch war es sich dessen sicher, daß durch die Zerstreuung der Wirtschaft ihre Verwundbarkeit durch Transportunterbrechung gestiegen war. [75] Die Beurteilung des MEW war im Grunde genommen richtig, doch aufgrund ihrer vielen Vorbehalte war sie für den Gebrauch im bürokratischen Gerangel kaum von Nutzen, wo Cleverness, kühnere Behauptungen und genauere Informationen sich als ausschlaggebend erweisen würden.

Die EOU versuchte erneut, erster zu sein, indem sie Kindleberger nach Frankreich sandte, um Daten über die Auswirkungen der gegen den Transport gerichteten Overlord-Aktion zu sammeln. Am 19. Juni berichtete er der Einundzwanzigsten Army Group und der EOU, daß keiner der Beweise, die er erhalten hatte, zeige, daß Deutschland durch die Angriffe auf die Eisenbahnknoten gehandicapt sei. Dagegen habe die Zerstörung von Brücken einen erkennbaren Einfluß auf den Verkehr ausgeübt. [76]

Einen guten Monat später, am 25. August, erhielt Solly Zuckerman einen dringenden Telefonanruf von Major Derek Ezra. Zuckerman war Tedder auf den Kontinent gefolgt und hielt sich in Paris auf, um die Suche nach Informationen über die Auswirkung des Transportangriffsplans auf die französische und deutsche Eisenbahn zu leiten. Ezra war Zuckermans Abteilung für die Auswertung von Bombenschäden (Bombing Analysis Unit, BAU) des SHAEF G-2 zugeteilt worden. Er war ein erbitterter Gegner von Zuckermans Plan. Der Wissenschaftler sollte sofort in sein Büro kommen. Dort zeigte ihm Ezra zwei lange Rollen von etwas, das auf den ersten Blick eine Tapete zu sein schien. In Wirklichkeit waren es Diagramme, die den Verkehrsstrom der französischen staatlichen Eisenbahn (Société Nationale des Chemins de Fer Français, SNCF) von 1940 bis Ende Mai 1944 darstellten. Zuckerman schnappte sie sich und rannte mit ihnen zu Tedders Büro. Auf dem Boden des Vorzimmers breiteten er und der stellvertretende Oberste Befehlshaber sie aus, beugten sich über sie und studierten sie eingehend. Sie machten deutlich, daß der Eisenbahnverkehr in Frankreich bald nach Beginn der Bombenangriffe schlagartig gesunken war. Das auffallendste Merkmal der Diagramme war der unübersehbare, katastrophale Rückgang der Kohletransporte. [77] Die daraufhin unternommene Nachforschung ergab, daß das Land von einem gewaltigen Kohlemangel heimgesucht wurde. Der Koksverkehr verschwand ganz, und die Minettetransporte ins Saarland und Ruhrgebiet waren auf ein Minimum beschränkt. Die Besichtigung von Bahnhöfen, die von den Bombern getroffen worden waren, machte klar, daß die Zerstörung der Verschiebebahnhöfe der entscheidende Faktor war. Die Auswertung anderer SNCF-Berichte zeigte auf, daß das Verkehrsvolumen in Frankreich bis zum 26. Mai, also vor den Angriffen auf die Seine-Brücken, auf etwas über die Hälfte des Niveaus vom Januar 1944 gesunken war. Am Tag X war es um 70 % niedriger und bis Ende Juli um atemberaubende 90 % abgesackt. [78] Einen Wagenmangel hatte es niemals gegeben. An Lokomotiven hatte es ebenfalls nie gemangelt. Die zur Verfügung stehenden Fahrzeuge – die Reichsbahn hatte ständig von Deutschland aus dem System welche zugeführt – konnten nicht eingesetzt werden, da der Verschiebebetrieb gestört war. [79] Erbeutete Dokumente bewiesen, daß sich sogar Militärtransporte verzögerten. Die Erste SS Panzer-Division hatte sieben Tage benötigt, um von Louvain nach Paris zu gelangen, die Entfernung betrug lediglich 300 km. [80] Von den 100 Nachschubzügen aus Deutschland, die von den Armeen in Frankreich täglich benötigt wurden, kamen im Mai durchschnittlich nur 32 tatsächlich ans Ziel. [81] Tedders Plan hatte seinen Zweck erfüllt: die Verlangsamung und Reduzierung des Umfangs der logistischen Unterstützung und Wiederaufrüstung der Einheiten, die sich der Landung der Alliierten entgegenzustemmen hatten. Er hatte jedoch auch in der französischen Wirtschaft ein viel größeres Chaos verbreitet, als Tedder oder Zuckerman es im voraus angenommen hatten. Nun erst wurde ihnen die Bedeutung der Verschiebebahnhöfe für den Eisenbahnverkehr und auch die Kohleversorgung erst so richtig klar. Sie begriffen, daß ähnliche Angriffe furchtbare, möglicherweise entscheidende Auswirkungen auf die deutsche Wirtschaft haben würden. Nun waren sie mehr denn je davon überzeugt, daß die Transportoffensive schonungslos fortgeführt und so weit und schnell wie möglich nach Osten hin auf Deutschland ausgedehnt werden sollte. In der Zwischenzeit war Tedder mit der Qualität der Informationsauswertung, die er vom Luftfahrtministerium (Air Ministry) und anderen Behörden erhielt, sehr unzufrieden geworden. Daher ordnete er an, daß SHAEF G-2 damit beginnen solle, eine wöchentliche Zusammenstellung der Informationen vorzubereiten, welche die Transportoffensive von Mitte Juli betraf. [82] Die EOU war für den Beweis, den Zuckerman erbrachte, unempfänglich. Sie hatte die Alternative Angriff auf das Öl gewählt und verteidigte sie nun wie ein Glaubensbekenntnis. Die Öloffensive hatte ohne Zweifel sehr stark zur Verminderung der einsatzbereiten Kampfkraft der Wehrmacht und speziell der Luftwaffe beigetragen. Genauso wenig darf angezweifelt werden, daß sie einen Einfluß auf die Abläufe in der deutschen Industrie hatte. Nun stellte sich die Frage, wie sie auch vor Overlord gestellt wurde, wieviel der gewaltigen Bombenkapazität der Alliierten auf jedes der beiden Zielsysteme entfallen sollte. Für die Mannschaft von Spaatz kann man Verständnis aufbringen – so unter Druck gesetzt, wie sie war, durch Bitten seitens der Armee um Unterstützung, die Angriffe auf V-Waffen-Stellungen und U-Bootbunker. Es war jedoch ihre Sache, sich ein genaues Urteil zu bilden. In diesem Fall bedeutete dies, zu sehen, daß die Angriffe auf das Öl und Transportsystem sich, wie Tedder klar gemacht hatte, ergänzten und keine sich widersprechenden oder konkurrierenden Strategien waren.

Die EOU machte wieder ihren gewohnten Schachzug und versuchte, der Opposition durch die Einreichung eines neuen Bombardierungsvorschlags im Juli zuvorzukommen. Sein Hauptzweck bestand darin, den Bodenstreitkräften in der, wie sie glaubten, letzten Offensive dieses Kriegs behilflich zu sein. Wieder pochte sie auf das Öl als wichtigstes Zielsystem. [83] Ihr Plan spiegelte den Optimismus wieder, oder besser die Euphorie, welche den alliierten Kommandobereich während des Julis und Augusts erfaßte, als die britischen und amerikanischen Armeen durch Frankreich stürmten. Portal machte mehrmals den Vorschlag, einen gewaltigen Schlag gegen die Stadtgebiete Berlins auszuführen, um die Bevölkerung und Regierung dazu zu bewegen, sich zu ergeben. [84] Spaatz war gegen diese Pläne, allerdings nur deshalb, weil er dachte, daß Deutschland infolge seiner gegen das Öl gerichteten Offensive sowieso in die Knie gezwungen werden würde. Am 1. September brachte er eine neue Prioritätenliste heraus, die einen verstärkten Angriff auf ölverarbeitende Anlagen forderte. In seiner Erläuterung zum Plan, die klar den Einfluß der EOU erkennen ließ, stellte Spaatz die Behauptung auf, daß die deutsche Wirtschaft im Begriff sei, „wegen Brennstoffmangels zusammenzubrechen" (collapse for lack of fuel). [85] Nichts hätte von der Realität weiter entfernt sein können als dies. Deutschlands Wirtschaft war nicht vom Erdöl abhängig, und noch herrschte kein Kohlemangel.

Unter diesen Umständen war es von allergrößter Bedeutung, daß Eisenhower am 6. September die Kontrolle über die schweren Bomber abgab. Wieder waren es Arnold und Portal, die als Vertreter der Vereinigten Stabschefs (Combined Chiefs of Staff, CCS) agierten, wobei ihnen Generalleutnant Sir Norman Bottomley, Stellvertretender

Stabschef, RAF, und Spaatz als Mittelsmänner dienten. Die Zukunft der Transportoffensive war gefährdet. Portal warb für einen Plan, gemäß dem das Öl und die Volksmoral die wichtigsten Angriffsziele sein würden und das Transportsystem ausgeschlossen sein würde. [86] Tedder hatte sich jedoch ein Beziehungsgeflecht aufgebaut, welches ihn in die Lage versetzte, sich in der Konferenz der Air Force-Befehlshaber, die zwei- bis dreimal wöchentlich im SHAEF zwecks Auswahl der Angriffsziele stattfand, durchzusetzen. In der Zusammenkunft vom 12. September erreichte Tedder, daß Harris und Doolittle Angriffe auf Verschiebebahnhöfe im Rheinland und Ruhrgebiet billigten. [87] Hieraus entwickelte sich die besondere Dringlichkeit, die dem Transportsystem in einer Weisung beigemessen wurde, die auf der Octagon-Konferenz vom 14. September in Quebec gegeben wurde. [88] Das Öl blieb weiterhin an der ersten Stelle der Prioritätenliste. Das Transportsystem nahm jedoch eine spezielle Position ein, die von den Wetterbedingungen abhängig war, wodurch es effektiv an die zweite Stelle rückte. Die Abmachung, die am 13. September inoffiziell zwischen Spaatz, Bottomley und Tedder im SHAEF getroffen wurde, wurde von Portal der CCS vorgelegt. [89] Falls Wolken die Produktionsanlagen für synthetischen Treibstoff verdecken sollten, die nach Spaatz' Überzeugung visuell angegriffen werden müßten, würden die Bomber mit Hilfe des Radars die Verschiebebahnhöfe anpeilen. In der Konferenz der Befehlshaber der Luftstreitkräfte vom 19. September kamen Tedder, Harris und Doolittle darin überein, daß Verschiebebahnhöfe in der Nähe von Koblenz, Köln und Soest bombardiert werden sollten. [90] Harris deutete an, daß er auch Angriffe auf das Kanalsystem in Erwägung zog. Diesbezüglich wurde der Chef des Bomberverbands vom stellvertretenden Obersten Befehlshaber eifrig unterstützt.

Tedder hatte das Zielsystem Transport auf einen hohen Platz der Prioritätenliste gebracht, was ihm durch die gewissenhafte Vorbereitung, rücksichtslose Auseinandersetzung und Aufrechterhaltung guter persönlicher Beziehungen zu Eisenhower und Portal gelang. Er wußte auch, daß Spaatz und Harris mit seinen Vorstellungen nicht einverstanden waren. Beide waren jedoch nicht in der Lage, miteinander zusammenzuarbeiten, und wurden von Vorgesetzten, die Tedder unterstützten, matt gesetzt. Mit Hilfe seines Pragmatismus stärkte der stellvertretende Oberste Befehlshaber seine Position. Anders als die EOU schloß er Alternativen gegenüber dem, was er bevorzugte, nicht aus. Er befürwortete die Bombardierung von Transporteinrichtungen, sah aber auch die Vorteile eines gleichzeitigen Angriffs auf Deutschlands Ölversorgung. Ein neuer Kompromiß war erreicht worden. Als im Laufe der kommenden Wochen weitere Belastungen auf die Alliierten zukamen, drohte die nicht sehr stabile Einmütigkeit auseinanderzufallen. Um sie zu bewahren, mußte sich Tedder sehr anstrengen. Im Gegensatz zu seinen Gegnern betonte er jedoch die Zusammenarbeit und gegenseitige Stütze von Transport- und Ölbombardierungen, sowohl in strategischen als auch taktischen Bereichen. Um der Bedrohung durch Tedder zu beggnen, hatte Speer einen Plan zusammengeschustert. Seine schlimmsten Befürchtungen würden demnächst Wirklichkeit werden, allerdings so knapp, daß er sich gewundert hätte, wenn er es gewußt hätte.

Nach einem Angriff auf Nürnberg sind am 12. August 1943 die Reparaturtrupps dabei, die beschädigten Fahrleitungen und Gleise in Nürnberg Hbf wieder in Ordnung zu bringen. Die unten abgebildete 50 3094 ÜK wurde 1943 von BMA gebaut und dem Bw Saargemünd zugewiesen. Als franz. Leihlok wurde sie nach Kriegsende bei den ED'en Karlsruhe und Mainz eingesetzt, bevor sie am 26. März 1949 an Frankreich zurückgegeben und dort am 14. November 1953 ausgemustert wurde. AUFNAHMEN: VERKEHRSARCHIV NÜRNBERG, SLG. VON HORNSTEIN

6. Erste Lähmungserscheinungen

Die besondere Prioritätsstufe, die dem Angriffsziel Transport zugewiesen wurde, verbunden mit dem schlechten Wetter, das fast während des ganzen Septembers und Oktobers 1944 über Deutschland herrschte, führte dazu, daß ein Sprengstoffhagel auf die Reichsbahn niederging. Eine neue Dimension ergab sich durch den Angriff auf das Wasserstraßensystem. Von den strategischen Luftstreitkräften wurden im Oktober 35 000 t Bomben über Transporteinrichtungen abgeworfen. [1] Typischerweise wurden 95 % davon blind abgeworfen, unter Zuhilfenahme des Radars. [2] Daran hatte schon die Achte Air Force einen Anteil von 18 844 t. [3] Der bewölkte Himmel veranlaßte die Achte, den Schwerpunkt im Oktober auf die Transporteinrichtungen zu verlagern und den Großteil ihrer Bomben auf solche Ziele niedergehen zu lassen. Auf das Öl als Angriffsziel entfiel lediglich ein Drittel der Tonnage. Die Fünfzehnte Air Force warf während des Oktobers 4 657 t an Bomben über Eisenbahnzielpunkten in Süddeutschland ab. [4] Der Bomberverband fuhr im September mit seiner Offensive gegen Stadtgebiete fort, die nun allerdings wesentlich anders aussah: Die Zielpunkte bei den Angriffen auf die Städte wurden vom Stadtkern auf die Verschiebebahnhöfe verlagert. Gleichzeitig unternahm er, indem er die immense Ladekapazität seiner Lancasters ausnutzte, einen Angriff auf das Wasserstraßensystem. Durch einen Einsatzbefehl, der am 13. Oktober 1944 von Bottomley erteilt wurde, kam Schwung in diese Sache. [5] Er setzte die Operation Hurricane I. in Gang. Auch dieser Befehl zur Bombardierung war, wie alle anderen, ein Kompromiß. Allerdings war er ein Kompromiß mit einem wichtigen neuen Merkmal: Er bestätigte die bestehende Rangfolge der Angriffsziele, ordnete jedoch geografisch und zeitlich eine stärkere Konzentration der Aktionen an. Sämtliche Streitkräfte sollten sich zu einem Angriff auf das Ruhrgebiet zusammentun, der so heftig wie möglich sein sollte, um dem deutschen Volk die militärische Überlegenheit und die der Luftstreitkräfte zu demonstrieren und maximales Durcheinander innerhalb des Kommunikations- sowie Verwaltungsapparats dieser Region anzurichten. Zu diesem Zweck wurde den Bombern befohlen, Angriffe auf Verschiebebahnhöfe, Viadukte und die Kanäle dieses Gebiets durchzuführen. Da die alliierten Luftstreitkräfte einsatzbereit waren, konnten sie diesem Befehl sofort Folge leisten. Den Verkehr auf den Wasserstraßen, der die Region versorgte, brachte das Bombardement aus der Luft praktisch zum Erliegen und den Eisenbahnbetrieb schwächte es erheblich. Die Folgen waren ein schwerer Produktionsrückgang bei den Grundstoffen im Ruhrgebiet selbst und die Ausbreitung eines fatalen Kohlemangels bis in seine Einzugsgebiete in Süd- und Mitteldeutschland. Die Verteilung von Komponenten und Auslieferung von Fertiggütern war unterbrochen. In den von Speer ausgewählten Bereichen lief die Endproduktion auf einem hohen Niveau weiter, jedoch ausschließlich auf Kosten sich erschöpfender Brennstoffvorräte und Einzelteillager. Die Reichsbahn war gezwungen, sich weiterhin durchzuschlagen, ohne von den Wasserstraßen oder der Luftwaffe unterstützt zu werden.

Die Aufnahmen auf dieser Seite zeigen die Zerstörungen im Rangierbahnhof Hamm nach einer Bombardierung im April 1944. Bei den in weiß gekleideten Männern, die mit Aufräumungsarbeiten beschäftigt sind, handelt es sich offensichtlich um Angehörige des Reichsarbeitsdienstes. AUFNAHMEN: SLG. HANSJÜRGEN WENZEL

Nach einem Angriff Ende November/Anfang Dezember 1944 auf Freiburg im Breisgau blieben vom Hauptbahnhof (oben) und der Eisenbahnbrücke über den Komturplatz (unten) nur noch Ruinen und Trümmer übrig.

AUFNAHMEN: SLG. GERHARD GREß

Im Bereich der RBD Karlsruhe waren die Rangierbahnhöfe Karlsruhe (oben) und Offenburg (unten) immer wieder Ziele alliierter Luftangriffe. Zwei Tage nach dem Angriff vom 8. September 1944 entstand die Aufnahme der B-Gruppe im Karlsruher Rangierbahnhof. Im Vordergrund steht 50 2801 ÜK. Einen Monat später, am 27. Oktober 1944, zerstörte ein Angriff den Offenburger Rangierbahnhof (abgebildet ist das Stellwerk 18).

AUFNAHMEN: SLG. HANSJÜRGEN WENZEL

Die Überlegenheit der Alliierten in der Luft führte dazu, daß die DR und die Binnenwasserstraßen schutzlos dem Angriff preisgegeben waren. Genauso sah es Ganzenmüller in einer Besprechung der Dezernenten vom 20. Oktober: Auf die Luftwaffe könne man sich nicht verlassen, jedoch auf die eigenen Widerstandskräfte. [6] Drei genaue Treffer, einer davon mit ausgesprochen viel Glück erzielt, reichten aus, um sämtliche Abzweige der Wasserstraßen im Ruhrgebiet abzutrennen. In der Nacht vom 22. auf den 23. September unternahm der Bomberverband einen Angriff auf den Dortmund-Ems-Kanal bei Ladbergen, wobei er Bomben mit einem Gewicht von 6 000 kg einsetzte. Die Uferböschungen brachen ein, der Kanal floß über und schwemmte dabei Frachtkähne auf das umliegende Land hinaus. Der gesamte Verkehr kam zum Erliegen, und 130 Kähne stauten sich auf dem DEK südlich von Münster. Erschwerend kam noch hinzu, daß durch den Angriff auch die Fernmeldeleitungen zu dieser Region unterbrochen waren, wodurch die Reparaturarbeiten sich verzögerten. [7] Nun begann die Mehrfachwirkung der Transportbombardierung spürbar zu werden. Am 2. Oktober wurden durch einen Angriff auf den Verschiebebahnhof bei Hamm fünfzehn Wagenladungen mit Reparaturgerätschaften, die für den DEK bestimmt waren, zerstört. [8] Weitere Luftangriffe auf Münster und Osnabrück führten dazu, daß sich die Ankunft von Materialien und Arbeitern hinauszögerte. [9] Zwischen den einzelnen Auftragnehmern, von denen die eigentlichen Reparaturen ausgeführt werden sollten, ergaben sich Streitigkeiten. [10] Sobald die Arbeit begann, wurde sie von penetranten Jägern der Alliierten behindert, welche die Reparaturmannschaften unter Beschuß nahmen. Während der DEK geschlossen war, sammelte die ZVL die Schleppkähne aus dem Ruhrgebiet in der Hoffnung, sie wieder ausschwärmen lassen zu können, wenn die Wasserstraße wieder geöffnet sein würde. [11] Trotz Behinderungen wurde eine der beiden DEK-Passagen am 21. Oktober wieder freigegeben. Der Ausfall des Verkehrs über einen Zeitraum von einem Monat und die verminderte Kapazität des Wasserwegs bei seiner Wiedereröffnung bedeuteten, daß der Steinkohleverkehr nach Norden und Osten, wie an der Münster-Schleuse gemessen wurde, im Oktober um 89 % geringer war als während des vorangegangenen Jahres. [12]

Gerade als es so schien, daß die Verbindung des Ruhrgebiets zu Mitteldeutschland wieder hergestellt wäre, unterbrach die Achte Air Force am 26. Oktober den MLK bei Minden. [13] Die B-24er trafen den Wasserweg an der Stelle, wo er die Weser überquerte, und erreichten nicht nur, daß ein großer Teil des Kanals über die Ufer trat, sondern lösten auch eine Flut aus, die eine Sandbank schuf, die das Fortkommen auf dem Fluß ebenfalls erschwerte. Speer schritt sofort ein, indem er seinen persönlichen Stellvertreter schickte, Dr. Friedrich Lüschen vom Rüstungsstab, der seine Energie in die Bemühungen einfließen lassen und den Reparaturmannschaften Prämien anbieten sollte, um eine frühe Wiedereröffnung zu erreichen [14] Die Reichsbahn versuchte zwar, die Fracht von den Kähnen, die sich diesseits und jenseits der Bruchstelle stauten, umzuverteilen, dabei wurde sie jedoch durch den Mangel an Wagenraum behindert. [15] Frachtkähne mit Kohle an Bord, die sich westlich der Bruchstelle befanden, wurden auf den Dortmund-Ems-Kanal umgeleitet, auf dem sie dann in nördlicher Richtung nach Emden fuhren, dann nach Osten den Küstenkanal entlang nach Leer und Oldenburg, und schließlich zurück nach Süden auf der Weser, wo sie ihre Ladungen umverteilen konnten. [16] Manche waren bis Bremen unterwegs, von wo aus sie in östliche Richtung, nach Hamburg oder Berlin, geschickt wurden. [17] Diese Umfahrung verhinderte als Notbehelf nur das Schlimmste. Sie war mit großem Zeitverlust und viel Aufwand verbunden. Das Ergebnis bestand darin, daß der Kohle- und Eisenerzverkehr nach Osten auf dem MLK nach Ende September praktisch nicht mehr existierte.

Der dritte Schlag wurde am 14. Oktober ausgeführt. Die Achte Air Force war nicht in der Lage gewesen, wegen einer Wolkendecke die Synthetik-Brennstoffziele in Mitteldeutschland anzugreifen, und so entschied sie sich dafür, Hurricane I. zur Anwendung kommen zu lassen, mit einer Serie heftiger Angriffe auf Eisenbahneinrichtungen im Kölner Raum. Zwei der Angriffe wurden auf den Verschiebebahnhof in Köln-Gereon durchgeführt, der sich am linken Rheinufer nördlich des großen Doms befand, von dem aus er zu Fuß erreicht werden konnte. Während eines solchen Angriffs mußten Augenzeugen entsetzt mit ansehen, wie die massive Köln-Mülheimer-Brücke unter Rauch- und Flammenentwicklung explodierte und mit ihrer Fahrbahn im Rhein versank. Um den heranstürmenden Armeen der Alliierten zuvorzukommen, war die Zerstörung der 14 808 t schweren und 695 m langen Brücke vorbereitet worden. Die Zünder für die Sprengladung befanden sich im Verschiebebahnhof Gereon. Einer der Angriffe hatte sie ausgelöst. Durch pures Glück war die Brücke so passend in den Fluß gestürzt, daß sie die lebensnotwendige Kohlearterie nach Süddeutschland verschloß. Den Reparaturbemühungen wurde absoluter Vorrang gewährt. Die Mannschaften hatten Schwierigkeiten damit, schweres Gerät heranzuschaffen, an welchem es in Deutschland mangelte, und an die Unglücksstelle, die von einem zerbombten Stadtgebiet umgeben war, heranzukommen. Am 19. Oktober begann die Organisation Todt mit dem Versuch, eine Passage durch das massenhafte Gewirr von Trägern und 18-Fuß-Stahlmasten, welche die Fahrbahn gestützt hatten, zu sprengen. Es wurden Sprengladungen mit einem Gewicht von bis zu .17 t ausprobiert, jedoch ohne Wirkung. [18] Die Arbeit blieb ohne Erfolg, und Süddeutschlands Kohlevorräte nahmen im bedenklichen Maße ab. Sie waren sowohl von den unterschiedlichen Wasserständen des Rheins abhängig, der bei ausreichendem Pegelstand erlaubt hätte, daß die Kähne mit geringer Ladung über das Wrack hinwegfahren, als auch vom unsicheren Betrieb der Reichsbahn.

Doch noch mehr auf Lager hatte der 14. Oktober 1944, der „Schwarze Tag" des Ruhrgebiets. Der Bomberverband ließ in zwei Angriffen einen Hagel von insgesamt 9 329 t Sprengkörpern und Brandbomben über Duisburg niedergehen. Der Hafen wurde verwüstet und das Tor zur Kohle bei Wedau geschlossen. Die Fernmeldeleitungen waren unterbrochen. Es wurden zwar schleunigst Reparaturmannschaften und Trupps zur Beseitigung der Schäden zum Ort des Geschehens geschickt, doch der Schaden war zu groß. Der Betrieb in den Häfen von Duisburg und Ruhrort ging im Oktober um die Hälfte zurück, wobei fast der gesamte Rückgang infolge jenes „Schwarzen Tags" eintrat. Der Verkehr auf dem DEK war um 82 % zurückgegangen. [19]

Es gab wenig mehr, was das Verkehrsministerium hätte tun können, als die Reparaturmannschaften auszuschicken. Im September steigerte es das Verkehrsaufkommen an den Wochenenden. Ende Oktober stellte es schließlich Frachtprioritäten für das Wasserstraßennetz auf. Und da der Winter vor der Tür stand, war das Ministerium gezwungen, der Ernte höchste Priorität einzuräumen. Der zweite Platz gehörte der Kohle. [20] Doch diese Maßnahmen wurden von der Zerstörung, die von den Bombern angerichtet wurde, eingeholt. Die Wasserwege, durch die das Ruhrgebiet mit dem restlichen Reich verbunden war, waren durchtrennt worden. Die gesamte Last der Aufrechterhaltung des industriellen Systems in Deutschland lag praktisch auf der Reichsbahn.

Die Reichsbahn wankte jedoch selbst unter den erbarmungslosen Schlägen aus der Luft. Nirgends war die Situation schlimmer als im Rheinland und Ruhrgebiet selbst. Die Achte Air Force knüpfte an ihren Erfolg vom 14. Oktober in Köln an, indem sie die Verschiebebahnhöfe der Stadt bei acht weiteren Einsätzen während der nächsten vier Tage in die Luft jagte. Weitere Angriffe konzentrierten sich auf die GBL-West und die westlichen Bereiche der GBL-Süd. Sämtliche wichtigen Zugänge zur Kohle wurden entweder an den Quellen oder in ihrem Einzugsgebiet getroffen. Die Hohenbudberg-Route wurde vierundzwanzigmal bombardiert, dies vor allem deshalb, weil sie am linken Ufer des Rheins verlief und dem Gebiet, in dem die Bodenkämpfe stattfanden, am nächsten lag. Deswegen war sie in gleichem Maße für die strategischen wie auch taktischen Luftstreitkräfte von Bedeutung. Während der ganzen Periode der „special priorities" war sie außer Betrieb. Wedau wurde zweimal bombardiert, und Rangierbahnhöfe entlang seiner Linie achtmal. Das RWKS zeichnete zwischen dem 16. September und 18. Oktober, das heißt über 33 Tage, eine Fieberkurve der Kohlezentren auf. Das Zentrum Wedau war über zwei Fünftel dieses Zeitraums geschlossen. Soest, das einmal bombardiert wurde, war die Hälfte der Zeit über ebenfalls zu. Der Zugang zu Geseke, der in Frankfurt (Main) getroffen wurde, war über zwei Fünftel dieses Zeitraums geschlossen. Der Hamm-Linie galt besonders großes Interesse: Es hagelte Bomben über Hamm selbst, und auch Bielefeld wurde schwer getroffen. Die Folge war, daß dieser wichtige Zugang über zwei Drittel des Zeitabschnitts unbrauchbar war. Die Pforte bei Münster nach Norden wurde zwölfmal bombardiert, sechsmal an ihrer Kohlequelle. Das genügte, um sie für ein Drittel der Zeit dicht zu machen. Die Vorhalle-Linie schließlich wurde zwar nicht angegriffen, wurde allerdings nur mit halber Kapazität betrieben, da es wegen Bombenangriffen anderswo zu Stockungen im System gekommen war. Auf der Grundlage dieser groben Aufzeichnungen kann vermutet werden, daß die wichtigsten Kohlepforten des Ruhrgebiets im Durchschnitt nur über etwa die Hälfte des Zeitabschnitts der „special priorities" benutzt werden konnten. [21]

Die Folgen waren gravierend. Der gesamte Kohleverkehr, der aus dem Ruhrgebiet auf der Schiene nach Süden ging, war vom 14. bis 18. Oktober lahmgelegt. Danach konnten anstelle der 100 Kohlezüge, die gewöhnlich für die Konsumenten in der Industrie diese Region täglich verließen, lediglich etwa zwanzig Züge ihren Weg nach draußen finden. [22] Die Zentrale Planung betrachtete dies als die größte Kohlekrise seit Beginn des Kriegs. [23] Bei einem Treffen am 23. Oktober zur Besprechung von Rüstungsproblemen waren sich Speer und Kehrl darüber einig, daß die Bombardierung der Reichsbahn das schwerwiegendste Problem sei, mit dem sie zu tun hätten. [24] Um der Krise zu begegnen, entschieden sie sich dafür, daß es von grundlegender Bedeutung sei, von der Zentrale aus die Entwicklung einer Taktik zu steuern und den lokalen und regionalen Behörden eine größere Freiheit bei ihrer Anwendung zu lassen. Deshalb würden sie ihren Einfluß auf die Reichsbahn ausdehnen. Sie erkannten, daß es durchaus dazu kommen könnte, daß Deutschland in eine Anzahl einzelner Wirtschaftsregionen ohne gemeinsame Koordinierung zerfallen würde. Die nackten Tatsachen, denen sie gegenüberstanden, machten allerdings klar, daß sie wenig tun konnten, um dies zu verhindern. Nur ein Sieg über die Bomber konnte die Situation grundlegend ändern und sie wußten, daß mit einem solchen Ereignis in nächster Zukunft keinesfalls zu rechnen war. Alles was sie tun konnten, war, sich den Umständen anzupassen. Hitler hatte bereits befohlen, daß das Ruhrgebiet versuchen solle, die Produktion aufrechtzuerhalten, indem es auf eigene Ressourcen zurückgriff. [25] Speer unternahm auch den gefährlichen Schritt, die unteren Bereiche

Schon am 31. Mai 1942 erfolgte ein Luftangriff auf Köln, bei dem u.a. auch der Bahnhof Köln-Gereon getroffen wurde. Die Aufnahme mit ausgebrannten Güterwagen im Gereoner Eilgutbahnhof entstand am Tag danach. Das unten abgebildete Luftbild der U.S. Airforce ermöglicht einen Blick auf die zerstörten Bahnanlagen in Euskirchen nach dem großen Angriff vom 7. Oktober 1944.   AUFNAHMEN: SLG. WINAND PERILLIEUX

seiner Verwaltung umzuorganisieren. Er verband seine regionalen Rüstungsinspektionen mit den lokalen Ämtern des Wirtschaftsministeriums, nachdem er sich mit Franz Hayler geeinigt hatte. [26]

Im Gegensatz dazu blieb die Reichsbahn ihrem bewährten System treu und widmete sich verbissen einfach weiterhin der frustrierenden Aufgabe, Schäden zu beheben und Züge laufen zu lassen. Ganze Horden von Menschen wurden zu Reparaturarbeiten herangezogen. Nachdem Speer ihn darum gebeten hatte, ordnete Hitler am 18. Oktober an, daß der primäre Bedarf an Arbeitskräften der Reparatur von Verschiebebahnhöfen galt und sogar vor Befestigungsarbeiten rangierte. Der Ruhrgebietsstab ordnete an, daß Fabrikbesitzer Eisenbahnreparaturkolonnen aufstellen sollten, die aus eigenen Beständen voll auszurüsten waren. Auf 5 000 Beschäftigte kam ein Team mit 125 Männern. Während der letzten Oktoberwoche waren allein 76 800 Menschen in Arbeitskolonnen der Reichsbahn damit beschäftigt, Trümmer zu beseitigen und Anlagen zu reparieren. [27]

Um sich der Menge an verfügbarem Wagenraum anzupassen, versuchte die DR auch, das Frachtaufkommen zu verringern, indem sie Embargos bekanntgab. Gewisse Güterarten in bestimmten Gebieten wurden solange ausgeschlossen, bis sich der Rückstau, der durch die Unterbrechung des Verkehrs entstanden war, aufgelöst hatte. Ein solches Embargo wurde erstmals am 22. September verhängt und es betraf die linksrheinischen Gebiete. Es waren lediglich Waffen, Kohle, Nahrungsmittel und Erz zugelassen. Doch die Serie der Angriffe aus der Luft führte dazu, daß diese relativ begrenzte Einschränkung zusehends verschärft wurde. Am 14. Oktober, jenem „Schwarzen Tag", verbot das Embargo 41 Transporte in den Westen, allerdings wurden für wichtige Güter Ausnahmen gemacht. Am Monatsende wurden die Beschränkungen anzahlmäßig reduziert und inhaltlich verändert. Hinzu kam das Reparaturmaterial für die Reichsbahn selbst. Kohle und Erz waren ebenfalls zugelassen, wohingegen Fertigteile, die im Rahmen des Panzerprogramms Vorrang hatten, ausgeschlossen wurden. [28]

Die Blockierung der Kohlehauptabfuhrstrecken kennzeichnete nur zum Teil das Problem, mit dem die Reichsbahn fertigwerden mußte. Schwere Luftangriffe auf die Verschiebebahnhöfe in den Gebieten um Frankfurt (Main) und Mannheim hatten die dortigen Betriebsabläufe ebenfalls in einem Chaos enden lassen. Diesen Rückschlägen begegnete die DR mit dem Besondere-Maßnahmen-Programm West vom 19. September. Es sorgte dafür, daß in verstärktem Maße Ganzzüge eingesetzt wurden, insbesondere für die Beförderung der Kohle, und zusätzliche Nachtfahrten stattfanden. Hohenbudberg und Mannheim wurden von der Verantwortung befreit, Langstreckenzüge einzusetzen. Die Geschwindigkeit der Personenzüge wurde auf die der Güterzüge herabgesenkt, damit es weniger Probleme mit dem Fahrplan gab. Zur Gefahrenzone, in der Fahrten am Tage verboten waren, wurde das Gebiet westlich der Linie erklärt, die von der holländischen Küste über Rheine, Osterfeld-Süd, Wedau, Wuppertal-Vohwinckel, Limburg, Frankfurt (Main), Heidelberg, Darmstadt und Pforzheim bis zur schweizerischen Grenze verlief. Drei Tage später wurden sämtliche Transporte in die RBD Frankfurt (Main) mit einem Embargo belegt. Besondere Anstrengungen wurden unternommen, den Rückstau zu verkleinern, indem Züge aufgeteilt und Zuständigkeiten im Verschiebedienst auf andere Direktionen umverteilt wurden. [29]

Die Reichsbahn ergriff zusätzlich einschränkende Maßnahmen, um den Verkehr von Kohle und anderer Fracht wiederherzustellen. Sie verteilte die Pflichten neu und rationalisierte das Bedienen bestimmter Minen und Fabriken im Bereich der Kohlepforten von Münster, Hamm, Soest und Geseke. [30] Am 11. Oktober machte sie durch einen stärkeren Richtungswechsel mit der gängigen Praxis Schluß, die sich rückstauende Fracht an den Absender zurückzuführen. Nun würde die Reichsbahn selbst darüber entscheiden, wohin sie die Güter, deren Transport sich verzögert hatte, senden würde, insbesondere, wenn es um Kohle und verderbliche Waren ging. [31] Am Ende des Monats beauftragte sie sechs Verschiebebahnhöfe in den RBD Regensburg und Schwerin dazu, Ganzzüge zu bilden, um Güter westwärts zu transportieren. [32] Dieser Schritt war für die Art und Weise typisch, in der die Reichsbahn bei der GBL-Ost Zuflucht nahm, um den Betrieb im Westen aufrechtzuerhalten. Sie begann auch mit einem Programm, das die Ausrüstung von Wagen mit leichten Flugabwehrwaffen als Schutz vor Jagdflugzeugen beinhaltete. [33]

Die ZVL beteiligte sich am komplizierten Prozeß der Verschiebung von Prioritäten und Zuteilung von Wagenraum vor dem Hintergrund sich rasch ändernder Bedingungen. Als die Phase der Bombardierungen spezieller Ziele begann, so auch am 21. September, hatten die Waffenlieferungen vorrangig Anspruch auf Wagenraum, an zweiter Stelle stand die Ernte. [34] Bis Mitte Oktober, nach den Rückschlägen vom 14. jenes Monats, war die Kohle in den Brennpunkt gerückt, indem die ZVL es ablehnte, Wagenraum aus den Bergbauregionen zugunsten der Ernte im Osten abzuziehen. [35] Am 20. Oktober beugte sich die ZVL den Umständen und verringerte die zu befördernde Kohlemenge, um Raum für Getreide und Zuckerrüben freizumachen. [36] Dies bedeutete, daß das Soll der täglichen Kohlewagenstellungen von 69 200 auf 49 000 Einheiten herabgesetzt wurde. Im Ruhrgebiet wurde die Quote radikal von 16 000 auf 11 000 heruntergeholt. [37] Doch waren diese Einbußen mehr scheinbar als wirklich, da die Verschiebebahnhöfe nicht einmal diesen niedrigen Anforderungen gerecht werden konnten. Dennoch spiegelte sich die Verschiebung im Raumanteil wider, der dem Lebensmitteltransport zugestanden wurde. Mitte Oktober nahmen die Nahrungsmittel 27 % des zur Verfügung stehenden Raums in gedeckten Güterwagen ein, im Vergleich dazu waren es Ende September 20 %. Außerdem wurden Mitte Oktober, nachdem für den Lebensmitteltransport bislang überhaupt kein Raum in offenen Wagen freigegeben wurde, beinahe fünf Prozent an solchen Wagen für den Transport von Lebensmitteln verwendet. [38] Die Verschiebungen nahmen zu, sie trugen jedoch dazu bei, die Hungersnot in den Städten hinauszuzögern. Die Reichsbahn hätte kaum mehr bewältigen können. Ihre Mittel und Möglichkeiten schwanden rasch dahin.

Die Reichsvereinigung Kohle und Speers Ministerium versuchten, zu helfen, indem sie den Kohlebedarf senkten und Prioritäten für die Verteilung und den Verbrauch dessen, was zur Verfügung stand, aufstellten. Solchen Firmen, die sich in der Nachbarschaft von Kohleminen befanden und nicht von der Reichsbahn abhängig waren, war die vollständige Versorgung gestattet. Von allen anderen Produktionsstätten, die vom RWKS versorgt wurden, würden diejenigen, deren Reserven aufgebraucht waren, als erstes beliefert werden. Dann würde der Bedarf der Reichsbahn gedeckt werden. Danach würde die Belieferung in dieser Reihenfolge stattfinden: zuerst die Gaswerke, welche die Industriegebiete versorgten, dann die Wehrmacht, die Elektrizitätswerke und die Rüstungsfabriken. [39] Der Schwerpunkt wurde mehr auf die Endproduktion und die Mittel zur Verteilung gelegt, als auf die Industriezweige, die sich am Anfang der Produktionskette befanden. Diese Prioritäten, die im Zusammenhang mit der Kohle aufgestellt wurden, paßten bestens in Speers Konzept, das darauf abzielte, durch den Abbau von Vorräten sofort Ergebnisse zu bekommen, in der Hoffnung, dadurch die Situation auf dem Schlachtfeld und in der Luft zu stabilisieren.

Sämtliche Maßnahmen der ZVL waren darauf ausgerichtet, mit der schweren Beeinträchtigung der Verschiebebahnhöfe im Westen fertigzuwerden. Es entwickelten sich zwei Probleme, die sich gegenseitig verstärkten. Das eine bestand aus der Verminderung der Verschiebekapazität der Schlüsselbahnhöfe, die den Zugang zur Kohle regulierten. Das andere ergab sich durch die Unterbrechung des Verschiebebetriebs in den südlichen Einzugsgebieten. Die Folge war, daß die Kapazität des Ruhrgebiets, was den Transport von Kohle und anderen Gütern anging, verringert wurde. Gleichzeitig wurden leere Wagen in den Regionen um Frankfurt/Main und Mannheim blockiert. Ohne diese leeren Wagen konnte die RBD Essen nicht einmal ihre reduzierte Verschiebekapazität voll auslasten.

Für die Situation im Ruhrgebiet lieferte der große Verschiebebahnhof bei Hamm ein typisches Beispiel. Er wurde siebenmal bombardiert. Nach jedem Mal kämpften die Reparaturmannschaften, im Durchschnitt ungefähr 200 Deutsche und zusätzliche Fremdarbeitertrupps, darum, die Richtungsgruppe wiederherzustellen. Doch die Bomber kehrten immer wieder zurück, um die Arbeiten zu stören. Ende Oktober lief der Betrieb in diesem wichtigen Knotenpunkt mit nur einem Viertel seiner Kapazität. [40]

Maximilian Lammertz, der Chef der RBD Essen, forderte von Berlin hartnäckig, ihm leere Wagen zu schicken, jedoch vergeblich. [41] Es lag nicht daran, daß es der DR an Wagen mangelte. Eher war das Umgekehrte der Fall: Die Reichsbahn litt an einer Güterwagenschwemme. Beispielsweise wurden 6 400 Öltankwagen dazu umfunktioniert, Getreide zu befördern, da sie in größerer Zahl vorhanden waren, als von den Raffinerien benötigt wurde, was am sinkenden Ausstoß letzterer lag. [42] Die GBL-Ost stellte massenhaft Güterwagen ab – Ende Oktober waren es 38 093. [43] Dennoch konnte das Ruhrgebiet die Kohle nicht im benötigten Umfang transportieren. In der dritten Oktoberwoche konnte die Reichsbahn lediglich ein Viertel ihres früheren Tagesdurchschnitts von 100 000 t aus dieser Region ausliefern. Die Reichsbahn beanspruchte davon nur 2 000 t für sich selbst. [44] Das Problem war, daß wegen der Verschiebeschwierigkeiten nicht genügend Wagen dorthin gebracht werden konnten, wo sie gebraucht wurden. Es gab zwar Wagen, doch konnten sie wegen der Bombardierungen einfach nicht richtig verteilt werden.

Das RWKS bekam die Störung unmittelbar zu spüren. Da das Wasserstraßensystem jedoch lahmgelegt war, war es dazu gezwungen, seinen Anteil an Ladungen, die mit der Bahn transportiert wurden, von zwei Dritteln auf drei Viertel im Oktober anzuheben. Insgesamt erfuhr der Transport einen beträchtlichen Niedergang. Im Ruhrgebiet selbst blieben die Vorräte in den Handelsniederlassungen auf gleichbleibendem Niveau. In den Einzugsgebieten schrumpften sie allerdings auf Mengen zusammen, die nur für acht bis zehn Tage reichten. [45]

Erneut traf die RVK mit den übrigen Syndikaten die Abmachung, das RWKS zu unterstützen. Es ersuchte das Oberschlesische Steinkohlesyndikat darum, die Einzugsgebiete des RWKS mit 700 000 t Kohle zu beliefern, und das Mitteldeutsche Braunkohlesyndikat, 200 000 t Braunkohle zur Verfügung zu stellen. Einige Verbraucher waren dazu gezwungen, von Steinkohle auf Braunkohle umzustellen, mit all den Schwierigkeiten und Leistungsverlusten, die damit verbunden waren. Doch das allgegenwärtige Problem, die Schwäche der Reichsbahn, stand allem im Weg. Die RWKS-Kunden in Hamburg, Hannover, Kassel und die RWHG bei Salzgitter, die sich alle ziemlich weit im Hinterland des Syndikats befanden, erhielten lediglich etwa die Hälfte der für sie bestimmten Aushilfslieferungen. [46]

Der Kohlenotstand wurde durch die Auseinandersetzungen, die sich zwischen dem RWKS und den verschiedenen staatlichen Ämtern entwickelten, noch verschärft. Auf einer Beiratssitzung, die am 19. September in Essen abgehalten wurde, griff Schmidt Sarter an und machte seinen Wunsch deutlich, daß er statt mit jenem lieber mit Lammertz von der RBD Essen zusammenarbeiten wolle. Er weigerte sich, was noch viel entscheidender war, der Reichsvereinigung Kohle, Speers Rüstungsverbänden oder den Gauwirtschaftskammern zu erlauben, sich bei der Kohleversandlenkung einzumischen. Er hatte Pleiger solange unter Druck gesetzt, bis dieser damit einverstanden war, sich aus der Kohleverteilung herauszuhalten und sie den örtlichen Geschäftsstellen des RWKS zu überlassen. Diese würden wiederum direkt mit den nächstgelegenen Reichsbahndirektionen verhandeln. [47] Die Reichsbahn schickte sich bewußt an, sowohl den Kohleverkehr zu steigern als auch Schmidt zu beschwichtigen. Am 7. Oktober traf sie mit dem RWKS die Abmachung, Kohleganzzüge zu bilden, um sie innerhalb des Ruhrgebiets und für Lieferungen darüber hinaus einzusetzen. Am 28. Oktober wurde das Soll der Kohlewagen in dieser Region auf 8 000 pro Tag heruntergeschraubt, die alle in Ganzzügen verkehrten, welche an den Minen selbst zusammengestellt wurden.

Am 19. Oktober schließlich setzte Schelp fest, daß die Entfernung vom Kohlebergwerk der ausschlaggebende Faktor bei der Frage sein sollte, welche Produktionsstätten beliefert werden würden. Das Gebiet, das von Oberschlesien versorgt wurde, sollte sich nicht weiter als über 300 km erstrecken. Industriebetriebe innerhalb dieses Gebiets sollten auf Hochtouren laufen, die übrigen geschlossen werden. Der Transport der Kohle von Oberschlesien nach Hamburg und zu anderen Orten, die sich so weit westlich befanden, sei ein Fehler gewesen, erklärte Schelp, da die Wagen nie zurückgebracht worden seien, wodurch das gesamte Transportsystem geschwächt und letztendlich dem RWKS Schaden zugefügt worden sei. [48] In dieser Sache konnte Schmidt Schelp nicht widersprechen. Die Reichsbahn hatte Vorrang. Dennoch fuhren das Syndikat und sein Leiter stur fort, trotz der bedrohlichen militärischen Situation die eigenen Marktrechte zu verteidigen.

Trotz der genannten Notmaßnahmen hatten die Bombardierungen der Verschiebebahnhöfe ihre Wirkung nicht verfehlt. Im Oktober sank die Quote der Wagenstellungen für Steinkohle in der RBD Essen um 54 % unter das Vorjahresniveau. [49] So war es unvermeidlich, daß die Kohlevorräte bei den Bergwerken um das sechseinhalbfache der Menge vom Oktober 1943 emporschnellten. Die Koksvorräte der Hochöfen nahmen in derselben Größenordnung zu. Da das Produkt nicht transportiert werden konnte, fiel der Kohleausstoß um ein Drittel. Der Koksausstoß sank um ein Viertel. [50] Dies wirkte sich direkt auf die Gasversorgung aus, die um die Hälfte zurückging. Zu diesem Problem kam erschwerend hinzu, daß die Ruhrgas-Verwaltungsbüros durch Bomben zerstört worden waren und es aus demselben Grund viele Einschränkungen im öffentlichen Versorgungsnetz gab. Aufgrund von Anordnungen durch Speer versetzte Pleiger Männer aus den Kohlebergwerken, wo sie wegen der Transportprobleme überzählig waren, zu den Arbeitertrupps, die Gasleitungen reparierten. [51] Die Stromversorgung im Ruhrgebiet verschlechterte sich ebenfalls stark. In diesem Fall gab es allerdings keinen Kohlemangel. Schuld waren die unzähligen Leitungsunterbrechungen und die Zerstörung des bedeutenden Braunkohlekraftwerks bei Goldenberg am 21. Oktober. Insgesamt gingen 80 000 kW verloren. Versuche, die Energie von Berlin und Mitteldeutschland herzutransportieren, wurden durch die begrenzte Kapazität des Verteilernetzes behindert und dadurch, daß die BEWAG über keine zusätzliche Kohle verfügte. Die Folgen waren größere Produktionseinschränkungen in der Industrie, die Vereinigten Stahlwerke miteingeschlossen, sowie der Zerfall des Ruhrgebiets in einzelne Inseln, die mit Energie versorgt waren. [52]

Im Gebiet links des Rheins fiel die Rate der Wagenstellungen für Braunkohle um 70 %, was auf die Nähe zur Front und die Angriffe auf die Kölner Verschiebebahnhöfe zurückzuführen war. [53] Der Braunkohleausstoß ging um die Hälfte zurück. [54] Die Differenz kann damit erklärt werden, daß Förderbänder benutzt wurden, um die Braunkohle von den Bergwerken zu etlichen der Kraftwerke zu transportieren.

Die gravierende Abnahme der Kohlevorräte aufgrund der Transportbombardierung im Ruhrgebiet hatte für die Region selbst und ihre Einzugsgebiete in Mittel- und Süddeutschland furchtbare Auswirkungen. Sie belastete indirekt auch Oberschlesien zusätzlich und beeinflußte so die Wirtschaft des gesamten Reichs. Vom Kohlemangel weniger direkt betroffen war die Industrie im Ruhrgebiet selbst. Der Eisen- und Stahlsektor bekam zwar einen Rückgang der Brennstoffvorräte zu spüren, das Hauptärgernis bestand für ihn jedoch im Mangel an eigenen Erzressourcen. Rohland von der RVE und den Vereinigten Stahlwerken sowie Hans-Günther Sohl, ebenfalls von den VSt, setzten Ganzenmüller, Dilli und Schelp einem regelrechten Sturm von Drohbriefen aus, die dieses Thema zum Inhalt hatten. Sohl entwickelte einen eigenen Transportplan, indem er 4 300 Wagenstellungen pro Tag für einheimisches Erz forderte und 2 700 für Schrott. Rohland warnte Ganzenmüller, daß jede Tonne Erz oder Schrott, die nicht befördert werden würde, sich als Produktionsrückgang bemerkbar machen würde. [55]

Die ZVL versuchte, den Forderungen der Industrie gerecht zu werden, indem sie besondere Zugläufe einrichtete, um einheimisches Erz in das Ruhrgebiet zu bringen, und die Priorität des Erzes in bezug auf Wagenraum anhob. [56] Doch die Bomber machten einen Strich durch die Rechnung. Zwischen dem 6. und 10. Oktober langte nur einer von fünfzig planmäßigen Erzzügen im Ruhrgebiet an. [57] Die ZVL reagierte hierauf damit, daß sie das Erz, welches vorher mit einem Embargo belegt war, zuließ und ihm am 14. Oktober eine höhere Priorität zugestand als der Kohle. Zusätzlich wurde vereinbart, monatlich 35 500 t Stahlspäne und -splitter in das Ruhrgebiet zu transportieren. [58] Zehn Tage später ordnete Schelp an, daß bei Schrott die Nachfrage für Wagenraum voll gedeckt werden müsse. [59] Speers Ministerium schaltete sich ein und machte die Bestellungen von 204 700 t Alteisenplatten rückgängig. [60] Die Bemühungen, die Belastung der Stahlindustrie zu verringern und ihre Bedürfnisse zu befriedigen, gerieten trotz allem ins Stocken und kamen schließlich zum Stillstand. Speers Inspektoren entdeckten, daß die Fabrikanten immer noch über Vorräte von fünf Millionen Tonnen an Eisen und Stahl verfügten. In der Folge verbot er neue Bestellungen und ordnete, gemäß der Eisenaktion im Sommer, solange einen weiteren drastischen Abbau der Vorräte an, bis neue Order ausgegeben werden würden. [61] Er verfügte auch, daß die Eisenvorräte bis Ende November 1944 durch Verbrauch oder Weitergabe an bedürftige Firmen auf ein Niveau abgesenkt werden sollten, das für fünf Monate vorhielt. [62] In Anbetracht dieser üppigen Vorräte an halbfertigem Eisen und Stahl wurde der Bedarf an neuer Produktion begrenzt, und am 21. Oktober räumte Dilli der Kohle wieder absoluten Vorrang ein. [63] Am 28. Oktober besuchten Schelp und Dilli das Ruhrgebiet und setzten sich gegenüber Sohl mit der Forderung durch, daß er die Transportbegrenzungen innerhalb der Region akzeptiere, wenn die Kohlepforten geöffnet sein würden. Dadurch würde es möglich sein, daß notwendige Kohlelieferungen rasch ins Hinterland des Ruhrgebiets gelangen würden. Wenn die Kohlepforten blockiert sein würden, könnte der Wagenraum der Stahlindustrie überlassen werden. [64]

Rückblickend wird klar, daß die Forderungen der Stahlindustrie nicht völlig gerechtfertigt waren. In den Höfen der Fabriken lagen nicht nur große Vorräte an ungenutztem Stahl, die Eisen- und Stahlwerke selbst standen nicht wegen Eisenerzmangels am Rande der Katastrophe. Im Ruhrgebiet hatte sich eine sehr komplexe Situation entwickelt, die sich aus den Problemen bei der Kohleverteilung, direkten Schäden an den Fabriken durch Luftangriffe, einer Abnahme der Erzvorräte und dem Widerstreben der Eisen- und Stahlwerksbesitzer, sich für das Nazi-Regime einzusetzen, zusammenfügte. [65] Was letzteres anbelangte, nützte Rohland seine gute Beziehung zu Speer, sowie den Geschäftsleuten und Technokraten, die in Speers Ministerium saßen, zynisch aus und versuchte, Vorteile für sein Unternehmen und Geschäftsfreunde herauszuschlagen. Ein kurzer Blick auf den Zustand der Reserven in der Industrie verdeutlicht dies. Die Eisen- und Stahlproduktion war im Oktober 1944 im Ruhrgebiet 36 % bzw. 28 % niedriger als im Vorjahr. [66] Die Erzvorräte der Industrie waren um 35 % vermindert. [67] Demnach waren echte Verluste gemacht worden. Um jedoch Schwankungen in diesen Meßgrößen auszuschließen, die sich während des Jahres 1943 ergaben, können Daten vom September und Oktober 1944 miteinander verglichen werden. Im Oktober wurden 46 % weniger Eisenerz geliefert als im September. Die Vorräte wurden allerdings nicht entsprechend abgebaut, um dies zu kompensieren. Bis Ende Oktober hatten sie lediglich um 15 % abgenommen. Der Schlüssel hierzu liegt darin, daß der Verbrauch um 34 % eingeschränkt wurde. Dieses Haushalten mit den Reserven verursachte sowohl bei der Eisen- als auch Stahlproduktion einen Rückgang von 39 %. [68] Der Produktionsrückgang entsprach nicht dem Schwinden der Erzvorräte. Die monatlichen Verbrauchsraten zeigen, daß die Vorräte in Wirklichkeit sogar zunahmen. Im September reichten sie für 3,7 Monate, im Oktober für 4,8 Monate. Zum Teil kann diese Diskrepanz auf die Beschädigung von Produktionseinrichtungen zurückgeführt werden, die durch Bomben verursacht wurden. Doch vieles lag auch darin begründet, daß die Eisen- und Stahlwerksbesitzer sich weigerten, dem Hitler-Regime Hilfe zu leisten. Die Komplexität der Situation, die in der Stahlindustrie des Ruhrgebiets herrschte, kann durch ein weiteres Beispiel veranschaulicht werden. Die Vereinigten Stahlwerke begannen, die Kohleknappheit zu spüren. Die Kohlehalden bei den Bergwerken der zu den VSt gehörenden Tochtergesellschaft GBAG wuchsen sprunghaft um 1 000 % an und die Koksvorräte hatten um ein Fünftel zugenommen. Dagegen waren die Kohlevorräte bei den Fabriken etwas weniger und die Koksvorräte ein Viertel weniger als im Vergleichszeitraum des Jahres 1943. [69] Unter dem Druck ständiger Luftangriffe, Meinungsverschiedenheiten und der Suche nach Notmaßnahmen zeigte Speers Apparat im Ruhrgebiet die ersten Zerfallserscheinungen. Die Abstimmung der Fertigteilelieferungen auf die Endproduktion wurde extrem schwierig. Der Ruhrgebietsstab stellte fest, daß die Zusammenarbeit unter den Firmen und mit ihm selbst immer seltener stattfand. Unter der Belastung brachen sogar Mitglieder des Ruhrgebietsstabs und Speers Generalbevollmächtigter für den Transport zusammen. So ist es nicht verwunderlich, daß der Beitrag des Ruhrgebiets zu den Kampfhandlungen des Reichs in Form von Fertiggütern stark zurückging. Die Rüstungsendproduktion war stark beeinträchtigt. Oftmals konnten solche Güter, die bereits fertiggestellt waren, nicht befördert werden. Im Oktober lieferte Klöckner ein Fünftel weniger als während desselben Monats im Vorjahr. Das kleine Fritz-Hulvershorn-Werk, welches sich mit der Herstellung von Sprengköpfen für Mörsergranaten befaßte, konnte keinen der 30 000 Sprengköpfe ausliefern, die sich in seinem Lagerhaus und Hof aufstapelten. [70] Kurzum, die Bombardierungen des Transportsystems – die Angriffe auf die Verschiebebahnhöfe und Wasserwege – hatten die Eisen-, Stahl- und Rüstungsproduktion des Ruhrgebiets erheblich vermindert, den Transport fertiger Waffen weitgehend unmöglich gemacht und den Austausch von Fertigteilen mit anderen Regionen gestört. Hinzu kam, daß der Verwaltungsapparat im Ruhrgebiet dabei war, in sich zusammenzubrechen. Von allergrößter Bedeutung war, daß der Hauptbeitrag des Ruhrgebiets zur geografischen Arbeitsteilung, der Energieversorgung Mittel- und Süddeutschlands, rapide zurückging. Das ununterbrochene Bombardement brachte die Reichswirtschaft aus dem Lot.

Im Hinterland des Ruhrgebiets verschlechterte sich die Kohlelage rasch. Viele der wenigen Züge, die es fertigbrachten, das Ruhrgebiet zu verlassen, gingen schließlich im Chaos der Verschiebebahnhöfe verloren. Von den 30 Zügen, die zwischen dem 13. und 28. September vom RWKS entsandt wurden, verschwanden zehn auf Nimmerwiedersehen. Die Folge war, daß die Kohlevorräte in den Einzugsgebieten des Ruhrgebiets auf einen Stand absackten, der nur noch für etwa vier Wochen ausreichte. In einigen Fällen war man bereits dabei, die Produktion herunterzuschrauben. Speers Assistent, Liebel, unternahm Ende Oktober eine Fahrt durch Südwestdeutschland, um die dortige Industrie auf ihren Zustand hin zu prüfen. Er fand Verhältnisse vor, die eng an Panik grenzten. Verzweifelte Werksleiter baten ihn eindringlichst darum, für sie einzutreten und Kohle zu beschaffen, ansonsten würde es sofort zu Massenschließungen kommen. [71]

Die Gründe für den Notstand rührten von den Problemen im Ruhrgebiet und dem durcheinandergeratenen Betrieb innerhalb der GBL-Süd her. Das Fernmeldewesen war in der örtlichen Zentrale am 4. Oktober zusammengebrochen, so daß sie gezwungen war, vorübergehend nach Augsburg auszuweichen. In diesem Gebiet waren die Verschiebebahnhöfe mit Schlüsselfunktion entweder geschlossen oder arbeiteten mit verminderter Kapazität. In den Bahnhöfen war der Platz zum Abstellen von Wagen und Zügen erschöpft, so daß auf zweigleisigen Strecken das eine Gleis dazu hergenommen werden mußte, Züge abzustellen, die nicht verschoben werden konnten. Der Kohlevorrat für Lokomotiven war gefährlich knapp – Ende Oktober reichte er für zwölf Tage. [72] Die Wasserstraßen waren nicht in der Lage, die Lücke auszufüllen. Die Kohlelieferungen nach Mannheim rissen ab, nachdem die Zerstörung der Köln-Mülheimer-Brücke die Schiffahrt zum Erliegen gebracht hatte, so daß im Oktober insgesamt 11 % weniger eintrafen. [73] Die Reichsbahn bemühte sich, zu kompensieren, indem sie den Transport der Kohle, die am Hafen lagerte, beschleunigte, doch der Mangel an Wagenraum zog ihr einen Strich durch die Rechnung. [74] Die ZVL leitete, wie wir gesehen haben, Kohlezüge aus Oberschlesien und Mitteldeutschland in das südliche Rheinland. Sobald die RBD Oppeln mehr als 17 000 Wagenstellungen für Kohle zustandebringen konnnte, wurde der Wagenraum, der über diesen Stand hinausging, dazu benutzt, die Mannheimer Region zu versorgen. [75] Doch eine Woche später, am 14. Oktober, mußte die Reichsbahn ihre Hilfe auf sieben Züge pro Tag beschränken, mit dem Vorbehalt, deren Fahrtziele selbst zu bestimmen. [76] Dies stand im direkten Gegensatz zu den Leitsätzen des RWKS. Doch es gab wenig, was das Syndikat hätte tun können. In seinem südlichen Einzugsgebiet hatten die Flugzeugfabriken Messerschmitt bei Augsburg und Dornier bei Friedrichshafen ihre Kohlevorräte bis zum 1. November bereits aufgebraucht. [77] Obwohl sich der Rüstungsausstoß in der Mannheimer Region wegen der Transportkrise verzögerte, waren Brennstoff und Fertigteile noch genügend vorhanden, so daß größere Produktionsrückgänge vermieden werden konnten. [78]

In der Umgebung von Hannover war die Lage ernster. Hier fanden die ersten größeren Produktionsrückgänge statt. Schuld daran war in erster Linie die Unterbrechung des Transports auf dem Mittelland-Kanal. Es gelangte nur noch halb so viel Kohle nach Hannover. Die Unterstützung durch das Oberschlesische und Mitteldeutsche Braunkohlesyndikat, die sich beide auf die Reichsbahn verließen, miteingerechnet, gingen insgesamt 80 % weniger Kohle ein. Kohlevorräte wurden beschlagnahmt, und Produktionsrückgänge traten selbst bei den Rüstungsfabriken auf. [79] Bei den Reichswerken Hermann Göring waren die Kohlevorräte Ende Oktober auf einem Stand, der für acht bis zehn Tage reichte. Aus diesem Grund wurde der Betrieb der Kokerei um bis zu zwei Drittel reduziert. [80] Dennoch stieg, was die direkte Kontrolle dieser Werksanlage durch die Regierung widerspiegelt, die Eisenproduktion um 24,2 % und die der Fertiggüter um 134,8 % gegenüber dem vierten Quartal des Vorjahres an. Dies wurde durch die Plünderung der Vorräte erreicht. Der Kohleverbrauch nahm zu, und die Wiederverwertung von Schrott war um fast die Hälfte gesteigert worden. Daß der Werkskomplex die Abgabe von Elektrizität an externe Konsumenten um ein Drittel kürzte, überrascht im Hinblick auf seinen eigenen gestiegenen Energiebedarf in keiner Weise. [81] Das Endergebnis sah so aus, daß der Versuch, Mitteldeutschland als Kompensator für die Verluste einzusetzen, die im Ruhrgebiet erlitten wurden, nur teilweise Erfolg hatte. Der Ausstoß an Massel-Metall nahm zwar in der Tat leicht zu. [82] Doch war dies weit davon entfernt, die Ohnmacht, die der Riese im Westen erlitten hatte, auszugleichen.

Auch Ostdeutschland wurde als Stütze der Reichswirtschaft während des Niedergangs des Ruhrgebiets gebraucht. Auf diese Karte setzten sowohl die Reichsbahn als auch Speers Ministerium. Die Lage der GBL-Ost war wesentlich besser als die der beiden anderen GBL. Doch nichtsdestoweniger verschlechterte sie sich während der Periode der „special priorities". Es gab zwei Gründe. Der eine bestand darin, daß das Chaos, das entlang des Rheins wütete, sich ostwärts fortpflanzte. Im Westen verweigerten Direktionen die Aufnahme von Zügen, die aus dem Osten herandampften, und verursachten somit Rückstaus, die über die RBD Hannover und Regensburg auch in der östlichen Region widerhallten. Die gegenseitige direkte Abhängigkeit der Teilbereiche eines Eisenbahnsystems könnte nicht besser veranschaulicht werden als durch diese Ereignisse. Der andere Grund lag in der Zerstörung, die in der Region selbst durch Luftangriffe hervorgerufen wurde. Diese Angriffe waren nicht gegen die Verschiebebahnhöfe der GBL-Ost als solche gerichtet, sondern gegen Synthetik-Brennstoffanlagen bei Leipzig und Gleiwitz. Sie hatten die unvorhergesehene Folge, daß sie den Verschiebebetrieb in den nahegelegenen Bahnhöfen bei Halle und Gleiwitz unterbrachen. Darüberhinaus war die Region vom allgemeinen Problem mit dem Fernmeldewesen ebenfalls betroffen. Die GBL-Ost reagierte, indem sie Lokomotiven zur RBD Halle brachte, den Verschiebebetrieb in ruhigere Gebiete verlegte, wie zum Beispiel von Halle nach Posen, und die Kohletransporte in den Westen beschleunigte. [83] Die Region wurde als Abstellraum für Züge benutzt, die westwärts nicht vorankommen konnten, und als Reservoir für Wagen und Lokomotiven, die den kränkelnden Direktionen entlang des Rheins zugeführt werden mußten. [84] Der Nachteil bestand darin, daß sich der Zustand in der Region verschlechterte. Während der letzten Oktoberwoche wuchs der Rückstau auf 256 Züge an – auf mehr als das Doppelte. [85] In der RBD Halle blieben die Güterwagenstellungen zwar stabil, die Wagenstellungen für Braunkohle hingegen gingen im Laufe des Oktobers, verglichen mit dem Monatsdurchschnitt des vierten Quartals im Vorjahr, um 7,5 % zurück, was kritisch werden konnte, falls man mit Verlusten beim RWKS zu rechnen hätte. [86] Dies war allein auf die Störung des Verschiebebetriebs zurückzuführen, da sich der Bestand an Lokomotiven gleichzeitig vergrößerte. [87]

Die Kohlelage in der angesprochenen Region war instabil. Im ostelbischen Gebiet, das von den bombardierten Gebieten am weitesten entfernt war, lief die Braunkohleproduktion unvermindert weiter, wohingegen sie in Mitteldeutschland um zehn Prozent zurückging, da es an Wagenraum aus der RBD Halle mangelte. [89] Die Zerstörung der Synthetik-Benzinanlagen in jenem Gebiet ließ es zu, daß deren Kohlereserven neu verteilt werden konnten. Diese Linderungsmaßnahme machte sich jedoch wegen des fehlenden Wagenraums nur zum Teil bemerkbar. [89]

Im zweiten Hauptabbaugebiet der Steinkohle, Oberschlesien, kämpfte die RBD Oppeln gegen die Lähmungserscheinungen an, die sich von Westen her übertrugen, gegen die Schäden durch Luftangriffe innerhalb des eigenen Zuständigkeitsbereichs und die Wogen der Zerstörung, die das Anrücken der Roten Armee gen Westen ankündigten. Hier verringerten sich die Güterwagenstellungen insgesamt um 17 %. Viel bedrohlicher war jedoch der Rückgang der Rate der so überaus wichtigen Kohlewagenstellungen um 39 % im Oktober, verglichen mit dem Monatsdurchschnitt des letzten Quartals des Jahres 1943. Wieder lag die Ursache im gestörten Verschiebebetrieb begründet, da die Anzahl der betriebsbereiten Lokomotiven anstieg. [90] Die Steinkohleproduktion ging im Oktober um 18 % zurück, gemessen auf derselben Grundlage wie die Wagenstellungen. Die Koksproduktion wurde bei einem Rückgang von nur vier Prozent aufrechterhalten, was im Hinblick auf die Verluste, die im Ruhrgebiet hingenommen werden mußten, besonders wertvoll war. Doch wiederum wurde die Schwächung der DR durch das alarmierende Anwachsen der Kohlehalden bei den Bergwerken um 176,5 % und der Koksvorräte um 720,5 % deutlich. [91] Aufgrund der knapp werdenden Lagerfläche der Minen wurde die Kohleproduktion reduziert. [92] Die Roheisenproduktion wurde trotz aller Widrigkeiten vorangetrieben und sank um weniger als zwei Prozent. [93] Doch wie es sich schon im Westen gezeigt hatte, garantierte die bloße Erzeugung eines Artikels noch nicht, daß er auch verwendet werden konnte. Die Oberhütten Gleiwitz klagten bereits am 27. September darüber, daß es ihnen an Wagenraum fehle, um Fertigteile zu befördern, die mit Hitlers besonderer Dringlichkeitsstufe „Panzerblitz" versehen worden waren. [94]

Die Einzugsgebiete Oberschlesiens waren besser versorgt als die des Ruhrgebiets und daher in der Lage, die Arbeitsgänge auf fast normalem Niveau weiterlaufen zu lassen. Doch selbst hier begannen sich besorgniserregende Anzeichen von Schwäche zu zeigen. Wegen niedrigen Wasserstands war der Kohletransport auf der Oder im September und Oktober eingeschränkt. [95] Auf dem Adolf-Hitler-Kanal war der Verkehr blockiert, da die Fünfzehnte Air Force die nahegelegene Synthetik-Benzinanlage bombardierte. [96] In Berlin kamen während des Septembers 40 % weniger Kohlelieferungen aus dem Westen über Stettin an, während die Transporte aus Oberschlesien um ein Viertel vermindert waren. [97] Im Oktober sank der Braunkohletransport ebenfalls um ein Viertel unter die Normgrenze ab. [98] Dennoch wurden die Kohlevorräte in Berlin durch Sparsamkeit erhalten oder sogar, wie es bei den Städtischen Gaswerken der Fall war, vermehrt. [99] Die BEWAG erfuhr einen Rückgang ihrer Kohleversorgung um 15 %. Die Vorräte verringerten sich um neun Prozent. Der Verbrauch stieg, so daß der Kohlevorrat Ende Oktober für einen Produktionszeitraum von eineinhalb Monaten reichte. [100] Allerdings begrenzte ein neuer Faktor den nominellen Wert dieser Vorräte. Die Lieferungen aus Oberschlesien verschlechterten sich qualitativ immer mehr, wodurch der sprunghafte Anstieg im Verbrauch begründet war. [101] Die eigentliche Stromerzeugung durch die BEWAG war um vier Prozent geringer als der Monatsdurchschnitt des letzten Quartals des Jahres 1943. [102]

Wenn man es im nationalen Zusammenhang sieht, kann man erkennen, daß das Binnenwasserstraßensystem des Reichs durch die drei Luftangriffe im Westen entscheidend geschwächt war. Die Reichsbahn hatte, trotz der Anstrengungen der Reparaturmannschaften und der GBL-Ost, lähmende Verluste hinnehmen müssen, und die Rüstungsindustrie hatte ständig große Mengen an Waffen produziert, indem sie rücksichtslos ihre Vorräte aufbrauchte. Ein paar erklärende Hinweise erhellen dieses Bild.

In der Periode der „special priorities" vom 16. September bis 31. Oktober, bewältigte die Reichsbahn 20 % weniger Wagenstellungen für Güterzüge als im selben Zeitraum des Jahres 1943. Noch bedeutungsvoller war, daß die Quote der Kohlewagenstellungen im Oktober um atemberaubende 39 % zurückgegangen war. Die Quote der Braunkohlewagenstellungen lag um 40 % niedriger. [103] Im September, noch bevor die schlimmen Verluste erlitten worden waren, kalkulierte das Hauptwagenamt, daß die DR nur 56 % des nominellen Bedarfs an Wagenraum jeder Art decken würde. Das war ein Drittel weniger als im September 1943. [104] Der Rückstau hatte sich während der letzten zehn Tage des Oktobers auf durchschnittlich 1 155 Züge pro Tag ausgeweitet. [105] Anders ausgedrückt bedeutete dies, daß 307 000 Wagen in den sich rückstauenden Zügen eingeschlossen waren und deshalb nicht zur Verfügung standen. Weitere 62 000 wurden durch das Be- und Entladen aufgehalten, da die Umlaufzeit für Güterzüge im Oktober bis zu 12,7 Tage betrug, ein Viertel mehr als im Vorjahr. [106] Die Bemühungen, Güterwagen zu reparieren, wurden eingeschränkt, da es eigentlich gar keinen Güterwagenmangel gab. [107] In Wirklichkeit hatte die Reichsbahn nur durch die Disorganisation im Verschiebebetrieb den Zugang zu über einem Drittel ihres gesamten Güterwagenparks verloren. An Lokomotiven mangelte es ebensowenig. Ende Oktober war der Lokomotivbestand der DR um zwei Prozent größer als zum Monatsanfang, und die Reserve war um 39 % erweitert. [108]

Es gab keinen Fahrzeugmangel, und die durch Beschuß entstandenen Schäden waren irrelevant. Der Verschiebebetrieb war das Problem. Die Wagen konnten nicht dorthin gebracht werden, wo sie gebraucht wurden, da sich der Verschiebebetrieb im Ruhrgebiet und entlang des Rheins im Chaos befand und in Halle und Oppeln vor sich hinkränkelte. Das Ergebnis war eine größere Kohleknappheit, von der auch die Reichsbahn selbst nicht verschont blieb. Am 1. November waren ihre Vorräte an Lokomotivkohle soweit zusammengeschrumpft, daß sie nur noch für zwölf Tage ausreichten und mengenmäßig 40 % unter dem Minimum lagen. [109] Trotz dieser Probleme war es allein die Aufgabe der Reichsbahn, das Land mit Kohle zu versorgen. Gegen Ende Oktober übernahmen die Wasserstraßen lediglich sieben Prozent aller Kohletransporte. Der örtliche Verkauf machte 14 % aus. Die Reichsbahn bewältigte sogar in ihrem geschwächten Zustand immer noch drei Viertel des Kohleverkehrs im Lande. [110] Das System der geografischen Arbeitsteilung war dabei, sich aufzulösen. Die Transportmisere, abgeschnittene Wasserwege, die das Ruhrgebiet versorgt hatten, und die Bombardierung der Verschiebebahnhöfe im Westen, ließen die in der Reichswirtschaft voneinander abhängigen Gebiete auseinanderbrechen. Das Ruhrgebiet konnte seine Einzugsgebiete nicht länger unterstützen, und Oberschlesien wurde daran gehindert, die

Lücke auszufüllen. Dennoch brachten Speer und Kehrl es fertig, die Ausstoßrate bestimmter Waffen sehr hoch zu halten, indem sie den Spielraum bei der Versorgung bewußt ausnutzten. Der Index der gesamten Rüstungsproduktion sank während der Periode der „special priorities" lediglich um neun Prozent. [111] Die nationale Steinkohleproduktion sackte zum Vergleich um 31 % ab. [112] Dieser Gegensatz läßt sich mit dem Verbrauch des Kohle- und Fertigteilevorrats erklären. Auf diese Weise nahm der Ausstoß an Sturmgewehren, der wegen des niedrigen Bedarfs an Stahl leichter aufrechtzuerhalten war als der an Panzern, ab August um ein Drittel zu. [113] Der Ausstoß an 88-mm-PAK-43-Antipanzergeschützen lag um ein Fünftel höher als im August und doppelt so hoch als im Oktober des Vorjahres. [114] Doch wieder kam das Transportproblem in die Quere. Viele Rüstungsfirmen waren nicht in der Lage, ihren Ausstoß zu transportieren, und manche waren dazu gezwungen, die Arbeitsprozesse zu verlangsamen, da ihre Produktionsstätten mit Transportkisten vollgestopft waren. [115] Wie gesagt nahm die Produktion an 88-mm-PAK-43 in erheblichem Maße zu. Doch die Lieferungen an die Wehrmacht waren im Oktober, verglichen mit dem August, um 55 % zurückgegangen. Das Rüstungsamt des Heeres führte das Defizit ausschließlich auf „Transportprobleme" zurück. [116] Wenn man bedenkt, daß das Heer nach den Niederlagen im Sommer 1944 schrecklich großen Bedarf an jeder Waffe hatte, die es nur in die Hände bekommen konnte, wird klar, daß die Bombardierung des Transportsystems bereits eine direkte, wenn auch noch nicht entscheidende, Wirkung auf die tatsächliche Kampfstärke der Wehrmacht hatte. Ende Oktober 1944 hatten die Bombardierungen der Verschiebebahnhöfe sowie die Durchtrennung der Wasserwege des Ruhrgebiets einen großen Engpaß bei der Kohleversorgung Deutschlands verursacht, den Ausstoß an Eisen und Stahl erheblich vermindert, einen leichten Rückgang bei der Rüstungsproduktion erzwungen – mit Ausnahme der wichtigen Waffen – und den Warenaustausch innerhalb der Wirtschaft sowie die Belieferung der Wehrmacht mit Waffen schwer beeinträchtigt. Außerdem war Speers Verwaltungsapparat durch diese Angriffe einer besonderen Belastung ausgesetzt, die dazu führte, daß in ihm und in der Reichsbahn Auflösungserscheinungen auftraten.

Es gab nur wenige Menschen in Deutschland, denen es völlig klar war, was mit der Reichswirtschaft wirklich geschah. Die Betriebseinschränkungen bei der Reichsbahn und den Frachtkähnen waren für alle offensichtlich, nicht jedoch die Konsequenzen daraus. Lediglich Ganzenmüller, Speer, Kehrl und ein paar andere auf der obersten Ebene des RMfRuK, des Verkehrsministeriums und der Industrie sahen klar, wie das zerbrechliche Gebilde der Arbeitsteilung auseinandergerissen wurde. So überrascht es nicht, daß der Nachrichtendienst der Alliierten, dem es an der Information, die Speer und den anderen zur Verfügung stand, mangelte, außerordentliche Schwierigkeiten damit hatten, das zu enträtseln, was in Deutschland vor sich ging. Sie waren auch mit bürokratischen Machtkämpfen beschäftigt, die ihre Fähigkeiten verminderten, Informationen, die sie entschlüsselten, richtig zu interpretieren. Während dieser Periode kamen die Vorzüge und Schwächen der Nachrichtenorganisationen bei den demokratischen Verbündeten deutlich zum Vorschein. Die Vielzahl der Organe garantierte eine lebhafte Diskussion, die in eine ausgewogene Interpretation hätte münden können. Die verschiedenen Abteilungen teilten sich die Information frei untereinander mit. Dies führte jedoch nur zur Akzeptanz, nicht zu einer Hinterfragung zweifelhafter Behauptungen. Zu deren Glaubwürdigkeit trug lediglich die Häufigkeit der Wiederholung bei. In der Tat führte die Diskussion zur Unterdrückung der Wahrheit. Sämtliche Luftaufklärungsbehörden der Alliierten kamen darin überein, daß die Fotoaufklärung für die Einschätzung der Transportoffensive unzureichende Information lieferte. [117] Dieselben Wolken, die zum verstärkten Angriff geführt hatten, verbargen dessen Folgen. Ebenso einstimmig war man dabei, auf den Mangel an verläßlichen Bodendaten hinzuweisen. [118] Die besonderen Maßnahmen im Westen, die im September von der Reichsbahn ergriffen wurden, wurden Anfang November schließlich vom RRS und dem SHAEF in ihrem Gutachten erwähnt. Sie waren sich darüber einig, daß dies bei der DR eine Verminderung der gesamten Leistungsfähigkeit bedeutete. [119] Der RRS und das MEW waren jedoch der Ansicht, daß die DR dasselbe Verkehrsvolumen bewältigte wie im selben Zeitraum des Jahres 1943. [120] Das SHAEF und das OSS, die sich beide auf Gefangenenverhöre stützten, waren davon überzeugt, daß die Moral bei den Reparaturmannschaften der Reichsbahn am Sinken sei. [121] Auf deutscher Seite war nichts dergleichen zu spüren. MAGIC lieferte keinen brauchbaren Beweis. [122] OSS-Agenten und die PW-Verhöre brachten in Erfahrung, daß die Kohlepforten bei Hamm und Soest Ende September geschlossen wurden. [123] „Ultra" hatte aus Gründen, die rasch klar werden, keinen Einfluß auf die Schaffung von politischen Standpunkten.

Das SHAEF beschäftigte sich nicht minder stark als die EOU mit politisch motivierter Nachrichtenauswertung. Es erkannte zwar die Wichtigkeit des Verschiebebetriebs, doch interpretierte es das zur Verfügung stehende Informationsmaterial in der Weise, daß es daraus folgerte, die DR sei von einem größeren Lokomotivmangel betroffen, der auf die Zerstörung von Reparatureinrichtungen zurückzuführen sei. [124] Die schwierige Aufgabe des Zusammensetzens des komplizierten Puzzles, um ein einigermaßen genaues Bild von der deutschen Wirtschaft zu erhalten, wurde von den meisten Nachrichtendiensten der Alliierten nicht gelöst. Folglich verließen sie sich auf die Vorstellungen, die sie während der vorangegangenen Monate entwickelt hatten. Der Einfluß von nüchternen, aktuellen Daten war in dieser Phase der Diskussion zum Thema Strategische Bombardierung überraschend gering.

Der dominierende Faktor, der während des Septembers und Oktobers 1944 die strategische Planung der Alliierten für die Luftstreitmacht bestimmte, war die Gewißheit, daß der Krieg in Europa in ein paar Wochen zu gewinnen wäre. Im September dachte die EOU, daß der Krieg im Oktober zu Ende gehen würde, die USSTAF meinte, daß er in drei Monaten, und die MAAF, daß er sehr bald irgendwann beendet sein würde. [125] Als der Versuch, bei Arnhem den Rhein zu überqueren, scheiterte, ließ das Streben nach einer raschen Beendigung des Kriegs nicht nach. Am 19. Oktober setzte General Arnold den 1. Januar 1945 als Stichtag fest, an dem der Konflikt mit Hitler ein Ende haben sollte, und stellte die gegenwärtigen Prioritäten bei der Bombardierung in Frage. [126] Zwei Tage später bat General George C. Marshall, Vorsitzender des vereinigten amerikanischen Stabschefskomitees, die Luftstreitkräfte darum, einen koordinierten Plan zur Beendigung des Kriegs während des Jahres 1944 vorzulegen. [127] Im Luftfahrtministerium (Air Ministry) setzte sich Brigadegeneral Bufton ebenfalls für eine Luftstrategie ein, um dem Krieg noch 1944 ein Ende zu bereiten. [128] Komplizierter wurde es noch dadurch, daß sowohl Harris als auch Spaatz hofften, den Krieg in nächster Zukunft allein durch Bombardierungen zu gewinnen. [129]

Die Suche nach einem Patentrezept, mit dessen Hilfe der Krieg rasch beendet sein würde, begann mit außerordentlicher Intensität. Generalmajor Lawrence Kuter,

Arnolds Assistent für die Planung, enttäuschte seinen Chef mit seiner Antwort auf dessen Frage, indem er argumentierte, daß es zu spät dafür sei, den Krieg allein durch strategische Bombardierung noch 1944 zu beenden. Seine Vorstellung war, daß taktische Ziele und der Transport unmittelbar hinter der Front die lohnendsten Ziele für die schweren Bomber sein würden. [130] Diese enttäuschende Bemerkung und das Fehlen neuer Alternativen beeinflußten den Meinungsstreit über die Bomberstrategie für den Rest des Kriegs. Die beiden wichtigsten Alternativen waren Öl und Transport, und jede hatte ihre Befürworter: die EOU und Spaatz auf der einen Seite, und das SHAEF sowie Tedder auf der anderen. Die sich daraus ergebende Diskussion über Tedders Vorschlag zur Transportbombardierung drehte sich um drei Themen. Seine Gegner behaupteten, daß die Zeit nicht ausreiche, um einen nennenswerten Effekt zu erzielen. Sie betonten die Fähigkeit der Reichsbahn, einem Angriff standzuhalten, und deuteten schließlich darauf hin, daß demnächst aufgrund der Öloffensive ein wirtschaftlicher Zusammenbruch zu erwarten sei. Die beiden ersten Einwände wurden aufgrund der Unkenntnis über die weitgehende Schwächung gemacht, die von der DR bereits hingenommen werden mußte, und der letztere war das Produkt der bei der EOU herrschenden Auffassung von der Art und Weise der Energienutzung in Deutschland.

Am 5. Oktober 1944 wurde ein Ausschuß zur Erarbeitung gemeinsamer strategischer Ziele gegründet (Combined Strategic Targets Committee), um die Zusammenarbeit zu verbessern und eine Luftstrategie zu formulieren, mit deren Hilfe dem Krieg ein Ende gesetzt werden sollte. Das Gremium setzte sich aus Vertretern des MEW, des RRS, der EOU, des Luftfahrtministeriums (Air Ministry), der USSTAF und des SHAEF zusammen. [131] Tedder merkte sehr bald, daß der Ausschuß zugunsten des Öls voreingenommen war. [132] In der Folge erzwang Tedder, sehr zum Verdruß des CSTC, der diesem Schritt erbittert Widerstand leistete, daß am 25. Oktober ein Arbeitsausschuß zum Thema Transport eingerichtet wurde. [133] Dieser Schachzug kann als Versuch Tedders gedeutet werden, nicht nur den Ausschuß ausgewogener zu gestalten, sondern auch sicherzustellen, daß die Konferenzen der Befehlshaber der Luftstreitkräfte im Bereich der strategischen Bombardierung die letztendliche Autorität bei der Richtungsbestimmung und Ausführung zurückerhielten.

Nachdem er sich mit dem CSTC auseinandergesetzt hatte, ergriff Tedder die Initiative hinter den Kulissen und wandte sich an Portal, sich für seine Sache einzusetzen. Die Unterstützung, die Tedder von Portal und Eisenhower erhielt, war der entscheidende Umstand, daß er in der Lage war, sich im bürokratischen Gerangel, das im Kommandobereich der Alliierten stattfand, behaupten zu können. In einer meisterlichen Darstellung seines Standpunkts, die er am 25. Oktober Portal zukommen ließ, stellte er in Worten, die Speer und Ganzenmüller erstaunt hätten, fest, daß er nicht der Ansicht sei, daß die Luftstreitmacht wirklich effektiv eingesetzt werde. Die verschiedenen Arten des Operierens sollten in ein zusammenhängendes Muster passen, während er das Gefühl habe, daß sie gegenwärtig eher einem Flickenteppich ähnelten. [134] Dann wies er deutlich auf den freigelegten Nerv hin, den Speer und Ganzenmüller verzweifelt zu schützen versuchten: „Der eine gemeinsame Faktor im gesamten Kriegsgebahren Deutschlands, von der politischen Kontrolle bis hinunter zur Versorgung der Truppen an der Front, ist das Fernmeldewesen. Meiner Meinung nach sollten die Kommunikationseinrichtungen des Feindes das Hauptziel unseres Luftangriffs sein." [135] Er erläuterte die Art und Weise, in der die schweren Bomber ihre Aufmerksamkeit auf die Eisenbahnknoten, Kanäle und Synthetik-Benzinanlagen, insbesondere im Nordwesten Deutschlands, konzentrieren sollten. Sie würden von Jagdbombern durch Angriffe auf Züge unterstützt werden. [136] Im Gegensatz zu seinen Kontrahenten war Tedder der Ansicht, daß sich die Angriffe auf Öl und Transport gegenseitig ergänzten. [137] Doch zur Einsicht, daß die Bombardierung des Transports kein „Allheilmittel" sei, kam noch das entscheidende Kriterium hinzu, daß die Deutschen ihr Transportsystem durch nichts ersetzen konnten. Tedder behauptete, daß ein konzertierter Angriff auf das Ruhrgebiet und die Region um Frankfurt (Main)/Mannheim ein „komplettes wirtschaftliches Chaos schaffen" würde. [138] Er hoffte, den alliierten Armeen dadurch den Weg nach vorne weitgehend zu ebnen und gleichzeitig die deutsche Wirtschaft zu ruinieren. Der gemeinsame Druck seitens aller Luftstreitkräfte, die sich auf ein konzeptionell und geografisch zusammenhängendes Zielsystem konzentrierten, sowie der andauernde Zermürbungskrieg der Armeen gegen die Wehrmacht würden die Kampfkraft Deutschlands brechen.

Tedder hatte Erfolg. Am 28. Oktober wurde sein Plan vom SHAEF angenommen und von den vereinigten Stabschefs ratifiziert. [139] Die neue Weisung erging am 1. November. Sie setzte das Öl an die erste und den Transport an die zweite Stelle der Prioritätenliste, mit demselben Vorbehalt in bezug auf das Wetter wie unter „special priority". [140] Der CSTC erhielt die Order, einen zusammenhängenden Plan zu entwickeln, mit dem Tedders Ziele erreicht werden sollten. Dort wurde er so interpretiert, daß er den Bodenstreitkräften Hilfe bieten und den „größtmöglichen Druck auf die Kriegsproduktion des Feindes durch Störung des Wirtschaftsverkehrs" ausüben solle. [141] Das Gremium nahm an, daß der Krieg mit Ausgang des Jahres 1944 zu Ende sein würde. Die Gelegenheiten für auf Sicht geflogene Angriffe wurden begrenzt. Die sich ergänzenden Wirkungen anderer Angriffsarten, wie die das Öl betreffenden und Hurricane, würden in die Liste der Ziele Eingang finden. Mehrmalige Angriffe würden nötig sein. Attacken auf Wasserstraßen und Angriffe auf Verschiebebahnhöfe würden aufeinander abgestimmt sein. Bei der Auswahl von Eisenbahnzielen würden solche Zentren, die den Verschiebebetrieb und die Wartung von Lokomotiven miteinander verbanden, den Vorrang haben. Bei den Wasserstraßen würde man die Ziele mit dem Hintergedanken auswählen, den Transport über weite Entfernungen unmöglich zu machen und somit der Reichsbahn größtmögliche Last aufzuerlegen. Deutschland würde in neun Transportzonen mit absteigenden Wichtigkeitsstufen aufgeteilt werden. An oberster Stelle der Liste standen die nordöstlichen Zugänge zum Ruhrgebiet, gefolgt von der Region Frankfurt-Mannheim. Als nächstes kamen die Gebiete um Köln/Koblenz und Kassel. Es folgten Karlsruhe/Stuttgart, Magdeburg/Leipzig, Oberschlesien, Wien und Bayern. An diesem Plan wäre, wenn überhaupt, auszusetzen, daß er der Region Magdeburg/Leipzig eine so niedrige Rangstufe zuwies, wo doch die RBD Halle unter der Belastung bereits bebte, sowie der Region Oberschlesien, wo die RBD Oppeln immer mehr verfiel. Das Versäumnis, den Schwerpunkt auf diese Gebiete zu legen, erlaubte der ZVL, die GBL-Ost weiterhin als Reservoir für die Unterstützung des Westens zu benützen. Doch unter den Umständen, die im alliierten Kommandobereich herrschten, speziell im Hinblick auf den Wunsch, den Bodentruppen sofortige Hilfe zuteil werden zu lassen, hätte man nur wenig mehr erwarten können. [142] Der erste Transportplan stellte jedoch, so wie er war, eine schlimme Bedrohung für die Reichsbahn und Speers geschwächten Produktionsapparat dar.

Einen Tag nach dem Angriff vom 27. Mai 1943 auf Weimar sind die Aufräumungsarbeiten in vollem Gange. Im Bw Saalfeld hingegen traf es die Lok AL 5056 so stark, daß sie teilweise in einem Bombentrichter versank.

AUFNAHMEN: SLG. DETLEF HOMMEL

7. Mit Spaten gegen Bomben

Eine der größten Unwägbarkeiten bei kriegerischen Auseinandersetzungen ist die Zeit – wenn es um menschliche Angelegenheiten geht, ist sie das allerdings immer. Die Beurteilung des Einflusses des Zeitfaktors, wieviel Zeit vorhanden war und wem sie zugute kam, bildeten das Kernproblem zwischen Tedder und Spaatz auf der einen Seite und Speer und Ganzenmüller auf der anderen. Deutschlands führende Köpfe hatten einen besseren Einblick in die Wirkungsweise der Zeit. Sie erkannten bereits im Juni 1944, daß sie gegen sie arbeitete und unternahmen geeignete Schritte. Bewußt nutzten sie den Versorgungsspielraum aus, um ihre Reserven während der drohenden Krise voll auszuschöpfen, in der Hoffnung, durch ihre Überwindung mehr Zeit zu gewinnen, die es ihnen erlauben würde, neue Maßnahmen zu ergreifen. Die Alliierten, mit Ausnahme von Tedder, schätzten die Rolle der Zeit falsch ein. Sie wollten rasche Ergebnisse ihres Bombereinsatzes sehen, was zu einem Großteil in ihrer Hast bei der Beendigung des Kriegs in Europa begründet lag. Insbesondere die Briten wünschten sich, daß bald Schluß wäre, um ihrem Volk zusätzliche Opfer zu ersparen. Im Gegensatz dazu planten die Amerikaner, den Großteil ihrer Streitmacht in den Pazifik zu verlegen, damit sie dazu beitrug, den Sieg über Japan zu vervollkommnen. Dies trug weitgehend dazu bei, daß sie sich bei der Zeitspanne, die für einen Luftangriff auf das Transportsystem nötig sein würde, um den industriellen Ausstoß und die Waffenlieferungen an die Wehrmacht zu verringern, so arg verschätzten. Teilweise war es auch auf mangelnde Luftaufklärung zurückzuführen, daß sie sich dessen nicht bewußt wurden, daß die Bomber dabei waren, ihr zerstörerisches Wettrennen gegen die Reparaturmannschaften allmählich zu gewinnen. Wiederholt legten sie den Schwerpunkt auf die Versorgungsleitung als Puffer zwischen Transportsystem, Industrie und feindlichen Kampfverbänden. Doch die wochenlangen Luftangriffe auf den Transport und den Versorgungsweg selbst hatten diesen Puffer verkürzt und die deutsche Industrie dazu gezwungen, ihre Reserven teilweise aufzubrauchen. Mit jedem Tag, der vorüberging, verlor das Argument, daß die Vorräte, der Versorgungsweg und die sich erneuernden Kräfte des Transportsystems den infolge der Bombardierung eingetretenen Schock abmildern würden, an Gültigkeit. Zu diesem Zeitpunkt ging der Kampf in ein Wettrennen über, zwischen den Führern der alliierten Luftstreitmacht und ihrer Hartnäckigkeit beim Verfolgen ihres Ziels sowie den zähen Bemühungen der Deutschen, die Bombenschäden zu beheben und Produktionspläne zu improvisieren. Es kann keinen Zweifel darüber geben, daß die Transportbombardierung Deutschlands Wirtschaft ruiniert hatte. Nun lautete die Schlüsselfrage, ob die Befehlshaber der alliierten Luftstreitkräfte sich darauf einigen würden, die Bombardierung fortzusetzen und den Zusammenbruch der Wirtschaft zu erzwingen. [1] Die Luftwaffe war zu schwach, um ihnen Widerstand leisten zu können. Doch die Übereilung, der Mangel an Information und das bürokratische Tauziehen hätten Speer und Ganzenmüller immer noch die Atempause bieten können, die beide so verzweifelt benötigten.

Während des Novembers verdoppelten die alliierten Luftstreitkräfte ihre Angriffe auf die Transportverkehrsadern des Reichs. Am 5. Dezember schien es jedoch so, als ob Speers Hoffnungen sich erfüllen könnten. An diesem Tag fand im SHAEF eine Sitzung der alliierten Befehlshaber statt, in der über eine Luftstrategie für die nächste Zukunft entschieden werden sollte. Tedder befürwortete die Fortsetzung der Transportangriffe, die das Ziel hatten, die deutsche Wirtschaft zu schwächen. Er wurde von Spaatz und Generalleutnant Hoyt S. Vandenberg, Befehlshaber der U.S. Ninth Air Force, unterstützt. Doch General Omar Bradley, Befehlshaber der Zwölften Army Group, schlug vor, daß die schweren Bomber dazu benutzt werden sollten, deutsche Verteidigungsstellungen anzugreifen, um den Vormarsch am Boden zu erleichtern. Mit einer entscheidenden Kehrtwende seiner bürokratischen Politik stellte sich Eisenhower hinter Bradley. Das Drängen in Washington auf eine rasche Beendigung des Kriegs war zu groß. Tedder verlor die uneingeschränkte Unterstützung einer seiner Hauptverbündeten. Die Folge war, daß das Öl wieder auf die oberste Prioritätsstufe gesetzt wurde. Nun kam die Flächenbombardierung zur Unterstützung der Armee an die zweite Stelle. Der Transportangriff wurde auf Platz Drei zurückgedrängt. Der neuen Prioritätsliste wurde allerdings ein wichtiger Vorbehalt beigefügt. So wie früher schon, würde man die Ziele, die mit dem Öl zu tun hatten, nur dann angreifen, wenn gute Sichtverhältnisse herrschten. Um eine Wiederholung der Tragödie zu verhindern, die sich in der Normandie ereignet hatte, wo alliierte Truppen versehentlich durch schwere Bomber getötet wurden, war es ebenfalls nur noch bei klarem Wetter erlaubt, Angriffe zur Unterstützung der Bodentruppen zu fliegen. Transportangriffe konnten auch bei bedecktem Himmel durchgeführt werden, da Radar verwendet wurde. [2]

Es war keine komplette Niederlage gewesen, die Tedder erlitt. Zwei Faktoren wirkten weiterhin zu seinen Gunsten. Erstens dominierte er immer noch in den Konferenzen der Befehlshaber der Luftstreitkräfte. Daher konnte er die Zielauswahl weiterhin stark beeinflussen. Auf diese Weise wies er den CSTC an, eine neue Prioritätenliste der Transportangriffsziele zu erstellen. Am 8. Dezember war sie vollständig. Oberste Priorität erhielten erneut solche Objekte, wie Verschiebebahnhöfe und Kanäle, da dies auf lange Sicht eine Einschränkung im Transportbetrieb verursachen würde. An die zweite Stelle wurden Bahnhöfe und Strecken gesetzt, die Hannover mit Frankfurt (Main) über Kassel, Gießen, Bebra und Fulda verbanden. Diese neue Liste legte den Schwerpunkt auf die Endpunkte der Hauptverkehrswege, die nach Osten und Süden führten. [3] Der zweite Faktor, der Tedder zur Hilfe kam, war das Wetter. Während des ganzen Novembers und der ersten Dezemberhälfte bedeckten dichte Wolken West- und Mitteleuropa. Daraus ergab sich, daß der Sprengstoffhagel, der das Transportwesen zum Ziel hatte, verstärkt niederging.

In einer größeren Gegenoffensive durchbrach die Wehrmacht am 16. Dezember 1944 die amerikanischen Linien in den Ardennen. Die Alliierten antworteten, indem sie ihre massiven Luftstreitkräfte umleiteten, damit sie die deutsche Offensive stoppten. Der CSTC bereitete sofort eine neue Liste mit Angriffszielen vor, um die schweren Bomber anzuleiten. Er versuchte, Erkenntnisse mit einfließen zu lassen, die er aus der Bombardierung gewonnen hatte, welche vor allem im Zuge von Overlord durchgeführt worden war. Absoluten Vorrang hatten Brücken an sechs Strecken innerhalb eines Bogens, der sich von Köln nach Osten in Richtung Gießen, südwärts nach Hanau und Mannheim und westwärts nach Saarbrücken erstreckte. Der Zweck bestand darin, die Endbahnhöfe der Wehrmacht zurückzuschieben, wenigstens bis über den Rhein. Außerdem hatten die Angriffe den Zweck, den Nachschub in den Verschiebebahnhöfen innerhalb und außerhalb des Brückenrings zu zerstören. [4] Es war klar, daß die Erkenntnisse, die der CSTC gewonnen hatte, sich von denen Tedders unterschieden.

Diese Veränderungen des strategischen Schwerpunkts hatten zur Folge, daß zwischen dem 1. November und 15. Dezember 1944 die Luftangriffe auf das Transportwesen unregelmäßig zerstreut stattfanden, die Zielauswahl inkonsequent war und die regionalen Schwächen der Reichsbahn beziehungsweise der deutschen Wirtschaft nicht gänzlich ausnutzten. Während der Ardennen-Phase, die vom 16. Dezember 1944 bis Ende Januar 1945 dauerte, war die Strategie zwar stärker auf bestimmte Ziele ausgerichtet, schlug aber immer noch nicht voll Kapital aus der regionalen Verwundbarkeit des Transportsystems. Doch allein wegen des Umfangs an Sprengkörpern, der nach Wochen starker Bombardierung niederging, und der Tatsache, daß die Reichsbahn dazu gezwungen war, es zu versuchen, in einem Gebiet, das am ärgsten angegriffen wurde, zu operieren, war die Serie der Anschläge ausschlaggebend. Der stürmische Angriff profitierte unabsichtlich vom inneren Zusammenhang des Reichsbahnsystems und überwältigte es. Von Anfang November 1944 bis Ende Januar 1945 wurden insgesamt 102 796 t an Bomben auf Ziele im Transportsystem, vorrangig auf Verschiebebahnhöfe, abgeworfen. Der schwerste Monat war der Dezember 1944, als Bahnhöfe, Strecken und Brücken mit 45 818 t Bomben übersät wurden. Während der gesamten Periode war die Achte Air Force der aktivste Teilnehmer, auf den 55 % Anteil am Gesamtbombardement kamen. [5]

Als in den ersten Novembertagen der erste Transportplan ausgeführt wurde, war das Binnenwasserstraßensystem immer noch dabei, sich von den Preßlufthammerschlägen, die ihm während des Septembers und Oktobers versetzt worden waren, zu erholen. Die neue Angriffswelle, die folgte, schaltete es als brauchbares Mittel der Wirtschaft nahezu aus. Gegen Ende Dezember kam die einsetzende Eisbildung den Bombern zu Hilfe.

Der Dortmund-Ems-Kanal wurde bei Ladbergen dreimal vom Bomberverband angegriffen. Am 4. November floß die Wasserstraße erneut auf einer Länge von 38 km aus, und 299 Kähne stauten sich zurück. Der zweite Überfall, am 21. November, brachte gerade zu der Zeit, als der Kanal wieder eröffnet werden sollte, einen schweren Schaden. Wieder lief der Kanal auf einer Strecke von zehn km aus. Am 1. Januar 1945 durchtrennten die Lancasters den Wasserweg schließlich noch einmal. Seit dem 23. Dezember waren die Kähne bei Nacht durch den Kanal gehetzt worden, und tagsüber wurde er trockengelegt, um die Luftaufklärung der Alliierten irrezuführen. Doch die ACIU durchschaute das Täuschungsmanöver, und der Angriff brachte den gesamten Verkehr zum Erliegen. [6]

Reparaturen wurden in kürzester Zeit und unter größtem Druck ausgeführt. Nach dem Angriff am 4. November versuchte der Reichsschleppbetrieb, die Gegenmaßnahmen selbst aufeinanderabzustimmen. Doch die Störung des Telefonbetriebs durch die Bombardierung hinderte ihn daran, dies zu tun. Am 10. November mischte sich Speer ins Geschehen ein und nahm die Sache in seine Hände, indem er die Reparatur der Wasserwege auf dieselbe Dringlichkeitsstufe setzte wie die der Reichsbahn. Er ordnete an, ein Sonderkommando von jungen Wasserbauspezialisten zusammenzustellen, die von der OT abberufen werden sollten, um an den Wiederaufbaubemühungen teilzunehmen. Er beauftragte auch Pleiger, sich persönlich darum zu kümmern, daß so rasch wie möglich Bergbauarbeiter zum Ort des Geschehens geschickt werden würden, um die Arbeit zu beschleunigen. Die Reaktion auf den Angriff vom 21. November kam schneller. Sobald der Bombenabwurf vorbei war, setzte die Reparaturarbeit ein. Es wurden über 1 000 OT-Arbeiter eingesetzt. Pleiger brachte 3 000 Bergbauarbeiter mit. Die Arbeit verzögerte sich jedoch dadurch, daß man wegen der Kälte mit der Betonierung warten mußte und es an schwerem Gerät für Erdbewegungen mangelte. [7]

Die Sektion Binnenwasserstraßen in Berlin schaltete sich, neben Speer, ebenfalls ein. Speer ordnete an, daß die Kähne nur nachts verkehren sollten, um möglichen Bombardements zu entgehen. Die Sektion Binnenwasserstraßen versuchte, die Bootsleute von der Ruhr zum MLK östlich von Minden zu holen, wo sie dazu beitragen konnten, den Verkehr auf der Elbe zu vergrößern. Die Reichsbahn konnte sie jedoch nicht dorthin bringen, und der Befehl, den Weg dorthin zu Fuß zurückzulegen, wurde mit wenig Begeisterung entgegengenommen. Es wurden auch Bootsleute aus dem Heer geholt und zurück auf ihre Schiffe geschickt. Doch das Militär blockierte diese Initiative. Es wurde vereinbahrt, Eisenbahnlinien zu benützen, um Kohle aus Kähnen, die auf der einen Seite der Bruchstelle festsaßen, zu solchen zu befördern, die auf der anderen Seite warteten. Am 19. Dezember führte das RVM neue Dringlichkeitsregelungen für den Gütertransport auf den Wasserwegen ein. Die Kohle kam an die erste Stelle, gefolgt von Lebensmitteln, Waffen und Eisenerz. [8] Doch jede dieser Notmaßnahmen verlor wegen der unaufhörlichen Angriffe ihre Wirkung. Insgesamt war die Ladbergen-Passage vom 4. November bis 23. Dezember 1944 und vom 1. Januar bis 8. Februar 1945 geschlossen.

Abgesehen von diesen Rückschlägen wurden die Bootsleute ständig vom Pech verfolgt. Am 20. November bombardierte die Achte Air Force eine Synthetikbrennstoffanlage bei Gelsenkirchen. Einige irrläufige Bomben ließen eine nahegelegene Brücke in den Rhein-Herne-Kanal stürzen, so daß sie ihn blockierte und dadurch den Zugang von der Ruhr zum DEK versperrte. Westlich der blockierten Stelle saßen 40 Kähne fest. Am 23. November fiel unglaublicherweise während eines ähnlichen Angriffs eine weitere Brücke bei Nordstern in den RHK, wodurch er erneut blockiert wurde. [9] Es dauerte länger als eine Woche, bis die Trümmer der beiden Bauwerke beseitigt waren.

Die Folge dieser fünf Angriffe auf das DEK-System war eine Verminderung des Kohletransports aus dem Ruhrgebiet zu dessen Einzugsgebieten in Nord- und Mitteldeutschland. Während des Dezembers war der Kohleverkehr hinter der Münsterer Schleuse um 68 % geringer als der Monatsdurchschnitt im vierten Quartal des Jahres 1943. Im Januar war er sogar um ganze 98 % geringer als der Monatsdurchschnitt im ersten Quartal des Jahres 1944. [10]

Weitere Angriffe auf den Mittelland-Kanal verminderten die Kohlelieferungen in Mitteldeutschland sogar in stärkerem Maße. Am 6. November versuchte die Achte Air Force, die Bruchstelle bei Minden zu erneuern, scheiterte jedoch. Hier wurde der Verkehr am 9. November wieder aufgenommen. Die Achte unternahm am 6. Dezember erneut einen Versuch, ohne Erfolg. [11] Östlich von Minden floß der Verkehr ungehindert, bis er durch Angriffe bei Gravenhorst, unweit der Verbindung mit dem DEK, sowie durch die Eisbildung zum Stillstand gebracht wurde. Wo die Achte erfolglos geblieben war, kam der Bomberverband zum Ziel und durchtrennte am 21. November den MLK bei Gravenhorst. Am 1. Januar 1945 kehrte er zurück und durchtrennte den Kanal ein zweites Mal. In beiden Fällen trat die Wasserstraße auf einer Länge von 30 km über ihre Ufer. [12] In der Folge war sie vom 21. November bis zum 11. Dezember 1944 und dann wieder vom 1. Januar 1945 bis zum Kriegsende unpassierbar. Ebenso wie bei Ladbergen versuchte der Reichsschleppbetrieb, die Kähne bei Nacht, wenn der Wasserweg offen war, durchschlüpfen zu lassen. Was sich daraus ergab, war jedoch, gemessen am ungeheuren Kohlebedarf in Mitteldeutschland, nur ein Tropfen auf den heißen Stein. [13] Das RVM versuchte, die Elbe als Ersatz zu benützen, in der Hoffnung, die Reichsbahn damit beauftragen zu können, die Kohle zu dem Fluß zu bringen, von wo aus sie dann auf Kähnen in den Osten transportiert werden könnte. [14] Diese Bestrebungen gingen jedoch im allgemeinen Durcheinander unter. [15] Es wurde weiterhin die lange Umleitung über den Küstenkanal und die Weser benützt. Doch über die Hälfte der Kähne, die sich auf diesen Weg machten, kam niemals bei Minden an. Einige fielen Jagdbombern zum Opfer, bei anderen wurde die Ladung konfisziert, wieder andere blieben auf dem DEK hängen. Mitte Dezember machte die Eisbildung auf dem östlichen Abschnitt des MLK sogar diese klägliche Notlösung unbrauchbar. [16]

Der andere Ausgang zu Wasser aus dem Ruhrgebiet, der Rhein, war ebenfalls die meiste Zeit über blockiert. Die Aufräumarbeiten bei der Köln-Mülheimer-Brücke gingen zwar weiter, machten aber nur kleine Fortschritte. Anfang November hoben die herbstlichen Regenfälle den Flußpegel an, so daß es Kähnen mit geringer Ladung möglich war, über das Wrack hinweg zu fahren. Doch die Verbindung aus Eis und sinkendem Wasserspiegel bereitete dem bis zum 26. Dezember fast gänzlich ein Ende. [17] Dann richtete wieder der unglückliche Zufall verheerenden Schaden auf dem Rhein an. Ende Dezember sackten die Autobahnbrücke sowie die Südbrücke südlich der Ruinen der Köln-Mülheimer-Brücke bis fast zur Wasseroberfläche ab, da sie bei einem Luftangriff Schaden genommen hatten. [18] Daraus ergab sich für die Leute auf den Kähnen eine verzwickte Lage. Wenn das Wasser hoch genug war, um über die Mülheimer Brücke hinwegkommen zu können, war es zu hoch für den Verkehr unter die Süd- und Autobahnbrücke hindurch. Wenn es dort niedrig genug war, stand es bei Mülheim zu niedrig. Am 16. Januar 1945 stürzte dann die Straßenbrücke bei Neuwied nach einem Angriff durch die Neunte Air Force in den Rhein. Der gesamte Verkehr kam zum Erliegen. [19]

Wie auch bei den Kanälen, wurden Versuche unternommen, die Barrieren der Rheinbrücken durch Inanspruchnahme der Reichsbahn zu umgehen. [20] Doch Ende Dezember war das RWKS wieder dabei, die Kohle lokal zu verteilen. [21] Vom 14. Oktober bis zum 31. Dezember kamen lediglich 550 000 t Kohle durch Köln, bzw. nur etwa 14 % des normalen Verkehrs. [22] Die Auswirkung dieses drastischen Rückgangs kann durch die Überprüfung der Kohletransporte ab Duisburg abgeschätzt werden. Der Verkehr nach Süden war dermaßen unregelmäßig, daß das Soll der Kohleladungen im Hafen während der ersten Dezemberwoche aufgehoben wurde. [23] Verglichen mit dem monatlichen Durchschnitt des vierten Quartals 1943 ging der Kohleverkehr ab Duisburg im Dezember und Anfang Januar um 73 % zurück. [24]

Nur neun Angriffe auf Westdeutschlands Wasserstraßen bis Mitte Januar 1945 hinderten das Ruhrgebiet daran, auf dem Wasserweg Kohle in seine Einzugsgebiete zu transportieren. Sämtliche Kanal- und Flußverbindungen der Region zu Mittel-, Süd- und Norddeutschland waren gekappt. [25] Eine der wichtigsten Stützen der Arbeitsteilung war weggeschlagen worden. Nur die Reichsbahn blieb übrig, um die regionale Verflechtung der Industriebetriebe im Reich aufrechtzuerhalten. Doch auch sie war von den alliierten Luftstreitkräften übel zugerichtet worden.

Vor der Ardennen-Offensive wurden die Kohlehauptabfuhrstrecken nicht systematisch angegriffen. Die Hohenbudberger

Strecke wurde zweimal bei Köln von der Neunten Air Force attackiert und schwer getroffen. Wedau selbst wurde zweimal bombardiert, und Verschiebebahnhöfe in seinem Einzugsbereich getroffen, wie zum Beispiel Duisburg, Düsseldorf-Derendorf sowie, in der Nähe der Endstation, Mannheim und Ludwigshafen. Die Kohlepforte bei Soest wurde zweimal an ihrer Quelle und zweimal am Altenbekener Viadukt getroffen. Die Hauptabfuhrstrecke bei Geseke wurde nur einmal bombardiert, und zwar bei Kassel. Ein Flächenbombardement unterbrach den Betrieb in Vorhalle und Hagen, Gießen war dreimal dem Bombenhagel ausgesetzt, Frankfurt (Main) zweimal und Siegen einmal. Die Strecke nach Hamm wurde fünfmal getroffen, davon zweimal bei Hannover und zweimal am Bielefelder Viadukt. Auf die verbleibende Hauptabfuhrstrecke, die Linie, die über Münster nach Norden führte, wurden lediglich sieben Angriffe geflogen: zwei auf die Quelle, drei auf Osnabrück, und je einer auf Wanne-Eickel und Essen, von welchen beiden Orten aus Kohle auf dieser Strecke versandt wurde. Insgesamt wurden in den ersten sechs Wochen, die der Bekanntgabe des ersten transportbezogenen Plans folgten, 150 Angriffe auf das Transportsystem durchgeführt, davon galten jedoch nur 59 den Kohlepforten.

Während der Phase der Ardennen-Offensive verstärkte sich die Intensität der Angriffe, sie wurden immer gezielter durchgeführt. Die Hohenbudberger Strecke geriet achtzehnmal unter den Bombenhagel, die Wedauer Route achtmal, die Strecke über Hamm zweimal, davon einmal der große Verschiebebahnhof selbst und einmal bei Bielefeld. Die Soester Linie wurde nur einmal angegriffen, die Geseker Kohlepforte zweimal, Münster überhaupt nicht und die Strecke, die über Vorhalle nach Süden führte, siebenmal. Es kristallisierte sich ein klares Muster heraus. Die Angriffe konzentrierten sich in dem Gebiet, das von Köln nach Süden hin bis Karlsruhe reichte. Dies war das Ergebnis von Tedders Bestreben, gleichzeitig den Wirtschaftsverkehr zu schwächen und die Armeen zu unterstützen. Zieht man die Vorlieben der Mitglieder des CSTC in Anbetracht, wurde dem zweiten Ziel Tedders ein geringer aber erkennbarer Vorzug gegeben. Von ebenso großer Bedeutung war die Tatsache, daß die Luftstreitkräfte die Prioritätenliste des CSTC genauso oft einhielten wie ignorierten. Von Anfang November bis Ende Januar wurden nur 53 % der Gesamttonnage an Bomben gegen transportbezogene Ziele gerichtet, die vom CSTC empfohlen worden waren. Zudem wurden 96 % der Bomben unter Verwendung des Radars abgeworfen. [26]

Trotzdem war die Wirkung auf die Reichsbahn verheerend. Die DR versuchte beharrlich, Züge aus dem Ruhrgebiet nach Süden in die Regionen um Frankfurt (Main) und Mannheim laufen zu lassen. Es blieb ihr auch nichts anderes übrig. Diese Regionen mußten um jeden Preis mit Kohle und Komponenten versorgt, ihre Produkte verteilt werden. Die DR war auch dazu gezwungen, die Panzerdivisionen in der Eifel zu unterstützen. Im Dezember teilte beispielsweise die RBD Köln, die sich direkt hinter dem Gebiet befand, wo die Gegenoffensive stattfand, ein Viertel ihres Güterwagenraums den Versorgungszügen der Wehrmacht zu. Während des Sommers hatte sie lediglich 12 % davon für diesen Zweck verwendet. Der Eisenbahnknotenpunkt Vorhalle wurde gänzlich dem Wehrmacht-Verkehr überlassen: allein zur Unterstützung der Vorbereitungen für die Offensive wurden schon 1 400 Züge eingesetzt. [27] Das Hinterland der Ardennen war wie ein Siphon, der das Lebenselixir der Reichsbahn ausfließen ließ. Es gab jedoch nichts, womit sie dies hätte stoppen können. Das Ergebnis der beiden Angriffsserien war die Schwächung des gesamten Systems. Ohne Zweifel hätte ein konzentrierter und unermüdlicher Angriff auf die Knotenpunkte, kombiniert mit Attacken auf die RBD'en

Halle und Oppeln, die Lähmung der Reichsbahn sehr rasch herbeigeführt und danach die gesamte deutsche Wirtschaft zusammenbrechen lassen. Doch der Feldzug, der durchgeführt wurde, genügte, um fast dieselben Ergebnisse zu erzielen, wenn auch langsamer.

Während des Zeitabschnitts November 1944 bis Januar 1945 war die Situation der Eisenbahn im westlichen Dreh- und Angelpunkt der deutschen Wirtschaft – im Ruhrgebiet und der RBD Essen – chaotisch. Wie ein Krebsgeschwür wucherte die Katastrophe, die über das Gebiet gekommen war, in die abhängigen Regionen hinein. Bevor wir einen kurzen Blick auf die Ereignisse in diesen Regionen werfen, wird es nötig sein, das Chaos, welches das Zentrum der Reichsindustrie heimsuchte, zu analysieren. Die Luftangriffe auf die RBD Essen trafen zwei empfindliche Nervenstränge: Brücken und Viadukte sowie Verschiebebahnhöfe. Die Folgen waren ein katastrophaler Rückgang der Kohle- und allgemeinen Güterwagenstellungen, die Zerstörung von Fernmeldeeinrichtungen und eine endgültige Sperrung der Hauptabfuhrstrecken, die aus dem Ruhrgebiet herausführten.

Der Verlust der Brücken bereitete den Reparaturmannschaften, die unter der Aufsicht des Chefs der RBD Essen, Lammertz, arbeiteten, neue Kopfschmerzen. Während des Novembers waren in dieser Region täglich im Durchschnitt sechzehn Brücken unbenützbar. [28] In der Folge kam der Verkehr zwar nicht zum Stillstand, die notwendigen umständlichen Umgehungsrouten führten jedoch zu Verspätungen, die sich die DR und die Industrie schlecht leisten konnten.

Schädlicher waren die Angriffe auf zwei der großartigen Viadukte, über welche die drei Kohlelinien verliefen, die nach Osten führten. 60 km östlich vom großen Verschiebebahnhof Hamm befand sich auf der dichtbefahrenen viergleisigen Strecke, die nach Hannover und Berlin führte, der 350 m lange Bielefelder Doppelviadukt. Für den Fall einer Unterbrechung an dieser Stelle plante die Reichsbahn, den Verkehr bei Löhne nordwestwärts nach Osnabrück und Rheine oder südwärts nach Kassel umzuleiten. Am 2. November durchtrennte die Achte Air Force bei einem Angriff diese wichtige Verbindung für neun Tage. Am 29. November zerfetzte sie die Verkehrsader für 11 Tage erneut. Die Angriffe am 26. November 1944 und 17. Januar 1945 schlugen fehl. Energisch ergriff die RBD Hannover Maßnahmen, um den Betrieb unmittelbar nach dem ersten Angriff wieder aufzunehmen. Die OT wurde herbeigeholt, und die örtliche Baufirma Zublin wurde ebenfalls unter Vertrag genommen, um einige der Arbeiten auszuführen. Es wurde nicht versucht, dauerhafte Reparaturen durchzuführen – nur die provisorische Behebung von Störungen. Nach dem zweiten erfolgreichen Angriff setzten sich viele der Pfeiler, was dazu führte, daß sich das Gleisbett verschob. Dennoch wurden lediglich die Bruchstellen gesperrt, und der Verkehr ging weiter. Nach dem Angriff vom 29. November wurde mit dem Bau einer eingleisigen Umgehungsstrasse begonnen. Doch die Schwierigkeit beim Heranschaffen von Reparaturmaterial, Unstimmigkeiten zwischen Zublin und der OT, ungeeignete Unterkünfte für die Arbeiter, was viele dazu brachte, zu desertieren, sowie der Beschuß durch alliierte Jagdflugzeuge verzögerten die Reparatur und verhinderten die Fertigstellung der Umgehung. [29]

Der Altenbekener Viadukt bei Paderborn befand sich auf der zweigleisigen Hauptstrecke Soest – Halle und verkraftete eine Masse an Güterverkehr, die nur noch vom Bielefelder Viadukt übertroffen wurde. Die Konstruktion aus Sandstein und Ziegel war 480 m lang und 33 m hoch. Der Umleitungsplan der Reichsbahn sah Umwege in Richtung Norden nach Hannover und zur Hammer Hauptabfuhrstrecke über Löhne nördlich von Bielefeld vor und in Richtung

Am 7. Oktober 1944 flogen die Alliierten Angriffe auf Gera. Die Aufnahmen auf dieser Seite zeigen die Auswirkungen des Angriffs, bei dem das Empfangsgebäude Gera-Süd stark beschädigt wurde.

AUFNAHMEN: SLG. DETLEF HOMMEL

Nach demselben Luftangriff entstanden diese Aufnahmen, die ebenfalls im Geraer Südbahnhof aufgenommen wurden.
AUFNAHMEN: SLG. DETLEF HOMMEL

Im April 1945 waren die Bahnhofsanlagen in Gera Hbf nochmals das Ziel von Luftangriffen.
AUFNAHMEN: SLG. DETLEF HOMMEL

Süden nach Kassel und Gießen auf der Vorhaller Hauptabfuhrstrecke. Bei dieser Verkehrsader landete die Achte Air Force am 26. November einen fürchterlichen Schlag, der den gesamten Verkehr lahmlegte. Am 29. November sauste ein zweiter Hammerschlag nieder. Bis zum 11. Februar 1945 kam kein Zug mehr bei Altenbeken vorbei. Sechshundert Fremdarbeiter wurden bei der Reparaturarbeit eingesetzt, und aus Hamm stießen Bergbauarbeiter dazu, um mitzuhelfen. Es wurden Tag- und Nachtschichten eingelegt. Hier wurde ebenfalls mit dem Bau einer Umgehungsstrecke begonnen. Doch kaltes Wetter, Desorganisation und Beschuß durch Jäger behinderten die Arbeit erheblich. Sie wurde nie vollendet. [30]

Luftangriffe erschütterten auch die Verschiebebahnhöfe, welche die Kohle-Hauptabfuhrstrecken bedienten. Am 7. November wurden Hamm, Bochum, Osnabrück und Münster geschlossen. In Köln wurden drei Verschiebebahnhöfe geschlossen, in Essen wiederum zwei. 46 weitere wurden bei verminderter Kapazität betrieben. [31] Von den 29 größeren Güterverladestationen innerhalb der GBL-West wurden 14 dicht gemacht, acht wurden auf reduziertem Leistungsniveau betrieben, und nur sieben funktionierten normal. [32] Anfang November wurde der gesamte Verschiebebetrieb in Hamm eingestellt. [33] Noch typischer war die Situation in Düsseldorf-Derendorf an der Wedauer Hauptabfuhrstrecke. Wiederholte Angriffe verminderten die Verschiebekapazität des Bahnhofs und machten ihn schließlich unbrauchbar. Am 2. November machte ein Angriff dem ganzen Verschiebebetrieb durch die Beschädigung der Richtungsgruppe und der Weichen ein Ende. Die OT, Wehrmacht und Abordnungen von Fremdarbeitern wurden zur Reparaturarbeit abkommandiert. Am 29. November wurden die Ablauframpe und nochmals die Richtungsgruppe beschädigt. Doch die Reparaturmannschaften kämpften zäh gegen die Schäden an. Die Rangieranlage war zum Teil wieder hergestellt worden, als am 7. Januar 1945 die Richtungsgruppe durch 25 Treffer zerstört wurde. Zahllose andere Gleise wurden unterbrochen und die Telefonanlage fiel aus. Eine Straßenbrücke, die den Bahnhof überspannte, stürzte ein und ließ keinen Verkehr mehr durch. Weitere 1 300 Arbeiter, die von der Wehrmacht, der privaten Industrie und von Auftragnehmern herbeordert wurden, kamen bei dem verzweifelten Versuch zum Einsatz, die Anlage wieder herzustellen. Innerhalb einer Woche wurde der Betrieb mit Einschränkung wieder aufgenommen. Doch die Bomber waren noch nicht am Ziel. Am 23. Januar zerstörte die Achte Air Force den Bahnhof erneut. Der Rangierbetrieb lief weiter, die Kapazität der Anlage war jedoch erheblich vermindert worden. [34] Während des Dezembers lag die Quote der Güterwagenstellungen um 80 % unter dem Durchschnittswert im vierten Quartal des Jahres 1943. Im Gegensatz zu Tedders Erwartungen ergab sich in Derendorf trotz der Beschädigung der Lokschuppen kein Lokomotivmangel. In Wirklichkeit verfügte der Bahnhof im Dezember über mehr Lokomotiven, es waren 57 Stück, als je zuvor. Im Januar erhöhte sich die Zahl der betriebsbereiten Lokomotiven auf 60, die Quote der Wagenstellungen hingegen sank auf klägliche 10 % des Normalwerts ab. [35]

Das Muster, das in Hamm und Düsseldorf-Derendorf erkennbar wurde, wiederholte sich bei den anderen Verschiebebahnhöfen, die das Ruhrgebiet bedienten. Der Durchgangsverkehr wurde selten gestoppt. Allerdings wurde die Richtungsbündelung bei den Güterwagen und das Bilden von Zügen extrem schwierig. Die Koordination zwischen den Rangieranlagen war aufgehoben, und falls man den Schaden nicht würde beheben können, würde daraus eine zusätzliche drastische Verknappung der Kohle und des allgemeinen Güterverkehrs entstehen. In Hamm und Derendorf mußten sich die Reparaturmannschaften geschlagen geben. Ähnliche Niederlagen mußten in unzähligen Rangierbahnhöfen überall im Ruhrgebiet hingenommen werden, trotz energischer, sogar verzweifelter Anstrengungen seitens der Reichsbahn und des Ministeriums unter Speer.

Am 9. November setzte Speer die Organisation Todt/Regiment Speer und 50 000 Zwangsarbeiter aus Holland in der Region ein. [36] Zwei Tage später informierte er Hitler darüber, daß er 30 000 weitere Arbeiter aus der Rüstungsindustrie sowie 4 500 Facharbeiter in das Inferno geschickt habe. Ein Zehntel der Bergbauarbeiter im Ruhrgebiet wurden in Bereitschaft gehalten, um einzugreifen, und die Gauleiter wurden dazu ermächtigt, industrielle Arbeitskräfte zur Unterstützung der Reichsbahn heranzuziehen. [37] Bis zum 13. November waren es 95 000 Menschen, die um die Wiederinstandsetzung der Verschiebebahnhöfe und Brücken kämpfen mußten. [38] Am 29. November ordnete Hitler an, daß 150 000 Arbeiter aus anderen Gebieten des Reichs ins kampfbereite Ruhrgebiet geschickt werden sollten, um bei den Reparaturbemühungen mitzuwirken. [39] Der Ruhrgebietsstab sammelte 4 000 Traktoren, um Erdreich auf den Baustellen zu bewegen und Güter um die Blockaden herum zu transportieren. [40] Am 30. November arbeiteten allein auf der Hammer Hauptabfuhrstrecke 10 400 Männer. [41] Am darauffolgenden Tag griff die Wehrmacht ein, mit 40 000 Fachleuten für die Arbeit an Brücken, an elektrischen Leitungen und Fernmeldeeinrichtungen. [42] Durch einen Schachzug, der Gefahren im Hinblick auf den internen politischen Konflikt in sich barg, erhielt Ganzenmüller am 27. Dezember die Zustimmung Bormanns zur Versetzung ziviler Arbeiter vom Bau der Befestigungsanlagen zur Reparatur von Gleisanlagen. [43] Doch dieser gewaltige Aufwand war wegen der Unstimmigkeit zwischen den unzähligen Verwaltungsstellen, die beteiligt waren, und der Allgegen-

wärtigkeit der alliierten Bomber nichts wert. Immer wieder gingen Reparaturmaterialien und Werkzeuge verloren oder trafen wegen des bürokratischen Durcheinanders oder der Zerstörung von Rangieranlagen infolge einer Bombardierung verspätet ein. [44]

Zusätzlich zur Schadensbehebung griff die Reichsbahn zu jeder denkbaren Improvisation, um den Güterverkehr aufrechtzuerhalten. Sie legte Umgehungstrassen um Verschiebebahnhöfe an, die schwer getroffen worden waren, und verlegte den Verkehr teilweise auf Nebenstrecken, obwohl dies Beschränkungen bei der Ladung und der Geschwindigkeit notwendig machte. Es wurden sogar Feldbahnen und Straßenbahnen dazu benützt, um Güter an den Rand der Region zu befördern, wo sie auf Normalspur-Wagen verladen werden konnten. [45]

Keine dieser verzweifelten Notlösungen reichte dazu aus, den Umfang der beförderten Güter aufrechtzuerhalten. Deshalb waren die DR und das Ministerium unter Speer dazu gezwungen, neue Schritte zu unternehmen, um sicherzustellen, daß das, was an Wagenraum übrig war, möglichst umsichtig verwendet wurde, und die Nachfrage einzuschränken. Am 25. November befahl das RVM der RBD Essen, die Wagenstellungen für allgemeine Güter zu reduzieren, um so Raum für Kohle frei zu bekommen. Die Einschneidungen würde man solange vornehmen, bis mindestens 11 000 Einheiten pro Tag für Kohle gestellt werden würden. [46] Dies entsprach nur der Hälfte des normalen Bedarfs an Steinkohlewagen im Ruhrgebiet. Das RWKS befahl all seinen Zweigniederlassungen, alles Erdenkliche zu unternehmen, um sicherzustellen, daß die Reichsbahnlokomotiven genügend Kohle erhielten. [47] Lammertz verringerte am 29. November die Quote der Wagenstellungen für allgemeine Fracht um weitere 2 000 Wagen täglich, um Raum frei zu bekommen. Er warnte Berlin davor, daß weitere Einschränkungen einen Rückgang der industriellen Tätigkeit infolge der

Unterbrechung der Komponentenlieferungen mit sich bringen würden. [48] Berlin versuchte zu helfen, indem es in Oberschlesien die Quote der Wagenstellungen für alles, was nicht Kohle war, stark herabsetzte, so daß der östliche Dreh- und Angelpunkt dem Ruhrgebiet den Großteil seiner Last abnehmen konnte. [49] Die RBD Oppeln wurde dazu angehalten, die Kohlewagenstellungen zu vermehren, um die Einbußen der RBD Essen wettzumachen. [50] Berlin erließ auch strenge Embargos für Gütertransporte in die RBD Essen, die alles, bis auf Wehrmachtgüter und die allerwichtigsten halbfertigen Produkte, ausschlossen. [51] Am 20. Dezember wurde jeder der drei GBL eine Quote für die Wagen zugeteilt, die sie täglich in die RBD Essen schicken konnten und die keine Fracht enthielten, die auf der Prioritätenliste stand. Insgesamt wurden durch diesen Erlaß zusätzlich zu den 143 Zügen, die für den Transport dringlicher Fracht geplant waren, 810 Wagen zugelassen. [52] Auch die Reichsbahn regelte den Austausch von Zügen zwischen Stationen innerhalb der RBD Essen und ihrer Nachbarn mit eigenen Mitteln. [53] Man hoffte, daß dies den Stau in den Verschiebebahnhöfen der Region vermindern würde.

Die Maßnahmen schienen eine positive Wirkung zu haben. Am 1. Januar 1945 wurde das tägliche Kohlewagensoll in der RBD Essen auf 15 000 Einheiten angehoben. Die oberste Dringlichkeitsstufe wurde der Kohle von der Reichsbahn aberkannt und der Rüstungsindustrie zugebilligt. Doch die Erholungspause war nur von kurzer Dauer. Das war teilweise darauf zurückzuführen, daß die Luftangriffe der Alliierten sich schwerpunktmäßig auf das Gebiet hinter den Ardennen verlagerten. Ende Januar kehrten die Bomber zurück. Im Osten fiel die Rote Armee in Oberschlesien ein. Sofort erhielt die Lokomotivenkohle die oberste Dringlichkeitsstufe zurück. [54]

Speer schränkte den Bedarf an Kohle ein, indem er für den Verbrauch Prioritäten aufstellte. Am 11. November gab er mit Zustimmung der Zentralen Planung der Reichsbahn selbst oberste Priorität, es folgten Schiffahrt und Gaswerke. Einen Monat später wurde die Prioritätenliste verfeinert. Lokomotiven und Schiffe standen gemeinsam an erster Stelle und mußten in vollem Umfang versorgt werden. Danach kamen die Wasserwerke, die vollständig beliefert wurden, und die Gaswerke, die 70 % erhielten. An dritter Stelle befanden sich die Elektrizitätswerke, die drei Viertel ihres normalen Bedarfs geliefert bekamen. Als nächstes kamen die Privathaushalte, die die Hälfte der gewöhnlichen Lieferungen erhielten. Den Rüstungsfabriken schließlich, die Kohle verbrauchten, sollte lediglich soviel gegeben werden, was für die Fertigstellung von Waffen ausreichte. Am 25. Januar 1945 wurden den Privathaushalten sämtliche Steinkohlelieferungen vorenthalten, um den Transport zu Sprengstoff-, Flüssigtreibstoff- und Munitionsfabriken möglich zu machen. [55]

Die Beeinträchtigung des Transports im Rhein/Ruhr-Gebiet zwang das RMfRuK auch dazu, überarbeitete Lieferbeschränkungen für die Braunkohle einzuführen. In diesem Fall waren zuerst die Einzugsgebiete des RWKS, die nicht länger mit Steinkohle beliefert werden konnten, mit einer entsprechenden Menge an Braunkohle zu versorgen. Danach würden die öffentlichen Versorgungsbetriebe 70 % ihres Bedarfs erhalten, gefolgt von Konservenfabriken, die ebenfalls 70 % ihres Bedarfs gedeckt bekommen würden. Als nächstes waren die Privathaushalte dran, die jedoch nur ein Viertel ihres Bedarfs gedeckt bekamen. Danach kamen ausgewählte Rüstungsfabriken an die Reihe, die im vollen Umfang beliefert wurden. Alle übrigen Industriezweige würden leer ausgehen. [56]

Das RVM versuchte auch, die Kontrolle des Verkehrs im Ruhrgebiet zu erleichtern. Die einzelnen Direktionen und das RWKS hatten sich seit langem an der Verwaltung von Sarter und der GBL-West gerieben. Um sowohl die Kohleindustrie zufriedenzustellen, als auch die Kontrolle aller Transporteinrichtungen der Region zu vereinheitlichen, wurde Lammertz, Chef der RBD Essen, von Ganzenmüller zum Generalbevollmächtigten für die Regulierung der Verkehrsangelegenheiten bei der Rüstungs- und Kriegsproduktion in der Rheinisch-Westfälischen Industrieregion ernannt. Er erhielt die uneingeschränkte Vollmacht in bezug auf sämtliche Formen des Transports auf allen Ebenen innerhalb seiner Direktion, sowie den RBD Münster, Wuppertal und Köln. [57] Am 10. November, dem Tag bevor Lammertz seinen neuen Posten antrat, besuchte Dorpmüller das Ruhrgebiet, um die Beziehungen zur Schwerindustrie zu verbessern. In der Hauptverwaltung der RBD Essen traf er sich mit Schmidt vom RWKS und Sohl von den VSt. Schmidt brachte insbesondere die Ansicht seines Konzerns zum Ausdruck, daß die Kontrolle über die Kohleverteilung seinem Unternehmen entgleite und von der Reichsbahn und Speer übernommen werde. Dorpmüller versicherte ihm, daß nichts Derartiges beabsichtigt sei. Dann bat der betagte Eisenbahnchef die Industriebosse um die Mithilfe bei der Aufrechterhaltung des Verkehrsflusses. Er erklärte ihnen, wie Fabrik- und Bergbauarbeiter besser bei der Reparatur von zerbombten Reichsbahneinrichtungen eingesetzt werden könnten, da ihre Produkte, falls die Verschiebebahnhöfe geschlossen blieben, sowieso nicht ausgeliefert werden könnten. Sohl und Schmidt erklärten sich ganz und gar damit einverstanden, alles zu tun, was in ihrer Macht stand, um der bedrängten Reichsbahn zu helfen, und dazu gehörte auch, daß sie Arbeitskräfte zur Verfügung stellten. Sie entschieden sich dafür, ihr Programm „Spaten gegen Bomben" zu nennen. [58]

Keine dieser Maßnahmen genügte. Dilli war dazu gezwungen, am 19. Januar 1945 Hunderte von Zügen aus dem Fahrplan herauszunehmen. Er verhängte ein Embargo über sämtliche Güter im ganzen Reich. Es wurden lediglich Kohlelieferungen, die allerwichtigsten Wehrmachttransporte und einige wenige Postzüge beibehalten. Sogar Kohletransporte wurden auf die Gebiete beschränkt, welche die Bergwerke umgaben. [59] Trotz der gewaltigen Zuführung von Arbeitskräften und einer drastischen Reduzierung sowohl des Verkehrs als auch des Bedarfs konnte die Reichsbahn nicht länger zur geografischen Arbeitsteilung beitragen. Was war geschehen?

Die Verfügbarkeit der Hauptabfuhrstrekken bietet einen ersten Anhaltspunkt. In den 21 Tagen zwischen dem 25. November und 15. Dezember 1944, das heißt vor der Ardennen-Offensive, waren die Geseker, Soester und Vorhaller Strecken über ein Drittel dieses Zeitabschnitts für den Durchgangsverkehr gesperrt. Die Hohenbudberger Route war nur sechs Tage lang blockiert und die nach Münster führende nur drei Tage. Bei Hamm war das Durchkommen nur einen Tag lang unmöglich, doch betrug die Kapazität der Strecke hier, wie auch anderswo, nur ein Drittel des Normalen. Seit Beginn der Ardennen-Offensive am 16. Dezember 1944 bis Ende Januar 1945 war Hohenbudberg lediglich vier Tage lang unpassierbar. Die Linie nach Münster war immer offen, und die Hammer Hauptabfuhrstrecke war zwar fast die ganze Zeit über passierbar, dennoch wurde sie bei stark verminderter Kapazität betrieben. Soest selbst war nur einmal geschlossen, doch seine Hauptabfuhrstrecke konnte nur bis Altenbeken in Betrieb gehalten werden. Geseke war ebenfalls nur einmal geschlossen. Vorhalle wurde zweimal dicht gemacht, die dortige Hauptabfuhrstrecke war jedoch nur bis Siegen passierbar. Wedau war nur fünf Tage lang außer Betrieb, dennoch beschränkte man sich dort, wenn der Betrieb lief, fast ausschließlich auf das Durchschleusen kohlebeladener Ganzzüge zur Dynamit-Sprengstoffabrik bei Troisdorf südöstlich von Köln. Obwohl die Hauptabfuhrstrecken an den meisten Tagen frei waren, wurde kaum Kohle nach Süddeutschland befördert. [60] Die Strecken, die aus der RBD Essen kamen, waren frei, trotzdem brach der Verkehr zusammen. Warum dies so war, darüber gibt ein Blick auf die Misere des RWKS weiteren Aufschluß.

Im Laufe des Dezembers 1944 ging der Gesamtumfang der Kohle, die durch das Rheinisch-Westfälische Kohlesyndikat ausgeliefert wurde, verglichen mit dem Monat September, um 52 % zurück. Der Versand auf dem Wasserweg verringerte sich um 68 %, der Transport mit der Eisenbahn um 47 %. [61] Der Rückgang der Transporte auf dem Wasser läßt sich simpel mit dem Hinweis auf die Bruchstellen auf dem DEK und MLK sowie der Behinderungen in Köln erklären. Der starke Rückgang beim Eisenbahntransport kann hingegen, gerade weil die Hauptabfuhrstrecken oft frei waren, nicht so einfach erläutert werden. Anfang November verkehrten statt den üblichen 380 Güterzugpaaren, die täglich ins Ruhrgebiet und nach draußen fuhren, lediglich 140. [62] Ende Dezember verkehrten nur noch 20 oder 30 pro Tag. Bis Ende Januar verbesserte sich die Lage ein wenig. Nun konnten etwa 90 Zugpaare eingesetzt werden. [63] Trotz der Gegenmaßnahmen der Reichsbahn betrug der Umfang des Güterverkehrs während der ganzen drei Monate von November 1944 bis Januar 1945 viel weniger als die Hälfte des Normalen, obwohl Strecken zur Verfügung standen. Bezieht man den Vorrat der RBD Essen an Lokomotiven in die Überlegung mit ein, wird eine mögliche Ursache erkennbar.

Auf den ersten Blick könnte es so scheinen, daß die RBD Essen einen Überfluß an Triebfahrzeugen hatte. Ihr Vorrat an Lokomotiven stieg von 1 230 zum Anfang des Novembers bis Ende Dezember auf 1 308 an. Die Anzahl derer, die in Betrieb waren, wuchs ebenfalls von 755 auf 807 an. [64] Doch die Zahl derer, die mangels Brennstoff kalt abgestellt waren, stieg Ende Januar 1945 sprunghaft auf 33 an, im Vergleich dazu war es im gleichen Zeitraum des Jahres 1944 nur eine gewesen. [65] Lokomotiven gab es genug, Kohle, um sie anzuheizen, dagegen nicht. Die Vorräte an Lokomotivkohle in der GBL-West waren soweit geschrumpft, daß sie bereits Ende November nur noch für fünf Tage reichten. Der RBD Essen schadete dies jedoch nicht so sehr wie solchen Direktionen, die in bezug auf Kohle vom Ruhrgebiet abhängig waren. Während des Novembers verließen statt der täglichen 20 Kohledienstzüge, die zur Versorgung dieser Gebiete notwendig waren, im Durchschnitt lediglich sieben die RBD Essen. [66] Trotz aller Mühen wurde die Situation nicht besser. [67] Die Reichsbahn sah sich gezwungen, Kohle zu beschlagnahmen, um ihre Lokomotiven fahren lassen zu können. [68] Verbunden mit der Störung des Verschiebebetriebs in der GBL-Süd hinderte dies die Reichsbahn daran, leere Wagen zurück ins Ruhrgebiet zu schicken, damit sie für den Kohletransport eingesetzt werden konnten. Hieraus ergab sich ein Großteil der Problematik.

Lammertz erkannte das Problem. Seine Strecken waren frei, doch konnte er sie nicht nutzen. Am 14. November ersuchte er die ZVL um leere Wagen. [69] Schon bevor Lammertz seine Bitte aussprach, versuchte Berlin, seinen Notstand zu lindern. Am 11. November ordnete Dilli an, daß in Mitteldeutschland und Oberschlesien Ganzzüge aus leeren offenen Wagen gebildet und rasch ins Ruhrgebiet gebracht werden sollten. Sämtliche Reservelokomotiven sollten bei diesem Unternehmen eingesetzt werden. [70] Am 15. November kam die Flut zustande. [71] Aus Berlin kam am 29. November die Order, daß der Sendung von offenen Güterwagen in das Ruhrgebiet absoluter Vorrang gewährt werden müsse. [72] Der RBD Essen mangelte es immer noch an leeren Wagen. Die Situation wurde so aussichtslos, daß Lammertz befahl, Güter von sich rückstauenden Wagen einfach herunterzuwerfen, um Raum für den Kohletransport frei zu bekommen. Schon der geringste Versuch einer ordnungsgemäßen Auslieferung oder Benachrichtigung der Empfänger war untersagt. [73] Der Rückstau mußte mit allen Mitteln verkleinert werden. Am 29. Dezember 1944 gab es zum Beispiel in der GBL-West einen Rückstau von 450 Zügen. [74] Viele davon waren Kohlezüge. Gemeinsam blockierten sie nützliche Wagen sowie Lokomotiven, verstopften Verschiebebahnhöfe und sogar offene Strecken. Die entscheidende Schwierigkeit, der andere Hauptteil der Problematik, lag darin, offene Wagen aus den Gebieten der RBD'en Frankfurt (Main), Mainz, Karlsruhe und Stuttgart in die RBD Essen zu schaffen. Diese kampfbereiten Gebiete der GBL-West und GBL-Süd waren ein Sumpf, der die Wagen aus dem Ruhrgebiet in sich hineinsog, so wie es Frankreich während des Frühjahrs und Sommers 1944 getan hatte. Das Hinschaffen der Wagen zur RBD Essen war nur der Anfang. Einmal dort angekommen, mußten Züge aus ihnen gebildet werden. Der Einsatz von Ganzzügen vereinfachte die Sache nur geringfügig, da die Verschiebebahnhöfe der Region sich noch nicht von den Luftangriffen im September und Oktober erholt hatten. Wie wir gesehen haben, drückten im Januar neue Angriffe ihre Kapazität sogar noch weiter herunter.

Die Folge des gewaltigen Rückstaus im Süden, der durch die Bombardierung der dortigen Verschiebebahnhöfe und die Störung des Verschiebebetriebs an den Kohlehauptabfuhrstrecken des Ruhrgebiets hervorgerufen wurde, bestand daraus, daß die Quote der Wagenstellungen katastrophal gering wurde. Während der gesamten Phase des ersten Transportangriffsplans und der Ardennen-Offensive lag die Quote der Güterwagenstellungen in der RBD Essen insgesamt um 60 % niedriger als das Niveau im gleichen Zeitraum des Vorjahres. Die Wagenstellungen für Steinkohle machten nie mehr als die Hälfte des Normalen aus. Ende Januar 1945 lag die Quote der Wagenstellungen für Braunkohle in der RBD Köln beinahe 90 % unter dem Normalwert. [75] In der RBD Essen gab es im Dezember sogar für Rüstungsgüter 90 % weniger Wagenstellungen. [76]

Die RBD Essen und angrenzende Direktionen hatten einen beträchtlichen, nicht wiedergutzumachenden Schaden erlitten. Die Zerstörung, die in den Verschiebebahnhöfen der Region und ihren Einzugsgebieten angerichtet wurde, war derart massiv und ausgedehnt, die Störung der Fernmeldeeinrichtungen so schlimm, daß die tatsächliche Fähigkeit, Wagen zu einem Zug zusammenzustellen, rapide abnahm, und darüberhinaus das Koordinationsvermögen der DR inbezug auf ihre zahlreichen Glieder schwand. [77] Die Reichsbahn konnte nicht länger als Einheit funktionieren. Verluste in einem Gebiet konnten nicht in anderen wettgemacht werden. [78] Zu viele wichtige Verschiebebahnhöfe waren zu stark beschädigt, zu viele Telefon- und Telegrafenleitungen waren unterbrochen. Zu diesen potentiell verhängnisvollen Schäden kamen noch die Verluste von Brücken und Viadukten hinzu. Der gleichzeitige Verlust des Bielefelder und Altenbekener Viadukts zerriß nicht nur zwei der Hauptarterien der Eisenbahn, die vom Ruhrgebiet nach Osten führten, sondern schränkte auch stark die Fähigkeit der Reichsbahn ein, den Verkehr umzuleiten, um Hindernissen auf einer der beiden Routen auszuweichen. Nominell blieben die Hauptabfuhrstrecken des Ruhrgebiets frei, doch war deren Fähigkeit, Verkehr zu erzeugen und ihn in die entfernten Einzugsgebiete der Region zu führen, Anfang Januar 1945 in fataler Weise beeinträchtigt.

Die Einschränkungen im Eisenbahnbetrieb und die Verschlechterung der materiellen Produktionsmittel verstärkten die psychische Spannung, unter der die Führungskräfte der Reichsbahn und der Industrie im Ruhrgebiet litten. Daraus ergab sich die Auflösung des Verwaltungsapparats sowohl der Reichsbahn als auch der Industrie. Zwischen der RBD Wuppertal und der RBD Frankfurt (Main) brachen heftige Streitereien aus, bei denen es um den Betrieb der Wedauer Hauptabfuhrstrecke ging. [79] Viele Unternehmen, darunter auch das RWKS, dehnten ihren privaten Kurierdienst aus, um mit ihren Tochtergesellschaften Informationen auszutauschen und mit Berlin wenigstens in leichtem Kontakt zu bleiben. Keiner dieser Kurierdienste wurde auf ähnliche Aktivitäten der Regierung abgestimmt und keiner war in der Lage, ausreichende Informationen schnell genug weiterzugeben. In der Folge lockerten sich nicht nur die physischen Bande zur zentralen Autorität, sondern auch die psychologischen. [80] Speziell das RWKS unternahm energische Schritte zur Anpassung an die neuen Verhältnisse. Am 18. November gab es widerwillig alle Anstrengungen auf, den Minen von der Zentrale aus Wagenraum zuzuteilen, und richtete am Rande des Ruhrgebiets verstreut drei Verwaltungszentren ein. [81] Ende Dezember traf es unabhängig von der Regierung Vereinbarungen mit dem Oberschlesischen Steinkohlesyndikat, um Kohleaushilfszüge aus dem Osten zu den regionalen Geschäftsstellen des RWKS zu dirigieren. Die Handelsfirmen des Syndikats wurden dazu ermächtigt, den Fahrplan der Kohlezüge mit dem Oberschlesischen Syndikat selbst abzusprechen. [82] Diese Dezentralisierung der Autorität trug mit zum Verlust der Kontrolle bei. Im Januar 1945 häuften sich die Berichte, denen zufolge Kohletransporte des RWKS immer wieder verschwanden. In einem Fall wurde der Zug, der für das Opel-Werk in Rüsselsheim bestimmt war, vom örtlichen Gauleiter beschlagnahmt. [83]

Die Reibung verstärkte sich auch zwischen der Reichsbahn und der Industrie. Auf einer Versammlung in Essen, die am 17. November abgehalten wurde, forderte Rohland gebieterisch mehr Wagenraum für seinen Industriezweig. Ganzenmüller lehnte dies strikt ab und fuhr damit fort, den führenden Mann der Stahlwerke darüber zu belehren, wie seine Industrie effektiver Ganzzüge nutzen und Kohle einsparen sowie lagern könne. [84]

Auf die Beeinträchtigung sowohl des Eisenbahnverkehrs als auch der Binnenschiffahrt sowie die Auflösung der Zusammenarbeit im Management folgten als Kettenreaktion eine industrielle Katastrophe im Ruhrgebiet und eine größere wirtschaftliche Notlage im gesamten Reich. Im Ruhrgebiet selbst machte die Steinkohleproduktion im November und Dezember 1944 nur halb so viel aus wie der Durchschnitt im vierten Quartal des Vorjahres. Im Januar 1945 nahm die Ausstoßmenge nur unwesentlich zu. In Oberschlesien verringerte sich der Abbau von Steinkohle im November und Dezember etwa um ein Fünftel. Im Januar sank er dann aufgrund des Einmarsches der Roten Armee drastisch auf weniger als die Hälfte der normalen Abbaumenge. Daraus ergab sich im Reich ein allgemeiner Rückgang der Steinkohleproduktion um 40 % im November und Dezember 1944 sowie um gewaltige 48 % im Januar 1945. Die gesamte Produktion war um 29,4 Mio. t geringer als während derselben drei Monate im Vorjahr. Nur etwa ein Zehntel des Rückgangs kann auf den Verlust von Gebieten, wie Aachen oder das Saarland, zurückgeführt werden. Oberschlesien trug mit 15,6 %, die es fast ausschließlich im Januar erlitten hatte, zum Gesamtverlust in der Kohleproduktion bei. Ganze 53,8 % Verlust in der Steinkohleproduktion mußten im Ruhrgebiet hingenommen werden. Dies kam allein von der Beeinträchtigung des Verkehrs. [85]

Wenn man sich diese Verhältnisse aus der Perspektive der tatsächlichen Lieferungen vor Augen führt, tritt die Enormität der Katastrophe noch klarer hervor. Von August 1944 bis Januar 1945 lieferten die Reichsbahn und die Binnenwasserstraßen 36,5 Mio. t Steinkohle weniger als während derselben Periode des Jahres 1943. [86] Die Reichsbahn allein trug zu 89 % zum Defizit bei. Das Äquivalent von sechs Wochen Produktion war eingebüßt worden. Da die Fabriken selten mehr Reserven anlegten als für vier bis sechs Wochen, hatte die Transportbombardierung den nationalen Steinkohlevorrat beseitigt. Auch wenn die Minen mehr Kohle produziert hätten, hätte sie nicht ausgeliefert werden können. Hier bietet wieder eine Analyse der Situation in den beiden Hauptabbaugebieten der Steinkohle eine aufschlußreiche Bestätigung darüber, wie wirksam die Transportbombardierung gewesen war. Im Ruhrgebiet türmten sich die Kohlehalden an den Eingängen der Zechen im Dezember 1944 plötzlich um 157,4 % höher auf als im Normalfall. Die nicht ausgelieferten Steinkohlevorräte des Reichs, die immer noch bei den Bergwerken lagerten, überstiegen die normale Menge um 110,7 %. Von den gesamten nicht ausgelieferten Steinkohlevorräten blockierten 42 % die Höfe der Bergwerke im Ruhrgebiet. [87] Die Produktion der Kohle wurde eingeschränkt, da sie nicht fortgeschafft werden konnte. Im Ruhrgebiet war das Problem am ärgsten, da hier die Transportbombardierung am heftigsten und wirksamsten gewesen war. Oberschlesien war nicht in der Lage, zu kompensieren, weil sich das Chaos von Westen hierher ausbreitete und die Rote Armee anrückte.

Dasselbe Phänomen zeigte sich auch bei den Koksvorräten. Obwohl in diesem Fall die Auswirkungen sogar noch schlimmer waren, da das Ruhrgebiet auf dem deutschen Koksmarkt dominierte. Im Dezember 1944 betrug der Koksausstoß des Ruhrgebiets 55 % des Monatsdurchschnitts im vierten Quartal des Jahres 1943 und im Januar 1945 54 % des Monatsdurchschnitts des ersten Quartals 1944. In denselben Monaten war die Reichskoksproduktion um 53 bzw. 51 % geringer als gewöhnlich. [88] Von sämtlichen Einbußen in der Koksproduktion des Reichs mußten 73 % im Ruhrgebiet hingenommen werden, was einem nationalen Ausstoß über viereinhalb Wochen entsprach. Der Grund lag zum Teil in der Beschädigung von Kokereien durch Bomben. [89] Doch der ausschlaggebende Faktor war die Unfähigkeit der Reichsbahn, deren bescheidene Produktionsmengen zu befördern. Im Dezember 1944 betrugen die Koksvorräte im Ruhrgebiet 446,9 % mehr als die Normalmenge. In der Tat entsprachen sie mit 2 649 000 t der Ausstoßmenge für über einen Monat normaler Produktion. [90] Der Aderlaß im Ruhrgebiet machte 82 % des nationalen Gesamtumfangs an nicht befördertem Koks aus. Wieder trugen die Transportbombardierung, die Beeinträchtigung des Verschiebebetriebs in der RBD Essen und benachbarten Direktionen sowie die Blockierung der bedeutendsten Wasserstraßen des Ruhrgebiets entscheidend dazu bei, daß das Ruhrgebiet daran gehindert wurde, Brennstoff in seine Einzugsgebiete zu befördern. Die Verluste, die hier erlitten wurden, übertrafen die von Aachen, des Saarlands und Oberschlesiens bei weitem. In letzterem Fall kam der Schaden zu spät zustande, als daß er noch hätte Einfluß auf die industrielle Produktion während des Zeitabschnitts von November 1944 bis Januar 1945 haben können.

Die Braunkohle als einzige alternative Energiequelle erfuhr zwar einen geringeren, aber dennoch starken Rückgang. Hier mußten die größeren Verluste im Rheinland bei Köln hingenommen werden, und die Ursache war die Beeinträchtigung des Transports auf dem Rhein und der Reichsbahn. Während des gesamten Zeitabschnitts betrug die Braunkohleproduktion in dieser

Region lediglich ein Viertel des Normalen. Die Reichsproduktion ging etwa um ein Viertel zurück [91] und 83 % des Rückgangs mußten im Rheinland hingenommen werden.

Angesichts solch niederschmetternder Verluste gab es wenig, was die Regierung tun konnte. Neben den Maßnahmen zur Energieeinsparung, die oben dargestellt wurden, nahm sie zu anderen, unwirksamen Hilfsmitteln Zuflucht. Die Zentrale Planung gewährte den Fabrikarbeitern einen verlängerten Urlaub, ab dem Tag vor Weihnachten bis zum Neujahrstag, damit ihre Fabriken geschlossen werden konnten, um Kohle zu sparen. Pleiger trieb die Bergbauarbeiter dazu an, an Sonn- und Feiertagen zu arbeiten, nicht um Kohle zu sparen, sondern um sie auf Güterwagen zu laden. [92]

Mit der Zwangsumstrukturierung des Kohlemarkts wurde fortgefahren. Syndikate in ganz Deutschland wurden erneut dazu aufgerufen, das RWKS durch Belieferung seiner abgelegenen Kunden zu unterstützen. An der Spitze stand das Oberschlesische Steinkohlesyndikat. Es sandte im November 475 289 t Kohle an RWKS-Kunden von Kiel bis Mannheim. [93] Im Dezember verschickte es 520 000 t. Doch dies waren nur drei Viertel von dem, was es zu befördern beabsichtigte. [94] Im Januar sanken die Lieferungen aus Oberschlesien auf lediglich ein Drittel vom Sollwert. [95] Das Fehlschlagen der Hilfsaktion des Oberschlesischen Steinkohlesyndikats – sie entsprach nicht den Erwartungen – löste bittere Klagen aus, die das RWKS an dieses richtete. Die Kohlebarone des Ruhrgebiets behaupteten, daß das östliche Syndikat die Situation ausnutze, um Kunden von ihnen wegzulocken, indem es Kohle auf Vorzugsbasis an Kunden liefere, die ihm genehm seien. [96] Ähnliche Streitigkeiten ergaben sich zwischen dem RWKS und anderen Syndikaten. [97] Marktwirtschaftliche Überlegungen dominierten immer noch, sogar während einer nationalen Krise. Diese Spannungen verringerten die Leistungsstärke der deutschen Wirtschaft auf eine Art, die zwar zu spüren war, sich jedoch nicht in Zahlen ausdrückte.

Zu einem sehr großen Teil waren die Ängste des RWKS ungerechtfertigt. Das Oberschlesische Kohlsyndikat transportierte, was es konnte. Die alliierten Bomber schritten jedoch ein, um seine Pläne zu durchkreuzen. Die Reichsbahn war nicht in der Lage, alle Züge, die das östliche Syndikat belud, zu befördern, da die Verschiebebahnhöfe des Westens im Chaos steckten. Aus demselben Grund erwies sich der Transfer von ungebrauchtem Brennstoff aus zerbombten Einrichtungen, wie zum Beispiel der Synthetik-Brennstoffanlage bei Leuna, als unmöglich. In diesem Fall machten Probleme in der RBD Halle die Bemühungen des RMfRuK zunichte. [98]

Die Auswirkungen des Zusammenbruchs im Verschiebebetrieb, die Blockierung der Wasserwege im Ruhrgebiet und die Auflösung des Fernmeldenetzes sowie der Zusammenarbeit zwischen den Regionen hatte Rüdiger Schmidt in Essen von seinem Posten aus klar erfaßt. Während des ganzen Novembers und Dezembers meldete er dem RWKS-Vorstand, daß die Quelle der Probleme des Syndikats der Rückgang der Wagenstellungen und des Schiffsverkehrs aufgrund von Luftangriffen war. Der Zusammenbruch des Telefon- und Telegrafennetzes, der durch die Angriffe verursacht wurde, behinderte bei den Minen und Handelsunternehmen des Syndikats die Zusammenarbeit mit seinen Kunden und der Reichsbahn. [99] In der zweiten Novemberwoche befürchtete Schmidt bereits den Zusammenbruch der industriellen Aktivität und er war der Ansicht, daß diese Krise die schlimmste sei, der Deutschlands Bergbauindustrie je gegenübergestanden habe. Es war keine planmäßige Verteilung möglich und Vorräte konnten nicht bewegt werden. Ende November und Anfang Dezember informierte er den Vorstand darüber, daß die

Vorräte erschöpft seien. Nicht einmal die wichtigsten Konsumenten konnten beliefert werden. [100] Am 14. November stellte er es so dar: „Es ist in keiner Weise ein Produktions-, sondern einzig und allein ein Transportproblem." [101] Wegen all dem blieb er bei dem Gedanken, die dominante Stellung des RWKS in der Steinkohleindustrie zu erhalten. Er begriff, daß der Schlüssel darin lag, die Kontrolle über die Verteilung zurückzuerhalten und so die Verbraucher dazu zu zwingen, sich gänzlich auf das Syndikat zu verlassen. Pleiger hatte er bereits gefügig gemacht. Nun erkannte er die Bedrohung von seiten der Reichsbahn und, was von großer Bedeutung war, von seiten Speers und der Gauleiter. [102] Die DR war der ungefährlichste Gegner, da sie nur auf genügend Kohle aus war, um ihre Lokomotiven füttern zu können. Im übrigen war sie, außer in Notsituationen, wenn es darum ging, einen Bahnhof freizumachen, nicht daran interessiert, wer die Kohle, die sie beförderte, erhielt. In Schmidts Augen waren das RMfRuK und die Partei die bedrohlicheren Gegner. Speer und seine Organisation waren dynamisch und traten für das Konzept der zentralisierten Kontrolle ein. Ihr Sieg würde, so fürchtete Schmidt, zum Staatskapitalismus führen, der ihm und dem gesamten Großkapital ein Greuel wäre. Die Partei schien unberechenbar und unkontrollierbar zu sein. Schmidt und seinen Kollegen erschien es so, daß der Triumph der Partei schlichtweg das Ende des Kapitalismus bedeuten würde. Aus diesen Gründen widmete Schmidt, auch als die Bomben niedergingen, enorm viel Zeit und Mühe der Verteidigung der Syndikatsvorrechte. Die ganze Zeit über trug er zur Auflösung des vereinheitlichten Verwaltungsapparats bei, für dessen Erhalt Speer immer noch kämpfte.

In einem sehr wichtigen Punkt waren Schmidts Vorahnungen gerechtfertigt. Die Beeinträchtigung des Transports und der daraus resultierende Kohlemangel schwächten die Industrie im Ruhrgebiet in fatalem Maße. Die Anzahl der Kohle- und Kokslieferungen an die Gaswerke der Region ging stark zurück. Zudem wurden größere Gaswerke bei Duisburg, Hamborn und Gelsenkirchen durch Luftangriffe zerstört. Die Folge dieser Reihe von Faktoren war, daß die Gasproduktion im Ruhrgebiet Ende Januar um drei Viertel zurückging. [103] Die Stromversorgungslage war etwas besser. Anfang Dezember wurde mit einer Produktionseinschränkung um 30 % begonnen, um Kohle zu sparen. Der Bedarf war aufgrund von Bombenschäden bei den Fabriken um die Hälfte gesunken. [104] Dennoch hatten Ende Dezember drei größere Elektrizitätswerke, Reisholz, Werdohl und Gevelsburg wegen Kohlemangel dicht gemacht. [105] Speer versuchte, das nationale Netz zu benützen, um Elektrizität in das Ruhrgebiet einzuspeisen, doch die Kohleknappheit der E-Werke in Mitteldeutschland verhinderte dies. [106]

Der zweite größere Industriesektor im Ruhrgebiet, die Eisen- und Stahlindustrie, war durch die Transportoffensive ebenfalls böse angeschlagen. Im Dezember gingen 80 % weniger Erzlieferungen bei den Schmelzöfen ein als ein Jahr zuvor. Sogar die heimischen Erze waren betroffen: Die Lieferungen gingen um 85 % zurück. [107] Im November schrumpften die Erzvorräte der Schmelzöfen um 44 %. [108] Wie auch im Fall der Steinkohle- und Koksproduktion markierten die Einbußen, die in der Rheinisch-Westfälischen Eisen- und Stahlindustrie hingenommen werden mußten, die entscheidende Wende in der Reichsproduktion dieser Güter. Im Januar 1945 lag die Menge der Roheisenproduktion im Ruhrgebiet um 64 % niedriger als der Monatsdurchschnitt desselben Quartals im Vorjahr. Der Gesamtausstoß im Reich war um 73 % vermindert. Das Ruhrgebiet trug mit 42 % zu den Einbußen bei, Mitteldeutschland mit 14 % und Oberschlesien mit nur drei Prozent. Diese Bilanz läßt sich durch den Wegfall der Saarländischen

Tabelle 7.1

Situationsbericht über die Vereinigten Stahlwerke: Viertes Quartal 1943 – Viertes Quartal 1944;

Angaben in %

Roheisenproduktion	–	76,5
Rohstahlproduktion	–	75,51
Vorräte an ausländischen Erzen	–	55,18
Koksproduktion	–	55,17
Werkseigene Kohlevorräte	–	51,87
GBAG-Kohleproduktion	–	36,76
Werkseigene Koksvorräte	–	34,35
Vorräte an einheimischen Erzen	–	27,22
GBAG-Kohlevorräte	+	831,32
GBAG-Koksvorräte	+	1 308,34

Quellen: VSt, „Jahresbericht", Vertraulich, S. 2-4; „Eildienst", Dezember 1944, S. 4, NA RG 243, 3(a)37.

Produktion erklären. [109] Dasselbe Phänomen zeigt sich bei der Stahlerzeugung: Im Januar 1945 war die Reichsproduktion, wenn man sie mit dem Monatsdurchschnitt des ersten Quartals 1944 vergleicht, um zwei Drittel gesunken. Der Ausstoß im Ruhrgebiet lag im Januar mit 66 % im Rückstand und machte 47 % des Verlusts bei der Stahlproduktion im Zeitabschnitt November 1944 bis Januar 1945 aus. [110] Bei den Schrottlieferungen trat dasselbe Muster auf. [111]

Dennoch waren die Ursachen für den Produktionsrückgang bei Eisen und Stahl aus Gründen, die bereits aufgeführt worden sind, komplexer als bei der Kohle. Viele der Stahlwerke im Ruhrgebiet waren bei Bombenangriffen beschädigt worden. Zudem hatten die Fabrikbesitzer absichtlich die Produktion gedrosselt, um für die Nachkriegszeit Rohstoffe zu sparen. Deshalb dürfte sich ein genauerer Blick auf die Vereinigten Stahlwerke (s. Tabelle 7.1) als lohnend erweisen. Ungefähr ein Zehntel der Einbußen bei der Eisen- und Stahlproduktion in den VSt kann auf die direkte Beschädigung der Tochtergesellschaft Bochumer Verein zurückgeführt werden. Die Koksproduktion ging aufgrund der Zerstörung durch Bomben bei der Reichsbahn und werkseigenen Transporteinrichtungen zurück. Das zeigen die Verringerung des Ausstoßes und das gewaltige Anwachsen der Vorräte bei den Kokereien. Das Schrumpfen der Kohlevorräte bei den Fabriken kann demselben Faktor zugeschrieben werden. Da das Unternehmen im Einklang mit der Verfügbarkeit der am geringsten vorhandenen Ressourcen die Eisen- und Stahlerzeugung einschränkte, kann angenommen werden, daß ungefähr die Hälfte des Produktionsrückgangs auf Knappheit bei Kohle, Koks und Erz infolge der Angriffe auf Transporteinrichtungen zurückgeführt werden kann. Der übrige Verlust, etwa ein Drittel, wurde höchstwahrscheinlich durch die Drosselung der ausländischen Erzeinfuhr und direkte Schäden an anderen Werksanlagen als dem Bochumer Verein bewirkt, obwohl die

Reparatur dieser Anlage auch durch die Transportkrise behindert wurde.

Diese beträchtlichen Einbußen zwangen das Planungsamt dazu, die Stahlzuteilungen für die erste Hälfte des Jahres 1945 radikal einzuschränken. Die Anteile an Stahl für Panzer-, Flugzeug-, Munitions- und Waffenprogramme wurden um 40 bis 60 % reduziert. Bei umfangreicheren Programmen mußte der Kohleverbrauch für die Stahlproduktion die Hälfte des Verbrauchs vom Vorjahr betragen. [112] Dies ist an sich schon ein klares Zeichen dafür, daß die Versorgungselastizität auf der Ebene der Produktionsgütererzeugung ausgeschöpft worden war. Doch die Verluste gingen über diese Bereiche weit hinaus.

Im Ruhrgebiet verursachte das Ausbleiben der Energie- und Komponentenlieferungen einen größeren Rückgang bei der Produktion fertiger Rüstungsgüter. Die meisten Programme verfehlten ihr Plansoll. Oft standen die fertigen Stücke in den Lagerhäusern herum, weil die Reichsbahn sie nicht zu den Verbrauchern schaffen konnte. [113] In der Düsseldorfer Region stauten sich auf Firmengelände 20 000 Güterwagen, die mit fertigen Rüstungsgütern beladen waren. [114] Insgesamt rosteten im Ruhrgebiet Mitte Januar 1945 800 000 t an Eisen- und Stahlprodukten in der Erwartung ihres Abtransports vor sich hin. [115] Das Gauwirtschaftsamt in Düsseldorf kam bereits am 18. November 1944 zu dem Schluß, daß es unter den gegenwärtigen Transportbedingungen vernünftig wäre, die Machbarkeit des Gütertransports als den grundlegenden Maßstab für die Kontrolle der Energie- und Arbeitskräftenutzung zu betrachten. [116] Anfang Dezember war das Ruhrgebiet in den Augen der GBL-Ost isoliert. [117] Am 17. Januar 1945 jammerte Schmidt, daß alle Hauptabfuhrstrecken und Wasserstraßen, die aus dem Ruhrgebiet herausführten, von den Bombern durchtrennt worden waren. [118] Speers Ministerium gelangte in einem Memorandum, das tags darauf fertiggestellt wurde, zu dem Schluß, daß das Ruhrgebiet als Verkehrsinsel existiere, die von ihren Einzugsgebieten abgeschnitten sei. [119] Ende Dezember 1944 oder Anfang Januar 1945 hatten die alliierten Bomber das Herzstück der Arbeitsteilung im Reich herausgerissen. Die Folge war ein gravierender Niedergang in der nationalen Kohle- und Stahlproduktion. Das Ruhrgebiet selbst erlitt einen größeren Rückgang beim Rüstungsgüterausstoß. In den Einzugsgebieten und Oberschlesien waren die Einbußen nicht weniger katastrophal.

In Mannheim kamen die Kohlelieferungen auf dem Rhein im November praktisch zum Stillstand und lagen im Januar 77 % unter dem Normalwert. [120] Die Reichsbahn konnte keinen Ausgleich schaffen. Die GBL-Süd war durch die Bombardierung in ihren westlichen Gebieten gänzlich aufgelöst worden. Die Wagenstellungen in den größeren Verschiebebahnhöfen in Stuttgart-Kornwestheim, Mannheim und Karlsruhe gingen drastisch zurück. Die anderen GBL wiesen Züge aus der GBL-Süd oftmals ab, da sie zur Verstopfung ihrer Bahnhöfe beitrugen. [121] Bis Mitte November hatte sich ein Wagenüberschuß von enormem Ausmaß entwickelt. Bis zur ersten Januarwoche 1945 war der gesamte zur Verfügung stehende Platz für die Abstellung von Wagen besetzt. [122] Eine Woche zuvor hatten Luftangriffe für die Schließung von Stuttgart-Kornwestheim und Mannheim gesorgt. [123] Das Telefonnetz brach zusammen. Die GBL-Zentrale verlor den Kontakt zu den Häfen, den größeren Verschiebebahnhöfen entlang des Rheins und den Lokomotivdepots. [124] Die Zentrale selbst wurde zerbombt und mußte von München nach Freising verlegt werden. Ein planmäßiger, kontrollierter Verkehr war nicht möglich. [125] Der Kohlemangel machte sich mit zerstörerischer Kraft bemerkbar. Anfang November reichten die Lokomotivkohlevorräte nur noch für neuneinhalb Tage. Mitte Dezember waren sie aufgebraucht. [126] Auch hier begann die Reichsbahn, Kohle zu beschlagnahmen, um die Feuerbüchsen füttern zu können – diesmal waren die Elektrizitätswerke davon betroffen. [127] Mit dem eigentlichen Zusammenbruch des Verschiebebetriebs, der Schwierigkeit, Züge in andere Gebiete verkehren zu lassen, und der chaotischen Situation im Fernmeldewesen wuchs der Rückstau in der Region, neben den einzelnen Wagen, die auf ihren Verschub warteten, rasant auf 556 Züge an. [128] Mitte Dezember leitete die Reichsbahn Züge, die sich in den RBD Stuttgart und Karlsruhe stauten, einfach zu Empfängern um, die sie im Osten bestimmte. [129] Dennoch hatte sich bis Mitte Januar 1945 der Rückstau in der GBL-Süd auf 606 Züge ausgedehnt. [130]

Unter diesen Umständen war ein ordentlicher Wirtschaftsablauf im Industriegebiet des mittleren Rheinlands unmöglich. Ein entsetzlicher Kohlemangel lähmte das Wirtschaftsleben in dieser Region. Zwei Drittel der Kohlelieferungen an die Industrie blieben aus. Der Strombedarf war um drei Viertel gesunken. Dennoch waren die Vorräte der Elektrizitätswerke erschöpft. [131] Von 24 Firmen, die am linken Rheinufer angesiedelt waren und vom Rüstungskommando Ludwigshafen beaufsichtigt wurden, litten im Januar 1945 acht an einem ernsten Kohlemangel, und weitere acht wurden aufgrund fehlenden Brennstoffs ganz geschlossen. [132] In derselben Region hinderte die Störung des Personenzugbetriebs, die zum Teil durch die Streichung von Fahrten zwecks Kohleeinsparung verursacht wurde, die Arbeiter daran, zu den Fabriken zu gelangen und war der Grund für die Schließung einiger Werksanlagen. Die Lieferungen von Komponenten gingen selten und unregelmäßig ein. Um die 7 991 t an fertigen Rüstungsgütern blockierten die Lagerhäuser und Abstellplätze der Fabriken im Ludwigshafener Raum. [133] Bei der Aluminiumfabrik Giulini konnten 4 700 t halbfertiges Aluminium nicht ausgeliefert werden. [134] Auf der anderen Seite des Rheins, in Mannheim, lieferte Brown, Boveri et Cie., eine Firma, die elektrische Geräte herstellte, im Januar 1945 80 % weniger Transformatoren aus als jeweils in den Monaten des ersten Quartals 1944, obwohl sie immerhin noch in der Lage war, sie zu produzieren. [135] Die vom Transport ausgehende Lähmung weitete sich noch stärker aus. Wegen Kohlemangel machten sowohl Opel in Rüsselsheim als auch BMW in München dicht. [136]

Die Situation war in Mitteldeutschland die gleiche. Es wurde ein größerer Versuch unternommen, Kohle auf Kähnen zu den Reichswerken Hermann Göring zu transportieren, unter Benützung der Elbe und der weiträumigen Umgehung der Hindernisse bei Ladbergen und Gravenhorst. [137] Doch das Unternehmen auf der Elbe wurde sowohl durch das Durcheinander als auch das Fehlen der Kohle, die für den Betrieb der Kähne nötig war, gebremst. [138] Während des Dezembers nahm der Kohleverkehr auf dem Fluß ab. [139] Es war nur ein Rinnsal, was bei Minden vorbeischlüpfte. [140] Im Gegensatz zu den Industriebetrieben des Ruhrgebiets waren die RWHG gänzlich unter der Kontrolle des Regimes und konnten deshalb nicht die Produktion einschränken, um Kohle einzusparen. Pleiger drängte seine Fabrik zu dem Versuch, die Einbußen zu kompensieren, die im Westen hingenommen werden mußten. Bis Anfang November waren die Kohlevorräte um zwei Drittel geschrumpft und reichten für zwölf Tage. [141] Am 2. Dezember unterminierte Pleiger bewußt das Kohlerationierungsprogramm der Regierung und ordnete die Beschlagnahmung von acht Kähnen an, die Berlin als Ziel hatten, um seine Fabrik zu versorgen. Er wies auch das Sächsische Steinkohlesyndikat an, die Lieferungen an die RWHG aufzustocken. [142] Doch die

Kohlelieferungen nach Salzgitter blieben rückläufig. Im November 1944 lagen sie um 42 % unter dem Normalwert. Der Verbrauch blieb eigentlich unverändert. Im Dezember und Januar gaben die Lieferungen immer noch ein düsteres Bild ab – sie waren um 41 % geringer als normalerweise. Im Dezember machten die Kohlevorräte 60 % weniger aus als der monatliche Durchschnitt des vierten Quartals von 1943. Dies erwies sich als entscheidend, denn im Januar wurde der Verbrauch schließlich radikal um 47 % gesenkt. [143] Die Masselproduktion wurde im selben Monat um 67 % zurückgeschraubt. [144] Der Ausstoß an halbfertigem Stahl ging um die Hälfte zurück. [145] Die Gasproduktion wurde um 61 % verringert, was nicht nur für die RWHG selbst, sondern auch für ihre Einzugsgebiete schlimme Folgen hatte. [146] Die Stromerzeugung ging früher zurück. Im November fiel sie auf die Hälfte der Normalmenge zurück und während des Januars stagnierte sie dort oder etwas darüber. Die Abgabe an Verbraucher außerhalb der Fabrik wurde jedoch sogar um 60 % gekürzt. [147] Die Kombination aus der mangelnden Kohleversorgung, die Einschränkungen bei den RWHG und anderen Elektrizitätswerken in Mitteldeutschland erzwang, sowie dem kalten Wetter, das der Stromerzeugung mittels Wasserkraft Grenzen setzte, drängte das Planungsamt dazu, Rüstungsfirmen anzuweisen, für einen Tag in der Woche zu schließen, um Strom zu sparen. [148]

Als Beispiel für die Art und Weise, in der die Transportbombardierung die Rüstungsendproduktion in Mitteldeutschland einschränkte, kann das Krupp-Gruson-Werk bei Magdeburg betrachtet werden. Die mangelnde Gasversorgung seitens der RWHG, der Stillstand der Kohlelieferungen an Gruson selbst sowie die Unterbrechung der Komponentenlieferungen von Vomag und Nibelungen führten dazu, daß der Ausstoß an MK-IV-Panzern im Vergleich zum Monatsdurchschnitt des ersten Quartals 1944 im Januar 1945 um 43 % zurückging. [149]

Als Mittler zwischen Mitteldeutschland und seinen Energiequellen sowie westlichen und östlichen Märkten fungierte die RBD Halle. Diese zentrale Direktion kämpfte um die Aufrechterhaltung des Verkehrsflusses. Doch vom Chaos im Westen wurde sie angesteckt. Die Unfähigkeit, Züge in die zerbombten Regionen verkehren zu lassen, die Störung des Fernmeldebetriebs und das Durcheinander, das durch die Luftangriffe auf die nahegelegenen Synthetikbenzinanlagen hervorgerufen wurde, führten zu einem Rückgang der Verschiebeleistung. Während der Phase des ersten Transportangriffsplans steigerte die RBD Halle die Zahl der Wagenstellungen sogar um 1,5 %. Doch nach dem 16. Dezember wurden sie ständig weniger. Während der Ardennen-Offensive, die bis Ende Januar 1945 dauerte, lag die Zahl der Wagenstellungen in der RBD Halle um 19,6 % unter dem Leistungsniveau, das während desselben Zeitraums im Vorjahr erreicht wurde. [150] Wie wir gesehen haben, wurde die Region von Speers Ministerium dazu benützt, die Einbußen in der Steinkohleversorgung, die im Ruhrgebiet hingenommen werden mußten, durch Braunkohle zu ersetzen. Dies spiegelt sich darin wider, daß im November und Dezember 1944 die Wagenstellungen in der RBD Halle um 7,5 % bzw. 5,5 % zunahmen, verglichen mit dem Monatsdurchschnitt, der während des vierten Quartals 1943 erreicht wurde. Im Januar 1945 lagen sie hingegen 11,9 % niedriger als der Monatsdurchschnitt des ersten Quartals 1944. [151] Durch die Beeinträchtigung des Verschiebebetriebs wurde der deutschen Wirtschaft sogar dieser unzureichende Ersatz vorenthalten. Die Mittlerrolle der RBD Halle zwischen Westen, Norden und Osten schwand ebenfalls. Die Anzahl der Güterzüge, die zwischen Anfang November und Ende Januar diese Region durchfuhren, ging um

28,5 % zurück. [152] Mitte Januar stauten sich 83 Züge in diesem Bezirk. [153]

Der Betrieb im anderen großen Kohlezentrum, in der RBD Oppeln, verschlechterte sich ebenfalls, wenn auch aus anderen Gründen. Hier waren das sich ausweitende Chaos aus dem Westen, zufällige Treffer bei Luftangriffen auf Synthetikbenzinanlagen, der Flüchtlingsstrom sowie die sich aus dem Osten zurückziehende Wehrmacht und schließlich die Rote Armee für die Situation verantwortlich. Die Summe der Wagenstellungen lag während des ersten Transportangriffsplans 17 % unter dem normalen Niveau und während der Ardennen-Phase 13 % niedriger als gewöhnlich. Im November betrugen die Wagenstellungen für Steinkohle 22 %, im Dezember 13 % weniger. Im Januar 1945 kam es jedoch zu einem gänzlichen Einbruch. Der Aufmarsch der Roten Armee verursachte einen Rückgang um 53,2 %, verglichen mit dem Monatsdurchschnitt des ersten Quartals 1944. Anfang Januar reichten die Wagenstellungen nicht einmal dazu aus, den eigenen Kohlebedarf der Reichsbahn zu decken. Das Phänomen, welches im Westen auftrat, wiederholte sich in Oberschlesien. Die Wagenstellungen gingen rasant zurück und erzwangen eine Einschränkung des Verschubs von Gütern, von der die Kohle ausgenommen war. Dennoch gingen sie immer weiter zurück, bis sogar die Lokomotiven nicht mehr versorgt werden konnten, was weitere Verkehrsbeschränkungen erzwang. Der Notstand weitete sich selbst immer mehr aus, bis der betroffene Bereich völlig geschwächt war. In der RBD Oppeln ging der Verkehr aufgrund des gestörten Verschiebebetriebs und der daraus resultierenden Kohleknappheit zurück, nicht wegen Wagenmangel, denn auch hier waren die Wagen zu Tausenden abgestellt, ebensowenig herrschte Lokmangel. Ebenso wie die RBD Essen, hatte die RBD Oppeln mehr Lokomotiven als je zuvor während des Kriegs und außerdem verfügte sie über eine reichliche Reserve. [154]

Wie auch im Westen, so löste sich auch im Osten die Verwaltungsstruktur auf. Die Firmen achteten nur auf ihre eigenen Interessen. Die RBD Oppeln wurde mit Bitten um spezielle Wagenraumzuteilungen überschwemmt. Mitte Dezember begann sie, diese einfach zu ignorieren. [155] Die GBL-Ost, die bislang als stille Reserve den Westen zu unterstützen pflegte, begann sich im Chaos aufzulösen. Es wurden sogar die lebensnotwendigsten Transporte ins Ruhrgebiet durch intervenierende Direktionen abgelehnt, was zur Blockierung der Verschiebebahnhöfe weit im Osten führte. [156] Die Bahnhöfe Wustermark und Seddin in Berlin waren zum Bersten voll mit abgestellten Zügen, die von der GBL-West abgelehnt worden waren. [157] Die Beförderung von einzelnen Wagenladungen kam Anfang Dezember praktisch zum Stillstand. [158] Der Versuch, leere Wagen zur RBD Essen zu schicken, nahm ein Ende, als die Züge in dem Chaos, das im Rheinland herrschte, schlichtweg verschwanden. Das System der Verlagerung des schwierigen Verschiebebetriebs in die RBD Posen und woanders hin brach zusammen. [159] Das allgegenwärtige Problem mit dem Fernmeldewesen hüllte die Ereignisse im Westen in einen Schleier von Gerüchten und Spekulationen. [160] Die GBL-Ost ergriff energische Maßnahmen zur Aufrechterhaltung des Betriebs in der RBD Halle, indem sie Lokomotiven dorthin schickte und einen Teil der dortigen Verschiebeaufgaben in den Osten verlagerte. Sie übernahm Bereiche der RBD Hannover. [161] Ebenso fuhr sie damit fort, Züge in großem Umfang abzustellen. Hier gab es, wie auch im Westen, keinen Wagenmangel. Das Problem lag darin, die Wagen dorthin zu schaffen, wo sie benötigt wurden. Dennoch stauten sich Ende Dezember 300 Züge in der GBL-Ost. [162]

Die Bombardierung der Verschiebebahnhöfe im Westen hatte das komplizierte Verschub- und Verkehrskontrollsystem der

Aufräumarbeiten am 13. Februar 1945 auf Bahnsteig 1 in Gotha Hbf nach einem Angriff im Februar 1945. Die Aufnahme darunter entstand schließlich nach Kriegsende und zeigt die weitestgehend von Trümmern gesäuberten Bahnsteige.

AUFNAHMEN: SLG. DETLEF HOMMEL

Reichsbahn im gesamten Reich geschwächt. Sogar die RBD'en Halle und Oppeln waren in Mitleidenschaft gezogen worden, obwohl sie der Transportbombardierung nicht ausgesetzt gewesen waren. Doch solange sie den Betrieb auf einem Niveau weiterlaufen lassen konnten, das fast normal war, konnten sowohl die Reichsbahn als auch die deutsche Wirtschaft weiterhin Widerstand leisten, wenn auch in hoffnungslos unzureichendem Maße. Der entscheidende Dolchstoß, der zum Ende der Eisenbahn- und Wirtschaftsaktivitäten führte, wurde von der Roten Armee ausgeführt. Am 16. Januar 1945, nachdem er wiederholt die schwärzesten Bilder von der industriellen Zukunft Deutschlands wegen der Katastrophe im Ruhrgebiet gemalt hatte, alarmierte Speer Hitler, daß die Rote Armee in Oberschlesien zugeschlagen habe. Die Kohle-Magistrale war in Gefahr. Deutschlands letzte Hoffnung auf die Fortführung eines, wenn auch nur scheinbaren, Widerstands bestand darin, sich ihrem Zugriff zu entziehen. Falls man die Magistrale verlieren würde, warnte Speer, würde die Reichsbahn in wenigen Tagen aufhören, zu rollen, und die deutsche Industrie, soweit sie noch in Betrieb war, würde zum Erliegen kommen. [163] Wie auch immer, auch das war ein Problem der Zukunft. Hitler führte diesen Krieg mit Hilfe geringster wirtschaftlicher Notmaßnahmen und er ignorierte Speer.

Die Kombination aus der Transportstörung und dem Anrücken der Sowjets verursachte in ganz Ostdeutschland einen ernsten Rückgang der wirtschaftlichen Aktivität. Über die Hälfte der Kohlebergbauarbeiter in Oberschlesien waren Nicht-Deutsche. Als sie davon hörten, daß die Rote Armee sich der Schwelle zu dieser Region näherte, blieben sie verstärkt ihrer Arbeit fern und wenn sie kamen, nutzten sie jeden Vorwand, um sich zu drücken. So wurde nicht nur, wie schon gesagt, die Produktion geringer, sondern es verschlechterte sich auch die Effizienz merklich, und die Qualität der abgebauten Kohle wurde minderwertiger. Die Transportprobleme verursachten im Dezember ein Anwachsen der Steinkohlehalden der oberschlesischen Minen um 159,6 % gegenüber dem Monatsdurchschnitt des vierten Quartals 1943. Die Koksvorräte lagen zur selben Zeit astronomische 974,3 % über dem normalen Stand. In der Folge ging die Gasproduktion zurück, so daß die Gaswerke nur noch in der Lage waren, ein Sechstel des Bedarfs zu decken. [164]

Die Kohletransporte auf der Oder waren im November und Dezember etwas weniger als gewöhnlich. Während des Dezembers kamen jedoch Probleme auf. Die Zusammenarbeit zwischen den Bergwerken, in denen in unregelmäßigen Schichten gearbeitet wurde, und der DR sowie den Betreibern der Kähne war schlecht, was dazu führte, daß die Wagen und Kähne zum Beladen ankamen, als die Gruben geschlossen waren. Im Januar 1945 war die Reichsbahn außerstande, genügend Wagen für den Transport der Kohle von den Minen zum Gleiwitzer Hafen zur Verfügung zu stellen. Sie strich Personenzüge bei dem Versuch, Lokomotiven frei zu bekommen und Brennstoff zu sparen, um diesen Verkehr zu unterstützen. Doch dies hinderte die ohnehin schon überarbeiteten Verlader daran, an ihren Arbeitsplatz zu gelangen. Schließlich bildete sich Anfang Dezember eine Eisschicht auf der Oder, die den Verkehr im Januar stark einschränkte. [165]

Die Auswirkung dieser Schwierigkeiten war in Berlin zu spüren. Kähne aus dem Ruhrgebiet, die mit Kohle beladen waren, kamen praktisch nicht mehr an. Doch bis in den Dezember hinein legten stets Schiffe aus Oberschlesien an. [166] Kohlelieferungen auf dem Wasserweg lagen im November ein Fünftel unter dem Soll, was ausschließlich eine Folge der Hindernisse auf dem DEK und MLK war. [167] Ende Dezember gingen die Lieferungen merklich zurück und an Weihnachten blieben sie wegen der Eisbildung auf der Oder gänzlich aus. [168] Die Summe der Kohlelieferungen nach Berlin lag im Dezember ein Drittel unter dem Normalwert. [169] In der Folge schrumpften die Kohlevorräte der städtischen Gaswerke soweit zusammen, daß sie nur noch für 16 statt der vorgeschriebenen 32 Tage reichten. [170] Bei der BEWAG erwog der Vorstand die Schließung der vier am wenigsten effizienten Gaswerke, um Kohle einzusparen. Man befürchtete, daß die Versorgungseinrichtung bis Mitte Februar 1945 ganz schließen würde, wenn sich die Kohleversorgungslage nicht bessern würde. [171] Im November und Dezember erhielt die BEWAG ein Zehntel weniger Kohle als während des vorangegangenen Jahres, die beinahe gänzlich aus Oberschlesien kam. Wegen des Drucks von der Regierung und der sinkenden Qualität dessen, was anlangte, stieg der Kohleverbrauch im Dezember noch um sieben Prozent. Die Vorräte betrugen bis zu einem Drittel weniger als gewöhnlich. [172] Die Elektrizitätserzeugung blieb konstant. [173] Dennoch war der Niedergang klar vorherzusehen.

Die gegenseitige Abhängigkeit der verschiedenen Bestandteile der Reichsbahn und ihre Kooperation mit dem Binnenwasserstraßensystem waren bis zum Herbst 1944 die Schlüsselfaktoren bei ihrer erfolgreichen Unterstützung der wirtschaftlichen Arbeitsteilung in Deutschland. Jedes Segment erfüllte eine spezielle Funktion. Das gesamte System vermochte mehr auszurichten als die Summe der Einzelleistungen seiner Bestandteile, da es flexibel und spezialisiert war. Die Auflösung dieser Beziehungen schwächte die Kapazität der Waffen- und übrigen Güterproduktion der deutschen Wirtschaft in fataler Weise. Zur besseren Veranschaulichung dürfte es deshalb hilfreich sein, sich die Gesamtleistung der Reichsbahn während der entscheidenden Phase von November 1944 bis Januar 1945 zu vergegenwärtigen.

Was die ZVL angeht, lag das wesentliche Problem in ihrer Unfähigkeit, leere Wagen an die Orte zu schaffen, wo sie benötigt wurden. Diese Situation wurde durch den Zusammenbruch des Schiffsverkehrs auf den westdeutschen Kanälen und dem Rhein verschärft. Die ZVL versuchte, Ausgleich zu schaffen, indem sie der Kohle oberste Dringlichkeit bei der Vergabe von Wagenraum einräumte, ihr sogar gegenüber den Nahrungsmitteln den Vorzug gab. Dennoch traten größere Engpässe beim Wagenraum auf, der für die Beförderung von Kohle und Rüstungsgütern zur Verfügung stand. In der Sitzung vom 18. Dezember 1944 hob Emrich hervor, in welcher Weise die Kombination aus Luftangriffen auf Verschiebebahnhöfe, dem Durcheinander in der RBD Halle und der unumgänglichen Notwendigkeit, die Wehrmacht in den Ardennen zu unterstützen, dabei war, die Reichsbahn zu schwächen. Hierfür war der Rückstau der Züge, der sich Ende Dezember und im Januar unkontrolliert ausweitete, das klarste Anzeichen. [174]

Zu viele Verschiebebahnhöfe arbeiteten auf reduziertem Niveau oder überhaupt nicht; zu viele Strecken, insbesondere die beiden Hauptabfuhrstrecken, die über die Viadukte führten, fielen aus; zu viele Telefonleitungen waren unterbrochen. [175] Das eigentliche Kontrollsystem für den Einsatz von Zügen, das aus Blocksignalen bestand, zerfiel Anfang Januar 1945. [176] Ganzenmüller forderte mehr FLAK und Jägerabwehreinrichtungen, ein Stopp der Einberufung seines Personals zum Volkssturm und eine Reduzierung des Bedarfs an Wagenraum auf einen Umfang, den die DR zur Verfügung zu stellen vermochte. [177] Doch der Niedergang der Reichsbahn nahm seinen Lauf, ihr Zentralnervensystem, die Verschiebebahnhöfe im Ruhrgebiet, fiel immer wieder aus, die Fähigkeit der Reichsbahn, hier Unterstützung zukommen zu lassen, schwand unter dem erbarmungslosen Bombenhagel der Alliierten dahin.

Während der Phase des ersten Transportangriffsplans sank die Zahl der Wagenstellungen für allgemeine Güter um 22,8 % unter das Niveau, das 1943 während des selben Zeitraums erreicht wurde. Dann verringerte sie sich in der Ardennen-Phase im Vergleich zum Vorjahresniveau schlagartig um 43,2 %. [178] Während der letzten Woche des Jahres 1944 wurden in den von Luftangriffen heimgesuchten Regionen nur ein Viertel des täglichen Bedarfs an offenen Güterwagen sowie ein Drittel des Bedarfs an geschlossenen Wagen für den Rüstungsgütertransport gedeckt, was insgesamt nur 4 000 Wagen ausmachte. [179] In den anderen Gebieten wurden 90 % des kombinierten Bedarfs gedeckt. [180] Von entscheidender Bedeutung war die ständige Abnahme der Kohlewagenstellungen. Im Januar 1945 lag die Zahl der Wagenstellungen für Steinkohle, auf die ganze Reichsbahn bezogen, 55,8 % niedriger als der Monatsdurchschnitt im ersten Quartal des Vorjahres. Die Wagenstellungen für Braunkohle waren um 26,4 % geringer. [181] Die Bewegungen von Kohle jeden Typs auf den Inlandwasserwegen waren im Dezember mit 78,7 % im Rückstand. [182] Die unerläßliche Ergänzung zur Reichsbahn, gemeint sind die Frachtkähne, war von den Bombern ausgeschaltet worden.

Die ZVL begriff dies, und es war ihr klar, daß kein Fahrzeugmangel herrschte. Die Verluste durch direkten Beschuß waren gering. Ende Dezember 1944 hatte die Reichsbahn mehr Dampflokomotiven, nämlich 34 032 Stück, und eine größere Reserve von diesen (6 114 Stück) als im Juli 1944. Da es jedoch an Kohle mangelte, um sie anzufeuern, standen 3 000 von ihnen nutzlos herum. Am 6. Januar 1945 stellte sich die Reichsbahn auf den Gebrauch von Braunkohle zur Feuerung ihrer Lokomotiven um. Dies war riskant. Braunkohle verstopfte die Feuerbüchse, ließ eine Wolke schwarzen Rauchs voller Funken austreten, welche die alliierten Jagdflugzeuge anzogen und entflammbares Ladegut in Brand setzen konnten. Der Brennstoffverbrauch verdreifachte sich und dies machte den Einsatz eines zweiten Heizers sowie einen größeren Tender notwendig. [183]

Das entscheidende Problem war, daß die Reichsbahn die Kontrolle über ihren Güterwagenpark verloren hatte, da der Verschiebebetrieb und das Fernmeldewesen gestört waren. Im Januar war die Güterwagenumlaufzeit mit einem Schlag auf 20 Tage angestiegen. Am 18. Januar 1945 wuchs der Rückstau auf 1 994 Züge an. Mindestens 100 000 Wagen, von denen viele Kohle geladen hatten, waren blockiert. Wir haben gesehen, wie die ZVL Embargos verhängte, den Verschiebebetrieb neu ordnete und Züge abstellte, um mit diesem beängstigenden Problem fertig zu werden. Doch keine dieser Maßnahmen war ausreichend. Die Kontrolle von Berlin aus ließ nach. Der Prozeß des Züge-Abstellens geriet außer Kontrolle. Bahnbedienstete stellten sogar Wagen ab, die mit den Codewörtern für oberste Priorität versehen waren. Am 9. Dezember 1944 entschloß sich die Reichsbahn zu dem verzweifelten Schritt, anzuordnen, daß ganze Züge zum Entgleisen gebracht werden sollten, um die Wagenschwemme in den wichtigsten Verschiebebahnhöfen und auf den Hauptstrecken einzudämmen. Am 28. Januar 1945 bestimmte sie Quoten, die sich auf 125 000 Wagen beliefen, welche innerhalb eines Monats zum Entgleisen gebracht werden sollten. In jedem Bahnhof mußten Mannschaften aufgestellt werden, die Wagen entgleisen lassen mußten. Jede Direktion mußte zwanzig Arbeiterkolonnen bilden, von denen jede pro Tag zehn Wagen zu entgleisen hatte. [184] Bis Ende Dezember 1944 und Anfang Januar 1945 war die Reichsbahn in Segmente zerfallen, die halb unabhängig operierten. Das Kontrollsystem war praktisch zusammengebrochen. Das Transportsystem hörte auf, in der Arbeitsteilung eine Rolle zu spielen.

Während der Ereignisse in den Jahren 1944 und 1945 kämpften Speer und Kehrl darum, die Reichsbahn zu unterstützen und wenigstens ein Minimum an Rüstungsproduktion aufrechtzuerhalten. Ende November schränkte Speer den Gebrauch von Codewörtern für Dringlichkeitsstufen ein, in der Hoffnung, damit die Nachfrage nach Wagenraum zu reduzieren. [185] Am 21. Dezember schuf er alle Transportraumprioritäten ab, bis auf zwei: eine für die Panzerproduktion und eine weitere für Baustoffe, die für die Reparatur von Transporteinrichtungen und unterirdischen Fabriken benötigt wurden. [186] Es wurden regional großräumige Stromabschaltungen vorgenommen, in der Hoffnung, dadurch Kohle zu sparen. [187] Dies führte jedoch nur dazu, daß Rüstungsfabriken und sogar Luftwaffenstützpunkte ohne Strom dastanden. [188] Am 14. Dezember ließ Kehrl eine Weisung ergehen, die Maßstäbe für die Versorgung mit Wagenraum lieferte und auf einer Studie über die Wirtschaftslage von 1943 basierte. Bevollmächtigte, die das RMfRuK ernannte, sollten auf der Grundlage des Bedarfs und der zur Verfügung stehenden Menge, die von der DR bestimmt wurde, der Industrie Wagenraum zuteilen. [189] Man hoffte immer noch, Richtlinien in Berlin zentral aufstellen und lokal von den Bevollmächtigten anwenden lassen zu können. Speer und Kehrl gaben ihre Autorität bewußt an lokale Führungskräfte ab, was auf die Erkenntnis zurückzuführen war, daß die chaotische Transportsituation von Berlin aus nicht in Griff zu kriegen war. Dies markierte auch die letzte Stufe ihrer Bemühungen, die Kontrolle über die Wirtschaft in ihren eigenen Händen zusammenlaufen zu lassen, da es einen Teil ihres Strebens ausmachte, ihre Oberherrschaft über die Reichsbahn auszudehnen.

Das ausgehende Jahr 1944 und das beginnende Jahr 1945 waren von der Auflösung des empfindlichen Speerschen Kontrollapparats geprägt. Die physischen Mittel wurden ihm durch die Bomber entrissen. Der psychologische Druck, der auf ihm und den anderen Führungskräften der Reichswirtschaft lastete, war entsetzlich. Dorpmüller, Ganzenmüller und Speer waren ständig unterwegs, um Eindrücke zu sammeln, zu ermahnen und Streitigkeiten zu schlichten. Emrich, Kehrl und ihre Stäbe blieben in Berlin. Der Druck, angesichts der lauten Beschwerden von Bormann und den Gauleitern, Ergebnisse vorweisen zu müssen, die mangelnde Information, die schmutzigen Räume, meist fensterlos und ungeheizt wegen der ununterbrochenen Bombardierungen, sowie der wachsende Unwille der Industrie, ihren Weisungen Folge zu leisten – das alles war zuviel. Eine allgemeine Nervosität machte sich unter den Bürokraten breit. Die meisten akzeptierten stillschweigend, daß der Krieg verloren war. Doch sie kämpften weiter. Hitlers Einfluß auf sie und die Diktate des Patriotismus würden ihnen nicht erlauben, zu kapitulieren. [190] Dieser psychologische Faktor ist es, der klar macht, warum Ganzenmüller, Speer und die anderen damit fortfuhren, zu improvisieren, weiterhin Widerstand zu leisten, trotz der Vergeltung, die Tedder der Reichsbahn zuteil werden ließ. Sie erfaßten die zugrundeliegende Situation. Die Zentrale Planung drückte bereits am 8. November ihre Befürchtung aus, daß die Elastizität dabei sei, erschöpft zu werden. [191] Dennoch schlug sie innerhalb weniger Tage neue Wege zur Rohstoffeinsparung und Weiterführung der Produktion vor. [192]

Speer begriff durch seine Fahrten in den Westen die Bedeutsamkeit der Angriffe auf die Verschiebebahnhöfe, insbesondere auf solche, die das Ruhrgebiet bedienten. Am 11. November 1944 beschrieb er in einem Memorandum für Hitler, auf welche Weise die Störung des Verschiebebetriebs und des Schiffsverkehrs einen ernsten Kohlenotstand im Ruhrgebiet verursacht habe, der es daran hinderte, seine Einzugsgebiete zu unterstützen. Dennoch hoffte er, daß der Verkehr durch gewaltige Reparaturleistungen wieder in Gang gebracht werden könne. Am 30. November hielt er die Vorräte immer noch für ausreichend, um beim Rüstungsgüterausstoß ein hohes Niveau halten zu können. In einer Ansprache, die er am 1. Dezember in Rechlin vor seinen Untergebenen hielt, drückte er erneut sein Vertrauen in ihre Fähigkeit aus, die Krise zu meistern. Einige Tage später appellierte er fanatisch an seine Organisation sowie an die Gauleiter, Eisenbahneinrichtungen im Ruhrgebiet zu reparieren. Es war schon bedeutend, einen Bahnhof auch nur einen Tag früher wieder zu eröffnen. [193]

Doch Speers System hielt dem Druck nicht stand. Schon seine Versuche, die Kontrolle aufrechtzuerhalten, stießen auf Widerstand. Am 30. Januar 1945 begann sein eigenes Ministerium, Kohlezüge einzusetzen, um Notstände zu lindern, wodurch es sich das RWKS zum erbitterten Gegner machte. Dies beschleunigte den endgültigen Bruch zwischen Schmidt, dem Syndikat, und dem RMfRuK. Vögler von den Vereinigten Stahlwerken und der RVE, der vor kurzem zum Leiter von Speers eigenem Ruhrgebietsstab ernannt wurde, lehnte Kehrls Verteilungsplan für den Kohletransportraum strikt ab und versprach am 22. Dezember, ihn zu ignorieren. [194]

Die aufreibende Atmosphäre, hervorgerufen durch das bürokratische Wetteifern, das von Hitler gefördert wurde, und die zunehmende Macht Martin Bormanns, des Kanzleramtsleiters seiner Partei, trugen zum weiteren Zerfall des Speerschen Systems bei. Die Partei unternahm böse Attacken gegen die Reichsbahn, die diese energisch abwehrte. Die SS machte ebenfalls die belagerte Reichsbahn zum Gegenstand ihrer Kritik. Dorpmüller unternahm den außergewöhnlichen Schritt, Kaltenbrunner persönlich darüber zu informieren,

daß er sich weigere, derartige Angriffe gutzuheißen. Speer ging hart vor, um die Gauleiter davon abzuhalten, Kohle in Zügen zu beschlagnahmen, die nicht für ihre Region bestimmt waren. Doch im Januar 1945 forderte er dieselben Machtbefugnisse für sein eigenes Ministerium. [195]

Speer hatte seit seiner Ernennung im Jahre 1942 eng mit der Reichsbahn zusammengearbeitet. Er hatte insbesondere zu Ganzenmüller eine geschäftliche Beziehung mit freundschaftlichem Charakter aufgebaut. Während des Novembers wurden Speer und Kehrl jedoch zunehmend unzufriedener mit der Reichsbahn, in der Annahme, daß sie an derselben Ineffizienz kranke wie 1942. Am Monatsende entschlossen sie sich dazu, die Reichsbahn noch weitgehender in ihre bürokratische Domäne einzubinden. Kehrl verhandelte mit Dorpmüller und Ganzenmüller über die Ernennung von nationalen und regionalen Transportbevollmächtigten. Am 5. Dezember lehnte Ganzenmüller in einem an Kehrl gerichteten Brief, der Speer enttäuscht haben muß, den Vorschlag ab. Er argumentierte, daß die ZVL und ihre regionalen Stellen die Aufgabe der Verteilung von Laderaum in Wagen und Frachtkähnen bereits in geeigneter Weise erfüllten. Würde Kehrls Vorschlag angenommen werden, würde dies lediglich das wachsende Chaos vergrößern. Am nächsten Tag, dem 6. Dezember, übergingen Speer und Kehrl die Einwände Ganzenmüllers und ernannten Dr. Fritz Rudorf zum Bevollmächtigten für Wirtschaftstransporte. Er und seine Untergebenen wurden dazu ermächtigt, von sämtlichen staatlichen und wirtschaftlichen Einrichtungen jegliche Information erfragen zu können, die für die Erfüllung ihrer Aufgaben nötig war. Rudorf selbst bekam seinen Sitz in der ZVL. In nachfolgenden Verhandlungen konnte Dorpmüller ein paar Zugeständnisse erringen. Auf GBL-Ebene wurden keine Bevollmächtigten ernannt, und solche, die auf RBD-Ebene bestimmt wurden, wurden daran gehindert, ihre Büros im Verwaltungssitz der Direktion einzurichten. [196] Dorpmüller hatte die organisatorische Unabhängigkeit der Reichsbahn bewahrt. Doch die enge Beziehung zwischen dem RMfRuK und der DR, wie sie vor Speers Maßnahme bestanden hatte, würde sich nicht wieder herstellen lassen. Der Schaden für die deutsche Wirtschaft, der sich daraus ergab, war nicht abzuschätzen.

Die krebsartig wuchernden Auflösungserscheinungen griffen auch auf Speers eigenen Apparat über. Am 15. November nahm er in seinem Ministerium eine Umstrukturierung vor. Das Zentrale Amt, das Planungsamt sowie das Technische Amt übernahmen Teile des aufgelösten Rüstungsamts. Die Ringe und Ausschüsse wurden darauf neu abgestimmt. Die Machtbefugnisse der regionalen Rüstungsämter waren nichts mehr wert, als Hitler am 28. November die Gauleiter im Ruhrgebiet dazu ermächtigte, Konfiszierungen vorzunehmen. Es ist anzunehmen, daß sie zuerst den Ruhrgebietsstab konsultieren mußten, bevor sie handeln durften. Dies werteten sie jedoch als Signal, es zu unterlassen. Wie wir schon gesehen haben, ernannte Speer Albert Vögler zum Leiter des Ruhrgebietsstabs. Vögler trug auch den Titel des Generalbevollmächtigten für das Rhein-Ruhrgebiet. Er war dazu ermächtigt, in Speers Namen jede Maßnahme zu ergreifen, welche die eines anderen Bevollmächtigten außer Kraft setzte. Gegen diese Ernennung protestierte nicht nur Bormann scharf, vielmehr benutzte Vögler sie zu dem Versuch, die Industrie im Ruhrgebiet Speers Kontrolle zu entziehen. Speers Frustration, sowohl wegen des Chaos, das die Bomber anrichteten, als auch wegen des endlosen Gezänks innerhalb seines eigenen Verwaltungsapparats sowie zwischen diesem und der Partei, veranlaßten ihn dazu, sämtliche Dringlichkeitsregelungen für die Verteilung von Ressourcen am 14. Dezember mit Wirkung zum 1. März 1945 aufzuheben. Er hoffte, das Durcheinander zu überwinden, um von solchen Reserven, die übriggeblieben waren, am flexibelsten Gebrauch zu machen. Er dachte immer noch, der Krieg könne verlängert werden. [197]

Die RVK begann, sich ebenfalls aufzulösen. Pleiger organisierte ihre Verwaltung am 30. Dezember neu und hoffte, sie auf diese Weise zu rationalisieren und den Einfluß der SS zu vermindern. Viele untergeordnete Stellen wurden auch abgeschafft. [198]

Die schweren Verluste, die von der Reichsbahn, der Kohle- und Stahlindustrie hingenommen werden mußten, brachen im Januar 1945 schließlich den Willen, weiterzumachen. In einer Sitzung von Führungskräften der Industrie, die im RMfRuK abgehalten wurde, weigerten sich Rohland sowie andere Industrielle, und sogar Mitglieder des Ministeriums, Saurs fanatischem Aufruf zur letzten rücksichtslosen Anstrengung Folge zu leisten. [199]

Speers Haltung war gespalten. Nicht zu erkennen, daß der Krieg verloren war, dazu war er zu intelligent. Doch der Führer hielt auch ihn in seinem Bann. In einem Rechenschaftsbericht, den er am 27. Januar 1945 für seine Kollegen schrieb, ging Speer weiter, als nur ihre Erfolge bei der Aufrechterhaltung der Rüstungsproduktion zu loben. Er stellte klar die nicht wieder gut zu machenden Verluste heraus, die wegen der Transportbombardierung in der Kohle- und Stahlproduktion hingenommen werden mußten. Er wies auf die größeren Mißerfolge beim Erstreben seiner Produktionsziele für Panzer und Flugzeuge hin. Aber anders als Saur rief er nicht zu einem fanatischen Kampf zur Fortführung der Rüstungsproduktion auf. Stattdessen appellierte er zweideutig an sie, ein letztes Opfer zu erbringen, um die grundlegende Wirtschaftsstruktur der Nation zu bewahren, so daß weiterhin die Existenz des deutschen Volks gesichert sei. [200]

Nur vier Tage zuvor, am 23. Januar 1945, hatte er seinen letzten und verzweifeltsten Plan zur Erhaltung der Rüstungsproduktion und Fortführung des Kriegs bekanntgegeben. Das „Notprogramm des Führers" sorgte für die Fertigstellung so vieler Waffen wie nur möglich aus bestehenden Tellevorräten und unter minimalem Energieaufwand. Wann immer es möglich war, wurden Arbeitskräfte intensiv im Fertigungsprozeß eingesetzt. Einfache Waffen, wie Gewehre, Maschinenpistolen, Handgranaten und Panzerabwehrgeschütze erhielten die oberste Dringlichkeitsstufe. Zudem sollten Luftabwehrwaffen und die neuen ME-262-Düsenflugzeuge sowie Jäger vom Typ ME-163 mit Raketenantrieb hergestellt werden. Diese einfachen, aber wirkungsvollen Waffen sollten von möglichst vielen hochmotivierten Männern und dem Volkssturm eingesetzt werden, um den Vormarsch der Roten Armee und die Vergeltungsmaßnahmen, die von den alliierten Bombern ausgeführt wurden, zu stoppen. Sobald Oberschlesien und das Ruhrgebiet im Mai und Juni 1945 von ihren jeweiligen Peinigern befreit sein würden, sollte ein neues Programm vorgestellt werden. Dieses würde die verminderten Rohstoffquellen des Reichs so effizient wie möglich einsetzen, um eine neue Generation von hochwirksamen Kampffahrzeugen, leichten Waffen und Flugzeugen herzustellen. Dies alles würde Deutschlands Feinde zurückdrängen und eine erfolgreiche Beendigung des Kriegs erlauben. [201] Das war ein verrückter, aussichtsloser Plan. Wie lange Speer ihn ernst nahm, läßt sich nicht feststellen. Klar ist jedoch, daß Hitler und Leute wie Saur und Bormann ihn für bare Münze nahmen. Das Notprogramm bedeutete, daß die Widerstandsbemühungen weitergehen würden, und rechtfertigte die weitere Bombardierung des Reichstransportnetzes.

Die Bombardierung der Reichsbahn und der Binnenwasserwege, die seit September 1944 andauerte, hatte sich Ende Dezember 1944 und Anfang Januar 1945 fatal auf die Reichswirtschaft ausgewirkt. Die Kohlevorräte in der herstellenden Industrie schrumpften bei den Fabriken, denen der Kohleverbrauch gestattet war, und reichten statt wie Ende November für ungefähr drei Wochen im Januar 1945 nur noch für ein paar Tage aus. [202] Die Vorräte der Gaswerke waren in vielen Fällen erschöpft. [203] Annähernd 450 000 kW an Stromerzeugungskapazität waren allein wegen des Kohlemangels eingebüßt worden. [204] Hier waren die Vorräte auch soweit geschrumpft, daß sie nur noch für ein paar Tage genügten, obwohl der Bedarf um ein Fünftel gesenkt worden war. [205]) Die Gaserzeugung der Stadtwerke war im Dezember um 20 % unter das Vorjahresniveau gesunken. Die Gasproduktion in den Kokereien machte im Januar 1945 nur noch die Hälfte des Niveaus von 1944 aus. [206]

Die eingeschränkte Energieversorgung aufgrund der Transportbombardierung und der Unterbrechung der Komponentenlieferungen, die wegen der Standortstreuung im Frühjahr 1944 verwundbarer waren, verursachte einen Rückgang in der Rüstungsproduktion. Der Niedergang ging nicht gleichmäßig vonstatten, verzögerte sich in manchen Bereichen aufgrund der jeweiligen Beschaffenheit der Materialien, des Energieverbrauchs und der Vorräte in den verschiedenen Industriebereichen sowie Speers System der Dinglichkeitsregelungen. Doch im Januar 1945 waren die Produktionsmengen, die der wichtigsten Rüstungsgüter mit eingeschlossen, in allen Gebieten rückläufig. Jener Favorit der ersten alliierten Luftkriegsstrategie, die Kugellagerindustrie, brach im Dezember 1944 wegen der ausbleibenden Komponentenlieferungen zusammen. Trotz der Bombardierung der deutschen Synthetikbenzin-Industrie, blieben die Schmiermittelvorräte bis Anfang Januar 1945 auf dem erforderlichen Stand, der für sieben Tage ausreichte. Wegen der Transportschwierigkeiten konnten sie jedoch nicht ausgeliefert werden. [207]

Die Bomber hatten sich entlang der Versorgungsleitung vorwärtsgearbeitet und verursachten Kohle- und Rohstoffengpässe. Im November und Dezember brauchte Deutschland seine Vorräte an diesen Gütern sowie an Fertigteilen und Komponenten auf. Im Januar 1945 kam die Produktion schließlich zum Stillstand. Der Rüstungsproduktionsindex stürzte auf den Wert 227 herunter. [208] Dies repräsentierte einen Rückgang um 30 % gegenüber der Hochform im Juli 1944. Der Waffenausstoß ging auf den Stand vom August 1943 zurück. Der gesamte zweite Rüstungsgüterboom war zu nichts geworden. Es war ein Standard erreicht worden, der in diesem Bericht schon vorher aufgezeigt wurde. In der Rüstungsproduktion war ein Rückgang um ein Drittel eingetreten, kurz nachdem ähnliche oder sogar größere Verluste in der Grundstoffindustrie erlitten worden waren. Durch die Transportbombardierung war jedoch mehr erreicht worden. Die tatsächlichen Waffenlieferungen an die Wehrmacht wurden weniger. Gegenüber dem Maximum vom November 1944 gingen im Januar 1945 12 % weniger K-98-Gewehre ein und die Lagerbestände waren um zwei Drittel geringer, reichten nurmehr für drei Tage. Im Januar waren die Vorräte an 88-mm-Panzerabwehrgeschützen auf einem Stand, der nur noch für zwei Wochen genügte, was einen Niedergang gegenüber der Vorratsmenge für einen Monat bedeutete, die im Oktober 1944 noch aufrechterhalten werden konnte. [209] Die Lagerbestände an Granaten und Sprengstoffen waren ebenfalls extrem gering. Wie es der Generalquartiermeister der Armee jedoch am 26. Dezember 1944 deutlich machte, waren die Armeevorräte wegen des Chaos, das die Reichsbahn erfaßt hatte, nicht zugänglich. [210] Tausende Tonnen Sprengstoff warteten in den Fabriken darauf, zu den Munitionsdepots der Armee gebracht zu werden. [211] Sogar der Prozeß des direkten Waffen- und Munitionstransports aus der Fabrik zu den Kampfverbänden war zusammengebrochen. Anfang Januar 1945 hatte die Bombardierung der Verschiebebahnhöfe und Wasserstraßen bei der Wehrmacht einen enormen Waffenmangel hervorgerufen. [212]

Die Transportoffensive hatte sowohl physische als auch psychologische Auswirkungen. Auf der einen Seite wurden der deutschen Industrie und der Wehrmacht durch die wiederholte Bombardierung der Verschiebebahnhöfe, Kanäle und Viadukte reale Ressourcen vorenthalten. Sie verhinderte die Verteilung der Kohle, störte in entscheidendem Maße den Komponentenaustausch und zwang die deutsche Industrie, ihre Vorräte an diesen Stoffen aufzubrauchen. Die Bombenabwürfe hatten auch die kombinierte Wirkung, die Fähigkeiten zur Selbsterneuerung sowohl bei der Reichsbahn als auch der Industrie einzuschränken. Die Bombardierung schuf eine Notlage, die von selbst immer schlimmer wurde. Auf der anderen Seite rief die Transportoffensive auch psychologische Zwänge hervor, welche die Fähigkeit der deutschen Industriellenelite, auf Notlagen zu reagieren, einschränkte. Sie verstärkte die Spannungen, die das Nazi-System entweder unterdrückte oder, wie im Fall der Partei- und Regierungsstrukturen, förderte. Der Zusammenbruch des Fernmeldewesens, ein unbeabsichtigter Nebeneffekt der Angriffe, machte das Planen und die Koordination unmöglich. Die Folgen waren ein großer Kohlemangel mit schlimmen kurzfristigen Auswirkungen auf die gesamte deutsche Industrie, der Zerfall des Systems der Arbeitsteilung, schwerwiegende Einbußen in der Rüstungsproduktion und eine starke Einschränkung der Lieferungen an die Wehrmacht. Dennoch wurde die Katastrophe mancherorts nicht registriert. Anfang Januar 1945 wurde der Zusammenbruch der Reichswirtschaft weder in Hitlers Hauptquartier noch von der Mehrheit der alliierten Luftaufklärungs- und Kommandostellen erkannt, wenn auch aus unterschiedlichen Gründen.

8. Bis die Räder stillstanden

Krieg bedeutet nicht nur das Aufeinanderprallen von materiellen Mitteln, die von den Gegnern aufgeboten werden. Er ist auch ein Kampf, der auf psychologischer Ebene ausgetragen wird. In einem Unternehmen, wie dem strategischen Luftangriff auf das deutsche Transportsystem, waren die psychologischen und intellektuellen Faktoren besonders ausgeprägt. Anders als bei einer direkten militärischen Konfrontation waren die Ergebnisse schwer vorherzubestimmen, da sie nur mit einiger Verzögerung zum Vorschein kamen und man die Information darüber auf sehr unterschiedliche Arten erhielt. Auch unter bestmöglichen Umständen macht die Mehrdeutigkeit von Wirtschaftsdaten selbst kurzfristige Voraussagen schwierig. Doch wenn das zu analysierende Objekt absichtlich soviel wie möglich von dieser Information verbirgt, wenn die Bemühungen, sie zu erlangen, durch das Wetter und bürokratischen Widerstand behindert werden, dann wird die Aufgabe unendlich schwierig. Jedes dieser Hemmnisse behinderte die Alliierten bei ihrem Versuch, über den Rhein zu spähen, um festzustellen, was als Ergebnis ihrer Bombenabwürfe mit der deutschen Wirtschaft geschehen war.

Die Militäroffiziere und Zivilisten in Uniform, die sich damit befaßten, die Wichtigkeit von Wirtschaftsinformationen zu beurteilen, tappten immer wieder im Dunkeln. Das schlechte Wetter verringerte den Umfang der Informationen, die man anhand von Fotoaufklärung herausbekommen konnte. Von ebensogroßer Bedeutung war, daß die sture bürokratische Opposition einige sehr aufschlußreiche Informationen unterdrückte, die man mittels SIGINT (signal intelligence = Funkaufklärung) erhalten hatte. Folglich suchten die Alliierten, obwohl die deutsche Wirtschaft zusammenbrach, nach einer Strategie, die dem Krieg ein Ende bereiten würde. Erst als das Wetter sich im Januar 1945 besserte, man erkannte, daß Ultra wichtige Geheimnisse entschlüsselt hatte, als Oberschlesien überrannt wurde und Sir Arthur Tedder seine Autorität wiedergewonnen hatte – erst dann wurden die Lähmung der Reichsbahn sowie der Kohlemangel wahrgenommen, und für das Unternehmen Transportoffensive kam eine neue Einigkeit zustande. Letztendlich kamen Teile innerhalb der Gesamtheit der alliierten Luftaufklärung und sämtliche Befehlshaber der alliierten Luftstreitkräfte nach vielen Mißverständnissen darin überein, Dringlichkeitsstufen für Bombenabwürfe in Einklang mit Tedders Konzept festzusetzen. Daraus ergab sich eine neue zerstörerische Offensive gegen die DR. Doch zu diesem Zeitpunkt war die Reichsbahn und mit ihr die deutsche Wirtschaft bereits ins Stocken geraten. Die neue Angriffswelle machte unter den vernünftigen deutschen Führungskräften alle Hoffnungen auf eine Wiedererstarkung zunichte und unterstützten den letzten Anfall nihilistischer Zerstörungswut bei Hitler und seinen Gefolgsleuten.

Den ganzen November über kamen bei den alliierten Nachrichtenoffizieren Zweifel bezüglich der Ergebnisse des ersten Transportangriffsplans auf. Es kam ihnen so vor, als ob die Wirkung auf sich warten ließe oder es gar keine gäbe. Die Ardennenoffensive ließ die alliierte Luftaufklärung

Die Luftaufnahmen auf dieser Seite zeigen die Bahnanlagen in Crailsheim vor und nach dem Fliegerangriff vom 23. Februar 1945. Gut zu erkennen ist der zu etwa 80 % zerstörte Bahnhof, auf den lt. Abschlußbericht des strategischen Bomberkommandos in zweimal 20 Minuten 80 B-17-Bomber der 3. Air Division insgesamt 928 Bomben mit je zehn Zentner Gewicht abwarfen.

AUFNAHMEN: SLG. WILLI GLASBRENNER

und Kommandostellen in Mutlosigkeit verfallen. Nach allem, was geschehen war, den viereinhalb Jahren Bombenkrieg und vielen schlimmen Niederlagen an der West- und Ostfront, hätte Deutschland eigentlich nicht mehr in der Lage sein sollen, eine solche kraftvolle Offensive durchzuführen. Aus dem starken Optimismus während des Sommers und Herbstes wurde finsterer Pessimismus. In Kreisen der USAAF wurde prophezeit, daß der Krieg nicht vor dem Sommer 1945 zu Ende sein würde. Der Vereinigte Nachrichtenausschuß der CCS in Washington befürchtete, daß Deutschland den Krieg um eine beträchtliche Zeit verlängern könnte, und bemerkte keine Verschlechterung der Fähigkeit des Reichs, einen Kampf durchzustehen. In Jalta setzten die CCS die Sowjets darüber in Kenntnis, daß sie mit einer Beendigung der Feindseligkeiten in Europa nicht vor Juli oder Dezember 1945 rechneten. [1] Diese schrecklichen Vorhersagen zeigen an, wie wenig Ahnung die Alliierten von der Art und Weise hatten, in der die deutsche Wirtschaft funktionierte, und wie falsch sie die Wirkung ihrer Bombardierung einschätzten. Sie übertrugen größtenteils einfach das, was sie aufgrund der letzten Ereignisse für einen Trend hielten, auf die weitere Zukunft.

Der scheinbare Fehlschlag der Bomberoffensive und speziell des Überfalls auf das Reichstransportsystem löste eine weitere Überprüfung der alliierten Luftkriegsstrategie aus. Am 8. Januar 1945 bat General Arnold seinen Stab darum, den strategischen Bombenfeldzug neu auszuwerten, einen kritischen Blick auf die Dringlichkeiten zu werfen und eine Reihe neuer Vorschläge vorzubereiten. Kuter sprach für den Luftwaffenstab und gab zu, daß schwere Fehler gemacht worden seien. Doch konnte er nichts radikal Neues bieten. Er schlug einfach vor, sich auf kurzfristige Ziele zu konzentrieren und die Offensiven gegen das Transportsystem sowie das Öl wirkungsvoller aufeinander abzustimmen. Er lehnte insbesondere Zuckermans Konzept der Transportbombardierung als zu zeitraubend ab, als ob all die Bomben, die während der letzten vier Monate auf die Verschiebebahnhöfe und Kanäle niedergegangen waren, niemals abgeworfen worden wären. [2]

In Anbetracht dessen, was wir davon wissen, was in Deutschland vor sich ging, während Kuter seinen Bericht schrieb, könnte es einem unglaublich vorkommen, daß solche Fehler gemacht werden konnten. Doch Kuter und seine Kollegen in Washington und im Londoner Luftfahrtministerium waren Opfer der hohen Anforderungen geworden, die an die Luftstreitmacht gestellt wurden, und so erwarteten sie Ergebnisse in unmöglich kurzer Zeit. Sie glaubten ihren eigenen Gerüchten und waren deshalb nicht in der Lage, den Sieg zu erkennen, als er nahe war. Obwohl genaue Gutachten zur Struktur der Reichswirtschaft erhältlich waren, wurden sie von den meisten Strategen außer acht gelassen, insbesondere auf amerikanischer Seite. Für sie erwies es sich als schwierig, zu lernen, während sie mit kriegerischen Unternehmungen beschäftigt waren. In diesem Fall reagierten sie so, wie es die meisten Bürokraten tun. Die Reaktionen, die vor der Krise in Fleisch und Blut übergegangen waren und ein Vorwärtskommen sichergestellt hatten, waren nur schwer abzulegen, als sie sich als unwirksam erwiesen. Dies war besonders schwer, da die Vielzahl der Nachrichtendienste den bürokratischen Egotismus förderte. Diese Faktoren, die gegen eine akkurate Einschätzung der Lage arbeiteten, wurden durch einen Mangel an aktueller Information gestärkt. Am meisten mangelte es an der Fotoaufklärung.

Die ACIU wurde durch zwei größere Faktoren behindert, der Wolkendecke und den falschen Prioritäten. Im ganzen November, fast während des gesamten Dezembers und sogar im Januar 1945 die meiste Zeit über hinderte eine starke Bewölkung die Aufklärungsflugzeuge daran, das deutsche Transportsystem zu observieren. Mehrmalige Flüge waren notwendig, um die Reparaturarbeit zu beobachten, den Zustand des Verschiebebetriebs einzuschätzen und die Einsätze der Lokomotiven zu beurteilen. Doch unter den gegebenen Umständen erwies sich dies als unmöglich. Daraus ergab sich, daß die Fotoaufklärer und diejenigen, die sich auf sie stützten, dazu gezwungen waren, sich an Mutmaßungen zu halten. Dies öffnete dem Vorurteil Tür und Tor, so daß es die Gutachten prägte. Da die Fotoaufklärung in den früheren Beurteilungen eine übergeordnete Rolle gespielt hatte, war ihr Fehlen von besonders großer Bedeutung. [3]

Genauso bedeutsam war die falsche Anwendung des Bildmaterials, das sie erhielten. Die Gewohnheit, es den Benützern des Geheimmaterials zu überlassen, zu bestimmen, wie das gesammelte Material ausgewertet werden sollte, übte einen schädlichen Einfluß aus. Der CSTC setzte Prioritäten für die Fotoaufklärung fest und bestimmte Strecken, auf denen aller Wahrscheinlichkeit nach Militärtransporte stattfanden, sowie Bahnhofsbereiche, ohne Bezug zum Wirtschaftsverkehr. Die Folge war, daß die Kohlehauptabfuhrstrecken, sogar als keine Wolkendecke über ihnen lag, unentdeckt blieben. Wenn diejenigen, welche die Fotos auswerteten, Bahnhöfe beurteilten, schafften sie es oft nicht, zwischen Stationen für den Personenverkehr und Verschiebebahnhöfen zu unterscheiden, und legten häufig Wert auf die Beschädigung von Strecken, ohne die Ablaufberge, Weichen und Lokschuppen zu beachten. [4] Die ACIU hatte sogar damit Probleme, die Situation bei Bielefeld einzuschätzen. [5] Im Gegensatz dazu war die Berichterstattung über die Bruchstellen bei Ladbergen und Gravenhorst wegen der Befürwortung der Angriffe auf Kanäle durch den CSTC gut. [6]

Angesichts dieser Hindernisse ist es nicht verwunderlich, daß das Niveau der Informationssammlung insgesamt niedrig war. Die Erwartungen des MEW, daß Speers Apparat zusammenbrechen würde, waren mehrmals enttäuscht worden und nun wurde es, durch die Ardennenoffensive darin bestärkt, bei seinen Beurteilungen extrem konservativ. In seinem Bericht über die letzten sechs Monate des Jahres 1944 kam das MEW zu dem Schluß, daß kein Rückgang der Rüstungsproduktion in der nahen Zukunft erwartet werden könne. Es ließ die Berichte über eine Kohleknappheit unberücksichtigt und argumentierte, daß das größte Problem der Reichsbahn ein Personalmangel sei. [7]

Die EOU und der CSTC hatten das Gefühl, daß sich ihre Zweifel gegenüber der Transportoffensive bestätigt hatten. Die EOU brüstete sich damit, daß das Gespenst (the bogey of strategic general attack) des strategischen Großangriffs auf den Eisenbahntransport beinahe, aber noch nicht ganz, ausgetrieben sei. [8] Der CSTC beklagte den Mangel an Fotoaufklärung und detaillierter statistischer Information. [9] Er betonte, daß der direkte Verkehr nicht hatte gestoppt werden können und kam zu dem Schluß, daß die Angriffe den Truppenaufmarsch für die Ardennenoffensive nicht hatten aufhalten, geschweige denn die Wirtschaft schädigen können. Es wurde hartnäckig argumentiert, daß die Gebietsverluste und die Öloffensive die Gründe dafür seien, wenn irgendwelche Produktionsrückgänge eingetreten seien. [10] Zudem war man sich sicher, daß die weitreichende Zerstörung des Transportsystems, die für eine merkliche Verminderung der wirtschaftlichen Aktivität notwendig sein würde, nicht erreicht werden könne. [11] Sogar noch Mitte Januar 1945 brachte der CSTC das Argument, daß es keinen Beweis dafür gäbe, daß eine beträchtliche Störung, wie zum Beispiel die Einschränkung von Kohletransporten bestimmter Art, aufgetreten sei. [12] Er ließ auch den Faktor Zeit außer acht. Darin blieb man im CSTC relativ konsequent, da der dortigen Einschätzung nach alle vorangegangenen Bombardierungen des Transportsystems, bis auf die Angriffe auf die Kanäle, wirkungslos gewesen waren und deshalb in Deutschland der Prozeß der Verminderung der Materialreserven und Zulieferungen erst beginnen würde. Eine wirkungsvolle Variante des Transportangriffs, von der die USSTAF-Vertreter im CSTC dachten, daß sie nie gefunden werden könne, würde diese Ressourcen erst vernichten, daß heißt, der Versorgungselastizität der Reichswirtschaft ein Ende setzen müssen, bevor sie die Kampfstärke der Wehrmacht würde vermindern können. [13] Der CSTC befürchtete, daß weitere „acht Monate oder ein Jahr" vergehen würden, bevor Tedders Plan fruchten würde. [14] Der Ausschuß hatte seine Schwierigkeit zum Teil deshalb, weil er durch Tedders doppelte Zielsetzung irritiert war. Außerdem hatten einige der Ausschußmitglieder das Gefühl, daß der stellvertretende Oberste Befehlshaber versucht hatte, sie zu überlisten, indem er die schweren Bomber gefordert hatte, um zur Unterstützung der Armee Eisenbahnobjekte anzugreifen, wo er doch in Wirklichkeit hoffte, mit Hilfe dieser Angriffe seine Ziele in bezug auf die Wirtschaft zu erreichen. [15] Im Prinzip vertraute der CSTC felsenfest auf den Ölplan und andere Zielsysteme würde er nur mit größtem Widerwillen in Erwägung ziehen.

Lediglich Tedders Nachrichtenstab im SHAEF schaffte es, das Puzzle zusammenzufügen, obwohl noch viele wichtige Teile fehlten. Hier war man dazu in der Lage, weil man für die Vorstellung empfänglich war, daß die Transportangriffe erfolgreich sein könnten, und weil man näher am Kriegsschauplatz war und so schneller und direkter an seine Information gelangte. Doch besonders im Januar hatte der Nachrichtenstab bei der Einflußnahme auf die Zielauswahl große Probleme, da sein Chef im Abseits stand. Tedder gehörte zu denen, die durch das Überraschungsmanöver in den Ardennen die größten Rückschläge einstecken mußten. Seine Strategie schien von den Panzerdivisionen gründlich widerlegt worden zu sein. Er war auch mit einigen der Befehlshaber der alliierten Bodentruppen in Konflikt geraten. Es lief eine ernste Kampagne, ihn abzusetzen. Obwohl seine Gegner nicht die Macht besaßen, ihre Ziele letztendlich zu erreichen, schafften sie es, ihn durch eine Reise nach Moskau, die vom 1. bis 19. Januar dauerte, aus dem Weg zu haben. [16] Die Abteilung G-2 des SHAEF mußte sich in der Wildnis behaupten.

Dennoch beharrte das SHAEF unerschütterlich auf seinem Standpunkt, daß die Attacken auf Verschiebebahnhöfe, ergänzt durch Angriffe auf die Wasserstraßen, gravierende und unmittelbare wirtschaftliche Konsequenzen für Deutschland hätten. [17] Schritt für Schritt erhellte es die Einzelheiten der Lage, in der sich Deutschland befand. Anfang November verließ es sich auf Aussagen von Kriegsgefangenen, daß die DR den Bedarf der Wirtschaft nur zu einem minimalen Teil erfülle. Es deutete darauf hin, daß die Reichsbahn sich nach wie vor eines leistungsfähigen Reparaturdienstes erfreute, der sie in die Lage versetzte, Schäden rasch zu beheben. Außerdem glaubte das SHAEF von der DR, daß sie dazu fähig sei, den Verkehr problemlos umzuleiten und intensiveren Gebrauch von ihren Lokomotiven zu machen. Zudem sei die Reichsbahn nicht von Sabotage betroffen. Allerdings irrte das SHAEF, wenn es auch genügend Lokomotivkohle und ein reibungslos funktionierendes Fernmeldesystem bei der DR annahm. [18] Den Dringlichkeitsregelungen für Reparaturen der Reichsbahn kam es auf der Grundlage von Agenten- und Gefangenenberichten sowie der Fotoaufklärung ebenfalls auf die Spur. Man erkannte, daß bei Streckenunterbrechungen oberste Dringlichkeit angesagt war. Als nächstes kamen die Verschiebebahnhöfe, dann die Bahnhöfe für den Personenverkehr, Güterverladestationen und schließlich die Lokschuppen. [19] Das SHAEF zog daraus nicht den Schluß, daß es viel wichtiger war, den Verschiebebetrieb zu unterbrechen als Einrichtungen für die Lokomotivinstandhaltung zu beschädigen. Stattdessen bestand es unerschütterlich darauf, daß ein Lokomotivmangel herrsche. Ende November erhielt es aus der Schweiz einen falschen Bericht über einen bevorstehenden Streik bei den Reichsbahnern. Gleichzeitig plazierte es dennoch ein wichtiges Puzzleteil. Es registrierte, daß ein Kohlemangel Lokomotiven lahmgelegt hatte. [20] Das SHAEF fuhr damit fort, sein Bild von der deutschen Wirtschaft zu verfeinern, bis es am 22. Januar 1945 in der Lage war, daraus zu schließen, daß die Wirtschaftsaktivität in Deutschland infolge der Transportstörung beträchtlich nachgelassen hatte. Der Zusammenbruch der Kohleversorgung, der Rohstofflieferungen und des Komponentenaustauschs hatte die Produktion schwer beeinträchtigt. Es habe den Anschein, so folgerte das SHAEF, daß die Angriffe auf das Kommunikationsnetz eine weitreichendere Beeinträchtigung der Produktion verursacht hätten, als man bislang geglaubt habe. [21]

Der langsame Prozeß des allmählichen Begreifens des Chaos, das in Deutschland regierte, kam im Februar 1945 einen wichtigen Schritt vorwärts. Als Bestandteil der Neueinschätzung der Luftkriegsstrategie der Alliierten, die durch die Ardennenoffensive ausgelöst wurde, ordnete Sir Norman Bottomley, Stellvertretender Leiter des Luftwaffenstabs der RAF in Zusammenhang mit der Transportoffensive eine komplette nochmalige Überprüfung von Ultra an. Die Studie zeigte, daß der CSTC monatelang Enigma-Informationen über die Reichsbahn und Wirtschaft unterdrückt hatte. Oliver L. Lawrence sprach von 20 000 Wirtschaftsnachrichten, die wöchentlich aufgefangen, jedoch nicht analysiert wurden, da sie aller Wahrscheinlichkeit nach „nicht besonders aufschlußreich" waren. [22] Der Bericht, der aufgrund Bottomleys Nachforschung zustandekam, erschien am 28. Februar und förderte eine Fülle an erschreckender Information zutage. Eine Ultra-Entschlüsselung, die das Datum 15. Februar 1945 trug, lautete, „obwohl es Anhäufungen (Rohstoffe), zum Beispiel von Kohle, an den Orten gibt, wo sie produziert werden, übt die Unfähigkeit, sie zu transportieren, einen negativen Effekt auf die Produktion verschiedener Kriegsmaterialien aus." [23] Eine andere, die seit Oktober 1944 ungenutzt herumlag, stellte fest, daß „am 20. Oktober der Reichsminister für Rüstungs- und Kriegsproduktion berichtete, daß wegen der Zerstörung von Verkehrseinrichtungen und wegen des Energiemangels 30 bis 50 % aller Werksanlagen in Westdeutschland stillgelegt seien". [24] Andere Berichte beschrieben detailliert die Verminderung der Kohlevorräte, die Beeinträchtigung der Leistung bei den Versorgungsbetrieben und den starken Rückgang bei der Rüstungsproduktion. [25]

Diese „neue" Information reichte nicht dazu aus, die Debatte über die Bombardierung zu entscheiden. Zu viele mächtige Einzelpersonen hatten die Transportoffensive scharf verurteilt, als daß nun einfach aufgrund des Erscheinens eines neuen Beweises eine rasche Wende hätte eintreten können. Eine „goldene Brücke" war notwendig, damit der Ruf dieser Leute keinen Schaden nahm. Für einen Ausweg sorgte die Rote Armee, als sie Oberschlesien überrannte. SHAEF G-2 spürte als erster, wie wichtig der Erfolg der Roten Armee war. Am 5. Februar wurde hier im regelmäßigen Bericht zur Lage des Transports betont, daß der Verlust Oberschlesiens dem Ruhrgebiet und speziell den bereits geschwächten Verschiebebahnhöfen und Verkehrsadern, die das Ruhrgebiet bedienten, eine noch schwerere Last aufbürdete. [26] Dieses Argument erwies sich

Vom Ringlokschuppen des Bw Neumünster blieben nur noch Trümmer übrig. Die Wucht der explodierenden Bomben war so groß, daß der Wasserturm in Schräglage geriet. Bei dem auf der unteren Aufnahme zu erkennenden Bahnbetriebswerk dürfte es sich um das Bw Leipzig West handeln.

AUFNAHMEN: SLG. HANSJÜRGEN WENZEL, SLG. GERHARD GREß

Ein Fliegerangriff am 21. November 1944 auf den Bahnhof Hünfeld der Strecke Fulda – Bebra verursachte schwere Schäden. Alle neun Gleise des kleinen Bahnhofs wurden durch 28 große Bombentrichter unterbrochen. Ein gerade von Fulda kommender Güterzug fuhr bei der südwestlichen Einfahrweiche in einen der Bombentrichter.
AUFNAHMEN:
WENZELBURGER/SLG. SLEZAK

Im Februar 1945 war der Bahnhof Graben-Neudorf der Strecke Mannheim – Karlsruhe Ziel eines Fliegerangriffs. Von einer Straßenbrücke aus ist ein großer Bombentrichter in den Gleisen 5 und 6 zu erkennen.

Mannheim Hbf nach dem Angriff vom 1. März 1945. Im Bild die zerstörte Bahnhofshalle, das Empfangsgebäude und die westliche Ausfahrt zur Rheinbrücke.

Beim Angriff vom 11. Dezember 1944 gab es vier große Bombentrichter im Bereich des Stellwerks 7 (Kleinfeld) und beim Haltepunkt Fabrikstation.
AUFNAHMEN:
WENZELBURGER/SLG. SLEZAK

Den letzten schweren Luftangriff erlebte Mannheim am 1. März 1945. Im Gebiet des Hauptbahnhofs wurden 23 große Bombentrichter registriert. Bis auf Stellwerk 2 wurden alle Stellwerke vollständig zerstört. Die Aufnahmen auf dieser Seite zeigen oben den zerstörten Lokschuppen 2, in der Mitte das umgestürzte Stellwerk 4. Auf der unteren Aufnahme ist die Abstellgruppe C abgebildet. Die rechte Seite zeigt oben die Ruine des Stellwerks 7 (Kleinfeld) sowie unten einen der großen Bombentrichter in den Hauptgleisen beim Lokschuppen 2.
AUFNAHMEN:
WENZELBURGER/SLG. SLEZAK

Mannheim Hbf

Nochmals drei Aufnahmen vom schweren Fliegerangriff auf Mannheim am 1. März 1945. Die nebenstehende Abbildung vom 3. März 1945 zeigt eine Dampflok der Baureihe 52 mit Steifrahmentender, die im Bereich des Bw Pbf einen Volltreffer erhalten hatte.

Blick auf die Ruinen des Empfangsgebäudes sowie der Gebäude auf dem Bahnhofsvorplatz.

Bei einem Angriff auf den Bahnhof Graben-Neudorf kurz vor Weihnachten 1944 wurde ein gerade nach Karlsruhe ausfahrender Schnellzug getroffen. In den Trümmern starben 27 Menschen.
AUFNAHMEN: WENZELBURGER/Slg. SLEZAK

Am 19. März 1945 flogen die Alliierten noch einen Angriff auf den Bahnhof Schwetzingen. Dabei wurden alle Gleise durch acht große Bombentrichter unterbrochen. Die beiden Bilder (oben und mitte) vom selben Tag zeigen die Zerstörungen im Bereich des Stellwerks 2.
AUFNAHMEN:
WENZELBURGER/SLG. SLEZAK

Wenige Tage danach, am 26. März 1945, wurde auch der Bahnhof Hockenheim an der Strecke Mannheim – Karlsruhe angegriffen. Beide Richtungsgleise wurden durch einen Bombentrichter und umgestürzte Wagen blockiert.
AUFNAHME:
WENZELBURGER/SLG. SLEZAK

als ausschlaggebend. Dennoch hatte es keine unmittelbare Auswirkung auf die Dringlichkeitsstufen für die Bombenabwürfe. Das Ausschußsystem, das von den Alliierten zur Ausarbeitung einer Strategie verwendet wurde, arbeitete langsam. Es schuf halbherzige Kompromisse. Andersherum betrachtet verhinderte es auch größere Fehler und stellte sicher, daß eine Strategie, auf die man sich geeinigt hatte, durch die untergeordneten, einsatzbereiten Truppenverbände angewendet werden würde. Zudem waren die bürokratischen Verhältnisse bis Februar vereinfacht worden. Tedder war aus Moskau zurückgekehrt und hatte sich seine Stellung zurückerobert. Nun konzentrierte sich die Entscheidungsfindung nur noch auf zwei Kreise: den CSTC und die Konferenzen der Befehlshaber der Luftstreitkräfte. Tedder gewann die Kontrolle über letztere zurück und spielte ersteren aus. [27] Der CSTC war mit Tedders Strategie nie völlig einverstanden. Er tolerierte die Angriffe auf das Transportsystem nur dann, wenn es sich seiner Meinung nach um einen Ausnahmefall handelte, so im Ruhrgebiet nach dem Verlust Oberschlesiens. [28]

Wie ein Jäger, der sich annähert, um den Fangschuß abzugeben, verbesserte die Abteilung SHAEF G-2 ihre Argumente zugunsten der Transportbombardierung und drängte auf eine konzertierte Aktion, die das Ruhrgebiet isolieren sollte. Mitte Februar war sie dahinter gekommen, daß die Rüstungsproduktion im Ruhrgebiet selbst rückläufig und die Fähigkeit der Region, ihre Einzugsgebiete zu versorgen, am Schwinden war. Ein letzter Großangriff auf das Reichsbahnnetz, welches das Ruhrgebiet bediente, würde der Rüstungsproduktion ein Ende bereiten. Ohne Zweifel war das SHAEF jetzt auf die Wurzel des Problems gestoßen. Es war ein schlimmer Kohlemangel ausgebrochen, der die DR dazu zwang, ihre Lokomotiven mit Braunkohle zu feuern. Die Bombardierung der Verschiebebahnhöfe hatte vor dem Verlust Oberschlesiens eine Güterwagenschwemme verursacht, welche die Reichsbahn dazu zwang, Wagen massenweise entgleisen zu lassen. [29] Das SHAEF hatte die Situation rasch innerhalb weniger Wochen erfaßt. Der CSTC beschritt die „goldene Brücke" und zog nach.

Mitte Februar sahen Lawrence, Wood, Bufton und alle anderen Mitglieder des CSTC, mit Ausnahme der EOU-Vertreter, im Verlust Oberschlesiens mit einem Mal die entscheidende Entwicklung, die einen Luftangriff rechtfertigte, um die rheinisch-westfälische Industrieregion zu isolieren. [30] Bis zum Monatsende hatte der CSTC die Ansichten des SHAEF gänzlich übernommen. Seine Sitzung vom 28. Februar war von der Diskussion über den niedrigen Leistungsstand des Kohleverkehrs im Ruhrgebiet und dessen Verwundbarkeit durch Bomben geprägt. Ein Plan zur Isolierung der Region wurde vorgeschlagen und vorläufig akzeptiert. [31] Tedders doppelte Zielsetzung wurde beibehalten. Mitte Februar bestimmten Eisenhower und der Einsatzstab des SHAEF das Ruhrgebiet zum vorrangigen Ziel ihrer geplanten Bodenoffensive. [32] Der Meinungsumschwung im CSTC brachte mit sich, daß die Luftaufklärung auf die Kohlehauptabfuhrstrecken verlagert wurde und die Fotoaufklärer angewiesen wurden, den Verschiebebetrieb und die Kohlevorräte bei den Lokschuppen zu beobachten. [33]

Tedder hatte einen größeren Sieg davongetragen, der ihn dazu befähigte, die Prioritäten in Richtung Transport zu lenken. Doch es blieb schwierig für ihn, sich zu behaupten, da eine Anzahl mächtiger politischer Faktoren die Zielauswahl stark beeinflußten. Das Bestreben, den Krieg dadurch rasch zu beenden, indem man die anrückenden Armeen, auch die Sowjets, unterstützte, und schließlich den Willen zum Widerstand im deutschen Volk brach, führte oftmals zu Verschiebungen bei den Zielprioritäten. Mitte Januar standen Öl und Düsenflugzeuge an oberster Stelle der Prioritätenliste. An zweiter Stelle befanden sich Ziele innerhalb des Transportsystems, insbesondere Strecken, die das Ruhrgebiet bedienten. [34] Am Monatsende wurden dann die Stadtgebiete von Berlin, Leipzig und Dresden auf Position Zwei angehoben, und der Transport rutschte auf den dritten Rang ab. [35] Churchill hatte entschieden, daß eine letzte Serie massiver Angriffe das deutsche Volk dazu bringen sollte, verzweifelt Frieden von seinen Führern zu fordern. Die Attacken wurden ausgeführt, doch die Deutschen kämpften verbissen weiter. [36] Tedder maß diesen Operationen wenig Bedeutung bei und fuhr damit fort, sich für eine stärkere Konzentration auf Transporteinrichtungen, die das Ruhrgebiet bedienten, einzusetzen. [37]

Die Art der Zielauswahl veränderte sich während des Januars. Wegen der mangelnden Übereinstimmung der Meinungen und der Ardennenkrise wurden die Prioritäten sehr grob festgelegt. Der CSTC und die Befehlshaber der Luftstreitkräfte trafen sich wöchentlich, um in Anbetracht der neuesten Kenntnisse und des Stands der internen Diskussion Angriffsziele auszuwählen. Am 24. Januar schlug der CSTC, der sich in diesem Stadium noch nicht mit Tedders Ansicht abgefunden hatte, einen Übergangsplan zur Durchführung der Transportoffensive vor. Sein Ziel bestand darin, das Fundament für ein endgültiges Programm zu legen, welches das Chaos ausnützte, das durch die Ardennen-Bombardierung entlang des Rheins verursacht wurde, um den Rückzug von deutschen Truppen in die Reserve zu verhindern und den Kohle- und allgemeinen Wirtschaftsverkehr zu reduzieren. Er setzte die Region Mannheim/Frankfurt (Main)/Mainz an die Spitze seiner Liste, das Gebiet um Köln/Bonn/Siegen/Dillenburg/Marburg an die zweite Stelle und die Hauptverkehrsadern des Ruhrgebiets durch Paderborn, Hamm und Münster an die dritte. [38] Tedder nahm wahr, daß die Kohlehauptabfuhrstrecken in dieser Prioritätenliste zwar eine bedeutende Rolle spielten, die wesentlichen Routen, die nach Osten führten, hingegen unbeachtet blieben. Er fand einen Ausweg, indem er hinter den Kulissen agierte, um diese Strecken an die erste Stelle setzen zu lassen. [39] Das Merkmal des Angriffs, der die Bombardierungen der Verschiebebahnhöfe ergänzte, sollte eine größere Anstrengung bei der Zerstörung von Viadukten und Brücken entlang sämtlicher Kohleabfuhrstrecken sein. Dieser „Übergangsplan" wurde ab Ende Januar ausgeführt. Dennoch blieben die Prioritäten für die Bombardierung auch im Februar ein ständiges Diskussionsthema.

Tedder setzte sich unentwegt für seinen Plan ein und erreichte einen Durchbruch, als der CSTC das SHAEF am 10. Februar aufsuchte. [40] Man kam darin überein, daß das Hauptziel nun die Isolation des Ruhrgebiets sein sollte. Am 14. Februar begann der CSTC, Pläne zur Erreichung von Tedders Ziel vorzubereiten. [41] Der stellvertretende Oberste Befehlshaber überließ nichts dem Zufall. Seinen Stab im SHAEF ließ er einen eigenen Plan ausarbeiten. Er nahm die Hauptabfuhrstrecken bei Hamm, Soest und Münster ins Visier und beinhaltete den Vorschlag, Viadukte zu zerstören, sowie die Idee, größere Verschiebebahnhöfe innerhalb des Ruhrgebiets, nicht nur an seiner Peripherie, zu schädigen, um das gesamte Verkehrsvolumen, das in dieser Region erzeugt wurde, zu vermindern. [42] Dieser Plan wurde am 15. Februar in der Konferenz der Luftwaffenbefehlshaber besprochen. Die Führer der Luftstreitkräfte empfahlen, die Angriffe auf Verschiebebahnhöfe, Brücken und Viadukte sowie die Attacken durch die Jagdflugzeuge eng aufeinander abzustimmen, um das Ruhrgebiet zu ersticken. [43]

Tedder bekam es mit einer weiteren Widrigkeit zu tun. Am 1. Februar hatte Spaatz in einer Sitzung der Luftwaffenbefehlshaber einen Angriff auf eine große Anzahl von kleinen Eisenbahneinrichtungen vorgeschlagen, die über ganz Deutschland verstreut waren. Er hoffte, dadurch sowohl die Reichsbahn zu schwächen als auch dem deutschen Volk die Überlegenheit der alliierten Luftstreitmacht zu demonstrieren. Dies würde, so hoffte er, den Kämpfen ein rasches Ende bereiten. Der Vorschlag von Spaatz war nicht neu. Ähnliche Pläne waren seit dem Herbst schon ausgeheckt worden. Tedder war gegen sie, da er sie für eine Verzettelung hielt. Der Kern seines Konzepts bestand in der Konzentration auf Transporteinrichtungen, die das Ruhrgebiet bedienten und eine größere Rolle bei der Funktion der Reichsbahn spielten. Clarion versprach, als Spaatz' Plan abgelehnt wurde, nur eine Aufteilung der Aktion sowohl in bezug auf die geografische Reichweite als auch die Wirkung auf DR-Einrichtungen. Tedder war nicht in der Lage oder nicht gewillt, Clarion Einhalt zu gebieten, weil er möglicherweise fürchtete, Spaatz zu entfremden, der mit ihm zusammengearbeitet hatte. In der Folge flogen am 22. Februar sowohl die Achte als auch Fünfzehnte Air Force bei klarem Wetter in geringer Höhe quer durch Deutschland Angriffe auf Bahnstationen, Bahnübergänge, Brücken und Verschiebebahnhöfe, von denen die meisten nie zuvor bombardiert worden waren. Spaatz war von den scheinbaren Ergebnissen derart angetan, daß er Clarion am nächsten Tag eine Wiederholung befahl. Doch die Wirkung war gering. Dorpmüller sagte nach dem Krieg aus, daß die Angriffe, die an den beiden Tagen geflogen worden waren, sich nicht von den anderen unterschieden hätten. [44]

In der Zwischenzeit hatte der CSTC seinen Plan zur Isolierung des Ruhrgebiets vollendet. Diesem Plan wurde in der Konferenz der Luftwaffenbefehlshaber, die am 1. März abgehalten wurde, zugestimmt. Der Ruhrgebietsplan oder das „Flügelhorn" (bugle), wie Tedder ihn getauft hatte, war auf zwei Ziele ausgerichtet. Gemäß der Wichtigkeit war der Kohleverkehr aus der Region zu stoppen und die Unterstützung der Armeen, die dort der geplanten Bodenoffensive der Alliierten Widerstand leisteten, zu verhindern. [45] Auf jeder Strecke, die innerhalb eines Bogens lag, der sich von Bremen aus zur Weser, nach Bielefeld und südwärts nach Koblenz erstreckte, würden eine Brücke oder ein Viadukt zerstört werden. Insgesamt hatte man achtzehn Brücken und Viadukte anvisiert, von denen sechs den schweren Bombern zugeteilt wurden. Innerhalb des Bogens sollten jeder Verschiebebahnhof und jede Einrichtung für die Reparatur von Lokomotiven heftig und wiederholt bombardiert werden. Diese Hammerschläge sollten durch den Beschuß von Jagdflugzeugen aus ergänzt werden, um örtliche Verkehrsstockungen zu verursachen und Verwirrung zu stiften.

Tedder hatte einen weiteren bürokratischen Erfolg erzielt. Dennoch wirkte sich dies kaum auf den Ausgang des Kriegs aus. Noch bevor der Ruhrgebietsplan angewendet wurde, hatte die rheinisch-westfälische Region aufgehört, im Arbeitsteilungssystem der deutschen Wirtschaft eine Rolle zu spielen. Die Bombenflut, die der Plan freisetzte, dürfte jedoch dazu beigetragen haben, die Wirtschaftsbosse Deutschlands davon zu überzeugen, daß ein fortgesetzter Widerstand aussichtslos war. Im Februar, während der Übergangsplan galt, wurden 50 000 t Bomben auf Ziele im Transportsystem abgeworfen. Im März wurde dieselbe Menge eingesetzt. [46] In beiden Monaten brachte die Achte Air Force den Löwenanteil auf: 35 141 t im Februar, 28 563 t im März. [47] Verschiebebahnhöfe und andere Transporteinrichtungen mußten die meisten Bombenabwürfe ertragen, weit mehr als Ziele, die mit dem Öl zu tun hatten, oder Flugplätze, die in die nächste, schwer mitgenommene Kategorie fielen. Der Bomberverband sorgte mit Angriffen dafür, daß der Dortmund-Ems- und der Mittellandkanal im Februar unterbrochen blieben. Insgesamt wurden von der Achten Air Force und dem Bomberverband 17 Angriffe auf die drei wichtigsten Viadukte geflogen. Der Bomberverband, der seine 6 000 und 11 000 kg schweren Waffen einsetzte, war es, der jeden der drei zerschmetterte: den Bielefelder Viadukt am 14., den Altenbekener am 19. und den Arnsberger am 20. März. Insgesamt flogen die alliierten Luftstreitkräfte 42 größere Angriffe auf achtzehn Brücken und Viadukte, die das Ruhrgebiet mit seinem Hinterland verbanden. Zehn wurden völlig zerstört, drei beschädigt und deshalb unpassierbar, und nur eine Stelle blieb teilweise passierbar. Zwei gerieten unter Artilleriebeschuß, so daß lediglich zwei für den Betrieb übrigblieben. [48] Die deutsche Luftwaffe versuchte, diese Angriffe abzuwehren, indem sie ihre FLAK entlang den Kohlehauptabfuhrstrecken, neben Brücken und Viadukten auf der Hammer, Münsterer und Soester Route und neben wichtigen Bahnübergängen auf der Vorhaller Linie konzentrierte. [49] Die Anstrengungen waren jedoch zu schwach und kamen zu spät. Die Reichsbahn, die bereits wegen der monatelangen und wiederholten Preßlufthammerschläge aus dem Gleichgewicht geraten war, brach schließlich zusammen. Obwohl einige wenige Züge, die mit Rüstungsgütern beladen waren, sich zu den Wehrmachtseinheiten durch- oder mit ein paar Tonnen Kohle aus dem Ruhrgebiet herausmogelten, hatten die Räder aufgehört, für den alltäglichen Bedarf zu rollen. Ende März machten die Wagenstellungen insgesamt nur noch 11 % der Normalmenge aus. [50] Im Ruhrgebiet betrugen die Wagenstellungen für Kohlewagen im Februar nur noch 10 % des Normalen, und Ende März gab es überhaupt keine mehr. Die RBD Halle stellte immer noch drei Viertel des normalen Februarniveaus an Wagen für Braunkohle zusammen. [51] Doch dies konnte die Einschneidungen, die im Westen und Osten hingenommen werden mußten,

nicht ausgleichen. Viele der Züge versanken einfach im Rückstau, der rasch auf über 2 800 Züge angewachsen war. [52] Die Versorgung mit Lokomotivkohle war so knapp, daß einige Lokführer, die verzweifelt nach Brennstoff suchten, ihre Maschinen auf die Zufahrtsgleise der Bergwerke fuhren. [53] Die DR hielt nur 7 000 ihrer Lokomotiven in Betrieb. Ungefähr 23 000 waren wegen Brennstoffmangels und Schäden an den Reparatureinrichtungen kalt abgestellt. [54] Wagen wurden immer noch zu Tausenden zum Entgleisen gebracht. Die DR bot es sogar an, Güterwagen an Firmen abzugeben, wenn sie nur von den Gleisen entfernt werden würden. [55] Im Februar gab Ganzenmüller gegenüber Hitler zu verstehen, daß der Verkehr im Süden und Westen lahmgelegt sei und in den verbleibenden Gebieten keine echte Kontrolle von Berlin aus ausgeübt werde. [56]

Während die Alliierten sich damit abmühten, ein einigermaßen genaues Bild von den Ereignissen im Reich zu erhalten, versank dessen Wirtschaft noch stärker im Morast. Im Februar betrug die Steinkohleproduktion nur noch klägliche 30 % des Normalen. [57] Im Ruhrgebiet lagen, verglichen mit den durchschnittlichen Monatsergebnissen des ersten Quartals 1944, die Kohleproduktion um 56 % und der Koksausstoß um zwei Drittel zurück. [58] Doch sogar diese Mengen häuften sich nur an den Grubeneingängen auf. Die Kohlevorräte, die unausgeliefert bei den Gruben lagerten, überstiegen das Vorjahreslevel nun um 443,2 %. [59] Die Braunkohleproduktion konnte keine Erleichterung bringen. Aufgrund der Gebietsverluste und der Einschränkungen beim Abbau, da die Reichsbahn nichts davon befördern konnte, war der Braunkohleausstoß um 44 % vermindert. [60] In der Folge konnten lediglich zwischen fünf und zehn Prozent des ohnehin schon stark eingeschränkten Bedarfs erfüllt werden. [61] Sowohl der nationale Stahlausstoß als auch der des Ruhrgebiets betrugen

Auch Ausbesserungswerke waren Ziel der Luftangriffe. Bei einem verheerenden Luftangriff auf Gotha wurden auch die Anlagen des RAW Gotha zerstört. Eingestürzte Werkshallen bestimmen die gespenstige Szenerie.

AUFNAHMEN: SLG. DETLEF HOMMEL

Nochmals zwei Aufnahmen aus dem Reichsbahnausbesserungswerk Gotha. Auf der oberen Aufnahme sind die Aufräumungsarbeiten in vollem Gange. AUFNAHMEN: SLG. DETLEF HOMMEL

nur noch ein Viertel des Normalen. [62] Der Produktionsindex für Rüstungsgüter sank auf das Niveau von Ende 1942. Allein im Februar fiel er um 52 Punkte. [63] zurück. Das Ende der Lieferungen, nicht nur der Produktion, bedeutete, daß eine Waffen- und Munitionsknappheit die Wehrmacht bei ihren letzten Verteidigungskämpfen für das Vaterland schwächte. Die Stinder und Körner Werke in Velbert im Ruhrgebiet, westlich von Essen, stellten den Betrieb ein, da 2 300 kg an hochwichtigen Rüstungsgütern ihre Anlagen blockierten. Einige davon warteten schon seit Oktober auf ihren Abtransport. [64] Das OKW klagte darüber, daß statt der 49 Züge, die es gewöhnlich jeden Tag erhielt und die mit Kriegsmaterial beladen waren, im Februar nur noch acht oder neun pro Tag ankämen. [65] Die Vorräte an Maschinenpistolen vom Typ 44 und K-98-Gewehren schrumpften auf nur drei Tage zusammen, die an leichten Feldhaubitzen auf zwei Tage, die an Panther-Panzern auf einen Tag. Die Vorräte an Gewehrkugeln, an 88-mm-Antipanzermunition und Granaten für schwere Feldhaubitzen reichten nurmehr für zwei Wochen. [66] Diese Reserven konnten nicht verteilt werden. [67] Nominell waren diese und andere Waffen in größerer Zahl als je zuvor an die Truppen ausgegeben worden. Doch auf dem Transportweg waren viele verloren gegangen. Viele Einheiten waren ohne schwere Waffen und besaßen wenig Munition. [68] In der monatelangen Transportbombardierung hatte sich die Elastizität erschöpft. Als die westlichen Verbündeten im März ihre Offensive diesseits des Rheins begannen und die Sowjets im April wie eine Dampfwalze über die Oder kamen, erwartete sie nichts anderes als eine leere Hülle.

Während die Produktion zum Erliegen kam, zerfleischten sich die Bürokraten wie Raubtiere gegenseitig in einem sinnlosen Kampf. Am 8. Februar löste Speer die Reste seines Produktionsapparats auf. Er teilte das Reich in drei Gebiete auf: eines im Westen mit einer Zentrale in Heidelberg, eines im Südosten, das sich auf Prag stützte, und ein weiteres im Osten mit Verwaltungsstellen in Kopfenberg. Es wurden Rüstungsbevollmächtigte ernannt, die jedem Gebiet vorstehen sollten und dazu ermächtigt waren, alle Entscheidungen zu treffen, solange sie nicht die Grenzen von Speers Autorität verletzten. Sie sollten eng mit den Wirtschaftsbossen, der Reichsbahn und den Beauftragten der Ringe und Ausschüsse zusammenarbeiten. [69]

Speer machte sich auch daran, die Reichsbahn zu übernehmen. Am 14. Februar diskutierte er mit Hitler seinen Vorschlag, Dorpmüller wegen der Krankheit des betagten Eisenbahners in den Ruhestand zu schicken und ihn selbst zum Kommissar der Reichsbahn zu ernennen. Hitler stimmte dem zu und unterzeichnete Speers Entwurf eines Dekrets zur Schaffung eines Transportstabs im RMfRuK, in dem Speer den Vorsitz haben sollte. Der Rüstungsminister erhielt die Vollmacht, Transportraum zuzuteilen. Die Mitglieder des Stabs mußten im Einvernehmen mit dem RVM ernannt werden. [70] Im Augenblick des Zusammenbruchs hatte Speer fast gänzlich eine der wenigen Organisationen aus dem Bereich der Wirtschaft übernommen, die ihre Unabhängigkeit seit 1942 bewahrt hatten. Seine Beweggründe waren zwiespältig. Er hoffte gleichzeitig, die DR vor den Fanatikern in der Partei schützen und seine eigene Macht vergrößern zu können. Als Bevollmächtigter in Sachen Totaler Krieg versuchte Goebbels, das DR-Personal zum Ausheben von Schützengräben oder für den Volkssturm abzukommandieren. Bormann bemühte sich, die DR zu radikalisieren und zu nazifizieren. Unter all diesen Umständen bewahrte sich die Reichsbahn ihre Eigenständigkeit und ihre hierarchische Struktur bis zum Ende. Ihr Erbe und ihre Organisation hatten arg gelitten, funktionierten aber noch, und die Loyalität der Eisenbahner gegenüber Dorpmüller und Ganzenmüller war zu groß.

Daß die Niederlage bevorstand, war allen Führungskräften in der Reichswirtschaft klar. Wir haben bereits gesehen, daß Ganzenmüller Hitler gewarnt hatte, daß seine Eisenbahn am Ende ihrer Kräfte sei. Am 14. Februar gab Dilli in einer Mitteilung an die verbliebenen Direktionen zu, daß die Reichsbahn nicht länger ihren Verpflichtungen nachkommen könne. Er würde neue Notlösungen ausprobieren, um einen winzigen Rest an Verkehr zur Unterstützung der Bevölkerung aufrechtzuerhalten. Vertrauen hatte er zu dieser Sache allerdings nicht. Das Spiel war aus. [71]

Am 7. März gestand auch Pleiger die Niederlage ein. In einem Brief an Speer stellte er fest, daß das Ruhrgebiet seit dem 23. Februar isoliert gewesen sei. Die Kombination aus der Isolation des Ruhrgebiets und dem Verlust Oberschlesiens bedeutete das Ende der Kohlewirtschaft. Kohle konnte an niemanden mehr geliefert werden, nicht einmal an die wichtigsten Verbraucher. Der Zusammenbruch war nicht zu vermeiden. [72]

Rüdiger Schmidt und das RWKS zogen denselben Schluß. Seit Wochen hatte Schmidt schon mit Entsetzen und Faszination den Niedergang der RBD Essen und die Notlage in den Einzugsgebieten des Syndikats verfolgt. In der Vorstandssitzung vom 28. März 1945 schilderte er den Syndikatsmitgliedern die Situation in den schwärzesten Farben. Er berichtete ihnen auch von der Anordnung des Gauleiters Terboven, die Arbeit des Syndikats weiter östlich nach Detmold zu verlagern. Terboven war einer der Fanatiker, der die Hoffnung hegte, daß sich das Blatt noch wenden würde, und sämtliche Vermögenswerte der Wirtschaft zerstören und die Bevölkerung evakuieren wollte, bevor alles in die Hände der anrückenden Alliierten fiel. Hugo Stinnes jr., Erbe eines der ältesten Kohlebesitztümer im Ruhrgebiet, legte dagegen Widerspruch ein. Er unterstützte Schmidts Vorschlag, Terbovens Anordnung zu ignorieren und schlug als bequeme Ausrede vor, daß es sich nur um eine „Empfehlung" handle. Man kam darin überein, an jeden das Gehalt für einen Monat auszuzahlen und nach Hause zu gehen. Wenn sich die Bedingungen nach dem Ende der Kämpfe stabilisiert haben sollten, würden sie sich erneut versammeln und die Arbeit wieder aufnehmen. [73]

Am schwersten kapitulierte wahrscheinlich Speer. Im Gegensatz zum Selbstportrait, welches er in seinen Memoiren zeichnete, kämpfte der junge Rüstungsminister auch 1945 weiter. Ohne Zweifel hatte er bereits im November 1944 den Endsieg ernstlich in Frage gestellt. Er fuhr jedoch damit fort, sich für die Wiederherstellung der Transporteinrichtungen und die Aufrechterhaltung der Rüstungsproduktion einzusetzen. Er nahm die Organisation der logistischen Unterstützung bei der Ardennenoffensive in die Hand. Danach schwand sein Vertrauen. Im Januar 1945 hoffte er möglicherweise noch darauf, daß eine Einigung ausgehandelt werden oder ein Waffenstillstand eintreten könnte. Doch allmählich, im Laufe der Tage während des Januars und Februars, wurde er sich nicht nur darüber klar, daß der Krieg verloren war, sondern daß er auch so schnell wie möglich beendet werden müßte.

In seinem Bericht vom 27. Januar ging er nicht soweit, öffentlich zur Kapitulation aufzurufen. Stattdessen schrieb er, wie wir gesehen haben, vage vom Kämpfen für die Sicherheit des deutschen Volks und die Grundlagen seiner Existenz. [74] Dies konnte leicht so interpretiert werden, daß damit der bewaffnete Widerstand gemeint sei, da Hitler behauptet hatte, den Krieg zu führen, um das Volk vor dem Untergang zu bewahren. Nachdem Speer im Februar den Transportstab eingerichtet hatte, bekamen die Wehrmachttransporte in seinen Anordnungen zur Verteilung des Transportraums die oberste Dringlichkeitsstufe zugewiesen. Bemerkenswerterweise setzte er die Nahrungsmittel allerdings an die zweite Stelle. [75] Am 1. März gab er die Order aus, sich erneut

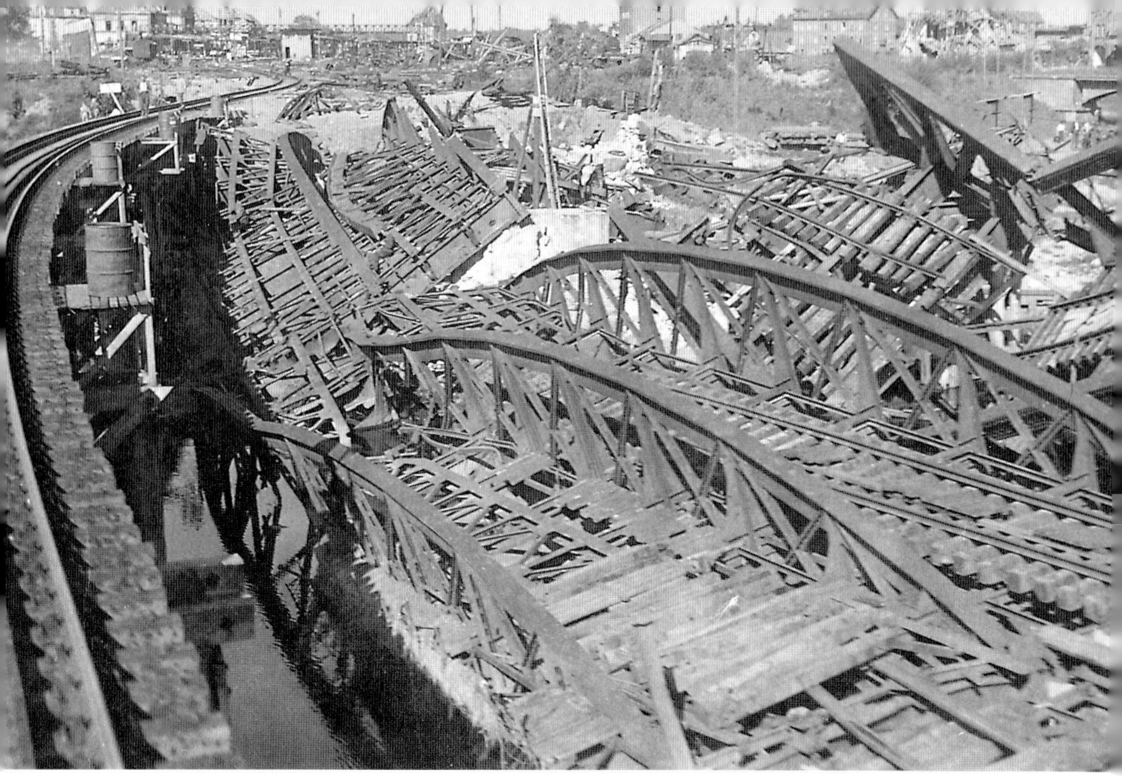

Einen Blick auf die zerstörte, vormals viergleisige Rastatter Kinzigbrücke erlaubt diese amerikanische Kriegsaufnahme vom April 1945. Im Hintergrund der zerbombte Rastatter Bahnhof, durch den ein Gleis behelfsmäßig führt. Die untere Abbildung zeigt das zerstörte Empfangsgebäude des Bahnhofs Plattling an der Strecke Regensburg – Passau. AUFNAHMEN: SLG. HANS-WOLFGANG SCHARF, SLG. HANSJÜRGEN WENZEL

verzweifelt dabei anzustrengen, Verschiebebahnhöfe zu reparieren, um den Verkehr aufrechtzuerhalten; 800 000 Menschen sollten bei diesem gewaltigen Vorhaben mitwirken. [76] Kriegsgefangene, Insassen von Konzentrationslagern, arbeitslose Fabrikarbeiter und weitere aus den Rüstungsfabriken wurden hierbei eingesetzt. Doch wiederum wurde in der Order betont, daß dies für die erfolgreiche Fortführung des Kriegs notwendig sei. [77] Am 14. März erließ Speer persönlich eine Reihe von Dringlichkeitsregelungen für den Transport, bei denen die Züge für die Truppen an erster Stelle standen. Er legte jedoch ganz genau fest, was alles unter diese Regelungen fiel. Nur die allerdringlichsten Transporte, die zur Aufrechterhaltung eines kurzfristigen Widerstands notwendig waren, sollten unter diese Kategorie fallen. Nahrungsmittel und Reparaturmaterialien für die Reichsbahn bekamen die nächste Dringlichkeitsstufe zugeteilt. Unter den Massengütern erhielten die Nahrungsmittel die oberste Priorität, sie rangierten sogar noch vor der Kohle. [78] Die Reichsbahn wurde dazu ermächtigt, jegliche Fracht abzulehnen, die sie des Transports nicht für wert erachtete.

Diese letzten Weisungen deuten darauf hin, daß Speer bis Anfang März zu dem Schluß gekommen war, daß weiterer Widerstand zwecklos war. Zu dieser Erkenntnis war er einesteils aufgrund der Bombenschäden im Transportsystem und der Synthetiktreibstoffindustrie gelangt und anderenteils aufgrund seiner Abscheu gegenüber Hitlers Politik der verbrannten Erde. Seit dem Herbst tendierte der Führer dazu, die Zerstörung sämtlicher Güter und Strukturen von wirtschaftlichem Wert anzuordnen. Speer hatte es ihm immer wieder ausreden können. Mitte März kam es zwischen dem jungen Minister, der widerstrebend einsehen mußte, daß seine Errungenschaften umsonst gewesen waren und daß seine Organisation auseinanderbrach, und Hitler, der eine letzte nihilistische Welle der Zerstörung anstrebte, zu einer heftigen Auseinandersetzung. Speer legte Hitler ein Memorandum vor, welches das Elend der Reichswirtschaft ohne Vorbehalte schilderte. Weiterer Widerstand war sinnlos, das Volk hatte seine Pflicht erfüllt. Nun sollte, so sein Plädoyer, dem Kampf ein Ende gesetzt werden, um die bloße Existenzgrundlage des deutschen Volks zu erhalten. Drei Tage später lehnte Hitler Speers Gesuch ab und befahl, Deutschland vor dessen Feinden zu verwüsten. Dies kennzeichnete den endgültigen Bruch zwischen Speer und Hitler und das Ende des Widerstands von seiten der Hartnäckigsten und Fähigsten aus der Wirtschaftselite. Speer fuhr unbeirrt fort, sich dem Befehl zur verbrannten Erde zu widersetzen und die Reichsbahn vor ihrer Zerstörung, die am 29. März angeordnet wurde, zu bewahren.

Ende März hatten die Briten und Amerikaner den Rhein überquert, und am 1. April nahmen sie das Ruhrgebiet in die Zange. Drei Wochen später kesselten die Sowjets Berlin ein. Nach jahrelanger Bombardierung, der physischen Einnahme eines Großteils von Deutschland sowie die Zerschlagung seiner Streitkräfte hörte der Widerstand erst dann endgültig auf, als Hitler am 29. April Selbstmord beging. Die Amerikaner hatten Anfang April die Verwaltungsstellen des RWKS in Kettwig besetzt. Der USSBS begann sofort damit, die Syndikatsdokumente auf der Suche nach Information durchzusehen. Dorpmüller war nach Malente in Schleswig-Holstein geflohen, wo Teile der Reichsministerien sich hinbegeben hatten, um den nördlichen Teil des Landes zu verwalten. Ganzenmüller ging nach Bayern, um den Betrieb im Süden zu überwachen. Beide wurden von den Amerikanern festgenommen und im Mai vom USSBS verhört.

Speer und Kehrl hatten sich darüber geeinigt, sich zu trennen. Speer würde sich mit dem Großteil der Regierung nach Süden begeben, und Kehrl würde nach Norden

Einen Tag vor der Kapitulation der Deutschen Wehrmacht am 8. Mai 1945 entstanden diese beiden Aufnahmen von den zerstörten Bahnanlagen in Zwickau. Inmitten der Trümmer steht eine Dampflok der Baureihe 44 ÜK (oben). Auf der unteren Abbildung sind am linken Bildrand eine pr. T 18 (BR 78^0) und eine pr. P 8 (BR 38^{10}) zu erkennen.

AUFNAHMEN: SLG. RAINER HEINRICH

gehen, um die dortige Produktion zu beaufsichtigen. Speer hoffte jedoch, daß er in Dönitz' Nachfolgeregime zum Wirtschaftsminister ernannt werden würde und daß die Alliierten es ihm erlauben würden, die deutsche Wirtschaft wieder aufzubauen, deshalb ging er ebenfalls in den Norden. Am 23. Mai wurde er vom USSBS in Flensburg verhaftet und ausführlich verhört. Seine Träume erwiesen sich als illusorisch, und 1946 wurde er bei den Nürnberger Prozessen zu 20 Jahren Gefängnis verurteilt. Kehrl hatte mit einer kleinen Gruppe von Gefolgsleuten Hamburg erreicht. Dort angekommen begriff er, daß das Ende bevorstand, und er entband seine Leute von ihren Pflichten. Mit seiner Frau zog er sich in ein Haus in der Lüneburger Heide zurück, wo er im Juni von John Kenneth Galbraith aufgespürt wurde. Es paßte, daß der größte Widersacher Ganzenmüllers und Speers, Sir Arthur Tedder, General Eisenhower bei der formellen Kapitulationszeremonie, die am 8. Mai 1945 in Berlin abgehalten wurde, vertrat. [80]

Auch das Bw Dresden Altstadt wurde ein Opfer der Luftangriffe. Neben der Drehscheibe wurden zwei nicht explodierte Fliegerbomben „zwischengelagert" (oben). Einen Volltreffer hingegen erhielt 18 002.

AUFNAHMEN: SLG. RAINER HEINRICH

Bahnbetriebswerk Gotha nach Kriegsende: Die obere Abbildung entstand nach dem 1. Oktober 1945 und zeigt 52 1690 des Bw München Hbf (mit Aufschrift „Alliied Forces"), die als „Ausgleichslok" für in den Westen gelangte Loks in die sowjetische Besatzungszone kam. Daneben steht 52 5332 im ehemaligen Lokschuppen. Auf der unteren Aufnahme ist das Lokschild der im zerstörten Lokschuppen stehenden 44 1097 (die mit dem Rückzug der Amerikaner aus Thüringen zur DB gelangte) gerade noch zu erkennen. AUFNAHMEN: SLG. DETLEF HOMMEL

Die ungeheure Wucht explodierender Bomben dokumentieren diese beiden Aufnahmen. Im Bw Dillenburg wurde 93 577 im Bereich der zweiten Drehscheibe auf eine Lok der Baureihe 44 geworfen. Auf der unteren Aufnahme ist die mit einem Tarnanstrich versehene 50 2449 am 3. April 1945 in Münster zu erkennen.

AUFNAHMEN: SLG. HANSJÜRGEN WENZEL

Wie alle größeren Bahnhöfe der DR, so wurde auch der Dortmunder Hbf bombardiert. Die nach Kriegsende entstandenen Aufnahmen zeigen die Reparatur- und Aufräumungsarbeiten im Bereich der zerstörten Bahnhofshalle.

AUFNAHMEN: SLG. HANSJÜRGEN WENZEL

Auch das Bw Stendal war Ziel alliierter Luftangriffe. Nach Kriegsende entstanden die Aufnahmen dieser Seite, auf der die Überreste von 42 812 (oben) und 52 2137 (unten) zu sehen sind.

AUFNAHMEN: RBD MAGDEBURG/SLG. PETER GROßE

Ebenfalls nach Kriegsende in Stendal abgestellt war 91 726. Ihr fehlte die komplette Rauchkammer sowie der vordere Teil des Kessels. (oben) 38 2895 hingegen war so stark beschädigt, daß sie am 19. September 1946 ausgemustert wurdee.

AUFNAHMEN: RBD MAGDEBURG/SLG. PETER GROßE

9. Schlußgedanken

Deutschland entwickelte sich während des letzten Drittels des neunzehnten und ersten Drittels des zwanzigsten Jahrhunderts zu einer der führenden Industriemächte der Welt, weil es die Fähigkeit besaß, eine verhältnismäßig knappe Rohstoffbasis wirkungsvoll zu nutzen. Für diese Entwicklung war die Schaffung einer komplexen geografischen Arbeitsteilung äußerst wichtig, die auf dem Austausch von Waren zwischen Regionen beruhte, welche auf besondere Aspekte der Produktion spezialisiert waren. Grundstoffe, wie Kohle und Stahl, die im Ruhrgebiet und Oberschlesien produziert wurden, tauschte man gegen Nahrungsmittel aus dem Osten und fertige Fabrikerzeugnisse aus dem Südwesten sowie den mitteldeutschen Gebieten aus. Es ergab sich ein Gleichgewicht, das elastisch und anpassungsfähig war.

Dieses System übernahmen 1933 die Nationalsozialisten, die davon überzeugt waren, daß seine Grenze hauptsächlich aus dem Mangel an strategisch relevanten Rohstoffen, wie Öl oder Eisenerz, bestand, welche nötig waren, um in militärischer Hinsicht mit großen europäischen oder Weltmächten zu konkurrieren. Da sie der „Dolchstoß"-Legende Glauben schenkten, fürchteten sie, daß das deutsche Volk sich weigern würde, die wirtschaftlichen Opfer zu erbringen, die dazu notwendig waren, die größeren Kriege zur Landgewinnung, die sie planten, zu unterstützen. Deshalb sollten die strategisch wichtigen Flanken durch eine Serie von kleinen Kriegen freigemacht werden, die der verunsicherten Bevölkerung eine relativ geringe Last aufbürden würden, da sie im Vergleich zum Ersten Weltkrieg nur ein bescheidenes Maß an wirtschaftlicher Anstrengung erfordern würden. Der Höhepunkt würde ein kurzer, energischer Feldzug gegen die UDSSR sein, bei welchem die reichen Getreide und Rohstoff produzierenden Gebiete der Ukraine für Deutschland erobert werden würden. Ein Sieg bei diesen kriegerischen Auseinandersetzungen würde Deutschlands Rohstoff- und Bevölkerungswachstumsgrundlage sichern und es dazu befähigen, später Hitlers weitaus grandiosere Ziele anzustreben. Aus diesen Gründen wurde vor 1936 verhältnismäßig wenig getan, um die Kapazität der Rüstungsindustrie zu erweitern. Dann wurde der Vierjahresplan eingeführt, um in einigen entscheidenden Bereichen, wie Flüssigtreibstoff, Flugzeugbau und Stahlerzeugung, den Ausstoß zu vergrößern, damit die ersten Feldzüge möglich werden würden. Das Tempo wurde 1938 erhöht, als Hitler eine Gelegenheit sah, seine Ziele früher zu erreichen, als er erwartet hatte. Im Ganzen wurde das Programm durch die Konfusion in der Verwaltung und dem Versuch behindert, die deutsche Öffentlichkeit vor der gesamten Last dieses Unternehmens zu bewahren. Dennoch brachte es den Aufbau einer Militärmacht zustande, die stark genug war, Deutschlands erste, ziemlich schlecht vorbereitete Gegner rasch zu unterwerfen. Bis 1942 war der Plan allerdings überholt, und es mußten neue Leitlinien her, die dazu dienten, zugängliche Ressourcen besser auszuschöpfen.

Angesichts dieser Umstände wandte sich Hitler an Albert Speer, damit dieser die Wirtschaft des Dritten Reichs in die Hände nehme. Speer, der allgemein akzeptierte

Auffassungen vertrat, war sich dessen bewußt, was politisch durchsetzbar war, und erkannte, daß Entscheidungen, die vor seinem Amtsantritt getroffen worden waren, seine Möglichkeiten einschränkten. Deshalb begann er mit einem Programm, das auf eine drastische Steigerung der Rüstungsproduktion ohne Kapitalerweiterung abzielte. In den Fabriken startete er eine erfolgreiche Kampagne für Leistungsstärke in der Produktion, die es dem Land ermöglichte, ohne den Rohstoffverbrauch merklich zu erhöhen, Waffen in Mengen herzustellen, die frühere Erwartungen bei weitem übertrafen. Mit einiger Schwierigkeit verschob er auch die Aktivposten von der zivilen Produktion zur militärischen. Trotzdem wurde die wichtigste Umverteilung innerhalb der herstellenden Industrie vorgenommen. Politischer Widerstand und der Zwang, für die Tausende zu sorgen, die vom Flächenbombardement betroffen waren, machten bis 1944 ein relativ hohes Maß an ziviler Produktion notwendig.

Der von Speer verursachte Leistungsschub wurde dadurch möglich, daß er regionale Mechanismen der Exekutive mit seiner zentralen richtungsweisenden Bürokratie vereinte. Überall setzte er junge Ingenieure und Geschäftsleute ein, die ihre eigenen Wirtschaftsbereiche managten. Wenn diese Politik auch enorme Vorteile in Sachen Expertentum ernten konnte, so gestattete sie ebenso den mächtigsten von ihnen, insbesondere den Führungskräften in der Eisen- und Kohleindustrie, sich ein Maß an Unabhängigkeit zu bewahren, das sie in die Lage versetzte, einen massiven, wenn auch indirekten Einfluß auf die Wirtschaftspolitik auszuüben. Da weder die Partei noch Speer diese Leute ersetzen konnten, war Speer dazu gezwungen, sie durch Mechanismen der Selbstkontrolle – die Ringe und Ausschüsse, an deren Spitze die Zentrale Planung stand – zu bändigen, um die Wirtschaft lenken zu können. Das entscheidende Bindeglied, das Speer die Kontrolle über die auseinanderstrebenden Teile seines Systems ermöglichte, war das Planungsamt, welches von Hans Kehrl geleitet wurde.

Das andere unverzichtbare Verbindungsstück, welches das ganze System physisch zusammenhielt, war die Deutsche Reichsbahn. Sie hatte sich mit der Wirtschaft entwickelt und zehrte nicht nur von deren Wachstum, sondern regte ihn auch an. Mit Hilfe des Binnenwasserwegesystems verteilte die Reichsbahn das Lebenselixier der Wirtschaft – die Kohle. Die Kohle/Transport-Verknüpfung war der Kern der Arbeitsteilung. Solange sie funktionierte, konnte das System weiterproduzieren. Würde man sie auflösen, würde die Wirtschaft, wenn auch nicht sofort, so doch unweigerlich, zusammenbrechen. Die Reichsbahn war auch das Leitungssystem für den Austausch von halbfertigen Gütern gegen fertige, von gefertigten Artikeln gegen Nahrung und für den Transport von Militärformationen. Die DR war in der Tat allgegenwärtig und von weitreichender Bedeutung.

Ihre Kapitalgrundlage hatte die Reichsbahn während der dreißiger Jahre nicht erweitert. Einige technische Verbesserungen hatten jedoch, als sie zum bereits ausgereiften Verwaltungssystem hinzukamen, dazu geführt, daß die DR, als der Krieg ausbrach, ihrer Aufgabe voll und ganz gewachsen war. Erst als die Strategie der kurzen Kriege fehlschlug, war sie überfordert. Dann profitierte sie ebenfalls von Speers Betonung der Leistungsstärke. Albert Ganzenmüller brachte frischen Wind in die oberen Verwaltungsetagen, und schon war sie der neuen Herausforderung gewachsen. Ungenützte Kraftreserven wurden erschlossen, und da der Massengüterverkehr nicht zunahm, waren die wichtigen Verschiebebahnhöfe in der Lage, den rasch zunehmenden Ausstoß der Rüstungsfabriken wirkungsvoll zu verteilen. Das Verteilungsprogramm brachte, obwohl es schlecht geplant und übereilt ausgeführt wurde, die Verschiebebahnhöfe an die Grenze ihrer Leistungsfähigkeit.

So hatte Speer es bis zum Frühjahr 1944 bewirkt, daß die Rüstungsindustrie 1942 und in der ersten Hälfte des Jahres 1944 boomte, wobei er innerhalb der psychologischen und technologischen Parameter der Verwaltungs- und Industriesysteme blieb. Das Gefüge war sehr genau ausbalanciert, wobei sowohl die Industrie als auch die Reichsbahn mit maximaler oder beinahe maximaler Leistung arbeiteten. Speer und seine Gefolgsleute hatten ihre begrenzten Ressourcen genutzt und sich wirklich sehr gut an eine unerwartete Situation angepaßt.

Von den alliierten Luftstreitkräften, die danach trachteten, Speers System zu zerstückeln, kann man das nicht behaupten. In erster Linie mißverstanden sie, von einigen entscheidenden Ausnahmen abgesehen, das Wesen der Aufgabe, die sie erwartete, bis die Zeit schon recht weit fortgeschritten war. Diejenigen Teilbereiche des Apparats der Alliierten, die einem genauen Verständnis nahe waren, wurden daran gehindert, es in eine wirkungsvolle Politik umzusetzen. Letztendlich siegten die Luftstreitkräfte wegen der erdrückenden Überlegenheit der militärischen Mittel, die ihnen zur Verfügung standen, und wegen Sir Arthur Tedders erfolgreichem bürokratischen Ränkespiel.

Die fundamentalsten Fehler wurden zu Beginn gemacht. Das MEW überschätzte den Grad der Mobilmachung, die der deutschen Wirtschaft aufgezwungen worden war, sowie deren gesamtes Leistungsniveau. Folglich übertrieb es bei der Einschätzung sowohl der Ausstoßmenge der deutschen Wirtschaft als auch ihrer Anfälligkeit gegenüber Druck von außen. Ab Frühjahr 1943 irrte sich das MEW in umgekehrter Weise, indem es Deutschlands Leistung und Produktion zu niedrig einstufte und die Möglichkeit eines Wirtschaftzusammenbruchs pessimistisch einschätzte. Mit dieser Meinung stand das MEW nicht allein. Jede andere Behörde, die mit der Auswertung von Nachrichtenmaterial über die deutsche Wirtschaft beschäftigt war, versäumte es, die allgemein gültige Auffassung, die das angeblich hohe Leistungsniveau im Reich während der entscheidenden ersten Kriegsjahre betraf, zu hinterfragen. Dies ist darauf zurückzuführen, daß es an vorbereitenden Studien gefehlt hatte, und, wie es bei den Amerikanern während des Kriegs der Fall war, eine konforme Geisteshaltung herrschte und innerhalb der Zeitvorgaben, die von Befehlshabern geliefert wurden, hastig analysiert wurde und zum eigenen Land spiegelbildliche Verhältnisse angenommen wurden. Das Ergebnis bestand darin, daß die Luftkriegsstrategen für die Zielauswahl häufig falsche Ratschläge erhielten.

Die Verwirrung, was die internen Funktionen und die Rolle der Reichsbahn anbelangte, war sogar noch schlimmer. Bevor Tedder und Zuckerman in Erscheinung traten, begriffen nur wenige Behörden die Rolle der Reichsbahn und der Verschiebebahnhöfe und da es ihnen an bürokratischem Einfluß mangelte, konnten sie ihren Ansichten keine Geltung verschaffen. Die meisten von ihnen, Zuckerman gehörte eine Zeitlang dazu, brachten die Anzahl der Lokomotiven mit der Kapazität einer Eisenbahn in bezug auf den Güterverkehr durcheinander. Obwohl sich Tedder und Zuckerman nie ganz von dieser falschen Vorstellung freimachen konnten, ahnten sie mit Beginn des Sommers 1944 die Wichtigkeit des Verschiebebetriebs und seine entscheidende Verknüpfung mit der Kohle als Hauptenergiequelle der deutschen Wirtschaft, nicht nur als Brennstoff für die Lokomotiven. Kein einziger Nachrichtendienst begriff die Kohle/Transport-Verknüpfung und die geografische Arbeitsteilung vollständig, obwohl alle Puzzleteile gefunden worden waren. Deshalb war Zusammenarbeit gefragt. Die Kombination von Informationen und Erkenntnissen erwies sich jedoch in der konfliktreichen Atmosphäre, die unter den einzelnen Diensten, Ämtern und den Alliierten herrschte, als sehr schwierig. Dies hinderte die Nachrichtendienste, die durch den ETO (Physical Damage Division Report) voll bestätigt wurden, daran, das Puzzle zusammenzufügen. Sie waren sehr damit beschäftigt, ihr institutionelles Terrain zu verteidigen und Aussagen zu diskutieren, die vor dem Krieg zur strategischen Bombardierung gemacht wurden. Es bedurfte der neuen Gruppe um Tedder und Zuckerman, um einen unvoreingenommenen Blick auf das Informationsmaterial zu werfen und einen neuen Kompromiß bei der Strategie auszuarbeiten. Dazu waren diese Leute genau deshalb in der Lage, weil sie zu Beginn nicht an dem Gerangel beteiligt waren und Wert auf Zusammenarbeit legten. Genauso wichtig war, daß sie unmittelbaren Zugang zu den Hauptentscheidungsträgern hatten: zu Eisenhower, Portal, Spaatz und Harris.

Der Nachrichtenapparat der Alliierten verfügte über sehr wirksame Mittel, welche, wenn sie richtig und gemeinsam angewandt worden wären, ihm ein genügend genaues Bild von der Katastrophe geliefert hätten, die im September 1944 beginnend die deutsche Wirtschaft erfaßte. Er setzte diese Mittel jedoch nicht wirkungsvoll ein, da es ihm am grundlegenden Verständnis der deutschen Wirtschaft mangelte, das dazu nötig gewesen wäre. Insbesondere lieferten Ultra, doch auch die Fotoaufklärung und Spionage Informationen, die, falls sie in zeitgemäßer Art richtig ausgewertet und im Zusammenhang mit den nützlichen allgemeinen Betrachtungen, die auf den Regalen herumstanden, gelesen worden wären, einen positiven Einfluß auf die Zielauswahl ausgeübt hätten. Doch vorgefaßte irrige Meinungen, die Ausrichtung auf politische Richtlinien in der Bürokratie sowie die starke Vermehrung der Einrichtungen, die mit der Auswertung von Nachrichtenmaterial beauftragt waren, verhinderten dies. Die Amerikaner, speziell die EOU, machten sich der spiegelbildlichen Übertragung der eigenen Verhältnisse und des bürokratischen Egotismus schuldig, der ungewöhnliche Dimensionen annahm, indem sie stur den Angriff auf das Öl befürworteten und den Transport als lohnendes Zielsystem ablehnten. Dies soll nicht heißen, daß die Öloffensive unangebracht war. Ganz und gar nicht. Eher bedeutet es, daß der Zielauswahlprozeß dabei behindert wurde, sich an wechselnde Umstände anzupassen, da es im Nachrichtensystem selbst Unzulänglichkeiten gab. Öl war für die deutsche Industrie nicht maßgeblich. Auch wenn die Empfehlungen der EOU gänzlich befolgt worden wären, hätte der Überfall auf Deutschlands Ölressourcen nicht die Grundstoffindustrie des Reichs schädigen und, wenn man vom fanatischen Widerstand der Nazis ausgeht, den Krieg nicht allein beenden können. Bis zu einem bestimmten Grad hatte Sir Arthur Harris recht, wenn er gegen den fortwährenden Angriff auf eng definierte Zielkategorien war. Solange die Deutschen über die Mittel verfügten, Ressourcen unter den verschiedenen Wirtschaftsbereichen zu verteilen, konnten sie mit fast jedem Angriff dieser Art fertig werden. Die Unfähigkeit, zu begreifen, wie sich die relative Wichtigkeit von Zielsystemen mit der Zeit veränderte, war der größte Mangel im alliierten Nachrichtendienst nach seiner grundlegenden Fehleinschätzung der industriellen Leistung in Deutschland. Dieses Manko hinderte die Alliierten daran, eine ausgewogenere und flexiblere Luftkriegsstrategie auszuarbeiten, indem es der Verlagerung eines größeren Teils ihres Bombeneinsatzes auf den Transport im Weg stand, als dieser Sektor im Herbst 1944 den synthetischen Brennstoff an Bedeutung übertraf. Ironischerweise war das schlechte Wetter im selben Maße Grund für den Überfall auf die Reichsbahn wie irgendeine Entscheidung, die von den Befehlshabern der alliierten Luftstreitkräfte getroffen wurde. Eine Flexibilität bei der Informationsauswertung und der Entscheidungsfindung wurde lediglich nach der Ardennenoffensive erreicht.

Mißverständnisse, was den Einfluß des Zeitfaktors anbelangt, waren tief ins Bewußtsein eingedrungen, und die meisten Analytiker des alliierten Nachrichtendienstes sowie Befehlshaber der Luftstreitkräfte konnten sich nie von ihnen freimachen. Die meisten unterschätzten die Zeit, die dazu nötig sein würde, die Öloffensive wirksam werden zu lassen, und überschätzten die Zeit, in der die Transportoffensive wirken würde. Die Mehrheit nahm es niemals wahr, daß letztere im September 1944 begonnen hatte, Deutschland zu schwächen. [1] Ausschlaggebend war, daß alle fortlaufend den Zeitrahmen falsch einschätzten, in welchem sie operierten. Bis zur Ardennenoffensive im Dezember 1944 unterschätzten sie immer wieder die voraussichtliche Dauer der Feindseligkeiten, und danach überschätzten sie viele. Sie neigten besonders dazu, nach raschen Lösungen zu suchen, die das Prestige ihrer Behörde fördern würden. Die Widerstandskraft einer hochentwickelten Industriewirtschaft vermochten sie nicht zu begreifen. Nur Sir Arthur Tedder spürte, daß eine Strategie zur Schwächung des Kerns der feindlichen Wirtschaft notwendig war, daß eine Konzentration nicht im geografischen Sinne eng definiert werden mußte, daß Ergebnisse sich nicht sofort zeigen mußten und daß die Transportbombardierung, falls sie unaufhörlich und rücksichtslos durchgeführt werden würde, die deutsche Wirtschaft in erstaunlich kurzer Zeit lähmen würde. Das Transportsystem war sowohl konzeptionell ausreichend erfaßt, um eine konzentrierte Aktion zu ermöglichen, als auch ein genügend großer Funktionsbereich, um an der Wurzel der deutschen Wirtschaft zuschlagen zu können, indem man sie daran hinderte, Ressourcen zu verlagern, um Einbußen wettzumachen. In letzterer Hinsicht war es einzigartig. Es war dieses Merkmal, das dem Transportsystem eine potentiell entscheidende Bedeutung zukommen ließ.

Zudem würde seine Bombardierung die Öloffensive ergänzen und sofortige Operationen am Boden merklich unterstützen.

Trotz ihrer Schwächen brachten die Luftaufklärung sowie die Kommandostruktur der Alliierten einen brauchbaren Kompromiß zustande, der es möglich machte, eine erfolgreiche Offensive gegen Deutschlands Transportsektor zu starten. Der Angriff war so, wie er durchgeführt wurde, nicht perfekt. Es lief nicht nach Plan. Die Zielauswahl war nicht die beste, und dem Feind wurden Erholungspausen möglich gemacht. Im Krieg kommt so etwas immer vor. Doch schließlich ließ die Offensive Tedders Versprechen wahr werden.

Speer und Kehrl schlossen aus der „Overlord"-Transportoffensive, daß die Reichsbahn und die Binnenwasserwege Deutschlands schon wenig später einem noch heftigerem Angriff ausgesetzt sein würden. Sie schätzten den Einfluß des Zeitfaktors richtig ein und trachteten danach, die Versorgungselastizität auszunützen, um die Wirtschaft während der zu erwartenden Notlage aufrechtzuerhalten. Im Juni wurde damit angefangen, die Produktion von Grundstoffen und den weniger wichtigen Ausstoß einzuschränken sowie die Endproduktion der wichtigsten Rüstungsgüter voranzutreiben. Die Vorräte waren erzwungenermaßen gering. Die Industrie leistete Widerstand, doch der Schachzug hatte insofern Erfolg, als die Waffen, die Vorrang hatten, weiterhin in wachsender Anzahl produziert wurden.

Der gefürchtete Sturm begann im September, als Tedder, der seinen Einfluß bei Spaatz geltend machte und von Eisenhower unterstützt wurde, es bewerkstelligte, daß die Transportoffensive zu einer Sache von spezieller Dringlichkeit erklärt wurde. Der Zustand der Reichsbahn und des Binnenwasserstraßensystems wurde merklich verschlechtert. Die Reparaturmannschaften begrenzten jedoch das Ausmaß der Lähmung. Es wurden verschärfte Maßnahmen ergriffen, um den Schwerpunkt auf die Produktion fertiger Waffen zu legen, und Vorratsmengen wurden verkleinert. Was letzteres anging, mußten bei der Kohle die schlimmsten Einbußen hingenommen werden, da für den Winter keine Vorräte angehäuft werden konnten und die Lagerbestände schrumpften. Der Ausstoß bestimmter Rüstungsgüter stieg weiterhin an, obwohl der Index der gesamten Rüstungsproduktion sank.

Der erste Transportbombardierungsplan begann am 1. November, weitere Zustandsverschlechterungen im Transportsystem herbeizuführen. Ein Kraftakt der Reparaturmannschaften und eine schlechte Zielauswahl machten es der Reichsbahn möglich, sich Mitte November zu behaupten. Ihre Energiereserven waren durch die Anstrengungen jedoch in fataler Weise aufgebraucht worden. Die Produktion nahm in bestimmten Gebieten zwar weiterhin zu, jedoch in immer geringerem Maße. Speer griff in der Verwaltung zu zusätzlichen Notmaßnahmen und ernannte besondere Stellvertreter zu seiner Unterstützung. Dennoch war er dabei, die Kontrolle über die Situation zu verlieren. Das Ausmaß der Zerstörung war zu groß und sein eigener Apparat im Begriff, sich aufzulösen.

Der Höhepunkt wurde Ende Dezember 1944 und Anfang Januar 1945 erreicht. Die Ardennenoffensive brachte die Alliierten zur Verzweiflung und Tedders Einfluß schwand. Als Antwort ließen sie jedoch noch schrecklichere Hammerschläge auf die Reichsbahn niedergehen. Die Anstrengung zur Unterstützung der Offensive brach in Verbindung mit dem drei Monate währenden Bombenhagel aus der Luft der DR das Rückgrat. Die Kohleverteilung kam, da die Transportalternative auf dem Wasserweg durch Bombenschäden wegfiel, zum Erliegen. Die Zahl der Wagenstellungen sank immer schneller. Die erhoffte Wende der militärischen Lage trat nicht ein, und Speers kalkuliertes Vertrauen in die Versorgungselastizität rächte sich nun an Deutschland selbst. Die Kohlereserven waren entweder aufgebraucht oder konnten nicht ausgeliefert werden. Die Komponentenlieferungen waren ein hoffnungsloses Durcheinander. Fertiggüter konnten nicht ausgeliefert werden. Das Fernmeldenetz war zusammengebrochen und machte eine zentrale Kontrolle unmöglich. Dann eroberte die Rote Armee Schlesien und stürzte das System gänzlich ins Verderben. Das System der geografischen Arbeitsteilung war zerschlagen. Die Produktion sackte auf Niveaus ab, die weit unter der 33-%-Marke lagen, die früher als unterste Schwelle angesetzt worden war, und noch weiter auf 1942er Niveau herunter. Die Rüstungsgüterreserven für die Armee nahmen in bedrohlichem Umfang ab, und es war praktisch unmöglich, sie auszuteilen.

Die letzten Bombardierungswellen im Februar und März begünstigten lediglich den Zerfall, der bereits eingesetzt hatte. Im Februar war die zusammenhängende Wirtschaftsaktivität zum Stillstand gekommen. Speer versuchte weiterhin, es durch ein noch drastischeres Notprogramm irgendwie hinzukriegen. Die Mittel zur Durchführung dieses Programms waren ihm jedoch von den Bombern entrissen worden. Im Transportsystem herrschte ein heilloses Durcheinander und das Fernmeldewesen lag hoffnungslos darnieder. Die Versorgungselastizität hatte sich in einem solchen Ausmaß gerächt, daß die Alliierten, als sie schließlich die militärische Fassade durchbrachen und im April 1945 Deutschland erstürmten, eine todgeweihte Wirtschaft vorfanden. Der entscheidende Faktor, der dieses herbeigeführt hatte, war die Bombardierung der Verschiebebahnhöfe, nicht die Zerstörung von rollendem Material oder gar die Lahmlegung des Binnenwasserstraßensystems. Es war die Unterbrechung des Verschiebebetriebs, welche die Kohle/Transport-Verknüpfung durchtrennte, das Arbeitsteilungssystem zunichte machte und viel zur Auflösung des Speerschen Verwaltungsapparats beitrug.

Speer nahm an, daß Deutschland bis Anfang 1946 hätte Widerstand leisten können, wenn die Bombardierung im September 1944 aufgehört hätte. [2] Nach diesem Zeitpunkt machten die Angriffe auf den Transport in Tonnen gemessen den größten Teil der alliierten Bomberoffensive aus und waren die wichtigste Quelle der wirtschaftlichen Schwierigkeiten Deutschlands, die bei weitem mehr bewirkte als der Verlust der besetzten Gebiete. [3] Die Transportoffensive schwächte die deutsche Wirtschaft seit Oktober 1944 stark und führte Anfang Januar 1945 deren Zusammenbruch herbei. Auch wenn die Transportoffensive für den Verbrauch einiger Reserven, die den Kampfeinheiten verblieben waren, Zeit übrigließ, so kann doch behauptet werden, daß sie, so unausgereift sie auch war, seit Anfang Januar 1945 die Wehrmacht entscheidend schwächte und diese bis Mai oder Juni 1945 dazu gezwungen hätte, den organisierten bewaffneten Widerstand aufzugeben. Angesichts der Auffassung Speers kann argumentiert werden, daß die Transportbombardierung der Frage, wie lange der Krieg hätte dauern können, eine Grenze setzte. Der interne Machtkampf zwischen den Befehlshabern der alliierten Luftstreitkräfte hinderte die Offensive daran, ihre Möglichkeiten voll auszuschöpfen, was dazu führte, daß der Anmarsch der Bodenstreitkräfte ihrer fatalen Wirkung zuvorkam. Unbestritten und von echter Bedeutung ist die Tatsache, daß die Transportbombardierung die Fähigkeit der Wehrmacht einschränkte, während der letzten sechs Kriegsmonate Widerstand zu leisten, und daß sie sicherstellte, daß keine zusammenhängende Front mehr gegen die Alliierten, wenn sie einmal in Deutschland eingefallen sein würden, formiert werden konnte.

Die Transportoffensive führte den Sieg nicht ohne Hilfe herbei, wäre dazu auch nicht in der Lage gewesen. Sie bildete vielmehr eine wesentliche Komponente des strategischen Kompromisses, der letztendlich den Triumph brachte. Der Angriff auf Deutschlands Synthetikbrennstoffindustrie führte zu entscheidenden Luftschlachten, welche die Überlegenheit der alliierten Luftstreitkräfte festigten und einen Brennstoffmangel verursachten, der die deutsche Luftwaffe praktisch an den Boden fesselte und die Mobilität der Armee erheblich einschränkte. Dennoch muß erneut darauf hingewiesen werden, daß die Zerstörung der deutschen Ölvorräte von militärischer, nicht wirtschaftlicher Bedeutung war und alleine nicht hätte ausschlaggebend oder gar wichtiger als die Transportbombardierung sein können, was den Einfluß auf das Endergebnis anbelangt. Die Rote Armee zwang der deutschen Armee einen Zermürbungskrieg auf, der eine unweigerliche Folge der Aufsplitterung der deutschen Industriestruktur von innen her durch die Transportbombardierung war. Von noch größerer Bedeutung war die Besetzung von Territorien durch die Rote Armee. Der Verlust Oberschlesiens war von immenser wirtschaftlicher Bedeutung, insbesondere in Verbindung mit der Isolation des Saarlands. Im Gegensatz dazu machten die direkten Schäden an Fabriken wenig aus, solange Deutschland Reparaturmaterial verteilen konnte und für die zeitweilige Ausstoßverminderung Ausgleich schaffen konnte. Aufgrund der Lähmung des Transportsystems war ein solcher Ausgleich nicht länger möglich. Am Ende war jedoch der psychologische Faktor maßgebend. Die Transportoffensive, die den verwüstenden Schlägen gegen die Hydrogenierungsanlagen unmittelbar und zur selben Zeit folgten, als die alliierten Armeen die Grenzen des Reichs überschritten, erschütterten die Moral der deutschen Wirtschaftslenker in erheblichem Maße. Mit vermindertem

Engagement ging ihr Widerstand wegen des patriotischen Pflichtgefühls weiter, das sie empfanden, und wegen ihrer Unfähigkeit, dem letzten fanatischen Ausbruch nationalsozialistischer Hysterie Einhalt zu gebieten. Erst als Deutschland überrannt wurde und Hitler starb, erlosch der Widerstandswille schließlich. Es war diese Kombination aus sich gegenseitig verstärkenden Zwängen, die das Ende des Dritten Reichs am 8. Mai herbeiführte.

Die Geschichte der Deutschen Reichsbahn und der deutschen Wirtschaft unter Albert Speer sowie der Kampf beider gegen die Bomben der Alliierten liefern ein paar Aspekte mit stets aktuellem Bezug. Auf unterster Ebene zeigen sie auf, wie wichtig der Transport für das Funktionieren jeder modernen Industriewirtschaft ist. Bei spezieller Betrachtung schildert das Beispiel der Reichsbahn, wie eine solide Struktur, die auf Schwierigkeiten im voraus vorbereitet war, massivem Druck von außen über einen längeren Zeitabschnitt Widerstand leisten kann, vorausgesetzt die Führungskräfte basteln in Krisenzeiten nicht an ihr herum. Bis zum Ende war die Reichsbahn erfinderisch, flexibel und hartnäckig beim Versuch, ihre wirtschaftlichen Aufgaben wahrzunehmen. Sie repräsentierte die beste Form des traditionellen deutschen Beamtentums insofern, als sie sich loyal und wirkungsvoll ohne Vorbehalte anstrengte, dem Staat zu dienen. Sie verkörperte auch das Schlimmste an diesem alten Ideal, den bedingungslosen Gehorsam gegenüber einer Obrigkeit, egal welche Ziele diese auch haben mochte.

Wie überaus wichtig das Meistern der Datenflut ist, wird an Hand von Speers System gut sichtbar. Die verbesserte Rohstoff- und Arbeitskraftnutzung und der bessere Einsatz der Reichsbahn wären ohne die Schaffung der ZVL und des Planungsamts unmöglich gewesen. Die Produktionszuwächse unter Speer zeigen auch, wie mit größerer Leistung rasche Steigerungen des industriellen Ausstoßes erreicht werden können. Deutschlands langanhaltender Widerstand trotz größter Schwierigkeiten macht deutlich, daß eine komplexe moderne Industriewirtschaft oftmals über unbekannte Kraftreserven verfügt, die von kreativen Managern, welche in Friedens- oder Kriegszeiten energische Maßnahmen ergreifen, erschlossen werden können. Am meisten werden solche Maßnahmen durch politische Definitionen behindert, die bestimmen, was ökonomisch machbar und wünschenswert ist. Zudem bestätigt die vorliegende Darstellung eindeutig die Auffassung, daß die Geschäftswelt ihr Gewinnstreben nicht dem nationalen Interesse unterordnen sollte, nicht einmal in schlimmsten Krisenzeiten, und daß der Nationalsozialismus und das Großkapital lediglich Zweckverbündete waren.

Aus militärischer Perspektive gesehen könnte behauptet werden, daß in einem Krieg die strategische Bombardierung einen bedeutenden Beitrag zum Sieg leisten kann. Sie ist allerdings kein Ersatz für eine ausgewogene Strategie, die jede Komponente einer nationalen Streitmacht mit einschließt. Ausgesprochen abhängig ist sie von genauen Informationen, die vernünftig interpretiert werden. Die strategische Bombardierung ist jedoch in keinster Weise ein billiger, leichter und schneller Weg zum Erfolg. Es bedarf einer größeren Investition nationaler Ressourcen, um eine Luftstreitmacht aufzubauen, die stark genug ist, um etwas ausrichten zu können. Um erfolgreich zu sein, erfordert die strategische Bombardierung gleichzeitige und wiederholte Angriffe auf eine kleine Zahl unerläßlicher Wirtschaftssektoren des Gegners, nachdem eine Überlegenheit in der Luft erreicht worden ist.

Überdenkt man den Angriff auf die Reichsbahn, kommt man dabei nicht zu mehr als diesen allgemeinen Leitlinien. Die gedankenlose Anwendung einer ähnlichen Strategie bei einer anderen Bomberoffensive in der Zukunft würde sich als genauso miserabel erweisen wie die simple Anwendung einer Strategie in Nordvietnam zwischen 1965 und 1968, die auf das Öl und die Zerstörung des Kommunikationssystems ausgerichtet war. Jeder Krieg bringt neue und einzigartige Probleme mit sich, für welche die Vergangenheit keine eindeutigen Lösungen parat hält. Außerdem gibt es keine Versicherung gegen den bürokratischen Egotismus, der sowohl den Alliierten als auch den Nazis so viele Schwierigkeiten bereitete. Nur die sorgfältige Auswahl verantwortungsbewußter Führer und die Unterordnung des Militärs unter eine von der Mehrheit getragene, demokratisch gewählte Regierung können den Einfluß aus dieser Richtung abschwächen. Es muß auch daran erinnert werden, daß Zähigkeit und Einfallsreichtum eine Militärmacht, die nur über eine materielle Überlegenheit verfügt, matt setzen können, wenn sie ihr Übergewicht nicht geschickt ausnützt. Die Nichtwahrnehmung des zähen Ankämpfens der Reichsbahn gegen ungeheuere Schwierigkeiten und die immense Wichtigkeit des psychologischen und zeitlichen Faktors beim endgültigen Zusammenbruch des nationalsozialistischen Deutschlands helfen das Scheitern des amerikanischen Luftkriegs zwischen 1965 und 1968 über Nordvietnam zu erklären. Dieser Punkt erhält noch größere Bedeutung, wenn man bedenkt, daß einige der selben Persönlichkeiten, die der Achten Air Force bei der Zielauswahl behilflich waren und während des Jahres 1944 die Transportoffensive blockierten, bei der Ausarbeitung der Strategie zur Bombardierung Nordvietnams eine Schlüsselrolle spielten. 40 Jahre nach den Ereignissen, die hier beschrieben worden sind, ist das Konzept der strategischen Bombardierung, wenn auch in abgewandelter Form, nach wie vor eine Quelle hitziger Debatten. Dies rührt zu einem Großteil daher, daß der tapfere Kampf der Deutschen Reichsbahn, von dem hier berichtet wurde, nicht erkannt worden ist.

Anhang

Tabelle A.1

Deutsche Steinkohleproduktion (mulipliziert mit 1 000 t – die Regionen mit geringerer Steinkohleförderung sind nicht aufgeführt)

Kohlewirt-schaftsjahr	Reich mit Protektorat	Reich ohne Protektorat	Ruhr	Oberschlesien	Saar
1937/38	–	188 067	129 823	25 410	13 733
1938/39	–	187 481	126 916	26 940	14 516
1939/40	214 581	204 797	129 451	44 569	11 858
1949/41	257 966	247 880	129 801	86 428	12 873
1941/42	257 697	248 260	129 239	83 688	17 092
1942/43	274 417	264 515	131 183	93 951	20 734
1943/44	278 118	268 297	125 356	101 512	22 878
April	23 197	22 380	10 899	8 060	1 843
Mai	22 227	21 387	9 848	8 149	1 836
Juni	22 311	21 488	9 929	8 165	1 863
Juli	23 409	22 564	10 420	8 597	1 958
Aug.	22 584	21 776	9 964	8 367	1 895
Sept.	22 638	21 831	10 078	8 339	1 908
Okt.	23 124	22 311	10 357	8 480	1 920
Nov.	23 824	23 012	10 883	8 655	1 922
Dez.	23 685	22 877	10 893	8 545	1 892
Jan.	23 364	22 563	10 554	8 518	1 953
Feb.	23 065	22 276	10 482	8 432	1 880
März	24 690	23 832	11 049	9 205	2 008
1944/45					
April	22 478	21 706	10 037	8 412	1 865
Mai	23 736	22 917	10 705	8 789	1 919
Juni	23 169	22 379	10 339	8 726	1 865
Juli	22 629	21 854	10 143	8 450	1 829
Aug.	22 579	21 844	10 417	8 076	1 890
Sept.	18 797	18 140	9 381	7 074	708
Okt.	16 259	15 601	7 194	7 008	543
Nov.	14 188	13 518	5 228	6 744	642
Dez.	14 332	13 652	5 352	7 219	208
Jan.	11 344	–	5 740	4 127	211
Feb.	6 983	–	4 666	946	311
März	–	–	ca. 2015	–	–

Quellen: RVK, Statistischer Bericht Nr. 13, S. 3, BBA 15/1103; RMfRuK, Planungsamt, „Steinkohlenförderung und Kokserzeugung in regionaler Gliederung", Dr. Eb./Rg., Berlin, 16. März 1945, BA R3/1930 f. 553 für Januar und Februar 1945; GBL-West, „Wochenbericht GBL-West 17. – 23. März 1945", Geheim, Bad Wildungen, 23. März 1945, BA R5/111 für März 1945.

Tabelle A.2

Deutsche Braunkohleproduktion (multipliziert mit 1 000 t)

Kohlewirt-schaftsjahr	Reich mit Protektorat	Reich ohne Protektorat	Ostelbisches Gebiet	Mitteldeutschland	Rheinland
1937/38	–	187 228	47 143	82 405	56 322
1938/39	–	199 564	52 153	86 998	58 934
1939/40	–	211 606	56 602	92 856	60 876
1940/41	227 493	226 753	61 402	100 572	63 531
1941/42	235 978	235 131	63 675	104 587	65 547
1942/43	249 783	248 850	66 357	111 148	70 097
1943/44	253 366	252 488	68 334	114 702	68 116
April	20 852	20 781	5 517	9 321	5 833
Mai	24 505	21 429	5 747	9 619	5 968
Juni	20 735	20 665	5 643	9 302	5 641
Juli	21 321	21 252	5 950	9 784	5 433
Aug.	21 016	20 944	5 810	9 441	5 607
Sept.	20 898	20 830	5 694	9 435	5 618
Okt.	21 466	21 397	5 863	9 709	5 721
Nov.	20 819	20 740	5 613	9 625	5 361
Dez.	20 995	20 913	5 570	9 600	5 599
Jan.	21 281	21 207	5 615	9 660	5 794
Feb.	20 274	20 202	5 449	9 078	5 545
März	22 204	22 128	5 863	10 128	5 996
1944/45					
April	20 385	20 322	5 510	9 362	5 369
Mai	20 402	20 335	5 635	8 846	5 779
Juni	19 731	19 665	5 412	8 545	5 624
Juli	19 619	19 554	5 597	8 294	5 587
Aug.	19 360	19 292	5 656	8 110	5 431
Sept.	17 512	17 437	5 422	8 033	3 894
Okt.	16 944	16 873	5 660	8 560	2 556
Nov.	15 753	15 680	5 634	8 553	1 388
Dez.	15 250	15 181	5 759	7 846	1 488
Jan.	–	15 318	3 498	8 876	1 287
Feb.	–	11 901	2 674	7 565	1 000

Quellen: RVK. Statistischer Bericht Nr. 13, S. 6, BBA 15/1103; RMfRuK, Planungsamt, „Braun- und Hartbraunkohlenförderung in regionaler Gliederung", Dr. Eb./Rg, Berlin, 16. März 1945, BA R3/1930 f. 554.

Tabelle A.3

Güterwagenstellung bei der Reichsbahn

Kohlewirt-schaftsjahr	Güterwagen insgesamt	Steinkohle	Braunkohle
1940/41	48 373 843	16 755 046	7 021 224
1941/42	44 321 721	16 566 984	7 179 648
1942/43	47 947 837	17 704 156	7 872 571
1943/44	48 401 403	18 332 517	8 029 474
April	4 212 504	1 543 563	724 882
Mai	4 314 253	1 510 917	737 670
Juli	4 425 408	1 587 478	727 545
Aug.	4 147 549	1 562 702	714 775
Sept.	4 053 384	1 549 386	692 166
Okt.	4 140 404	1 487 124	636 948
Nov.	3 814 007	1 426 495	572 132
Dez.	3 672 800	1 435 911	567 684
Jan.	3 773 474	1 567 836	640 645
Feb.	3 626 078	1 506 356	607 162
März	3 977 489	1 612 191	688 296
1944/45			
April	3 805 508	1 527 737	668 427
Mai	3 992 116	1 596 763	672 884
Juni	4 007 934	1 585 631	664 626
Juli	3 969 625	1 480 723	667 521
Aug.	3 940 944	1 393 692	666 957
Sept.	3 442 133	1 086 075	612 272
Okt.	3 241 506	883 443	568 058
Nov.	2 976 302	850 323	542 347
Dez.	2 570 707	888 779	508 235
Jan.	1 877 738	690 573	475 183
Feb.	1 069 322	–	–

Quelle: RZA, Blätter 90, 91, 92, NA RG 243, 200(a)95, 96, 97.

Tabelle A.4

Wagenstellung für Steinkohle bei der Reichsbahn (in 10-Tonnen-Einheiten)

Jahr		Ruhr	Saar *	Oberschlesien	Insgesamt
1943	Jan.	630 253	141 749	622 208	1 524 162
	Feb.	572,756	140 144	630 613	1 462 673
	März	645 983	156 855	719 774	1 659 237
	April	607 103	150 487	655 464	1 543 563
	Mai	565 795	152 747	665 949	1 510 917
	Juni	565 214	158 574	691 447	1 542 558
	Juli	569 988	163 072	725 830	1 587 478
	Aug.	561 201	161 074	711 011	1 562 702
	Sept.	572 905	158 644	691 651	1 549 386
	Okt.	555 527	151 528	658 349	1 487 124
	Nov.	501 732	152 961	661 614	1 426 495
	Dez.	543 638	158 350	620 589	1 435 911
1944	Jan.	618 420	167 008	654 460	1 567 836
	Feb.	582 193	148 762	657 221	1 506 356
	März	618 566	156 930	709 591	1 612 191
	April	580 211	150 263	684 001	1 527 737
	Mai	591 430	149 682	734 392	1 586 763
	Juni	605 006	155 178	706 485	1 585 631
	Juli	586 117	146 640	633 170	1 480 723
	Aug.	565 143	135 470	582 330	1 393 692
	Sept.	436 246	52 068	524 222	1 086 075
	Okt.	252 595	35 967	532 562	883 443
	Nov.	232 210	49 890	503 741	850 323
	Dez.	253 330	9 024	558 198	888 779
1945	Jan.	299 632	10 509	315 175	690 573
	Feb.	215 368	15 835	65 773	318 542
	März	66 129	15 197	72 570	368 753

Quellen: RZA, Blatt 92, Januar 1943 – Januar 1945; RVK, „Wagenstellung für Kohlen nach Revieren", BA R10 VIII/16, ff. 629, 631.

*) Von November 1943 an wurden das Saarland und Lothringen von der Reichsbahn zum Zweck der Kohlenwagenzählung zusammengefaßt. Für die vorhergehenden Monate wurden die vorgegebenen Zahlen in der Tabelle zum besseren Vergleich dahingehend verändert, daß die Zahlen für beide Regionen addiert wurden.

Tabelle A.5

Kohletransporte auf den Binnenwasserstraßen, Stein- und Braunkohle zusammengefaßt (multipliziert mit 1 000 t)

Kohlewirt-schaftsjahr	Insgesamt	Ruhr	Oberschlesien
1940/41	34 234	25 825	3 600
1941/42	34 920	27 561	3 444
1942/43	39 367	30 495	3 865
1943/44	30 182	23 071	2 880
April	3 293	2 416	413
Mai	2 701	1 926	312
Juni	3 007	2 141	374
Juli	3 207	2 337	391
Aug.	2 659	2 080	248
Sept.	2 081	1 723	103
Okt.	2 309	1 898	126
Nov.	1 713	1 446	90
Dez.	1 934	1 587	118
Jan.	2 168	1 578	159
Feb.	2 345	1 804	217
März	2 765	2 035	329
1944/45			
April	2 672	2 001	315
Mai	3 112	2 207	446
Juni	3 059	2 207	421
Juli	3 131	2 352	317
Aug.	2 919	2 134	386
Sept.	2 283	1 752	227
Okt.	1 251	724	269
Nov.	979	433	379
Dez.	422	–	213

Quelle: RVK, Statistischer Bericht Nr. 13, S. 20, BBA 15/1103.

Tabelle A.6

Syndikats-Handelsgesellschaften des RWKS

Kohlenkontor Hamburg
Handelsgesellschaft Hannover, „Westfalia"
Kohlenhandelsgesellschaft Hagen
Westfälische Kohlenverkaufsgesellschaft Berlin
Kohlenhandelsgesellschaft Westmark, Saarbrücken
Westfälische Kohlen- & Koksverkaufsgesellschaft, Magdeburg

Handelsgesellschaft Bremen
Handelsgesellschaft Dortmund
Geschäftsstelle Wien
Kohlenkontor Mannheim, Weyhenmeyer
Kohlenhandelsgesllschaft Kassel, Hansa, Glückauf

Quelle: RWKS, „Entwicklung und derzeitiger Stand der kohlenwirtschftlichen Gesetzgebung", G/Da, S. 4–5, BBA 15/471 (1).

Tabelle A.7

Geschätzter Verlust in der Steinkohlenwirtschaft, verursacht durch Transportschwierigkeiten auf den Wasserwegen (in Mio. t) *)

		Reichsbahn		Binnenwasserstraßen		
		Defizit	kumulativ	Defizit	kumulativ	Insgesamt
1944	Aug.	1,7	1,7	–	–	1,7
	Sept.	4,8	6,5	0,25	0,25	6,8
	Okt.	5,7	12,2	0,89	1,1	13,3
	Nov.	5,9	18,2	0,96	2,1	20,3
	Dez.	5,6	23,8	0,73	2,8	26,6
1945	Jan.	8,7	32,5	1,2	3,9	36,5

Quellen: Statistische Mitteilungen des Reichsbahn-Zentralamts Berlin, Blatt 92, Januar 1943 – Januar 1945, „Wagenstellung für Kohlen, Koks und Brikette", NA RG243, 200(a)96; RVK, Statistischer Bericht Nr. 13, S. 15, 20, BBA 15/1103; Badisches Hafenamt, „Aufstellung über den Verkehr in den Mannheimer Häfen", NA RG 243, 200(a)165; „Durchgangsverkehr der wichtigen Schleusen des Dortmund-Ems-Kanals", NA RG 243, 200(a)168.

*) Das Defizit wurde durch den Vergleich der Transporte in den Kohlewirtschaftsjahren 1943/44 und 1944/45 bestimmt.

Tabelle A.8

Deutschlands Kohlensyndikate

Syndikate	Verwaltungssitz
Rheinisch-Westfälisches Kohlen-Syndikat	Essen
Oberschlesisches Steinkohlen-Syndikat	Berlin, Gleiwitz
Niederschlesisches Steinkohlen-Syndikat	Waldenburg
Sächsisches Steinkohlen-Syndikat	Zwickau
Niedersächsisches Steinkohlen-Syndikat	Hannover
Kohlen-Syndikat für das rheinische Bayern	München
Ostmärkisches Kohlen-Syndikat	Wien
Mitteldeutsches Braunkohlen-Syndikat	Leipzig
Ostelbisches Braunkohlen-Syndikat	Berlin
Rheinisches Braunkohlen-Syndikat	Köln
Sudetisches Braunkohlen-Syndikat	Aussig
Gas-Koks-Syndikat	Berlin

Quelle: RWKS, „Entwicklung und derzeitiger Stand der kohlenwirtschaftlichen Gesetzgebung", G/Da., S. 4–5, BBA 15/471 (1).

Tabelle A.9

Reichsbahn-Güterwagenstellung im Vergleich

	Δ% I 1943 – 44	Δ% II 1943 – 44	Δ% III 1943 – 44	Δ% Special Priority-Strategie	Δ% Erster Transportbombardierungsplan	Δ% Ardennenoffensive	Δ% Übergangsplan des CSTC	Δ% Ruhrgebietsplan
Reichsbahn	– 1,83	– 7,75	– 4,22	– 20,05	– 22,84	– 43,2	– 70,44	– 89,18%
RBD Essen	– 0,94	– 4,6	– 9,67	– 42,1	– 59,96	– 60,85	– 66,71	
RBD Wuppertal	– 1,81	– 3,73	– 5,7	– 15,99	– 37,37	– 58,02	– 66,13	
RBD Köln	+ 7,59	– 11,75	– 9,05	– 65,97	– 78,46	– 83,78	– 86,00	
RBD Münster	+ 5,76	– 4,59	– 16,99	– 36,39	– 21,39	– 31,02	– 53,82	
RBD Saarbrücken	– 1,35	– 13,46	– 34,41	– 69,01	– 75,46	– 96,35	– 89,27	
RBD Karlsruhe	– 8,01	– 11,84	– 19,65	– 22,83	– 39,67	– 72,41	– 82,53	
RBD Stuttgart	– 5,29	– 3,54	– 13,09	– 27,51	– 18,95	– 52,00	– 61,10	
RBD Kassel	– 2,99	– 3,07	– 7,27	– 25,86	– 16,25	– 45,30	– 57,66	
RBD Hannover	+ 24,96	– 8,63	– 8,62	– 14,09	– 21,2	– 29,93	– 49,64	
RBD Berlin	– 7,95	– 19,46	– 15,08	– 8,84	+ 8,58	– 15,99	– 47,08	
RBD Halle	+ 3,94	– 9,27	– 6,14	– 0,4	+ 1,49	– 19,59	– 44,16	
RBD Oppeln	+ 2,05	– 1,09	– 15,96	– 17,35	– 17,10	– 13,16 ca.	– 90,38 ca.	

Quellen: RZA, Blatt 90, Januar 1943 – Januar 1945, NA RG 243, 200(a)94, 95, 96, 116, 117; Wagenführ, *Deutsche Industrie*, S. 94; Wehde-Textor, „Dokumentarische Darstellung", S. 38, BA R5, Anh.I/11; Wissenschaftliche Beratungsstelle, „Verkehrszahlen für die Besprechung", Pla 080/20-382/45g, 12.3, Geheim, Berlin, 12. März 1945, S. 1, BA R5/3699.

Tabelle A.10

Die GBL und ihre Direktionen

	GBL-West		**GBL-Süd**		**GBL-Ost**
RBD	Essen	RBD	Augsburg	RBD	Berlin
	Frankfurt/Main		Erfurt		Breslau
	Hamburg		Karlsruhe		Danzig
	Hannover		München		Dresden
	Kassel		Nürnberg		Halle
	Köln		Linz		Hamburg (Ost)
	Mainz		Regensburg		Königsberg
	Saarbrücken		Stuttgart		Oppeln
	Wuppertal		Villach		Osten
					Posen
					Schwerin
					Stettin
					Wien

Tabelle A.11

Das Soll der Reichsbahn-Kohlewagenstellungen, 24. Mai 1944

RBD	**Einheiten pro Tag**
Osten	60
Breslau	1 330
Oppeln	26 000
Hannover	930
Münster	370
Kassel	240
Halle	11 680
Dresden	6 580
Essen	20 850
Köln	6 750
Saarbrücken	6 000
Frankfurt/Main	10
Erfurt	600
Augsburg	40
München	340
Regensburg	1 520
Wien	950
Villach	300
Insgesamt	84 700

Quelle: Hauptwagenamt, WD 141 Vwbo 17, Berlin, 24. Mai 1944, BA R5/3181.

Diagramm A.1

Rüstungsproduktion und Eisenbahnleistung, 1943 – 1945

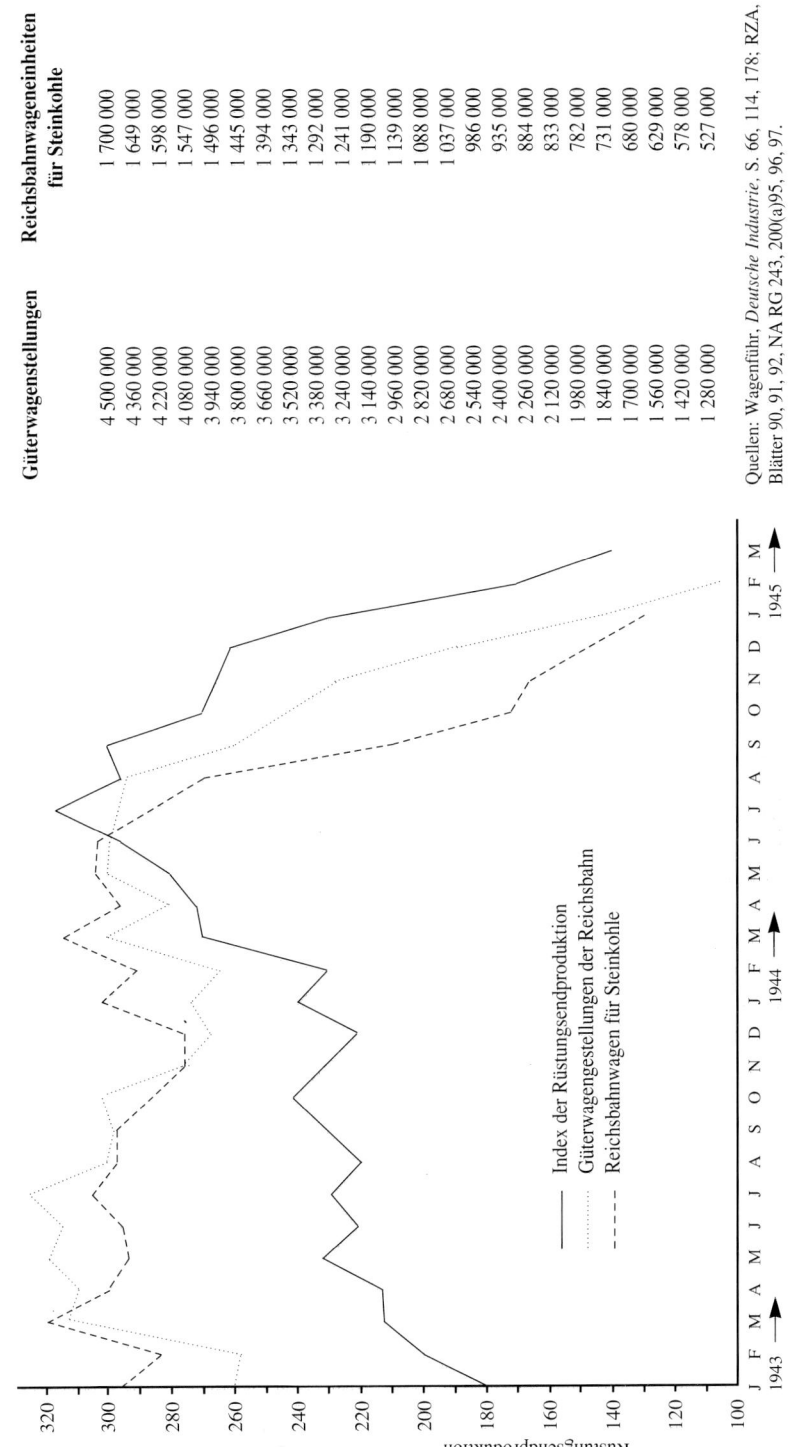

Anmerkungen

Vorwort

[1] Am beachtenswertesten sind die folgenden Werke: Boelcke, *Wirtschaft;* Deist, *The Wehrmacht and German Rearmament;* DRZWK, Band I, Overy, *Goering,* „Heavy Industry and the State", „Hitler's War and the German Economy", und *The Nazi Economic Recovery.*

[2] Kreidler, *Eisenbahnen.* Obwohl es sehr informativ ist, stellt Kreidlers Buch die wirtschaftliche Rolle der Reichsbahn nur in groben Zügen dar. Es fällt unter die Kategorie der westdeutschen Nachkriegsgeschichtsschreibung, die im selben Maße versucht, ihre Themen losgelöst von der Niederlage zu betrachten als auch das Geschehen während der Kriegsjahre zu erläutern.

[3] Nur ein paar verdienen es, beachtet zu werden, obwohl selbst diese nicht ganz zuverlässig sind: Air Ministry, *Rise and Fall of the German Air Force;* Cooper, *German Air Force;* Murray, *Strategy for Defeat;* Freeman, *The Mighty Eighth;* Coffey, *Decision over Schweinfurt.*

[4] W & F, 4 Vols.; C &C, 7 Vols. Der USSBS gab 208 Berichte über die Bombenabwürfe über Deutschland von 1945 bis 1947 heraus. Siehe diesbezüglich USSBS, *Summary Report (European War), Overall Report (European War),* und *German War Economy.* Weitere nützliche Darstellungen: Hastings, *Bomber Command;* Frankland, *Bomber Offensive,* und *The Bombing Offensive against Germany;* Verrier, *The Bomber Offensive;* Wagenführ, *Deutsche Industrie,* speziell S. 91-129; Janssen, *Das Ministerium Speer,* speziell S. 235-322; Weyres, „Die deutsche Rüstungswirtschaft", speziell S. 107-108, 150-164; Milward, *War, Economy and Society.*

[5] Das nützlichste Werk innerhalb dieser engen Kategorie ist Golücke, *Schweinfurt und der strategische Luftkrieg.* Dieses Buch wird durch die viel zu vielen übersetzten Zitate englischsprachiger Werke verdorben. Die besten Studien zu besonderen Industriebereichen bleiben die des USSBS. Nur sie sind von der übergenauen Darstellungen der Ereignisabläufe ohne Beachtung der jeweiligen Konsequenzen verschont. Es lohnt sich auch in Sweetman, *Operation Chastise* nachzulesen.

[6] Siehe speziell Rostow, *Pre-Invasion Bombing Strategy,* und Lytton, „Bombing Policy", S. 53-58.

[7] Siehe Deist, *The Wehrmacht and German Rearmament;* DRZWK, Vol. I; Overy, *Goering,* „Heavy Industry and the State", „Hitler's War and the German Economy", und *The Nazi Economic Recovery.*

[8] Die Deportation der Juden in die Vernichtungslager war aus der Perspektive des Transportbetriebs aus drei Gründen nicht von Bedeutung. Erstens befanden sich die Lager an stark befahrenen Strecken hinter der östlichen Front und in Schlesien und verursachten deshalb keine außergewöhnlichen Verkehrsströme. Zweitens waren sie einer niedrigen Dringlichkeitsstufe zugeordnet, was die Verspätungen belegen, die aus Zeugenaussagen hervorgehen. Diese Transporte bewegten sich langsamer als Kohlezüge, die mehr als doppelt so schwer waren, da sie von älteren und schwächeren Lokomotiven gezogen wurden. Drittens war der Bedarf an Wagen und Lokomotiven, die dafür eingesetzt wurden, gering. Unter Beachtung der Statistiken, die von Raul Hilberg erstellt wurden, kann angenommen werden, daß zwischen Oktober 1941 und Oktober 1944 nicht mehr als 3 000 Züge dazu verwendet wurden, um Juden in die Vernichtungslager zu transportieren. Dies entsprach ungefähr 15 % der Anzahl der Güterzüge, welche die Reichsbahn täglich verkehren ließ. Es ist klar, daß es sich

statistisch nicht auswirken würde, wenn diese Schätzung verdoppelt oder verdreifacht würde. In keiner Weise wird hiermit beabsichtigt, die moralische Tragweite dieser Transporte einzuschränken. Man kann sich vorstellen, daß die Transporte in den Tod der Wehrmacht zu kritischen Zeitpunkten an der Ostfront logistische Hilfe in Form von Wagenraum vorenthielten. Siehe Hilberg, „German Railroads/Jewish Souls", S. 67, 70 und *Sonderzüge nach Auschwitz*, S. 61, 63, 71, 78, 81, 89, 96; Lichtenstein, „Räder rollen für den Mord", S. 86-99, und *Mit der Reichsbahn in den Tod*, S. 9, 34, 56, 96.

Kapitel 1

[1] Ganzenmüller, „Eisenbahner und Eisenbahnerinnen!", S. I, BA R5 Anh. II/45.

[2] Schweitzer, Big Business, S. 334; Petzina, *Autarkiepolitik* (Petzinas Zahlen, die er auf Seite 183, Tabelle 17 anführt, weichen nur geringfügig ab); Mitchell, *European Historical Statistics*, S. 65, 68, Tabelle B2. Das Bruttosozialprodukt von 1929 in Höhe von 90 Billionen RM wurde erstmals 1937 übertroffen, als es 93 Billionen RM erreichte. Der Arbeitslosenquote von 8,4 % im Jahre 1928 wurde erst wieder 1936 mit einer Quote von 8,3 % entsprochen.

[3] Petzina, *Autarkiepolitik*, S. 50-51; Treue, „Hitlers Denkschrift", speziell S. 195, 199, 208-209. Birkenfeld, *Synthetischer Treibstoff*, S. 84-93, 114; Riedel, *Eisen und Kohle*, S. 90-96. USSBS, *Aircraft Industry*, S. 15-16; Heinkel, *Stormy Life*, S. 148-149; Homze, *Arming the Luftwaffe*, S. 46-220.

[4] USSBS, *Oil Division Final Report*, S. 16; Birkenfeld, *Synthetischer Treibstoff*, S. 102-107.

[5] Riedel, *Eisen und Kohle*, S. 163; Overy, „Heavy Industry and the State".

[6] Riedel, *Eisen und Kohle*, S. 159. Im Juli 1937 ordnete Göring die Gründung der RWHG an.

[7] Ebd., S. 12-15, 21, 81.

[8] Kube, *Pour le Mérite und Hakenkreuz*, S. 259. Siehe auch DRZWK, I, S. 497-498, 500, 530 zur Verwirrung, die im Militär herrschte.

[9] Riedel, *Eisen und Kohle*, S. 251. Das erste Roheisen wurde am 22. Oktober 1939 geschmolzen.

[10] Boelcke, *Wirtschaft*, S. 178, 185-187.

[11] USSBS, *German War Economy*, S. 73-74; Carrol, *Total War*, S. 158.

[12] Schweitzer, *Big Business*, S. 336.

[13] Petzina, *Autarkiepolitik*, S. 187, Tabelle 20; Schweitzer, *Big Business*, S. 334; Boelcke, „Kriegsfinanzierung", S. 56, Abb. I. Siehe auch Boelcke, *Kosten*, S. 51, Tabelle 15. Auf der Grundlage der hier erstellten Statistiken stiegen die Rüstungskosten 1938 auf 17 % des Bruttosozialprodukts an.

[14] 1917 machten die Kosten für die Verteidigung ungefähr die Hälfte des Bruttosozialprodukts des Reichs aus und über neun Zehntel des Staatshaushalts. Siehe Mitchell, European Historical Statistics, S. 377, 411; Gerd Hardach, *The First World War*, S. 155, Tabelle 21; Karl Hardach, *Political Economy of Germany*, S. 10, 224, Tabelle 21(A), 225, Tabelle 21(B). Zur Diskussion von Maßstäben für die Beurteilung einer nationalen Mobilmachung für den Krieg siehe Carroll, *Total War*, S. 189.

[15] Petzina, *Autarkiepolitik*, S. 187, Tabelle 20; Milward, *War, Economy and Society*, S. 76.

[16] Zur Hast, mit der die Nazis die wirtschaftlichen Vorbereitungen trafen, siehe Volkmann, „NS-Wirtschaft", DRZWK, I, S. 248.

[17] Auf der Grundlage der Statistiken in Wagenführ, *Deutsche Industrie*, S. 17, und Boelcke, „Kriegsfinanzierung", S. 56, Abb. I. Dies war sowohl bei Betrachtung der direkten Ausgaben für das Militär als auch der gesamten Staatsausgaben der Fall. Letztere stiegen bis 1938-39 jährlich ungefähr um ein Fünftel, um dann sprunghaft um 58,2 % und 1939-40 um 81,6 % anzusteigen. Während derselben Jahre stiegen die Ausgaben für die Wehrmacht und Rüstung um 124,4 % bezie-

hungsweise 106,5 % nach einer jährlichen Wachstumsrate von durchschnittlich 52 %. Diese Zahlen wurden nicht einmal während der Zunahmen im Krieg erreicht. Diese Statistiken sind beredte Zeugen für die Hast und Oberflächlichkeit der militärischen Vorbereitungen der Nazis. In seinem jüngsten Werk liefert Boelcke etwas andere Statistiken. Gemäß dieser Statistiken erfolgte die größte Zunahme der Rüstungsausgaben, die Mefo-Programme (87 %) miteingeschlossen, im Jahre 1936. Der größte echte Anstieg erfolgte 1938 (6,3 Billionen RM), stellte jedoch gegenüber 1937 nur eine Zunahme um 57 % dar. Trotzdem schließt Boelcke daraus, daß der bedeutendste Anstieg der wirtschaftlichen Aktivität aufgrund von Rüstungsausgaben 1938 stattfand. Siehe Boelcke, *Kosten*, S. 28, Tabelle 6, S. 53-54.

[18] Boelcke, *Kosten*, S. 54.

[19] Barkai, *Wirtschaftssystem*, S. 15; Broszat, *Der Staat Hitlers*, S. 219-220, und *The Hitler State*, S. 165. Siehe auch Schweitzer, *Big Business*, S. 123-125 zum Schmitt-Hitler-Abkommen vom Juli 1933.

[20] Carroll, *Total War*, S. 148-150.

[21] Thomas, *Wehr- und Rüstungswirtschaft*, S. 62-68.

[22] Ebd. S. 91-92, 98-104.

[23] Die Reichsstellen kamen 1939 im RWM als Nachfolger der früheren Austauschkontrollorgane auf. Einige der Wirtschaftskammern sowie der Finanz- und Industriekammern wurden im April 1942 zu Gauwirtschaftskammern verbunden. Essenwein-Rothe, *Wirtschaftsverbände*, S. 19. Neumann, *Behemoth*, S. 241-247, 251; Boelcke, *Wirtschaft*, S. 82-88; Broszat, *Der Staat Hitlers*, S. 218-230.

[24] Petzina, *Autarkiepolitik*, S. 50-51; Treue, „Hitlers Denkschrift", S. 184-203, speziell S. 195, 199. Kube, *Pour le Mérite und Hakenkreuz*, S. 299, 303.

[25] Barkai, „Sozialdarwinismus und Antiliberalismus", S. 59-83.

[26] Neumann, *Behemoth*, S. 80; Treue, „Hitlers Denkschrift", S. 199.

[27] Herbst, *Totaler Krieg*, S. 92, 99.

[28] Becker, „German War Economy under Speer", S. 49.

[29] Picker u.a., *Hitlers Tischgespräche*, S. 54; Hitler, *Mein Kampf*, S. 239, 247.

[30] Milward, *War, Economy and Society*, S. 113-117; Herbst, *Totaler Krieg*, S. 78-81; Schoenbaum, *Hitler's Social Revolution*, S. 86-90.

[31] Ludwig, *Technik und Ingenieure*, S. 44-58, 360-364.

[32] Siehe z. B. das Hossbach-Memorandum in *Akten zur deutschen auswärtigen Politik 1918-45*, Serie D, 1, S. 25-26; Domarus, *Hitler: Reden und Proklamationen*, 2, S. 1421; Cooper, *German Army*, S. 52, der Anmerkungen General von Weichs zu einer Rede Hitlers vom 28. Februar 1934 zitiert.

[33] Milward, *German Economy*, S. 7-8, 11-12; Carroll, *Total War*, S. 100-101. Das Militär war insbesondere für eine schnelle, wirklich konstante Verlagerung der Waffenprogramme. Overy, *Goering*, S. 86, 98, 107-109, 138-150, behauptet, daß Göring eine Politik der breiten Kapitalerweiterung und hohen Aufrüstung vertrat, die im Widerspruch zu Hitlers Plänen stand und aufgrund der Ungeschicktheit beim Management scheiterte. Sein Argument vernachlässigt die Tatsache, daß Hitler niemandem vertraute, nicht einmal Göring. Hitler betrachtete den Reichsmarschall wie jeden anderen Untergebenen als Instrument, mit dem er seine eigenen Ziele erreichen konnte. Siehe Turner, *Hitler: Memoires of a Confidant*, S. 175.

[34] Zu den Ideen über eine Kriegsführung siehe Heinz-Ludger Borgert, „Grundzüge der Landkriegsführung", S. 537-538, 546, 559, 561, 569; zu den Ansichten Hitlers bezüglich Kriegsvorbereitungen siehe Picker u.a., *Hitlers Tischgespräche*, S. 217, 351, 471. Zu Hitlers Ansichten über Kriegsführung siehe seinen Artikel in *Illustrierter Beobachter*, Heft 39 (1929), S. 490-492; zu Motorisierung und Panzern siehe Picker u.a., *Hitlers Tischgespräche*, S. 207, 402, und Hitler, *Mein Kampf*, S. 958. Hitlers Vorstellung

von der Form des nächsten Kriegs kann in Rauschning, *Gespräche mit Hitler,* S. 16-21 nachvollzogen werden. Man beachte auch Hitlers Aussage, die er bezüglich einer Invasion Polens am 22. August 1939 gemacht hatte: „Bei der Operation sei Schnelligkeit in der Herbeiführung der Entscheidung von höchster Wichtigkeit", abgedruckt in *OKW/KTB,* 2, S. 948. Was die Niederlage der Heimatfront im Ersten Weltkrieg anbelangt siehe Hitler, *Mein Kampf,* S. 254-257, 265, 308-309, 313. Michael Salewski, „Die bewaffnete Macht im Dritten Reich", S. 116-117, 143-144, und die Quellen, die oben zitiert werden und sich auf das Konzept des Blitzkriegs beziehen sowie Treues Diskussion des Vierjahresplan-Memorandums sind im Zusammenhang mit Hitlers Rüstungszeitplan nützlich.

[35] Ludwig, *Technik und Ingenieure,* S. 349-350; Carroll, *Total War,* S. 218; Milward, *German Economy,* S. 57; Seidler, *Todt,* S. 239.

[36] Ludwig, *Technik und Ingenieure,* S. 352, 354, 358; Thomas, *Wehr- und Rüstungswirtschaft,* S. 231-232.

[37] Ludwig, *Technik und Ingenieure,* S. 382, 388-389, 393.

[38] Cooper, *German Army,* S. 333-337; Erickson, *Road to Stalingrad,* S. 249-296. Von Juni bis Dezember schickten die Armeedepots im Osten nur 348 MK IV-mittelschwere Panzer an die Front und empfingen lediglich 80 neue. Beim MK III sah es nicht anders aus: 1 456 wurden ausgegeben und nur 385 empfangen. Siehe *OKW/KTB,* 2, S. 1104-1121.

[39] Wagenführ, *Deutsche Industrie,* S. 189.

[40] RMfRuK, Planungsamt, „38. Wochenbericht des Planungsamtes" Pla 1401/29.9, Geheime Reichssache, Berlin, 29. September 1944, S.11, BA R3/1957 f. 498.

[41] Hitler, „Rüstung 1942", Nr. 1/42 g. K. OKW/WFSt/Org. = Wi-Rü Amt, Geheime Kommandosache, Führer-Hauptquartier, 10. Januar 1942, in *OKW/KTB,* 2, S. 1265-1267, auch in Thomas, *Wehr- und Rüstungswirtschaft,* Anhang 2, Dokument 16 b, S. 483-487.

[42] Milward, *German Economy,* S. 68; Milward, *War, Economy and Society,* S. 56-57.

[43] Ludwig, *Technik und Ingenieure,* S. 402-403, Müller, „Der plötzliche und mysteriöse Tod Dr. Fritz Todts", S. 602-604; Hansen, „Der Fall Todt", S. 604-605.

[44] Milward, *German Economy,* S. 67; Thomas, *Wehr- und Rüstungswirtschaft,* S. 153-156, 288, und Anhang 2, Dokumente 15 u.16; Carroll, *Total War,* S. 86-91.

[45] Boelcke, *Wirtschaft,* S. 233, 244; Homze, *Foreign Labor,* S. 16, n. 31; Thomas, *Wehr- und Rüstungswirtschaft,* S. 155; als Überblick in dieser Sache siehe Carroll, *Total War,* S. 232, und Seidler, *Todt,* S. 252-265.

[46] Schmidt, *Albert Speer,* S. 77-81. Schmidt akzeptiert Speers Darstellung in ihrer grundlegenden Bedeutung.

[47] Speer, *Inside,* S. 200-202.

[48] Janssen, *Das Ministerium Speer,* S. 56.

[49] Boelcke, *Deutschlands Rüstung,* S. 28-29; Picker u.a., *Hitlers Tischgespräche,* S. 225-226.

[50] Speer, *Inside,* S. 218-219; Janssen, *Das Ministerium Speer,* S. 60-61; Homze, *Foreign Labor,* S. 105-106.

[51] Becker, „German War Economy under Speer", S. 118-119; Görings Order vom 22. April 1942 zur Gründung der Zentralen Planung kann in BA R3/1562 nachgelesen werden. Eine Beschreibung dieses Organs erhält man in „Nachrichten des Reichsministers für Bewaffnung und Munition", Nr. 2, 25 April 1942, S. 6, Artikel 5, zitiert in Weyres, „Die deutsche Rüstungswirtschaft", S. 8.

[52] Als Überblick siehe Carroll, *Total War,* S. 232.

[53] Kehrl, *Krisenmanager,* S. 284. Kehrl war 42 Jahre alt und besaß eine Textilfabrik in Cottbus. Am 1. Mai 1933 trat er der NSDAP bei und hatte bei einer Reihe von Partei- und Regierungsposten in Sachsen und Berlin eine

beratende Funktion inne. Er war ein Fachmann, was synthetisches Gewebe anging, und fiel wegen seiner Energie, seines scharfen Verstands und unbeugsamen Einsatzes für die Zentralisierung auf. Zu seiner Herkunft siehe Turner, *German Big Business*, S. 202; International Military Tribunal, *Trials of War Criminals before the Nuernberg Military Tribunals*, Vol. 13, S. 677-685. Zu seiner Beziehung zu Pleiger siehe Kehrl, *Krisenmanager*, S. 64, 75-76.

[54] Kehrl, *Krisenmanager*, S. 265-268, 284.

[55] Thomas, *Wehr- und Rüstungswirtschaft*, S. 310-315.

[56] „Göring als Beauftragter für den Vierjahresplan", 3. März 1941, BA R10 VIII/14 ff., S. 108-109.

[57] Becker, „German War Economy under Speer", S. 171; Janssen, *Das Ministerium Speer*, S. 70-71.

[58] Janssen, *Das Ministerium Speer*, S.43.

[59] Ludwig, *Technik und Ingenieure*, S. 412-413. Ludwigs Sehweise ist wegen seines Respekts gegenüber Todt und seiner Wut auf Speer voreingenommen. Nun bekamen die Leute, die Todt hochgebracht hatte, die Macht, die er ihnen nicht zu geben vermocht hatte.

[60] Janssen, *Das Ministerium Speer*, S. 44-45; Weyres, „Die deutsche Rüstungswirtschaft", S. 27; Wagenführ, Deutsche Industrie, S. 41; Kehrl, Krisenmanager, S. 296-297; Milward, German Economy, S. 154.

[61] Janssen, *Das Ministerium Speer*, S. 111; Salewski, *Die Deutsche Seekriegsleitung*, 1935-1945, 2, S. 272-293.

[62] Milward, *German Economy*, S. 136.

[63] Janssen, *Das Ministerium Speer*, S. 134-135; Becker, „German War Economy under Speer", 128-136; Kehrl, *Krisenmanager*, S. 64.

[64] Janssen, *Das Ministerium Speer*, S. 135; Becker, „German War Economy under Speer", S. 130.

[65] Speer, *Inside*, S. 284-286; Golücke, *Schweinfurt und der strategische Luftkrieg*, S. 354-365; USSBS, *Anti-Friction Bearings Industry*, S. 105-110.

[66] Speer, *Inside*, S. 299; Boog, *Die deutsche Luftwaffenführung*, S. 142-146; Galland, *The First and the Last*, S. 169-170.

[67] Janssen, *Das Ministerium Speer*, S. 187-188.

[68] USSBS, *German War Economy*, S. 60; Boelcke, *Deutschlands Rüstung*, S. 337, Punkte 3-4, S. 338, Punkte 5-16.

[69] Speer, *Inside*, S. 332-333; Janssen, *Das Ministerium Speer*, S. 160-161, 163; Schmidt, *Albert Speer*, S. 105-110.

[70] Speer, *Inside*, S. 327-329; Janssen, *Das Ministerium Speer*, S. 164-168.

[71] Speer, *Inside*, S. 327-329; Janssen, *Das Ministerium Speer*, S. 164-168; Lochner, *Goebbels Diaries*, S. 292, 331-332, 383-384.

[72] Speer, *The Slave State*, S. 175-176; Höhne, *The Order of the Death's Head*, S. 458-463; Georg, *Die wirtschaftlichen Unternehmungen der SS*, S. 30-71.

[73] Speer, *Inside*, S. 28-30; Janssen, *Das Ministerium Speer*, S. 157-164; Schmidt, *Albert Speer*, S. 110-119.

[74] Die Kalkulationen basieren auf Wagenführ, *Deutsche Industrie*, S. 66.

[75] Boelcke, „Kriegsfinanzierung", S. 56, Abbildung I.

[76] Rolf Wagenführ, „Rohstoffproduktion und Industriebeschäftigung", Pla 451/16.11, Berlin, 16. November 1944, S. 1, BA R3/1966.

[77] USSBS, *German War Economy*, S. 130, Tabelle 77. Der Index befand sich 1939 bei 100 und fiel 1941 auf 90,1, 1942 auf 81,5 und 1944 auf 72,8 herunter.

[78] USSBS, *German War Economy*, S. 208-209, Anhang, Tabellen 7 u. 8. Die Anzahl der in der Industrie beschäftigten Frauen veränderte sich ebenfalls nicht merklich, gegenüber 2,6 Mio. am 31. Juli 1939 war sie bis zum 31. Mai 1944 auf 2,7 Mio. gestiegen.

[79] Ebd., S. 214, Anhang, Tabelle 12. Die Anzahl stieg von 4 512 000 bis zum

31. Dezember 1943 auf 5 586 000 und bis zum 31. März 1944 auf 5 734 000 an.

[80] Angesichts dessen und des Überflusses an den zur Verfügung stehenden Maschinen scheint die Behauptung, daß die Arbeiterschaft nicht ausgelastet war, da sie nur eine Schicht pro Tag arbeitete, irrig zu sein. RMfRuK, Planungsamt, „38. Wochenbericht des Planungsamtes", Pla 1401/29.9, Berlin, 29. September 1944, Geheime Reichssache, S. 11, BA R3/1957 f. 498.

[81] Nachrichten, Nr. 38, 9. Juni 1944, S. 384, zitiert in Weyres, „Die deutsche Rüstungswirtschaft", S. 119.

[82] Wagenführ, *Deutsche Industrie*, S. 55.

[83] USSBS, *German War Economy*, S. 130, Tabelle 77.

[84] Wagenführ, *Deutsche Industrie*, S. 125.

[85] Ebd., S. 39-42.

[86] Welter, *Falsch und richtig planen*, S. 21-22.

[87] Bemerkungen zur Konfusion, die im Speerschen Apparat auftrat, siehe Kehrl, *Krisenmanager*, S. 330, und Wagenführ, *Deutsche Industrie*, S. 42.

Kapitel 2

[1] Zur Entwicklung des Ruhrgebiets siehe Pounds, *The Ruhr*, S. 61-95.

[2] USSBS, *German War Economy*, S. 90. Die entscheidende Bedeutung dieser Feststellung ist, daß die Industrie nicht vom Öl als Energieträger abhängig war. Siehe auch Anmerkung Nr. 40 weiter unten.

[3] Pleiger an Speer, Briefentwurf, Juni 1942, S. 4, BA R10 VIII/20 f. 46.

[4] Grainger/Gibson, *Coal Utilisation*, S. 3-4, 15, Tabelle 1.5.

[5] Gumz, *Die Kohle*, S. 49-50, Tabellen 15, 30.

[6] Preußischer Minister der öffentlichen Arbeiten, Bayerischer Staatsminister für Verkehrsangelegenheiten, Eisenbahn-Zentralbehörde anderer deutscher Bundesstaaten, *Das deutsche Eisenbahnwesen der Gegenwart*, 2, S. 292; Regul, *Kohlenbergbau*, S. 33; Kroker/von Ragenfeld, *Rheinisch-Westfälisches Kohlen-Syndikat*, S. ix.

[7] Eine Form der Kohle, die nicht wichtig genug war, um im Text besprochen zu werden, waren die Briketts. Zu ihrer Beschaffenheit siehe Preußischer Minister der öffentlichen Arbeiten, Bayerischer Staatsminister für Verkehrsangelegenheiten, Eisenbahn-Zentralbehörde anderer deutscher Bundesstaaten, *Das deutsche Eisenbahnwesen der Gegenwart*, 2, S. 293; Was den Ort ihrer Produktion angeht siehe Schultze-Rhonhof, *Verkehrsströme der Kohle*, S. 108. Im Kohlewirtschaftsjahr 1943/44 machte die gesamte Steinkohlebrikettproduktion 6 937 000 t aus, von denen 59 % aus dem Ruhrgebiet stammten: RVK, Statistischer Bericht Nr. 13, Die deutsche Kohlenwirtschaft in den Monaten April bis Dezember 1944. Geheim, Berlin, Februar 1945, S. 4, BBA 15/1103.

[8] Grainger/Gibson, *Coal Utilisation*, S. 58; Pounds, The Ruhr, S. 68-69, 99, 148-149.

[9] RVK, Statistischer Bericht Nr. 13, S. 3, 5.

[10] Regul, *Kohlenbergbau*, S. 2.

[11] Ebd.

[12] Pounds, *The Ruhr*, S. 143; Regul, *Kohlenbergbau*, S. 13; RVK, Statistischer Bericht Nr. 13, S. 3, 5.

[13] Regul, *Kohlenbergbau*, S. 2.

[14] RVK, Statistischer Bericht Nr. 13, S. 3.

[15] Ebd., S. 5; es wurden 6 888 000 t Koks produziert.

[16] Regul, *Kohlenbergbau*, S. 2.

[17] RVK, Statistischer Bericht Nr. 13, S. 5. Die Steinkohleproduktion des Saarlands lag bei 22 878 000 t und der Koksausstoß bei 4 537 000 t.

[18] Dr. von Trotha, Planungsamt, „Vermerk zur Versorgungslage-Steinkohle 15.10. 44", Pla 210/002/24.10, Geheim, Berlin, 24. Oktober 1944, S. 2, BA R3/1930 f. 498; Dr.

von Trotha, Planungsamt, „Vermerk zur Lage der Kohlenversorgung", Pla 210/009/2.11, Berlin, 2. November 1944, Anlage, BA R3/1854a f. 387.

[19] Regul, *Kohlenbergbau*, S. 21; Reichswirtschaftskammer,„Industriekohlenversorgung/Statistik", Tgb. Nr. VIII 1408/ 44, Berlin, 14. September 1944, RWWAzK 22/106.

[20] Schultze-Rhonhof, *Verkehrsströme der Kohle*, S. 21; Regul, *Kohlenbergbau*, S. 21; USSBS, *Electric Utilities*, S. 20.

[21] Die gesamten Reserven, die über Tage abgebaut werden konnten, beliefen sich auf 16 663 000 000 t. Die Rheinische Region verfügte über 2 288 000 000 t. Regul, *Kohlenbergbau*, S. 2.

[22] Im Kohlewirtschaftsjahr 1943/44 lag die Gesamtproduktion an Braunkohle bei 253 366 000 t. Die mitteldeutsche Region brachte es auf 114 702 000 t. Der Gesamtausstoß an Braunkohlebriketts betrug 61 568 000 t, wovon 28 257 000 t von der mitteldeutschen Region produziert wurde. RVK, Statistischer Bericht Nr. 13, S. 6-7.

[23] USSBS, *Electric Utilities*, S. 6.

[24] USSBS, *German War Economy*, S. 115; FO-MEW, *Economic Survey of Germany, Section D Fuel, Power and Public Utility Services*, Secret, London, December 1944, S. 45, NA RG 243, 3(a)77.

[25] USSBS, *Electric Utilities*, S. 5-6, 10-11.

[26] RMfRuK, „Statistische Schnellberichte zur Kriegsproduktion", Pla/4060-20. 3.45, Geheime Reichssache, Berlin, 20. März 1945, S. 48, NA RG 243, 54(a)1; RMfRuK, „Statistische Schnellberichte zur Kriegsproduktion", Jahreshefte (Manuskript) 1938 bis 1944, Pla 4060, Geheime Reichssache, Berlin, Januar 1945, S. 48, NA RG 243, 3(a)68.

[27] Zum Verwaltungsapparat Fischers siehe USSBS, *Electric Utilities*, S. 14-18, und Reichslastverteiler, „Abschaltlisten 4", 24. Mai 1943, Geheim, BA R9 IV/3.

[28] Becker, „German War Economy under Speer", S. 371.

[29] USSBS, *Electric Utilities*, S. 35. Es gab folgende Regionen: I, Ostpreußen; II, Oberschlesien; III, Berlin; IV, Pommern; V, Hannover-Hessen; VIa, östliches Westfalen; VIb, westliches Westfalen-Rheinland; VII, Mitteldeutschland; VIII, Sachsen; IX, Bayern; X, Baden, Württemberg; XI, Österreich; XII, unbekannt; XIII, Elsaß-Lothringen.

[30] USSBS, *German War Economy*, S. 118.

[31] FO-MEW, *Economic Survey, Section D*, S. 48-49.

[32] Ebd., S. 65-66. Dieser gesamte Abschnitt ist unter jedem Aspekt der Gasindustrie sehr informativ.

[33] Records of the USSBS, „Reference Material on Reichswerke Hermann Göring AG, Salzgitter", Anhang IIA, NA RG 243, 66(a)4.

[34] RMfRuK, SSBzKP, Jahreshefte, S. 48. Die Kokereien produzierten 1 869 000 000 Kubikmeter.

[35] Ruhrgas AG, Thyssensche Gas- und Wasserwerke, „Die Ferngasverbundwirtschaft auf der Grundlage der Steinkohlevorkommen an Ruhr, Wurm und Saar", Anlage 1 zum Tgb.-Nr. 526/II, Geheime Reichssache, Düsseldorf, April 1936, S. 1, BA R4/279.

[36] Bezirksgruppe Steinkohlenbergbau Ruhr der Wirtschaftsgruppe Bergbau, „Koksofengas-Abgabe nach Verbrauchern im Ruhrbezirk", (1943), BA R4/279.

[37] RWKS, Abt. 2f, „Gaswerke im Absatzrevier der SHG Duisburg", Essen, 20. April 1945; RWKS, Abt. 2f, „Gaswerke im Absatzrevier der SHG Berlin", Essen, 21. April 1945, beides in BBA 33/1437.

[38] Coal Survey, Blätter für Frankfurt (Main) und Stuttgart. Der „Coal Survey" (Überblick über die Kohleversorgungslage) besteht aus einer Serie großformatiger Blätter, die in prallgefüllten Umschlägen aufbewahrt und vom RWKS für den USSBS im Sommer 1945 vorbereitet wurden. Sie sind nach Städten geordnet. Insgesamt werden 46 Städte aufgeführt. Sie entsprechen denen, die

vom RWKS versorgt wurden, und aus diesem Grund bleiben einige Städte im Osten unerwähnt. Einige Blätter für Orte im Westen Deutschlands, wie beispielsweise Mannheim, fehlen.

[39] Zur Situation siehe Thomas, *Wehr- und Rüstungswirtschaft*, S. 246; USSBS, *Electric Utilities*, S. 41-42; Reichslastverteiler, „Abschaltliste 5 bei Leistungsmangel im Energiebezirk VIb", Geheim, n.d., BA R8 IV/1.

[40] Die Synthetikbrennstoffanlagen verbrauchten im Jahre 1943 ungefähr 10 Mio. t Steinkohle (vier Prozent der produzierten Menge) und etwa 50 Mio. t Braunkohle (20 % der produzierten Menge). Die chemische Industrie verbrauchte im Kohlewirtschaftsjahr 1942/43 7 127 000 t Steinkohle (4,44 % der produzierten Menge). Im selben Zeitraum nutzte die Brennstoffindustrie 4 645 000 t Steinkohle (1,75 % der produzierten Menge). Im Januar 1944, einem typischen Monat, bekam die Hydrierungsanlage in Leuna 2 487 t Steinkohle, ausschließlich vom RWKS, geliefert. Sie verbrauchte 2 960 t und verfügte über Vorräte von 4 338 t. Ebenso nutzte sie 124 931 t Koks, von denen sie 124 816 t mit der Bahn geliefert bekam, und dies praktisch ausnahmslos vom RWKS. Ihre Vorratshaltung belief sich auf 119 478 t. Leuna verbrauchte auch 874 657 t Braunkohle, die gänzlich vor Ort zu bekommen war. Die Lieferungen beliefen sich auf 877 736 t und die Vorräte auf 88 582 t. Siehe USSBS, *German War Economy*, S. 76; „Verwendung von Steinkohle in der Industrie 1942/43", GRA 3, D.J.F.W. 43; BA R3/1930 f. 236; RVK, Statistischer Bericht Nr. 13., S. 23; Coal Survey, Merseburg. Man beachte auch, daß die Wehrmacht während des Jahres 1943 einen Anteil von 68,3 % am Flüssigtreibstoffverbrauch Deutschlands hatte. Wagenführ, *Deutsche Industrie*, S. 55.

[41] RMfRuK, „Gliederung des Kohlenverbrauchs", Pla 4500/19.5.44, Geheim, Berlin, 19. Mai 1944, BBA 33/1080.

[42] Reichsbeauftragter für Kohle, „Kohlenbewirtschaftung Rundschreiben Nr. 15/41", 750/3 Pl/Schl, Vertraulich, Berlin, 17. April 1941, als Anlage zu Arbeitsgemeinschaft der Industrie- und Handelskammer im RVM an alle Syndikate, Tgb. Nr. VII 5974/41, Vertraulich, Berlin, 17. April 1941, RWWAzK 22/42; Reichsbeauftragter für Kohle, „Kohlensparmaßnahmen/Heizerprämien", Rst-A9177/42, Berlin, 1. August 1942, Anlage zu RWM an Industrie- und Handelskammer, VII 591/42, Berlin, 10. August 1942, RWW-AzK 22/1106; Abschrift der Order Pleigers an das RWKS und Oberschlesische Steinkohlesyndikat, Ic 463/4.41, Berlin, 8. April 1941, BA R10 VIII/14 f. 35; Pounds, *The Ruhr*, S. 163.

[43] Pounds, *The Ruhr*, S. 103; Kroker/von Ragenfeld, *Rheinisch-Westfälisches Kohlen-Syndikat*, S. viii; Gebhardt, *Ruhrbergbau*, S. 29-31.

[44] RWKS, „Entwicklung und der derzeitige Stand der kohlenwirtschaftlichen Gesetzgebung", G/Da, S. 6-7, BBA 15/471 (1).

[45] Kroker/von Ragenfeld, *Rheinisch-Westfälisches Kohlen-Syndikat*, S. ix; Gebhardt, *Ruhrbergbau*, S. 52.

[46] Rüdiger Schmidt wurde am 17. März 1888 in Siegburg geboren. Bevor er seinen Posten im RWKS annahm, war er Vorstandsvorsitzender der Harpener Bergbau AG in Dortmund und Aufsichtsratmitglied bei anderen Transport-, Maschinenbau- und Wohnungsbaufirmen gewesen. *Wer leitet?*, 3, S. 786.

[47] RWKS, Klonz, Interner Bericht, Essen, 2. Mai 1944, BBA 33/1052.

[48] Die folgende Besprechung der Industrie- und Transportzonen basiert auf einer Studie über Produkterzeugung und Transportstatistiken, die in zwei Veröffentlichungen des Statistischen Reichsamts Berlin zu finden ist: *Statistik des deutschen Reichs*, Vol. 593, *Die Seeschiffahrt im Jahre 1941*, Abschnitte 2 u. 3, und *Statistik des deutschen Reichs*, Vol. 596, *Die Güterbewegungen auf deutschen Eisenbahnen im Jahre 1942*. Benutzt wurde ebenso eine Diskussion der Verkehrsströme durch den USSBS in USSBS, *German Transportation*, S. 5; Baumann,

Deutsches Verkehrsbuch, S. 100-143, 253-264, ausklappbare Karte; Mellor, *German Railways,* Karte 29; Schultze-Rhonhof, *Verkehrsströme der Kohle,* siehe hier insbesondere wegen der Diskussion und der sehr aufschlußreichen Karten und Diagramme; Haufe, *Geographische Struktur des deutschen Eisenbahnverkehrs;* FO und MEW, *Economic Survey of South-Western Germany;* FO und MEW, *Germany Zone Handbook No. V;* Otto Wehde-Textor, „Dokumentarische Darstellung der Deutschen Eisenbahnen im Zweiten Weltkrieg, Teil 4, Der Verkehr", BA R5 Anh. I/11, S. 4, 9-12, 23-25; sowie eine Liste der Industriezweige, nach Städten geordnet, vom MEW, *Bomber's Baedeker,* 2nd ed., Mai 1944, NA RG 243, 53(c)35, 53(C)36.

[49] RVE, „Zugang an Erzen sowie sonstigen eisenhaltigen Rohstoffen bei den Hochöfen-Stahlwerken und den mit ihnen verbundenen Gießereien nach Herkunft, Bezirke 1 bis 11," BA R13 I/534 f. 131.

[50] RVE, „Bestand am Letzten an Erzen sowie eisenhaltigen Rohstoffen bei den Hochöfen-Stahlwerken und den mit ihnen örtlich verbundenen Gießereien nach Metallgruppen", BA R13 I/534 f. 140 (Bezirke 1-11) f. 141 (Bezirk 1 Nordwest).

[51] RVE, „Die gesamte Roheisenerzeugung nach Bezirken", Eil1, Geheim, Berlin-Wilmersdorf, 7. März 1945, BA R13 I/537 f. 21; RVE, „Die gesamte Rohstahl-Erzeugung (Rohblöcke, Schweißstahl u. Stahlformguß) nach Bezirken", Eil 2, Geheim, Berlin-Wilmersdorf, 22. Januar 1945, BA R13 I/549 f. 26. Ein bedeutender Bestandteil dessen, was in den Hochöfen zum Schmelzen gebracht wird, ist das Alteisen. Es wurde nicht als Indikator mit Schlüsselfunktion mit einbezogen, da es eine ergänzende Rolle spielte und nur wenig Transportraum erforderte. Ende 1944 teilte die DR 1 308 Wageneinheiten pro Tag für den Schrottransport ein oder nur ungefähr ein Prozent aller Güterwagenstellungen. Die 10 246 000 t, die im Jahre 1943 befördert wurden, machten lediglich 1,7 % der insgesamt von der Reichsbahn transportierten Güter aus. Was die Rolle des Schrotts bei der Stahlerzeugung angeht, siehe Pounds, *The Ruhr,* S. 178-179. Verkehrsstatistiken siehe RZA, „Statistische Mitteilungen des Reichsbahn-Zentralamts Berlin, Güterwagenstellung", Blatt 91, Berlin, Oktober 1944, NA RG 243, 200(a)97; Deutsche Schrott-Vereinigung an Schelp, Berlin, 5. Oktober 1944, BA R5/3177; USSBS, *German Transportation,* S. 9, Exhibit 8.

[52] RVE, Zugang Erzen, Nordwest.

[53] RVE, Bestand Erzen, Nordwest.

[54] RVE, Roheisen-Erzeugung.

[55] RVE, Rohstahl-Erzeugung.

[56] Zur Entstehung und Struktur der VSt siehe Seebold, *Ein Stahlkonzern im Dritten Reich,* 1981, S. 21-32, 52-63.

[57] VSt, Hauptstatistik, „Eildienst", Geheim, Düsseldorf, Dezember 1944, S. 2, 4, NA RG 243, 3(a)37; VSt, Hauptstatistik, „Zugang, Verkauf, Abgabe, Verbrauch und Bestand an Brennstoffen (Steinkohle)", Düsseldorf, 25. Oktober 1944, NA RG 243, 200(a)129; VSt, Hauptstatistik, „Jahresübersicht", Vertraulich, Düsseldorf, n. d., S. 4, NA RG 243, 3(a)37.

[58] VSt, Hauptstatistik, „Jahresübersicht", S. 3.

[59] RVE, Roheisen-Erzeugung.

[60] USSBS, Heavy Industry Branch, *Reichswerke Hermann Goering,* Exhibits A, C, und H.

[61] USSBS, Motor Vehicles and Tanks Branch, *Friedrich Krupp Gruson-Werke,* S. 4; Weir, „Imperial Naval Office", S. 62-63.

[62] USSBS, Motor Vehicles and Tanks Branch, *Friedrich Krupp Gruson-Werke,* S. 3, 10; USSBS, Ordnance Branch, *Friedrich Krupp Gruson-Werke,* Exhibits I und J.

[63] Coal Survey, Magdeburg, 1943.

[64] USSBS, Motor Vehicles and Tanks Branch, *Friedrich Krupp Gruson-Werke,* Exhibit B; USSBS, Ordnance Branch, *Friedrich Krupp Gruson-Werke,* Exhibit A.

[65] USSBS, *Gebrueder Giulini,* S. 1.

[66] Aufzeichungen des USSBS, „Giulini, Ludwigshafen, Receipts of Rawmaterials", NA RG 243, 24(b).
[67] RVE, Roheisen-Erzeugung.
[68] BEWAG, „Technische Monatsberichte Erzeugung", Januar 1943 – Dezember 1943; BEWAG, Technisches Büro, „Monatsberichte der Abt. Kraftwerksleitung", Januar 1943 – Dezember 1943", BEWAG-Archiv, 0/60.

Kapitel 3

[1] Pleiger an Speer, Entwurf, 17. Juni 1942, S. 1-2, BA R10 VIII/20 ff. 46-47.
[2] RVK, „Die Kohlenlage", Aufstellung 401a/42g, Geheim, Berlin, 28. Mai 1942, BA R10 VIII/20 f. 33.
[3] RVK, „Wagenstellung in den Revieren", Aufstellung IV, 401a/42g, Geheime Reichssache, BA R10 VIII/20 ff. 36, 39.
[4] RVK, „Die Kohlenlage", 401a/42g, Geheim, Berlin, 28. Mai 1942, BA R10 VIII/20 f. 38.
[5] ZP, „Ergebnisse der 23. Sitzung der Zentralen Planung am 3.11.1942," ZP 12, Geheime Reichssache, Berlin, 4. November 1942, S. 1, NA T-83, R-76, FR 3447842.
[6] Becker, „German War Economy under Speer", S. 215-216, auf Grundlage von FIAT-Bericht Nr. 89, Teil 2, „The Achievements and Difficulties of the Reichsvereinigung Eisen and the Iron Industry", by Hans Sohl, S. 12, einsehbar im Imperial War Museum.
[7] Kehrl, *Krisenmanager*, S. 278.
[8] Wagenführ, *Deutsche Industrie*, S. 98, 101.
[9] Kreidler, *Eisenbahnen*, S. 336, Tabelle 3.2. Die Reichsbahn beförderte 675,1 Mio. t Güter, die Binnenwasserstraßen 82 Mio. t, und private Eisenbahnen, Schmalspurbahnen und Straßenbahnen 123,3 Mio. t.
[10] Meinberg, „Der Verkehr im Kohlenwirtschaftsjahr 1943/44", T942/44 Geheim, Berlin, 16. Juni 1944, S. 4, 5, BA R5/57; RVK, Statistischer Bericht Nr. 13, S. 16, 20.

[11] Aufzeichnungen des USSBS, „Operating Characteristics of the German Railroad", S. 2, NA RG 243, 200(a)52; Schymanietz, *Organisation der deutschen Eisenbahnen*, S. 20, 25, 27, 31. Zur Geschichte der deutschen Eisenbahnen siehe die folgenden Titel: Klee, *Preußische Eisenbahngeschichte;* Fremdling, *Eisenbahnen und deutsches Wirtschaftswachstum;* Deutschland, RVM, *Hundert Jahre Deutsche Eisenbahnen;* O'Brien, *Railways in Western Europe;* Mellor, *German Railways;* Kleinmann, „Dr.-Ing. Julius Dorpmüller", S. 721-723.
[12] Siehe die Schaubilder zur Organisation in BA R5/125; USSBS, *German Transportation*, S. 9, Exhibit 9; Kreidler, *Eisenbahnen*, S. 323, und die Erörterung auf S. 201-207.
[13] Kreidler, *Eisenbahnen*, S. 202-204. Liste der Gebiete, die von den zuständigen GBL kontrolliert wurden: siehe Tabelle A.10.
[14] Ebd., S. 242; Baumann, *Deutsches Verkehrsbuch*, S. 253; Wehde-Textor, „Leistungen", S. 14; Aufzeichnungen des USSBS, Railroad Administration and Interrogations, „Interrogation of Dorpmüller", 29. Mai 1945, S. 8-9, NA RG 243, 200(a)127.
[15] A. Dobmaier, *Das Fernmeldewesen der Reichsbahn*, S. 15, BA R5 Anh. II/46.
[16] Hans Quarck, „Bericht VIIId, Fernmeldewesen", Trier, 1957, S. 9, BA R5 Anh. I/19.
[17] Aufzeichnungen des USSBS, Railroad Administration and Interrogations, „Reichsbahn Methods of Communication", S. 3, 4, NA RG 243, 200(a)127; USSBS, *German Transportation*, S. 78.
[18] Quarck, „Bericht VIIId, Fernmeldewesen", S. 10, 11, 13.
[19] Dobmaier, *Das Fernmeldewesen der Reichsbahn*, S. 1.
[20] Ebd., S. 1-2. Siehe auch R. Euler, „Erfahrungsbericht", Frankfurt/Main, n. d., (nach dem Krieg), S. 1, BA R5 Anh. I/38.
[21] Euler, „Erfahrungsbericht", S. 2-3; Quarck, „Bericht VIIId, Fernmeldewesen", S. 2.

[22] SHAEF, G-2, „Transportation Intelligence Bulletin No. 2", Restricted, 27. Mai 1945, „Interrogation of Dorpmüller", S. 9, NA RG 243, 200(a)58. Ebenfalls enthalten in USAFHRC R-A5179, 506.611A.

[23] Quarck, „Bericht VIIId, Fernmeldewesen", S. 12.

[24] DR, „Auszug aus der Dienstvorschrift für den Reichsbahn-Fernschreibdienst", 476a, mit Wirkung ab 1. August 1942, S. 3, 10, 22, BA R5/13.

[25] RVM, Abt. L, „Anlage zu R/L. W12.1820/38g, Geheim", S. 7; DR, „Niederschrift über die Fernspruch-Präsidentenkonferenz am 24. Juli 1944", Anlage zu 2 Aasp 83, Geheim, August 1944, S. 9. Die Abteilung L war für die Beziehungen zwischen der DR und der Wehrmacht zuständig, hinter ihr verbarg sich die Abwehrorganisation der DR. Siehe Abt. L, „R/L. W6, Nr. 1323/35", 28. November 1935, BA R5/30.

[26] Hampe, *Ziviler Luftschutz*, S. 86-89, 314-315, 488-492; Aufzeichnungen des USSBS, „Dilli Interrogation", 18. Juni 1945, S. 2; „Ganzenmüller Interrogation", 30. Mai 1945, S. 8, beides in NA RG 243, 200(a)127; Kreidler, *Eisenbahnen*, S. 251-252; USSBS, *German Transportation*, S. 52.

[27] Kreidler, *Eisenbahnen*, S. 219-220.

[28] Ebd., S. 28.

[29] Ebd., S. 258; USSBS, *German Transportation*, S. 51.

[30] Kreidler, *Eisenbahnen*, S. 252; USSBS, *German Transportation*, S. 51; Hampe, *Ziviler Luftschutz*, S. 398-399.

[31] Kreidler, *Eisenbahnen*, S. 250-251; USSBS, *German Transportation*, S. 78.

[32] USSBS, *German Transportation*, S. 51; Aufzeichnungen des USSBS, „Interrogation of Eckhard Burger", 1. April 1945, S. 2; NA RG 243, 200(a)127.

[33] RZA, „Fahrdienstvorschriften", Berlin, mit Wirkung ab 1. April 1944, S. 39, 63, 70, 139; Dr. Zissel, „GBL-West", n. d. (nach dem Krieg), S. 11-12, BA R5 Anh. I/27; DR, GBL-West, „Anlage 1 zum Bericht GBL-West", B21 Baü, 19. November 1942, BA R5/2086; DR, GBL-West, „Niederschrift über die Arbeiten zur Vorbereitung der Umladestellen Duisburg und Wanne-Eickel vom 19.-22.4.1943 in Düsseldorf", VII/71, Vgbwf, Essen, 24. April 1943, NA RG 243, 200(a)62.

[34] Siehe zum Beispiel DR, „Niederschrift über die 74. Präsidentenkonferenz am 13. Januar 1940", Ba R5 Anh. I/69.

[35] DR, „Niederschrift über die 85. Präsidentenkonferenz am 31. März 1942", Beilage b, „Vortrag des Herrn Ministerialdirektors Treibe über die Verkehrslage", Geheim, S. 1-2, BA R5 Anh. I/69 ff. 295-296. Im März 1942 stellte die Reichsbahn im Durchschnitt 130 000 Wagen pro Tag zusammen. Der Bedarf lag bei 220 000 Wagen pro Tag. Die RVK setzte ein Soll von 82 000 Kohleeinheiten pro Tag fest. Im Januar stellte die DR pro Tag durchschnittlich 73 000 Wagen und im März pro Tag 77 000 Wagen zusammen.

[36] RMfRuK, Speerchronik, 1942, 13. Mai, S. 35, BA R3/1736 f. 14; Speer, *Inside*, S. 222-223; Kreidler, *Eisenbahnen*, S. 205.

[37] RMfRuK, Speerchronik, 1942, 23. Mai, S. 38, BA R3/1736 f. 44; DR, *Verzeichnis der oberen Reichsbahnbeamten*, S. 10; VRB, Information, „Gustav Dilli", *Die Bundesbahn*, Nr. 24, S. 5.

[38] RVM, *Großdeutscher Verkehr*, 1942, S. 259, BA R5 Anh. I/49; *Das Reich*, Nr. 44, 31. Oktober 1942, S. 1; *Das Reich*, Nr. 47, 22. November 1942, S. 10.

[39] Bei Rangiergleisen und Bahnhofseinrichtungen wurden ebenfalls einige Erweiterungen vorgenommen. Siehe Kreidler, *Eisenbahnen*, S. 242, 248. Was die gesteigerte Produktion von Lokomotiven anbelangt, siehe Gottwald, *Deutsche Kriegslokomotiven*, und *Deutsche Eisenbahnen*, S. 94-107, 114-125; Piekalkiewicz, *Deutsche Reichsbahn*, S. 80-83.

[40] Thomas, *Wehr- und Rüstungswirtschaft*, S. 361; Kreidler, *Eisenbahnen*, S. 196-197.

[41] RMfRuK, Speerchronik, 1942, 24. Juni, S. 44, BA R3/1736 f. 51.

[42] Kreidler, *Eisenbahnen*, S. 194-195, 206; Speer, *Inside*, S. 223-225.

[43] Kehrl, *Krisenmanager*, S. 274-275, 460, Anmerkung 20.

[44] Kreidler, *Eisenbahnen*, S. 229; Kehrl, *Krisenmanager*, S. 275; siehe auch als Beispiel für die Art und Weise, in der das Programm an die Öffentlichkeit gebracht wurde in Rüstungs-Inspektion VII an Rüstungs-Kommando München und Rüstungs-Kommando Augsburg, „Transportwesen", Nr. 58092/42, Z. Abr. Gr. Ib, München, 18. August 1942, NA T-73, R-112, FR 3271602-54, speziell FR 3271611, 3271612-18 und 3271650.

[45] Simon, „Verkehrsausweitung, Verkehrslenkung und Transportentflechtung", S. 419-441.

[46] DR, *Verzeichnis der oberen Reichsbahnbeamten*, S. 38.

[47] Kreidler, *Eisenbahnen*, S. 234-235; Wehde-Textor, „Leistungen", S. 15; ZVL, „Verteilung der Massengüter auf das ganze Jahr entsprechend der Leistungsfähigkeit der Verkehrsträger", Pr(Z) 81 Val 5, Berlin, 31. Mai 1944, 5 Anlagen, BA R5 Anh. II/38, auch in BA R5/3173.

[48] RVK, „Aktennotiz", Berlin, 30. April 1943, S. 1, NA T-83, R-76, FR 3447847.

[49] Kreidler, *Eisenbahnen*, S. 269-270; USSBS, *German War Economy*, S. 46, 206, Anhang, Tabelle 5.

[50] Kreidler, *Eisenbahnen*, S. 337, Tabelle 3.3; Aufzeichnungen des USSBS, „Operating Characteristics of the German Railroad", S. 2-3, 7-8, NA RG 243, 200(a)52.

[51] RZA, „Statistische Monatsübersicht Nr. 7, Juli 1944", Berlin, Oktober 1944, S. 17, NA RG 243, 200(a)88.

[52] DR, *Verzeichnis der Maschinenämter*, S. 67. Es gab auch 83 Bahnbetriebswagenwerke (Bww).

[53] DR, *Verzeichnis der Maschinenämter*, S. 21, 29. Beispiel Halle: 1 240 Männer arbeiteten im Bw und 570 im Bahnbetriebswagenwerk.

[54] RVK, Statistischer Bericht Nr. 13, S. 30; RZA, „Statistische Monatsübersicht, Nr. 7, Juli 1944", Berlin, Oktober 1944, S. 20, NA RG 243, 200(a)88.

[55] Kreidler, *Eisenbahnen*, S. 264-265.

[56] Baumann, *Deutsches Verkehrsbuch*, S. 298-299.

[57] RWKS, Abt. 2f, „Deutsche Reichsbahn", 20. April 1945, BBA 33/1040. Im Kalenderjahr 1943 erhielt die Reichsbahn 13 373 900 t Steinkohle vom RWKS. Zu der Frage, welchen Anteil die verschiedenen Syndikate an sämtlichen Kohlelieferungen an die DR hatten, siehe RWKS, „Reichsbahndienstkohlenlieferungen (einschließlich Werkskohlen) nach Revieren", n. d., BBA 33/1040. Letzteres ist eine Darstellung, die Informationen über die Monate Januar und Februar 1944 bietet.

[58] Kreidler, *Eisenbahnen*, S. 230, 337, Tabelle 3.3, 339, Tabelle 3.7.

[59] Aufzeichnungen des USSBS, „Dilli Interrogation", 18. Juni 1945, S. 4, NA RG 243, 200(a)127; RMfRuK, „Nachrichten des Reichsministers für Rüstungs- und Kriegsproduktion", Nr. 45, Vertraulich, Berlin, 15. September 1944, S. 470, NA RG 243, 101(a)10; Wehde-Textor, „Dokumentarische Darstellung", S. 39-40.

[60] Baumann, *Deutsches Verkehrsbuch*, S. 253.

[61] DR, „Niederschrift über die 83. Präsidentenkonferenz am 31. März 1942, Beilage a, Vortrag des Min. Dir. Leibbrand, Betriebslage", Geheim, Berlin, n. d., S. 2, 7-8, BA R5 Anh. I/69 ff. 285, 290-291.

[62] Baumann, *Deutsches Verkehrsbuch*, S. 252.

[63] Wehde-Textor, „Dokumentarische Darstellung", S. 21; Wehner, „Einsatz der Eisenbahnen", S. 113.

[64] Wehner, „Einsatz der Eisenbahnen", S. 37.

[65] Aufzeichnungen des USSBS, „Dilli Interrogation", 18. Juni 1945, S. 1, NA RG 243, 200(a)127; Kreidler, *Eisenbahnen*, S. 245; Aufzeichnungen des USSBS, „Ganzen-

müller Interrogation", 30. Mai 1945, S. 11; Aufzeichnungen des USSBS, „Dorpmüller Interrogation", S. 29. Mai 1945, S. 7, NA RG 243, 200(a)127.

[66] Die Beschreibung des Betriebsablaufs im Verschiebebahnhof basiert auf einer Erörterung in Preußischer Minister der öffentlichen Arbeiten, Bayerischer Staatsminister für Verkehrsangelegenheiten und Eisenbahnzentralbehörde anderer deutscher Bundesstaaten, *Das deutsche Eisenbahnwesen der Gegenwart*, 1, S. 93-96; Obermayer, *Taschenbuch der Eisenbahn*, 2, S. 179-187; Baumann, *Deutsches Verkehrsbuch*, S. 275-277; Droege, *Freight Terminals and Trains*, S. 60-100.

[67] Wehde-Textor, „Dokumentarische Darstellung", S. 23.

[68] RZA, „Statistische Mitteilungen des Reichsbahn-Zentralamts Berlin, Güterwagenstellungen, Blatt 91, Januar – Dezember 1943, NA RG 243, 200(a)95. Die USSBS-Aufzeichnungen enthalten eine vollständige Reihe dieser monatlichen statistischen Berichte für den Zeitraum Januar 1937 – Januar 1945; USSBS, *German Transportation*, S. 50; „RBD Essen", n. d. (nach dem Krieg), S. 11,12. Informationen zur Kapazität der Verschiebebahnhöfe siehe OSS, R&A, No. 799, „Railway Resources of Axis Europe", Secret, Washington, D.C., n. d. (wahrscheinlich 1943), Anhang i, Teil 2, S. 80-84. Dieser Bericht ist an drei Stellen erhältlich: Library of Congress; NA RG 59, Department of State; USAFHRC R-A5395, 512.611A, FR 695-97; siehe auch DR, Zentralamt Berlin, *Amtliches Bahnhofs-Verzeichnis;* Rüdiger Schmidt, „Tagesberichte", Geheim, 25. November 1944 – 27. März 1945, BBA 33/1061.

[69] USSBS, *German Transportation*, S. 54-55; Aufzeichnungen des USSBS, „Marshalling Yards, Lokomotive Shops, and Bridges over the Lippe Canal and River at Hamm", 19. Oktober 1945, S. 3, NA RG 243, Physical Damage Division Report Nol 67.

[70] USSBS, *German Transportation*, S. 5.

[71] Riedel, *Eisen und Kohle*, S. 351.

[72] RZA, Blatt 91, Januar – Dezember 1943.

[73] Ebd.

[74] „Sammlung von Material über die Leistungen der Deutschen Eisenbahnen im letzten Kriege; hier: Direktionsbezirk Halle (Saale)", Mainz, 1. Juni 1953, BA R5 Anh. I/41.

[75] Ebd., S. 246-247, 250; Albrecht Zahn, „Dokumentarische Darstellung der Eisenbahnen im Zweiten Weltkrieg", Stuttgart, 1957, S. 66-67, BA R5 Anh. I/9.

[76] USSBS, *German Transportation*, S. 7; Wehde-Textor, „Dokumentarische Darstellung", S. 22-24; GBL-Ost, ZVL, „Verteilung der Massengütertransporte auf das ganze Jahr entsprechend der Leistungsfähigkeit der Verkehrsträger", Pr(Z)81 Val 5, Berlin, 31. Mai 1944, speziell Anlagen 1, 3 und 5, BA R5 Anh. II/38 und R5/3173; Meinberg, „Der Verkehr im Kohlenwirtschaftsjahr 1943/44", T942/44, Berlin-Halensee, 16. Juni 1944, S. 3, 7, BA R5/57.

[77] Aufzeichnungen des USSBS, „Ganzenmüller Interrogation", 30. Mai 1945, S. 2, NA RG 243, 200(a)127.

[78] RZA, Blatt 91, Januar – Dezember 1943.

[79] GBL-Ost, ZVL, „Niederschrift 41. Sitzung der ZVL", Pr(Z)81 Val, Geheim, Berlin, 12. August 1944, Anlage f, BA 5/37.

[80] RZA, „Statistische Mitteilungen des Reichsbahn-Zentralamts Berlin, Wagenstellung für Kohlen, Koks und Brikette, Blatt 92, Nur für den Dienstgebrauch, Januar – Dezember 1943, NA RG 243, 200(a)96. Die Akten des USSBS enthalten eine Reihe dieser statistischen Zusammenstellungen für jeden Monat im Zeitraum Januar 1937 – Januar 1945.

[81] DR, „Statistische Angaben 1944, III Kohlenverkehr", S. 120, NA RG 243, 200(a)124. Im Jahr 1943 transportierte die Reichsbahn 160 758 121 t Steinkohle, Steinkohlebriketts und Koks, 82 911 557 t Braunkohle und dazugehörige Derivate sowie

48 546 555 t Dienstkohlen, was insgesamt 292 216 233 t ausmachte.

[82] RZA, Blatt 92, November 1943.

[83] Wehde-Textor, „Dokumentarische Darstellung", S. 36; Telegrammbrief, DRB 10 Vwb 198 an Hwa, 5. Mai 1942, BA R5/3180; ZP, „Niederschrift über die 6. Besprechung der Zentralen Planung am 28. Mai 1942", Geheim, Berlin, 29. Mai 1942, S. 2, NA T-83, R-76, FR 3447777; Telegrammbrief, DRB 10 Vwb an Hwa, Nr. 206, Berlin, 17. August 1942, BA R5/3180.

[84] USSBS, *German Transportation,* S. 57, Exhibit 52.

[85] Wehde-Textor, „Dokumentarische Darstellung", S. 43-44; DR, „Niederschrift über die 91. Präsidentenkonferenz am 6. Dezember 1943", 2 Aasp 81, Geheim, Berlin, 5. Januar 1944, Anlage, S. 12, Ba R5 Anh. I/69.

[86] GBL-West, „Dienstkohle", 11. August 1944, S. 3, NA RG 243, 200(a)130.

[87] RWKS, „Dienstkohlen der Deutschen Reichsbahn", BBA 33/1040; DR, „Niederschrift über die Fernspruch-Konferenz am 24. Juli 1944", Anlage zu 2 Aasp, Geheim, Berlin, August 1944, S. 22, BA R5 Anh. I/69.

[88] RMfRuK, Planungsamt, „50. Wochenbericht des Planungsamts", Pla 1401, g. Rs./21.12, Geheime Reichssache, Berlin, 21. Dezember 1944, S. 3, BA R3/1957, f. 653. Die gesamte Berichtreihe ist in dieser Akte enthalten.

[89] Dr. Karl Ottmann, „Wochenbericht Referat II 3/4", 15. Mai 1944, NA T-77, R-200, FR 936095. Dieses Register enthält eine komplette Reihe der Berichte Ottmanns, zu denen einleitende Statistiken über die täglichen Wagenstellungen für Güterwagen und Kohlewagen gehören sowie Kommentare zur Transportsituation.

[90] Errechnet auf Grundlage von RZA, „Statistische Mitteilungen des Reichsbahn-Zentralamts Berlin, Güterwagenstellung bei der Deutschen Reichsbahn, Blatt 90", Wochen 1-52, 1943, NA RG 243, 200 (a)94, 95, 96, 116. Die im Besitz des USSBS befindlichen Akten beinhalten sämtliche dieser wöchentlichen statistischen Zusammenstellungen ab 1942 bis zur 9. Woche (25. Februar – 3. März) des Jahres 1945. Siehe auch Kreidler, *Eisenbahnen,* S. 338, Tab. 3.6.

[91] GBL-Ost, ZVL, „Verkehrsplan 1944", Pr(Z)81 Val 5, Berlin, 31. Mai 1945, Anlage 5, S. 1, BA R5 Anh. II/38, Ba R5/3173.

[92] Kreidler, *Eisenbahnen,* S. 227; Wehde-Textor, „Leistungen", S. 13; Aufzeichnungen des USSBS, „Dorpmüller Interrogation", 29. Mai 1945, S. 3, NA RG 243, 200(a)127; Aufzeichnungen des USSBS, „Ganzenmüller Interrogation", 30. Mai 1945, S. 3-4; Beispiele für die zerstreute Ansiedlung einzelner Firmen siehe in der Liste, die vom RMfRuK zusammengestellt wurde, in NA T-73, R-14, RMfRuK/z 359, FR 1061084-1187 und USSBS, *Aircraft Industry,* S. 23-26, Diagramme II-1, II-2, II-3, II-7, VII-1, VII-2.

[93] Wehde-Textor, „Leistungen", S. 3, 5, 10, 23; Wehde-Textor, „Dokumentarische Darstellung", S. 38; Thomas, *Wehr- und Rüstungswirtschaft,* S. 96, 147; Carroll, *Total War,* S. 197; Kreidler, *Eisenbahnen,* S. 31-32, 36-37, 46-47.

[94] Petzina, *Autarkiepolitik,* S. 130. Siehe auch U.S. Chief Counsel for the prosecution of Axis Criminality, *Nazi Conspiracy and Aggression,* 6, S. 729, „Second Meeting of the Reich Defense Council, 23. Juni 1939", 3787-PS, und 3, S. 901, „Conference at the General Field Marshal Goering's at 1000, 14. October 1938, in the Air Ministry", Top Secret, 1301-PS.

[95] Wehner, „Einsatz der Eisenbahnen", S. 30.

[96] Ebd., S. 35-38.

[97] Kreidler, *Eisenbahnen,* S. 242, 248.

[98] Baumann, *Deutsches Verkehrsbuch,* S. 276-277.

[99] Wehner, „Einsatz der Eisenbahnen", S. 38.

[100] Kreidler, *Eisenbahnen,* S. 336, Tabelle 3.2. Die gesamte Tonnage an Gütern,

die auf den Binnenwasserstraßen transportiert wurden, hatte 1939 mit 126,9 Mio. t ihren Höhepunkt und stand 1943 bei 82 Mio. t. Der Anteil der Ruhrkohletransporte sank hier von 32 % (29,6 Mio. t) im Jahr 1941 auf 27 % (24,4 Mio. t) im Jahr 1943 ab. Siehe Leiter der BVL-West, „Anlage: Ruhrkohlen-Förderung und -Abfuhr auf den Bahn- und Wasserwegen 1941 – 1944", BA R5 Anh. I/11. Die Gesamtförderung aller Kohletypen auf den Binnenwasserwegen fiel von 34,2 Mio. t im Kohlewirtschaftsjahr 1940/41 auf 30,2 Mio. t im Kohlewirtschaftsjahr 1943/44 ab. Siehe RVK, Statistischer Bericht Nr. 13, S. 20.

[101] DR, *Verzeichnis der oberen Reichsbahnbeamten*, S. 10.

[102] Becker, „German War Economy under Speer", S. 408.

[103] OSS, R&A, *German Inland Waterways*, Anhang, S. 15, 18-20.

[104] Ebd., S. 12,14.

[105] RVM, Abt. B, Berlin, 18. August 1944, II Schiffsraumbestand 1943.

[106] Kreidler, *Eisenbahnen*, S. 226, Tabelle 3.2.

[107] Meinberg, „Der Verkehr im Kohlenwirtschaftsjahr 1943/44", T942/44, Berlin-Halensee, 16. Juni 1944, S. 4, 6, Ba R5/57. Im Kalenderjahr 1943 wurden insgesamt 30 981 522 t Kohlen jeder Art befördert.

[108] Wehde-Textor, „Dokumentarische Darstellung", S. 23; Kreidler, Eisenbahnen, S. 228.

[109] RVM, „Einsatzfähiger Binnenschiffahrtsbestand Herbst 1944 nach Meldungen der Schiffahrtsstellen", B898444, Berlin, 9. Dezember 1944, 7a Rheinstromgebiet 1. August 1944, BA R5/82.

[110] Aufzeichnungen des USSBS, „Work Sheets for Transportation Division Final Report", Chart No. 13, geplant für Exhibit 27, tatsächlich als Exhibit 26 erschienen; siehe auch Schultze-Rhonhof, *Verkehrsströme der Kohle*, S. 28-29. Duisburg mußte einen erheblichen Verkehrsrückgang hinnehmen, aufgrund des Kriegs und des Verlusts des Überseehandels.

[111] Schultze-Rhonhof, *Verkehrsströme der Kohle*, S. 103, 105.

[112] Badisches Hafenamt Mannheim 5/S, „Aufstellung über den monatlichen Umschlag in den Mannheimer Häfen", NA RG 243, 220(a)165. Dieser Bericht wurde nach dem Krieg auch für den USSBS vorbereitet. Siehe auch FO-MEW, *Economic Survey of Germany, Section E Transport and Communication*, Restricted, London, December 1944, S. 42, 45, NA RG 243, 3(a)74.

[113] FO-MEW, *Economic Survey, Section E*, S. 17, NA RG 243, 3(a)74; Engineer Research Office, North Atlantic Division, Corps of Engineers, Military Intelligence Division, *Navigable Waterways of Germany*, 4, S. 13-2.

[114] RVM, „Einsatzfähiger Binnenschiffahrtsbestand", 6. Kanalgebiet, Ba R5/82.

[115] Schultze-Rhonhof, *Verkehrsströme der Kohle*, S. 29.

[116] „Durchgangs-Verkehr der wichtigen Schleusen des Dortmund-Ems-Kanals nach Schiffszahl, Tragfähigkeit und Ladungstonnen und nach Güterarten von 1938 bis ...", VI sec. 73, S. 6, NA RG 243, 200(a)168. Dies ist ein Logbuch mit täglichen Eintragungen der Passagen durch die Schleuse bei Münster, welches höchstwahrscheinlich vom Reichsschleppbetrieb der Wasserstraßen-Direktion Münster geführt wurde.

[117] Corps of Engineers, *Navigable Waterways of Germany*, 4, S. 15-4.

[118] Schultze-Rhonhof, *Verkehrsströme der Kohle*, S. 29-30.

[119] Aufzeichnungen des USSBS, „Effects of Air Attacks on Canal Traffic: Rothensee Shiplift", No. 11, NA RG 243, 200(a)2. Der Verkehr belief sich insgesamt auf 4 584 157 t.

[120] RVM, „Einsatzfähiger Binnenschiffahrtsbestand", 3. Oder, Ba R5/82.

[121] FO-MEW, *Economic Survey, Section E*, S. 47, NA RG 243, 3(a)74.

[122] Franzius, Oberpräsident der Provinz Niederschlesien, Wasserstraßendirek-

tion, „Oderschiffahrt im Monat November 1944", 5c S 3375, Breslau, 20. Dezember 1944, S. 1, BA R5/80 f. 58. Diese Statistik sollte als Schätzung gesehen werden. In Wirklichkeit lag die Menge der beförderten Kohlen wahrscheinlich etwas niedriger. Statistiken für das Jahr 1938 siehe FO-MEW, *Economic Survey, Section E*, S. 48. Die Gesamttonnage betrug 1938 3 860 000 t.

[123] Meinberg, „Der Verkehr im Kohlenwirtschaftsjahr 1943/44", T942/44, Berlin-Halensee, 16. Juni 1944, S. 3, 5, BA R5/57. Die Kohlebewegungen machten im Kohlewirtschaftsjahr 1940/41 insgesamt 34,2 Mio. t aus, 1942/43 39,4 Mio. t und 1943/44 30,2 Mio. t.

[124] Telegramm, Pleiger an Göring, Tel 977831-Nr. 9501-4.4.44-136/133w, Berlin, 4. April 1944, BA R10 VIII/19; siehe auch RVK, Statistischer Bericht Nr. 13, S. 3; Kohleverkehr-Soll siehe ZP, „Ergebnisse der 36. Sitzung der Zentralen Planung am 22.4. 1943", ZP 61, Geheime Reichssache, Berlin, 26. April 1943, S. 5, NA T-83, R-46, FR 3447853.

[125] Emrich, ZVL, „Ergebnisse der Untersuchung betr. Verkehrsplanung 1944", Anlage 5 zu Pr(Z)81 Val 5, Berlin, 31. Mai 1944, S. 1, BA R5/3173 und BA R5 Anh. II/38; Meinberg, „Der Verkehr im Kohlenwirtschaftsjahr 1943/44", S. 3.

[126] Meinberg, „Der Verkehr im Kohlenwirtschaftsjahr 1943/44", S. 7.

[127] ZP, „Stenographischer Bericht über die 58. Sitzung der Zentralen Planung am 25.5.44", Geheim, Berlin, Mai 1944, S. 2, 5, 20, 36-37, 46, 47, 49-55, BA R3/1736 ff. 5, 8, 23, 39-40, 51, 53, 55 und Anhang 9.

[128] Siehe speziell die Bemerkungen Steinbrinks vom RVK in ZP, „58. Sitzung", S. 21-24, 24-27; die von Rosenkrantz/ RVK, S. 40-41, 43-44, 64; Rohland/RVE, S. 48, 67, 68 ff., 54, 67, 68.

[129] Ebd., S. 48, 67, 68 ff., 54, 67, 68.

[130] Ebd., S. 25-28, 47-48, 68, 73 ff., 28-31, 47-48, 68, 73.

Kapitel 4

[1] Douhet, *Command of the Air*, S. 5, 19, 49, 58-60.

[2] W&F, 1, S. 64-65, 103, 342-343; Harris, *Bomber Offensive*, S. 15.

[3] Eine sehr informative Besprechung der Entwicklung von Konzepten eines strategischen Luftkriegs in den USA vor dem Zweiten Weltkrieg siehe Sherry, *Rise of American Air Power*, S. 47-75. Ebenfalls lesenswert: Schaffer, *Wings of Judgment*, S. 20-30.

[4] C&C, 2, S. 300, 305.

[5] Milward, *New Order and the French Economy*, S. 265, Tabelle 2.

[6] Creveld, *Fighting Power*; Duputy, *Numbers, Predications and War*, S. 103-110, 163-165.

[7] Errechnet durch einen Vergleich der deutschen Panzer- und Flugzeugproduktion mit der vollen britischen und sowjetischen und vier Fünfteln der amerikanischen Produktion.

[8] Siehe Ergebnisse, 59, ZP, 10. Juni 1944, S. 1, BA R3/1960 f. 117. Die Fertigungszeit von Stahlplatten, ab Bestellungseingang bis zur Lieferung an die Produktionsanlage, wo sie eingebaut werden würden, betrug sechs bis zwölf Wochen. Siehe auch Speer Interrogation, 30. Mai 1945, W&F, 4, S. 376-77, Anhang 37. Speer nahm an, daß für die Formung von Rohstahl zu fertigen Produkten folgende Zeiten nötig seien: bei Kugellagern drei bis vier Monate, bei Motoren sechs Monate und bei Panzern vier bis fünf Monate.

[9] W&F, 3, S. 3; zu der Lancaster siehe Robertson, *Lancaster*, S. 126.

[10] Hansell, *Air Plan*, S. 281, Anhang, Diagramme 21, 22.

[11] Green, *Famous Bombers*, 1, S. 33, 96.

[12] Hansell, *Air Plan*, S. 281-282, Anhang, Diagramme 21, 22.

[13] Berechnet aufgrund der Annahme, daß eine Verfügbarkeitsrate von 80 % herrschte und die gesamten Luftstreitkräfte zwei-

mal in der Woche zum Einsatz kamen. Die Einsatzrate ist natürlich niedrig, da das Wetter ungünstig war. Beide Streitkräfte operierten zusammen in der Tat häufiger. 1945 wurden regelmäßig wesentlich größere Tonnagen geliefert, als im Text als Grundwert angegeben wird. Entscheidend ist, daß ab Mitte 1944 eine genügend große Bomberkapazität vorhanden war, um die Ziele, die von beiden Seiten in der Diskussion um die Bombardierung ins Auge gefaßt worden waren, anzugreifen.

[14] C&C, 2, S. 748, 3, S. 6-7; W&F, 2, S. 4-5, 3, S. 18-19; Pogue, *The Supreme Command*, S. 124-125.

[15] Tedder, *With Prejudice*, S. 510-511.

[16] Middlebrook, *The Nuremberg Raid*.

[17] Stanley, *World War II Photo Intelligence*, S. 40-43, 57-58.

[18] W&F, 1, S. 473; Hinsley, *British Intelligence*, 3 (1), S. 466.

[19] USAAF, *Ultra*, S. xvi.

[20] Hinsley, *British Intelligence*, 1, S. 357, 2, S. 668.

[21] War Department, Military Intelligence Service, „History of the Special Branch, MIS, War Department 1942 – 44", SRH-035, S. 28, 30, 88-89, NA RG 427.

[22] Maj. Gen. J. A. Ulio an Commanding Generals der U. S. Forces, ETO, USSTAF, „Security of Signal Intelligence Within European, North African and Middle Eastern Theaters of Operations", AG 312.1, 11. März 1944, SRH-045, S. 51-52, 62, NA RG 427.

[23] Hinsley, *British Intelligence*, 2, S. 29; Lewin, Ultra Goes to War, S. 127.

[24] Hinsley, *British Intelligence*, 2, S. 23, 25-27.

[25] W&F, 1, S. 261-62; Hinsley, *British Intelligence*, 2, S. 3-5.

[26] USSBS, *Physical Damage Division Report*, S. 107; W&F, 1, S. 261-262, 264-267; Hinsley, *British Intelligence*, 1, S. 225-226, 2, S. 141, 654; Medlicott, *Economic Blockade*, 2, S. 385-386.

[27] W&F, 3, S. 208-209.

[28] W&F, 1, S. 266.

[29] Roosevelt, *War Report of the OSS*, 1, S. 11, 106, 174.

[30] EOU War Diary, 1, S. 47, 5, S. 16.

[31] Rostow, *Pre-Invasion Bombing Strategy*, S. 21. Diese Buch ist ein Nachdruck des EOU War Diary Vol. 5, auch wenn es nicht so vorgesehen war; gegenüber dem Original sind wichtige Stellen weggelassen worden.

[32] Copp, *Forged in Fire*, S. 104-105.

[33] Hansell, *Air Plan*, S. 12-48, 61-71.

[34] Perera, *Leaves*, S. 69-71.

[35] W&F, 1, S. 7, 13-14.

[36] EOU War Diary, 5, S. 49.

[37] Perera, *Leaves*, S. 72-73.

[38] W&F, 1, S. 281, 2, S. 252-253, 3, S. 302; Hinsley, *British Intelligence*, 1, S. 232-233, 238-239, 240, 310-311, 2, S. 140-141; Medlicott, *Economic Blockade*, 2, S. 6-7, 8-10; Hansell, *Air Plan*, S. 74; Perera, *Leaves*, S. 76-77.

[39] Hinsley, *British Intelligence*, 1, S. 154-155, 2, S. 159.

[40] W&F, 2, S. 249.

[41] Hinsley, *British Intelligence*, 2, S. 150-152; Medlicott, *Economic Blockade*, 2, S. 399-400.

[42] OSS, R&A, „Speer's Appointment as Dictator of the German Economy", No. 1194, 13. September 1943, Restricted, S. 3, NA RG 226.

[43] OSS, R&A, „Economic Controls in Nazi Germany", No. 1156, 10. Dezember 1943, Restricted, S. viii, 6, 8, NA RG 226.

[44] OSS, R&A, „Speer's Appointment as Dictator", S. 10.

[45] Hinsley, *British Intelligence*, 1, S. 306, 2, S. 132, 3 (1), S. 56-57.

[46] Hinsley, *British Intelligence*, 1, S. 307; USSBS, *German War Economy*, S. 44.

[47] USSBS, *Aircraft Industry*, S. 74, Tabelle 5.7.

[48] Hinsley, *British Intelligence*, 3 (1), S. 492.

[49] Hansell, *Air Plan*, S. 82-83; C&C, 2, S. 352; Guido Perera, „History of the Organization and Operations of the Commity of

Operations Analysts, 16. November 1942 – 10. Oktober 1944", 2 Vol., 1, S. 18, USAF-HRC, R-1000, 118.01, FR 26.

[50] Ballard an MacDonald, „Evaluation of German Transport as a Strategic Target System", 27. Dezember 1943, Secret, USAF-HRC, R-A5686, 519.425-3, FR 1383-85.

[51] USSBS, „An Appraisal of Pre and Post Raid Intelligence", Special Paper No. 5, Confidential, 20. August 1945, S. 45, NA RG 243, 134(a)26.

[52] EOU, War Diary, 5, S. 90.

[53] AAF-Evaluation Board, MTO, „The Relative Effectiveness of Strategic Air Force Attack against Transportation", n. d., Restricted, S. 2, 11, 13, 17, USAFHRC, R-A1177, 138.5-3, Vol. 2, Teil 2, FR 51, 60, 62, 66.

[54] FO-MEW, *Economic Survey of Germany, Section E, Transport and Communications*, Restricted, Dezember 1944, NA RG 243, u. a. 3(a)74.

[55] Hinsley, *British Intelligence*, 2, S. 153.

[56] RRS, „Railways: The Importance of Marshalling Yards. Paper 2", November 1940, USAFHRC, R-A5393, 512.611C, FR 896-903.

[57] E. D. Brant, „Locomotives and Locomotive Depots as Air Targets. Paper 3", 2. November 1940, USAFHRC, R-A5393, 512.611C, FR 903-6.

[58] C. E. R. Sherrington, „German Communications", 23. März 1941, USAFHRC, R-A5393, 512.611C, FR 951-94.

[59] War Office, TN.1(c), MI.8, „The Ruhr (Germany) Railway Handbook", Nov. 1943, S. 37, NA RG 243, 2008a)140.

[60] OSS, R&A, „Railway Resources in Axis Europe", No. 799, n. d., Secret, S. vi, 16, 18, 22, 25-26, 56; OSS, R&A, „German Strategic Survey – Railroads", No. 788, Para. 38a, 17. Februar 1943, Confidential, S. 61, 63, 67, 72, 76-77, 81-82, NA RG 59.

[61] OSS, R&A, „Covering Report on Higher Personnel of the German Railways", No. 1938, März 1944, Confidential, S. 2, 6, 8, NA RG 59.

[62] Tedder, *With Prejudice*, S. 502-504, 509, 529, 537, 540; Zuckerman, *From Apes to Warlords*, S. 222, 232-333, 289-290.

[63] Zuckerman, *From Apes to Warlords*, S. 210; Zuckerman, „Air Attacks on Rail and Road Communications: An Analysis of Operations Carried out in Sicily and S. Italy", 28. Dezember 1943, S. ii-vi, 41, USAFHRC, R-A5686, 519.425-1, FR 1211-12, 1272.

[64] EOU, War Diary, 5, S. 86-89.

[65] Ebd., S. 79.

[66] Ebd., S. 71.

[67] Ebd., S. 80.

[68] Ebd., S. 78.

[69] Rostow, *Pre-Invasion Bombing Strategy*, S. 144.

[70] W&F, 3, S. 27.

[71] USSTAF, „Minutes of 25 March 1944 Meeting on Overlord Bombing Plan", S. 4-8, USAFHRC, R-A5617, 519.3171-8, FR 1127-32.

[72] Zuckerman, *From Apes to Warlords*, S. 236; Pogue, *The Supreme Command*, S. 127; Hamilton, *Master of the Battlefield*, S. 287.

[73] Copp, *Forged in Fire*, S. 457-458; Rostow, *Pre-Invasion Bombing Strategy*, S. 45.

[74] Pogue, *The Supreme Command*, S. 130.

[75] Ebd., S. 132; Tedder, *With Prejudice*, S. 532.

[76] W&F, 3, S. 46-47.

[77] Ebd., 3, S. 35-36.

[78] Tedder, *With Prejudice*, S. 601.

[79] Ebd., S. 537.

Kapitel 5

[1] BBSU, *The Effects of Air Attack on Inland Communications*, S. 58, Anhang 3, Tabelle 1, USAFHRC R-A5346, 512.552-5, FR 765.

[2] USSBS, *German Transportation*, S. 12.

[3] Air Ministry, *Rise and Fall of the German Air Force,* S. 354.

[4] Ebd., S. 355-356.

[5] Koch, Flak, S. 259.

[6] RVM, Waterway Summary, July, August, September, 1943 – 44, BA R5/45.

[7] Bezirksgruppe Steinkohlenbergbau, „Lagebericht Wirtschaftsgruppe Bergbau August 1944", G239, Geheim, Essen, 12. September 1944, S. 3, BA R10 VIII/7.

[8] Ernst Freeden an Ref B 19, „Bericht über die Probleme der Binnenschiffahrt nach einer Reise an die Rheinhäfen 11.-24. Juli 1944", B 21/36558 44, Blankensee, 5. August 1944, S. 10-11. Freeden war ein Mitglied des Kontrollstabs Binnenschiffahrt unter der Führung von Dr. Ebhardt, B 19 im RVM.

[9] Saur, „Stichwörter für die Rüstungskartei", 30. Juni 1944, BA R5/1989.

[10] ZVL, „45. Sitzung, 5.10.1944", Pr(z)81, Geheim, Berlin, 9. Oktober 1944, S. 2, BA R5/57 f. 61.

[11] Dr. Sarter, GVL-West, an RVM, B21 R1 2273/44g, Geheim, 29. Juni 1944, S. 4, BA R5/57.

[12] ZVL, „41. Sitzung, 10. August 1944", Pr(z)81 Val, Geheim, Berlin, 12. August 1944, S. 1-2, 4, BA R5/37 ff. 31-32, 34.

[13] ZVL, „42. Sitzung, 23. August 1944", Pr(z)81 Val, Geheim, Berlin, 29. August 1944, S. 1-3, 5-7, BA R5/37 ff. 36-38, 40-42. Man bedenke, daß die Munition immer noch zu den Heeres-Munitionsanstalten geschickt werden mußte, wo sie mit Schwarzpulver und Sprengstoff gefüllt wurde.

[14] Boelcke, *Deutschlands Rüstung,* S. 379, Punkt 1; „Soforthilfe für die Reichsbahn", 3. Juli 1944 in Rü In Wiesbaden, „Kriegstagebuch Rü In XIIIa Wiesbaden, Nr. 20, 1.7.-30.9.44", Nr. 2330/44g, Z.Abt./Ib, Anlage 2, BA/MA RW 20-12/29.

[15] ZVL, „43. Sitzung, 6. September 1944", Pr(z)81, Geheim, Berlin, 9. September 1944, S. 5, BA R5/37 f. 53.

[16] DR, „Vermerk", 10 Vwb 1261, Berlin, 9. September 1944, BA R5/3173; RVM,

„Aktenvermerk über die Besprechung vom 2. Juni 1944 in Essen betr.: Prämienverfahren für Brennstoffsendungen in geschlossenen Zügen von den westlichen Kohlerevieren", Tge 1268, S. 3, BA R5/3002.

[17] DR, Ref 13 an Ref 10, „Minettetransporte von dem Brieyer Raum nach dem Ruhrgebiet", 13 Tge 1839, Berlin, 22. August 1944, BA R5/2987.

[18] GVL-West, „Abwicklung des Transportprogramms für inländische Eisenerze. Monat August 1944", 20. September 1944, BA R5/3177.

[19] RZA, Blatt 91, März – August 1943, 1944; RZA, Blatt 92, März – August 1943, 1944.

[20] Ebd.,

[21] RVK, Statistischer Bericht Nr. 13, S. 3, 15.

[22] RBD Saarbrücken, „Übersicht über die Betriebslage (Stand vom 20.5.1944)", S. 1; „Überblick über die Betriebslage", 10. Juni 1944, S. 1-3, und 17. Juni 1944, S. 1-2, BA R5 Anh.I/81.

[23] RZA, Blatt 91, Blatt 92, März – August 1943, 1944.

[24] RVE, Zugang Erzen, Südwest.

[25] RVE, Roheisen-Erzeugung, Rohstahl-Erzeugung.

[26] RVE, Zugang Erzen, Reich.

[27] RVE, Bestand Erzen, Nordwest.

[28] RVE, Roheisen-Erzeugung.

[29] VSt, Hauptstatistik, „Jahresübersicht", Vertraulich, Düsseldorf, S. 3, 4; VSt, Hauptstatistik, „Eildienst", Vertraulich, Stat. N 0600/44, S. 4-5.

[30] Herbst, *Totaler Krieg,* S. 304, 334.

[31] Klöckner-Werke, „Anlage I zum Fragebogen der USSBS … ", NA RG 243, 34(b)2; LWA Düsseldorf, „Die Kohlenversorgung der Industrie in SK und SKK ab April 1943", NA RG 243, 34(a)6.

[32] GBL-Süd, „Wochenbericht, 2.9. bis 8.9.44", München, 9. September 1944, S. 1-2, 4-6, NA RG 243, 200(a)55.

[33] Rü In XIIb (eine Firmenliste mit Angaben zu deren Kohlevorräten, nach

Kohletypen geordnet, 1. April bis 1. November 1944), BA/MA RW 21-40/11, auch in NA T-84, R-46.

[34] Badisches Hafenamt Mannheim 5/S, „Aufstellung über den monatlichen Umschlag in den Mannheimer Häfen", NA RG 243, 200(a)165.

[35] Rü Kdo Mannheim, Z1-Gruppe, „Monatsbericht für die Zeit vom 1.-30. September 1944", Ha/Gi, 27. September 1944; Rü Kdo Mannheim, „Monatsbericht 1.-31.9.1944", H/U, 22. September 1944, BA/MA RW 20-5/31.

[36] „Durchgangs-Verkehr der Wichtigen Schleusen des Dortmund-Ems-Kanals", S. 73, NA RG 243, 200(a)168; RVK, Statistischer Bericht Nr. 13, S. 6; RZA, Blatt 92, April-September 1943, 1944; RVE, Roheisen-Erzeugung; Rü In XIa Hannover, „KTB 1. Juli – 30. September 1944", Nr. 273/44gK, Geheime Kommandosache, 13. Dezember 1944, S. 3-4, BA/MA RW 20-11/33.

[37] Schäfer an Söhngen, Fs PRD 69, Essen, 3. September 1944, BBA 33/1442; RWKS, Abt. 2e, 2f, „Auswertung der Meldebögen", 17. Oktober 1944, BBA 33/1436; RWKS, „Gesamtversand auf Bahn und Wasser Monatsdurchschnitt"; Fernschreiben, Schmidt an Sogemeier, Fs BRD 531, Essen, 19. Juli 1944, BBA 33/1932.

[38] GBL-Ost, „Wochenbericht 2.9.-8.9.1944", Vertraulich, Berlin, 9. September 1944, S. 1-2, BA R5 Anh.I/41.

[39] GBL-Ost, „Wochenbericht 9.9.-15.9.1944", Vertraulich, Berlin, 16. September 1944, S. 1-2, 4, BA R5 Anh. II/41.

[40] RZA, Blatt 90, April – September 1943, 1944.

[41] RVM, Waterway Summary, July, August 1944, BA R5/45.

[42] RVK, Statist. Bericht Nr. 13, S. 3.

[43] RVE, Roheisen-Erzeugung.

[44] Rü In VIIa, „Übersicht 1.7.-30.9.1944", Wi/IF 5.959, Geheim, Breslau, S. 30, 35, BA/MA RW 20-8/29.

[45] RVM, Waterway Summary, August 1944, BA R5/45; G. H. Teetzmann an Pleiger und Meinberg, Ludwigslust, 24. Oktober 1944, BA R10 VIII/61; Wasserstraßendirektion Potsdam, „Leistungsplan nach Güterarten für den Monat August 1944", Anlage zu WS 5241/44, BA R5/108 f. 3.

[46] BEWAG, „Niederschrift über die Vorstandssitzung am 14. September 1944", 11/44, BEWAG-Archiv.

[47] Rü Kdo I, „KTB 1.7.-30.9.1944", Berlin, September 1944, S. 8, 13, Ba/MA RW 21-2/9, auch in NA T-73, R-20.

[48] RVK, Statistischer Bericht Nr. 13, S. 3, 5, 6.

[49] Dr. von Trotha, Pla, „Wochenmeldung Nr. 36/44, 28.8.-2.9.1944", Pla 210/009/8.9, Berlin, 8. September 1944, BA R3/1939 f. 460.

[50] RVK, Statistischer Bericht Nr. 13, S. 15.

[51] RVE, Bestand Erzen.

[52] RMfRuK, SSBzKP, Februar 1945, S. 2, 6.

[53] RVE, „Verbrauch an Erzen sowie sonstigen eisenhaltigen Rohstoffen bei den Hochofen-Stahlwerken und den mit ihnen örtlich verbundenen Gießereien nach Metallgruppen", BA R13 I/534 f. 134.

[54] RMfRuK, SSBzKP, Februar 1945, S. 6.

[55] Wagenführ, *Deutsche Industrie*, S. 66, 178. Die Wachstumsrate wurde aufgrund der hier vorgestellten Zahlen errechnet und in Diagramm 1.1 dargestellt.

[56] RMfRuK, „Ausstoß-Übersicht 1940-44 Waffen, Geräte, Munition", Geheime Reichssache 6. Februar 1945, BA R3/1729.

[57] Kehrl, *Krisenmanager*, S. 394.

[58] „Erlaß des Führers über die Konzentration der Rüstung und Kriegsproduktion", 19. Juni 1944, abgedruckt in Nachrichten, Nr. 41, Vertraulich, Berlin, 3. August 1944, S. 429-33, NA RG 243, 101(a)8; Speer, The Slave State, S. 144.

[59] Reichsstellen Eisen und Stahl, „Anordnung E I der Reichsstellen Eisen und Stahl (Neuordnung der Eisenbewirtschaf-

[60] Weyres, „Die deutsche Rüstungswirtschaft", S. 158-159.

[61] Saur, „Stichwörter für die Rüstungskartei", 13. Juli 1944, BA R3/1989.

[62] Boelcke, *Deutschlands Rüstung*, S. 400, Punkt 2.

[63] Saur, „Stichwörter für die Rüstungskartei", 1. August 1944, BA R3/1989.

[64] RMfRuK,„Schaffung von Rüstungskommissionen",ZA/Org-200-Gew-208/44, Berlin, 1. August 1944, BA R5/3173; NSDAP, Partei-Kanzlei, Martin Bormann, „Verstärkter Einsatz der Gauleiter für die Rüstung und Kriegsproduktion", Lg/Tr., Nr. 320, München, 1. August 1944, BA R5/3173; RMfRuK, Speerchronik, 1944 II, 6. September 1944, S. 252, 254-255, BA R3/1740 ff. 103, 105-106.

[65] Nachrichten, Nr. 46, 29. September 1944, S. 474-475, NA RG 243, 101(a)10.

[66] Speer, *The Slave State*, S. 243; Speer Interrogation, 20. Mai 1945, Flensburg, S. 14, NA RG 243, 40(b)26.

[67] RMfRuK, Speerchronik, 1944 II, S. 255a, BA R3/1740 f. 107.

[68] RWKS, „Niederschrift. Sitzung SHG", Essen, 30. August 1944, S. 5-6, BBA 33/340; RWKS an alle Gruben, „Landabsatz", Tgb.-Nr. 2555, Essen, 5. September 1944, BBA 33/1442.

[69] Rü Kdo Frankfurt/Main, Kopie des „Rüstungsbefehl", 9. September 1944 in Rü Kdo XIIa, „KTB 1.7.- 30.9.1944", Anlage 5, Wi/IF 5.3102, NA T-77, R-401, FR 1254660.

[70] RMfRuK, „Erlaß betr. Kohlesparaktion", RLA-ER-HF, Nr. 10260/44, Berlin, 20. September 1944, BA R3/1854a, ff. 400-402, und in BA R13 XX/138.

[71] Kehrl, *Krisenmanager*, S. 409-410; Söhngen an verschiedene Sektionen, Ludwigslust, 13. Mai 1944, BBA 33/1466; RWKS, Abt. R, an angeschlossene Gruben, „Nachrichtenübermittlung", Geheim, Essen, 12. September 1944, BBA 33/1044.

[72] Bennett, *Ultra in the West*, S. 63-64, zitiert Ultra-Entschlüsselungen KV 5446, KV 8562, KV 8818, KV 3015; Hinsley, *British Intelligence*, 3 (1), S. 54.

[73] EOU, „The Use of Allied Air Forces after the Establishment of the Bridgehead", 27. Mai 1944, abgedruckt in EOU War Diary, 5, S. 99.

[74] C&C, 3, S. 281.

[75] MEW, „Intelligence Weekly. Survey of Economic Developments in German Europe in the Six Months ending 30 Juni 1944", ReS. No. 134, L. 1/3/6Z, 31. August 1944, S. 30-32, 61, NA RG 243, IV 22 k.

[76] Capt. C. S. Kindelberger an Lt. Col. A. A. Part, „Interim Report on the Rail Movement of German Reserves", 16. Juni 1944, abgedruckt in Rostow, *Pre-Invasion Bombing Strategy*, S. 134-135.

[77] Zuckerman, *From Apes to Warlords*, S. 300-302; die Darstellung ist in Tedder, *With Prejudice*, wiedergegeben, gegenüber S. 541.

[78] BBSU, *Inland Communications*, S. 61, USAFHRC R-A5346, 512.552-5, FR 767.

[79] Ebd., S. 69, FR 775.

[80] Tedder, *With Prejudice*, S. 579.

[81] Ebd., S. 534.

[82] Ebd., S. 583.

[83] EOU, „The Employment of Heavy Bombers against Germany from the Present to V-Day", Juli 1944, abgedruckt in EOU War Diary, 5, S. 105-106.

[84] W&F, 3, S. 53-55, 99.

[85] USSTAF HQ, „Target Priorities", Secret, 1. September 1944, USAFHRC R-A5223, 509.425A, FR 1185-86.

[86] W&F, 3, S. 51, 58-59.

[87] SHAEF, „96th Allied Air Commanders Conference, 12 September 1944", Top Secret, 14. September 1944, S. 4, USAFHRC R-A5087, 505.25-8, FR 572.

[88] Portal und Arnold an Spaatz und Bottomley, Octagon 29, 14. September 1944, PRO AIR 37/1013.

[89] W&F, 3, S. 63.

[90] SHAEF, „98th Allied Air Commanders Conference", Top Secret, 19. September 1944, S. 2, USAFHRC R-A5087, 505.25-8, FR 566.

Kapitel 6

[1] USSBS, *German Transportation*, S. 13.
[2] Ebd., S. 41, Tabelle 10.
[3] USSBS, *Rate of Operation*, S. 36, Tabelle 6.
[4] BBSU, *Strategic Air War against Germany*, S. 123, USAFHRC R-A5346, 512.552-11, FR 1404.
[5] W&F, 4, S. 174-76, Anhang 8, Nr. 42.
[6] DR, „Niederschrift über die Besprechung der Dezernenten 21 am 20./21. Oktober 1944 in Fischerhütte", Anlage 1 zu 34 Bubl 35, 28. Oktober 1944, BA R5/2088.
[7] „Oberpräsident", Wasserstraßendirektion, Abt. Reichsschleppbetrieb, „39. Wochenbericht des RSB vom 22.9. bis 28.9.1944", Geheim, Münster, 30. September 1944, S. 1. NA RG 234, 200(a)190.
[8] RMfRuK, Planungsamt, „40. Wochenbericht", Pla 1401 g. Rs./12.10, Geheime Reichssache, Berlin, 12. Oktober 1944, S. 5, BA R5/1957 f. 524.
[9] Meier, „Aktenvermerk", Tgb. Nr. 612, Geheim, Düsseldorf, 27. Oktober 1944, NA RG 243, 200(a)190.
[10] USSBS, *German Transportation*, S. 18, Exhibit 12A.
[11] ZVL, „46. Sitzung, 19.10.1944", Berlin, 10. Oktober 1944, Geheim, S. 7, BA R5/37 f. 75.
[12] RVM, Waterway Summary, September and October 1944, BA R5/45, ff. 44-46, 57-59; „Durchgangs-Verkehr der wichtigen Schleusen des Dortmund-Ems-Kanals", NA RG 243, 200(a)168.
[13] USSBS, *German Transportation*, S. 26, Exhibit 13, Diagramm 1.
[14] RMfRuK, Speerchronik 1944 II, 28. Oktober 1944, S. 281, BA R3/1740 f. 133.

[15] Bahndienstfernschreiben, DRB 10 Vwb an Abt. B in RVM, RBD Hannover und Münster, 24. Oktober 1944, BA R5/3173.
[16] Telegramm, Kohlenwache Ludwigslust an Kohlenhandel Bremen, 27. Oktober 1944, BA R10 VIII/65.
[17] Bahndienstfernschreiben, Kohlenwache Berlin an Schiffahrtsstelle Dortmund, Nr. 56, RVM B22 B8616/44, 28. Oktober 1944, BA R10 VIII/65.
[18] *Deutsche Rheinbrücken*, S. 13a; USSBS, *German Transportation*, S. 18.
[19] ZVL, „46. Sitzung, 19.10.1944", Geheim, Berlin, 24. Oktober 1944, S. 2, BA R5/37 f. 72; „Oberpräsident", Wasserstraßendirektion, Abt. Reichsschleppbetrieb, „42. Wochenbericht, 13.10. bis 19.10.1944", 2208/44g, Streng Vertraulich, Münster, 21. Oktober 1944, NA RG 243, 200(a)190; Die Zahlen zum Betrieb im Duisburger Hafen basieren auf den Aufzeichnungen des USSBS, Work Sheets for the Transportation Division Final Report, „Waterway Traffic, Charts 7, 8, 8a, 11, 13," NA RG 243, 200(a)2; RVM, Waterway Summary, September and October 1944, BA R5/45 ff. 47-49, 56-59.
[20] Reichsgruppe Industrie an GWK, 2 8500/44 (2800/1), Berlin, 29. September 1944 BA R10 8/61; RVM an Schiffahrtsstellen Duisburg, Dortmund, Hamburg, Berlin, Breslau, Danzig, Wien, Königsberg, „Dringlichkeit der Transporte in der Binnenschiffahrt", B 21 B7702/44, Berlin, 26. Oktober 1944, BA R5/97.
[21] RWKS, „Übersicht über die Benutzung der Leitungswege seit Beginn der Sperre Westbezirk", n. d., BBA 33/1106.
[22] Schmidt an Pleiger, 18. Oktober 1944, BBA 33/1032.
[23] Referat in ZP, „Kohlenversorgungslage Anfang November 1944", 8. November 1944, BA R10 8/19 f. 115.
[24] Kehrl, *Krisenmanager*, S. 43; RMfRuK, Speerchronik 1944 II, 27. Oktober 1944, S. 280, BA R3/1740 f. 132.
[25] Boelcke, *Deutschlands Rüstung*, S. 426-427.

[26] RMfRuK, Planungsamt, „41. Wochenbericht", Pla 1401 g. Rs./20.10, Berlin, 20. Oktober 1944, S. 1, BA R3/1957 f. 540.

[27] Janssen, *Das Ministerium Speer*, S. 261; H. Reuter, Ruhrstab, an RBD Essen, „Sicherung des Verkehrs, Aufstellung von Eisenbahn-Eingreiftrupps", 2012/44c, Geheim, Kettwig, 4. Oktober 1944, NA RG 243, 3(b)15; OKL, IC/Wi, „Zum Luftkrieg gegen Bahn … 21.-31.10.44", 2. November 1944, S. 1, BA R5/3699.

[28] 6. Dezember bis 7. Dezember, GWK Düsseldorf, „Zulaufsperre für das linksrheinische Gebiet", 22. September 1944, RWWAzK, 22/246/681; RMfRuK, Planungsamt, „41. Wochenbericht", Pla 1401 g. Rs./20.10., Berlin, 20. Oktober 1944, S. 5, BA R3/1957 f. 544; Dr. Pelzer, 7. Dez., GWK Düsseldorf, an die übrigen interessierten Abteilungen im Haus, „Sperre bei der Reichsbahn", P/L, 26. Oktober 1944, RWWAzK 22/246/681.

[29] DR, „Sondermaßnahmen West", 23 Bfg 144, Berlin, 19. September 1944, S. 2-3, BA R5 Anh. II/45; Bahndienstfernschreiben, DRB 26 Bau an die GBL, Berlin, 22. September 1944, BA R5/2089.

[30] RVM, „Aktenvermerk über die Besprechung am 2. Oktober 1944 15 Uhr in Berlin über Güterzugfahrplanmaßnahmen zur Bedienung des rheinisch-westfälischen Industriegebietes", Anlage 1 zu 23 Bfg 144, Berlin, 10. Oktober 1944, S. 1-2, BA R5 Anh. II/45. Siehe auch RVK an Schmidt, „Aktenvermerk, »Besprechung im RVM, 2.10.1944, 15 Uhr, Güterzugfahrplanmaßnahmen …«", 9. Oktober 1944, BBA 33/1032.

[31] RMfRuK, „Zustellung von Gütern an Notempfänger", Rü A/Ag. Verk (E) Nr. 11814/44, Vertraulich, 11. Oktober 1944, in Nachrichten, Nr. 50, S. 517-518, NA RG 243, 100(a)9.

[32] Ministerialrat Dr. Ottmann, „Wochenbericht Referat II 3/4", Berlin, 26. Oktober 1944, Wi/If 5.974, NA T-77, R-200, FR 936011.

[33] Telegrammbrief, RVM Abteilung I, Schelp an die RBD, 10 Vwb 1348, Berlin, 7. Oktober 1944, BA R5/2092.

[34] ZVL, „44. Sitzung, 21.9.1944", Geheim, Berlin, 25. September 1944, S. 8, BA R5/37 f. 59.

[35] ZVL, „46. Sitzung, 19.10.1944", Geheim, Berlin, 24. Oktober 1944, S. 4, BA R5/37 f. 73.

[36] Bahndienstfernschreiben, Schelp an alle RBD und Hwa, „Wagenstellung für Rüben, Kohlen und Kali", B-Nr. 697, Berlin, 20. Oktober 1944, BA R5/3173.

[37] Bahndienstfernschreiben, DRB 10 Vwb (Kohlen) 204 an die RBD Dresden, Essen, Köln, Regensburg, Hwa, 21. Oktober 1944; RVK an Schelp, Berlin, 13. Oktober 1944, BA R5/3181; Pla, „42. Wochenbericht, 16.-21.10.1944", Pla 1401 g. Rs./24.10., Geheime Reichssache, Berlin, 24. Oktober 1944, S. 5, BA R3/1957 f. 557.

[38] ZVL, „44. Sitzung, 21.9.1944", Berlin, 25. September 1944, Anlage; ZVL, „46. Sitzung, 19.10.1944", Berlin, 24. Oktober 1944, Anlage 4, BA R5/37 ff. 60-78.

[39] Dr. von Trotha, Pla, „Vermerk zur Lage der Kohlenversorgung", Pla 210/009/2.11, Berlin, 2. November 1944, S. 1-2, BA R3/1854a ff. 382-383, R3/1930 ff. 523-524; Pleiger an die Kohlenverteilungsstellen, LWA, die Beauftragten der Gauleiter für Kohlenfragen, die Bezirksbeauftragten für den Kohlenhandel, „Richtlinien für die Versanddringlichkeit", Rst C 617/44, Vertraulich, Berlin, 14. Oktober 1944, BBA 33/1106, und NA T-73, R-175, FR 334607-8.

[40] Maintenance Section 128, „List of Air Attacks on Hamm", Hamm, 4. Mai 1945, S. 1-2, NA RG 243, 200(a)46.

[41] Bahndienstfernschreiben, Essen and Berlin, Nr. 805, 11. Oktober 1944, BA R5/3173.

[42] RMfRuK, Planungsamt, „42. Wochenbericht, 16.-21.10.1944", Pla 1401 g. Rs., Geheime Reichssache, Berlin, 24. Oktober 1944, S. 5, BA R3/1957 f. 557.

[43] GBL-Ost, „Wochenbericht 14.10.-20.10.1944", Vertraulich, Berlin, 21. Oktober 1944, S. 3, BA R5 Anh. II/41.

[44] RMfRuK, Planungsamt, „42. Wochenbericht, 16.-21.10.1944", Pla 1401 g. Rs., Geheime Reichssache, Berlin, 24. Oktober 1944, S. 3, BA R3/1957 f. 555.

[45] Dr. Kritzler, RWKS, an Meinberg, Essen, 8. Januar 1945, BA R10 VIII/65; RWKS, Abt. 2c, 2f, „Auswertung der Meldebogen", BBA 33/1436; Referat in ZP, „Kohlenversorgungslage Anfang November 1944", Berlin, 8. November 1944, S. 7, BA R10 VIII/19 f. 117.

[46] RMfRuK, Planungsamt, „40. Wochenbericht", Pla 1401 g. Rs., Geheime Reichssache, Berlin, 12. Oktober 1944, S. 3-4, BA R3/1957 ff. 522-523; RWKS, Rixfähren, „Aushilfslieferungen O.S.", 23. Oktober 1944, BBA 33/1030.

[47] Rüdiger Schmidt, „Niederschrift der Beiratssitzung", Essen, 19. September 1944, S. 5, BBA 33/329; Rüdiger Schmidt, „Niederschrift der Beiratssitzung", Essen, 18. Oktober 1944, S. 7, BBA 33/329; Reichsstelle für Kohle an LWA, Rst Ia 724/44 Pt/en, Nur für den Dienstgebrauch, Ludwigslust, 12. Oktober 1944, NA T-73, R-175, FR 3346505; Rüdiger Schmidt, „Niederschrift der Beiratssitzung", Essen, 18. Oktober 1944, S. 7, BBA 33/329.

[48] Rüdiger Schmidt, Rundschreiben an alle Gruben, „Versandlenkung", Abt. 7a/2710, Essen, 7. Oktober 1944, S. 1-2, BBA 33/1442; Rüdiger Schmidt, Rundschreiben an alle Gruben, „Versandlenkung", Abt. 7a/Nr. 2740, Essen 28. Oktober 1944, BBA 33/1442; RWKS, „Aktenvermerk", 19. Oktober 1944, S. 2-3, BBA 33/1040.

[49] RZA, Blatt 92, September, Oktober 1943, 1944.

[50] RVK, Statistischer Bericht Nr. 13, S. 3, 5, 15.

[51] Speer an Pleiger, 61615, 31. Oktober 1944, BA R10 VIII/5; RMfRuK, Planungsamt, „43. Wochenbericht, 23.-28.10.1944", Pla 1401 g. Rs./1.11, Geheime Reichssache, Berlin, 1. November 1944, S. 2-3, BA R3/1957 ff. 564-565.

[52] Dr. von Trotha, Planungsamt, „Wochenmeldung Nr. 44/44, vom 31.10.-4.11.1944", Pla 210/009/11.11, Geheim, Berlin, 11. November 1944, S. 2-3, BA R3/1930 ff. 435-436; USSBS, *21 Rheinisch-Westfälische Elektrizitätswerke AG*, S. nn. 8-9; WWi O, Wk VI, „Monatsbericht über die »Allgemeine wehrwirtschaftliche Lage« nach dem Stande vom 31.10. und 30.11.44", Nr. 5379/44g, Geheim, Münster, 4. Dezember 1944, S. 3, NA T-77, R-353. Wi/IF 5.2299, FR 1192543.

[53] RZA, Blatt 92, September, Oktober 1943, 1944.

[54] RVK, Statist. Bericht Nr. 13, S. 6.

[55] Rohland an Ganzenmüller, Düsseldorf, 30. September 1944; Telegramm, Stab Rohland, VSt, Düsseldorf, an Rohland, Nr. 818, Berlin, 26. September 1944; Rohland an Ganzenmüller, Düsseldorf, 30. September 1944, BA R5/3177.

[56] ZVL, „45. Sitzung, 5.10.1944", Berlin, 9. Oktober 1944, S. 4-6, BA R5/57 ff. 62-63.

[57] Sohl, Stab Rohland, VSt, Düsseldorf, an Transleit, Ruhrunion, Berlin, zur Weiterreichung an Schelp, FS Nr. 650/0, 10. Oktober 1944, BA R5/3177.

[58] RVM, 10 Vwb an die GBL, ZVL, Hwa, 1350, Berlin, 10. Oktober 1944; RVM, C81 Vgbm an die GBL West, Süd, RBD Berlin, Dresden, Halle, Essen, Wuppertal, Berlin, 14. Oktober 1944, BA R5/3177.

[59] DRB 10 Vwb (Erze) 60 an Sohl, Ver. Stahl, BA R5/3177.

[60] RMfRuK, Planungsamt, „39. Wochenbericht", Pla 1401 g. Rs./9.10, Geheime Reichssache, Berlin, Oktober 1944, S. 11, BA R3/1957 f. 510.

[61] RMfRuK, Planungsamt, „41. Wochenbericht", Pla 1401 g. Rs./20.10, Geheime Reichssache, Berlin, 20. Oktober 1944, S. 5-6, BA R3/1957 ff. 544-545.

[62] RMfRuK, „Anordnung Nr. 12 des Reichsbeauftragten für Eisen und Metall …

Begrenzung der Eindeckung und Beschlagnahme von Lagerbeständen an Erzeugnissen aus Eisen und Stahl, 31. Oktober 1944", in Nachrichten, Nr. 49, Vertraulich, 20. November 1944, Anlage 1, S. 505, NA RG 243, 101(a)10.

[63] Dilli an die GBL, RBD, 26 Bau 270, Berlin, 21. Oktober 1944, BA R5/3181.

[64] Sohl an Schmidt, Düsseldorf, 28. Oktober 1944, BBA 33/1106.

[65] Herbst, *Totaler Krieg*, S. 346, 404, 406-407.

[66] RVE, Roheisen-Erzeugung, Rohstahl-Erzeugung.

[67] RVE, Bestand Erzen, Nordwest.

[68] RVE, Zugang Erzen, Nordwest; Bestand Erzen, Nordwest; Roheisen-Erzeugung; Rohstahl-Erzeugung.

[69] VSt, Hauptstatistik, „Eildienst", N0600/44, Düsseldorf, S. 2, 4, NA RG 243, 3(a)37.

[70] Speerchronik, 1944 II, 27. Oktober 1944, S. 280, BA R5/1740 f. 132; RMfRuK, „Querschnittsbesprechung am 26.10.1944", RLA/KE/Ia/Dr. Bl/Pi, Berlin, 31. Oktober 1944, S. 2, BA R3/1969 f. 142; Wwi O, Wk VI, „Monatsbericht über die »Allgemeine wehrwirtschaftliche Lage nach dem Stande vom 31.10. und 30.11.44«", Nr. 5379/44g, Geheim, Münster, 4. Dezember 1944, S. 10, NA T-77, R-353, Wi/IF 5.2299, FR 1192550; Aufzeichnungen des USSBS, Klöckner-Werke AG, „Anlage 1 zum Fragebogen der USSBS", NA RG 243, 34(b)92; Fritz Hulvershorn, Fertigungsbericht, Bocholt, Westfalen, Geheim, BA/MA RW 21-51/19, auch in NA T-85, R-44, EAP 66-b-10/14.

[71] RWKS, „Von den Zechen fertiggestellte Kohlen- und Kokszüge Verteilungspläne ...", BBA 33/1044; RMfRuK, Planungsamt, „43. Wochenbericht, 23.-28.10.1944", Pla 1401 g. Rs./1.11, Geheime Reichssache, Berlin, 1. November 1944, S. 2, BA R3/1957; Dr. von Trotha, Planungsamt, „Vermerk zur Lage der Kohlenversorgung", Pla 210/009/2.11, Berlin, 2. November 1944, S. 5, BA R3/1854a f. 386; Kelchner, „Aktenvermerk zur Besprechung beim Chef des Zentralamtes Oberbürgermeister S. Liebel", K/GZ, Saarbrücken, 31. Oktober 1944, BA R5/3177.

[72] GBL-Süd, Wochenberichte, 9.-15., 16.-22., 23.-29. September, 30. September – 6. Oktober, 7.-13., 14.-20. Oktober, 28. Oktober – 3. November 1944, Vertraulich, NA RG 243, 200(a)55.

[73] RVM, Waterway Summary, September and October 1944, BA R5/45 ff. 45-49, 60-61; Badisches Hafenamt Mannheim, „Aufstellung über den monatlichen Umschlag in den Mannheimer Häfen", n. d., NA RG 243, 200(a)165.

[74] RVK an Schelp, Berlin, 18. Oktober 1944, BA R5/3181.

[75] ZVL, „45. Sitzung, 5.10.1944", Berlin, 9. Oktober 1944, S. 6, BA R5/57, f. 64.

[76] Kugler an Stütz, Söhngen, Rosenkranz, Teetzmann, „Aushilfslieferungen für Mannheim", Dr K/HG, Berlin, 26. Oktober 1944, BBA 33/1589.

[77] GWK Schwaben an Kohlenkontor Weyhenmeyer & Co., Roe/LS., 9. November 1944, NA T-73, R-175, FR 3346498.

[78] Rü Kdo Mannheim, „Monatsbericht, 1.-30.9.1944", H/U, 22. September 1944; Rü Kdo Mannheim, Zi-Gruppe, „Monatsbericht 1.-30. September 1944", 27. September 1944, BA/MA RW 20-5/31.

[79] RVK, „Niederschrift über die Sitzung in Hannover am 17.10.1944 ...", DR R/VO, Berlin, 18. Oktober 1944, S. 1-2, BA R10 8/28.

[80] Dr. von Trotha, Planungsamt, „Wochenmeldung Nr. 44/44, 31.10.-4.11.1944", Pla 210/ 009/11.11, Geheim, Berlin, 11. November 1944, S. 1, BA R3/1930 f. 435.

[81] USSBS, Heavy Industry Branch, *Reichswerke Hermann Göring*, Exhibit A, S. 2, Exhibit C, S. 1, Exhibit H, Exhibit J, Exhibit K.

[82] RVE, Roheisen-Erzeugung.

[83] GBL-Ost, Wochenberichte, 24.9.-9.9., 30.9.-6.10., 7.10.-13.10., 14.-20.10., 21.-27.10., 28.10.-3.11.1944, BA R5 Anh. II/41.

[84] Dr. Ottmann, „Wochenbericht Referat 2 3/4", Berlin, 26. Oktober 1944, NA T-77, R-200, Wi/IF 5.474, FR 935011.

[85] GBL-Ost, Wochenberichte, 9.-15.9., 16.-23.9., 24.-29.9., 30.9.-6.10., 7.-13.10., 14.-20.10., 21.-27.10., 28.10.-3.11.1944, BA R5 Anh. II/41.

[86] RZA, Blatt 90, 38.-43. Woche, 1943, 1944; RZA, Blatt 92, Oktober 1943, 1944.

[87] RZA, Blatt W 15.1., Oktober 1944.

[88] RVK, Statistischer Bericht Nr. 13, S. 6.

[89] Söhngen an Rixfähren und Stütz, So/B, Ludwigslust, 13. Oktober 1944, BBA 33/1589.

[90] RZA, Blatt 90, 38.-43. Woche, 1943, 1944; Blatt 92, Oktober 1943, 1944; Blatt W 15.1,1944.

[91] Errechnet auf Grundlage von RVK, Statistischer Bericht Nr. 13, S. 3, 4, 15.

[92] RMfRuK, Planungsamt, „39. Wochenbericht", Pla 1401 g. Rs./9.10, Geheime Reichssache, Berlin, 9. Oktober 1944, S. 4, BA R3/1957 f. 503.

[93] RVE, Roheisen-Erzeugung.

[94] Fernspruch, Abt. Präs. Thomas an Krüger, RMfRuK, Oppeln, 25. September 1944, BA R5/3173.

[95] RVM, Waterway Summary, September and October 1944, BA R5/45 ff. 44-45, 55-56.

[96] GBL-Ost, „Wochenbericht, 14.-20.10.44", Vertraulich, Berlin, 21. Oktober 1944, S. 1, BA R5 Anh. II/41.

[97] Oberpräsident Wasserstraßendirektion, „Monatsbericht ... September 1944", W.S. 5698/44/Tt 15A, Potsdam, BA R5/108 f. 1.

[98] Wasserstraßendirektion Potsdam, „Leistungsplan nach *Güterarten* ... Oktober 1944", Potsdam, Ba R5/107 f. 195.

[99] RWKS, Abt. 2b, 2f, „Auswertung der Meldebogen", BBA 33/1436.

[100] BEWAG-Archiv.

[101] BEWAG, „Niederschrift über die Vorstandssitzung am 13. Oktober 1944", 12/44. BEWAG-Archiv, 0/12.

[102] BEWAG-Archiv.

[103] RZA, Blatt 90, 38.-43. Woche, 1943, 1944 zu den Güterwagen, und Blatt 92, Oktober 1943, 1944 zu den Kohlewagen.

[104] RMfRuK, Planungsamt, „50. Wochenbericht 10.-16.12.1944", Pla 1401 g. Rs./21.12, Geheime Reichssache, Berlin, 21. Dezember 1944, S. 3, BA R3/1957, f. 653.

[105] OKL, Ic/Wi, „Einwirkung des feindlichen Luftkrieges auf den Eisenbahnverkehr im Oktober 1944", Geheim, 25. Oktober 1944, S. 4, BA R5/3699.

[106] USSBS, *German Transportation,* S. 74-75, Exhibit 72; ZVL, „45. Sitzung, 5.10.1944", Geheim, Berlin, 9. Oktober 1944, S. 2, BA R5/57 f. 62.

[107] RZA, „Stand der Güterwagenausbesserung", Blatt W 12, Woche 15.10.-21.10.1944, Nur für den Dienstgebrauch, NA RG 243, 200(a)113.

[108] RZA, Blatt W 15.1, Oktober 1944.

[109] Dr. von Trotha, Planungsamt, „Vermerk zur Lage der Kohlenversorgung", Pla 210/009/2.11, Berlin, 2. November 1944, S. 4, BA R3/1854a f. 386.

[110] Ebd., S. 1 f. 386.

[111] Wagenführ, *Deutsche Industrie,* S. 66, 178.

[112] RVK, Statistischer Bericht Nr. 13, S. 3.

[113] Wagenführ, *Deutsche Industrie,* S. 179.

[114] RMfRuK, Ausstoß-Übersicht, S. 5, BA R3/1729 f. 7.

[115] Rüstungslieferungsamt, Amtsgruppe G, „Informationsdienst für die Mittelinstanz", Str. Geheim, Berlin, 30. Oktober 1944, BA R3/1969 f. 33.

[116] Chef der Heeresrüstung und Befehlshaber des Ersatzheeres, „Überblick über den Rüstungsstand des Heeres", Stab Rüst IIIc, Nr. 574d/44g. Kdos., Geheime Kommandosache, 15. November 1944, BA/MA RH 8/v. 1104.

[117] Siehe zum Beispiel SHAEF, „Enemy Communications Summary No. 9", 5. Oktober 1944, S. 7, USAFHRC R-A5178, FR 1732.

[118] Der zur Debatte stehende Punkt: RRS, Report No. 265, Secret, 27. September 1944, S. 1, USAFHRC, R-A5111, FR 292.

[119] SHAEF, „Enemy Communications Summary No. 12", Secret, 9. November 1944, S. 1, USAFHRC, R-A5178, FR 1783; C. E. R. Sherrington, RRS, Report No. 270, Secret, 1. November 1944, S. 3, USAFHRC, R-A5111, FR 1785.

[120] C. E. R. Sherrington, RRS, Report No. 269, Secret, 25. Oktober 1944, S. 1, USAFHRC, R-A15111, FR 288; MEW, Intelligence Weekly, Report No. 143, 2. November 1944, S. 3, NA RG 243, 4 22b.

[121] OSS, London, No. SQ-2069, 27. Oktober 1944, USAFHRC, R-A5717, FR 1736; SHAEF, „Enemy Communications Summary No. 11", Secret, 30. Oktober 1944, S. 2, USAFHRC, R-A5178, FR 1760.

[122] Siehe zum Beispiel den verspäteten und entstellten Bericht über Speers Rede in Posen im Japanese Military Attaché's Report, übermittelt am 24. Oktober 1944, D7599, NA RG 427, SRA 13011; zu vergleichen mit der Darstellung in Speer, Inside, S. 393.

[123] OSS, London, No. SQ-1931, 30. September 1944, USAFHRC, R-A5717, FR 1309.

[124] SHAEF, „Enemy Communications Summary No. 9", Secret, 9. Oktober 1944, S. 2, USAFHRC, R-A5178, FR 1726.

[125] Lt. Col. W. F. R. Ballard, Chief of Analysis Section, MAAF, „Recommendations on Program for Heavy Bombardment", MAAF/s 6662/INT, 28. September 1944, USAFHRC, R-A5686, FR 1330-32; Target Section, USSTAF, „Suggested Plans for Attack on German Transportation System", 14. September 1944, USAFHRC, R-A5616, FR 477, 479, 481.

[126] Arnold an Kuter, „Priority Targets, Europe", 19. Oktober 1944, USAFHRC, R-A1378, FR 49.

[127] Paraphrase of cipher message from Joint Chiefs of Staff to British Chiefs of Staff, J.S.M. 312, Top Secret, 21. Oktober 1944, PRO AIR 37/1005.

[128] DD.B. Ops. (1), AI(3)E, „Air Attack on Transportation Targets Germany", Top Secret, 30. September 1944, USAFHRC, R-A5686, FR 1376-77.

[129] Herrington, Air Power, S. 313.

[130] AC/AS Plans, „Proposed Target Priorities", Secret, October 1944, USAFHRC, R-A1377, FR 833-35.

[131] Air Staff, „Combined Strategic Targets Committee", C.M.S., Top Secret, 13. Oktober 1944, PRO AIR 37/1013.

[132] Der CSTC war nichts anderes als der Joint Oil Targets Committee mit anderem Namen. Siehe folgende Schrift zur Begründung der Ängste Tedders: CSTC, „Minutes of a Meeting held at the Air Ministry, Whitehall, on October 24, 1944 …", Secret, USAFHRC, R-A5090, FR 171-74. In der zweiten Sitzung des CSTC meinte Lawrence, daß die Öloffensive, wenn sie mit der größten Wucht ausgeführt würde, den Krieg in 60 Tagen beenden könnte. CSTC, „Minutes of the 2nd Meeting of the CSTC, 25 October 1944", Top Secret, S. 3, PRO AIR 40/1269.

[133] Tedder an Bottomley, S.65388, Secret, SHAEF Main, 4. November 1944, PRO AIR 37/1013. Siehe auch Brief an Derek Wood, Top Secret, 30. Oktober 1944, PRO FO 837/385.

[134] Tedder, „Notes on Air Policy to be adopted with a View to Rapid Defeat of Germany", DSC/TS. 100d/d, Top Secret, 25. Oktober 1944, S. 1, PRO AIR 37/1013, abgedruckt in W&F, Vol. 4, Anhang 25.

[135] Ebd., S. 5.

[136] Ebd., S. 2.

[137] Ebd., S. 1.

[138] Als Beweis für die Richtigkeit der Schlußfolgerungen Tedders siehe CSTC, „Review of the Operations of the CSTC Working Committee (Communications), »Summary of the Further Statement by Mr. Brant on 26 October 1944, at the Air Ministry, Whitehall«", Top Secret, 26. Oktober 1944, USAFHRC, R-A5223, FR 859.

[139] Dies erfolgte, nachdem dem Plan bei einem Essen am 27. Oktober 1944, bei dem

Portal, Bottomley, Spaatz und Tedder anwesend waren, scheinbar zugestimmt worden war. SHAEF, D/COS (Air), Historical Record, October 1944, S. 5, PRO AIR 37/1960.
[140] W&F, 3, S. 73, Vol. 4, Anhang 8 XLIIIb, S. 178-179.
[141] CSTC, „Review", Anhang 3, „Plan for Attack on German Transportation System", 7. November 1944, S. 1, USAFHRC, R-A5223, FR 814.
[142] Ebd., S. 2-3, FR 862-63. Es erstaunt, feststellen zu müssen, daß Oliver Lawrence, Leiter des Working Committee (Communications), gleichzeitig Leiter des Working Committee (Oil) war. Er zweifelte die Durchführbarkeit des Transportangriffsplans an, den er selbst entworfen hatte. CSTC, „Minutes of the Third Weekly Meeting", Top Secret, 1. November 1944, S. 4. PRO AIR 40/1269.

Kapitel 7

[1] Dies sollte vor dem Hintergrund der folgenden Aussage Speers gegenüber seinen Untergebenen gesehen werden. Darin heißt es, daß sie nicht glauben sollten, daß der Feind ein halbes oder dreiviertel Jahr lang hartnäckig immer und immer wieder dasselbe Ziel angreifen werde. Es sei ziemlich wahrscheinlich, daß er seine Ziele wechseln werde. „Rede des Reichsministers Speer in Rechlin zur Situation im Ruhrgebiet, 1. Dezember 1944", abgedruckt in W&F, Vol. 4, Anhang 36, S. 359.
[2] C&C, 3, S. 655-656.
[3] CSTC, Working Committee (Communications), an Bufton, 8. Dezember 1944, USAFHRC, R-A5223, 509.425B, FR 1047.
[4] CSTC, „Review", S. 9, USAFHRC, R-A5223, 509.425B, FR 821.
[5] USSBS, *Rate of Operation*, S. 36, 49, Tabellen 6, 23; CSTC, „Review", Anhang 9, Tabelle B, USAFGRC, R-A5223, 509.425B, FR 944.
[6] Oberpräsident, Wasserstraßendirektion, Wasserstraßenbevollmächtigter an RVM, „Luftangriff auf den Dortmund-Ems-Kanal am 4.11.1944", WEV Nr. 2300/44g, Geheim, Münster, 6. November 1944, NA RG 243, 200(a)190; Oberpräsident, Wasserstraßendirektion, Abt. Reichsschleppbetrieb, „44.-46. Wochenbericht des Reichsschleppbetriebes vom 27.10.-16.11.1944", Tgb. Nr. 2254/44g, Geheim, Bergeshövede, 18. November 1944, NA RG 243, 200(a)190; Oberpräsident, Wasserstraßendirektion, Abt. RSB, „47. Wochenbericht des RSB vom 17. bis 23.11.44", Geheim, Bergeshövede, 25. November 1944, S. 1-2, NA RG 243, 200(a)190; RSB an RVM, „Angriff auf den Dortmund-Ems-Kanal", Bergeshövede, 2. Januar 1945; S. 1-2, BA R5/98.
[7] Meier, Schiffahrtsstelle Duisburg, „Aktenvermerk", ME/R Tgb. Nr. 901g, Geheim, Duisburg, 7. November 1944, NA RG 243, 200(a)190; Speer an Pleiger, 364/44, Berlin, 10. November 1944, BA R10 VIII/5; Wasserstraßenbevollmächtigter, Oberpräsident der Provinz Hannover, „Pendelverkehr", Nr. WBV. 450a.2443XVg, Geheim, Hannover, 25. November 1944, BA R10 VIII/5; Beirat an Schmidt, 28. November 1944, S. 3-4, BBA 33/1032.
[8] Speer an Hettlage, Geheim, Berlin, 27. November 1944; Nachrichten Nr. 50, 14. Dezember 1944, S. 516, NA RG 243, 100(a)9; RVM, Orr. Müller an Schiffahrtsstelle Duisburg, B 26 RL 5000/44g, Geheim, Berlin, 12. Januar 1945, BA R5/7; Teetz an Teetzmann, Berlin, 14. Dezember 1944, BA R10 VIII/61; Speer an Oberpräsident der Rheinprovinz Westfalen, EN 44200/44, Berlin, 21. November 1944, BA R10 8/65; Schiffahrtsstelle Duisburg an alle Ämter in der Rheinregion, „Verkehrsleitende Anordnung über Genehmigungspflicht des Transports innerhalb des Rheinstromgebietes", Düsseldorf, 19. Dezember 1944, BA R5/97.
[9] Oberpräsident, Wasserstraßendirektion, Abt. RSB, „47. Wochenbericht des RSB vom 17. bis 23.11.44", Geheim, Bergeshövede, 25. November 1944, S. 1, NA RG 243, 200(a)190.

[10] „Durchgangs-Verkehr der wichtigen Schleusen des Dortmund-Ems-Kanals", NA RG 243, 200(a)168.

[11] RVK, „Mitteilung vom RVM, Berlin", BBA 33/1032.

[12] Oberpräsident, Wasserstraßendirektion, Wasserstraßenbevollmächtigter an RVM, „Luftangriff auf den Dortmund-Ems-Kanal am 4.11.1944", WEV Nr. 2300/44g, Geheim, Münster, 6. November 1944; Oberpräsident, Wasserstraßendirektion, Abt. Reichsschleppbetrieb, „44.-46. Wochenbericht des Reichsschleppbetriebes vom 27.10.-16.11.1944", Tgb. Nr. 2254/44g, Geheim, Bergeshövede, 18. November 1944; Oberpräsident, Wasserstraßendirektion, Abt. RSB, „47. Wochenbericht des RSB vom 17. bis 23.11.44", Geheim, Bergeshövede, 25. November 1944, S. 1-2, NA RG 243, 200(a)190.

[13] Aufzeichnungen des USSBS, „Coal through Minden East. Chart 10a", NA RG 243, 200(a)2.

[14] Fernschreiben, Baur, RVM, an Elbe-Häfen, B19 B375/45, Berlin, 19. Januar 1945, BA R10 8/62.

[15] Speditions- und Elbeschiffahrt-Kontor Gebrüder Wanckel an Baur, RVM, Schonebeck, 25. Januar 1945, BA R10 VIII/62.

[16] USSBS, *German Transportation*, S. 23; RVM, Waterway Summary, November, December 1944, BA R5/45 ff. 27, 37-39.

[17] RWKS, Schmidt, Lageberichte, Geheim, 23.-26. Dezember 1944, BBA 33/1061.

[18] RVK, „Wochenbericht vom 28. Januar bis 3./4. Februar 1945", Geheim, S. 6, BA R10 VIII/69.

[19] RWKS, Schmidt, Lagebericht, Geheim, 16. Januar 1945, BBA 33/1061.

[20] Schiffahrtsstelle Duisburg, „Aktenvermerk-Kohlentransporte", Tgb. Nr. 1553g, Geheim, Duisburg, 28. November 1944, BA R5/57.

[21] RWKS, Schmidt, Lagebericht, Geheim, 29. Dezember 1944, BBA 33/1061.

[22] „Die Binnenschiffahrt im Dezember 1944", 19. Januar 1945, BA R5/80 f. 78.

[23] Schiffahrtsstelle Duisburg, „Leistungsplan nach Verkehren", 1. November – 20. Dezember 1944, BA R5/107 ff. 38-47.

[24] Schiffahrtsstelle Duisburg, „Leistungsplan nach Verkehren, Dekade 21.12.44 bis 31.12.44", Düsseldorf, 14. Januar 1945, BA R5/107 ff. 32, 36.

[25] RMfRuK, Planungsamt, „Die Verkehrslage in Großdeutschland", (Stichtag 18.1.1945), S. 2, BA R3/1957 f. 728.

[26] CSTC, „Review", Anhang 9, Tabelle A, USAFHRC, R-A5223, 509.425B, FR 644.

[27] BBSU, *Inland Communications*, S. 192, Anhang 20, USAFHRC R-5346, 512.552-5, FR 1016; Fwi Amt, Fachabteilung T u V, „Aktennotiz über die 49. ZVL-Sitzung am 1.12.1944", Nr. 3012/44g, Geheim, Berlin, 2. Dezember 1944, S. 1, NA T-77, R-13, Wi/IF 5.105, FR 723692; Zahn, „Dokumentarische Darstellung", S. 23, BA R5 Anh. I/9.

[28] USSBS, *German Transportation*, S. 56-60.

[29] USSBS, *Railway Viaduct at Bielefeld*, S. 1, 3, 9, 13, NA RG 243, 200(a)181.

[30] USSBS, *Railway Viaduct at Altenbecken*, S. 1-3, NA RG 243, 200(a)190. B. O. R. Bartsch, „Bahnhof Altenbecken in den Kriegsjahren 1944 – 1945", BA R5 Anh. I/46.

[31] RMfRuK, Planungsamt, „44. Wochenbericht", Pla 1401 g. Rs./11. 11.44, Geheime Reichssache, Berlin, 11. November 1944, S. 6, BA R3/1957 f. 579; Sts. Fischböck, Planungsamt, „Folgen der Feindeinwirkung im Ruhrgebiet", Pla 210/009/7.11, Geheim, Berlin, 7. November 1944, S. 1, BA R3/1854a f. 393.

[32] Münzer, History of GBL-West written for the USSBS, 10 June 1945, S. 6, NA RG 243, 200(a)40. Münzer war Sarters Nachfolger.

[33] Maintenance Section 138, Hamm (Westfalen) „List of Air Attacks on Hamm", 4. Mai 1945, S. 1-2, NA RG 243, 200(a)46.

Dies ist eine USSBS-Übersetzung eines Dokuments, das vom RAW Hamm vorbereitet wurde. Das Original ging verloren.

[34] „Bericht ... RBD Wuppertal", Geheim, 3. November 1944, Dokument 207; 29. November 1944, Dokument 221; 7. Januar 1945, Dokument 237, BA R5 Anh. I/87.

[35] Verkehrskontrolle II, RBD Wuppertal, 25. Mai 1945, NA RG 243, 34(d)2.

[36] RVM E-Abt. (L-4), „Die Einwirkungen des Luftkrieges auf der Bahn ... 1.-8. November 1944", Geheime Reichssache, Berlin, 9. November 1944, S. 3, BA R5/3699.

[37] Speer an Hitler, 11. November 1944, abgedruckt in W&F, Vol. 4, Anhang 35, S. 350.

[38] RVM/E-Abt. (L-4), „Die Einwirkung des Luftkrieges ... 1.-12. November 1944", Berlin, 13. November 1944, S. 5, BA R5/3699.

[39] Boelcke, *Deutschlands Rüstung*, S. 444.

[40] Dr. G. A. Pilz, Vertrauensmann des Rüstungsobmanns VIb des RMfRuK an den Arbeitsamtbezirk Velbert, „Rundschreiben an alle Industriefirmen des Kreises Niederberg, Material- und Transportschwierigkeiten", 22. November 1944, RWWAzK, 22/42.

[41] Ganzenmüller, 9. Dezember 1944, S. 6, BA R5/3599.

[42] Hampe, „Technische Wehrmachthilfe: Ihre geschichtliche und ihre aktuelle Bedeutung", S. 280-286; Fwi Amt, Fachabteilung T u. V, „Einsatz der Wehrmacht zur Aufrechterhaltung bezw. Wiederinbetriebnahme des Eisenbahnverkehrs und der Binnenschiffahrt", B. Nr. 4071/44 geh., Geheim, Berlin, 1. Dezember 1944, NA T-77, R-13, Wi/IF 5.105, FR 723691.

[43] Bahndienstfernschreiben, RVM an die RBD Saarbrücken und Köln, Nr. 660, 27. Dezember 1944, BA R5 Anh. II/52.

[44] Bahndienstfernschreiben, RBD Köln an Beauftragter des RVM beim Ruhrstab Hoesel, Nr. 61, Köln, 1. Dezember 1944, BA R5/3181.

[45] Münzer, History of GBL-West, S. 10, NA RG 243, 200(a)40; Ganzenmüller, 9. Dezember 1944, S. 1-2, BA R5/3699.

[46] Bahndienstfernschreiben, DRB, 10 Vwb (Kohlen) an RBD Essen, Köln, Hwa, „Wagenstellung für Kohlen im Ruhrgebiet", Nr. 240, Berlin, 25. November 1944, BA R5/3181.

[47] RWKS, Schmidt, Rundschreiben an alle Gruben, Tgb. Nr. 2972, Essen, 28. November 1944, BBA 33/1442.

[48] Bahndienstfernschreiben, Lammertz an Hwa, GBL-West, ZVL (z. H. Emich), „Wagenstellung für Brennstoffe im Ruhrgebiet", Nr. 702, 29. November 1944, BA R5/3181.

[49] Bahndienstfernschreiben, DRB, 10 Vwb (Kohlen) an RBD Oppeln, Nr. 243, Berlin, 4. Dezember 1944, BA R5/3181.

[50] Bahndienstfernschreiben, DRB 10 Vwb (Kohlen) an alle RBD, Hwa, „Verbesserung der Wagenstellung für Kohlen", Nr. 242, Berlin, 4. November 1944, BA R5/3181.

[51] RMfRuK, „Anlage, Sammelbericht", 11. Dezember 1944, BA R3/300; Fwi Amt, Fachabteilung Tu. V, „Aktennotiz über die 49. ZVL-Sitzung am 1.12.1944", Nr. 3012/44 geh., Geheim, Berlin, 2. Dezember 1944, S. 1-2, NA T-77, R-13, Wi/IF 5.105, FR 723692.

[52] Telegrammbrief, 10 A Vusg an alle GBL, RBD, Hwa, Nr. 2810, 20. Dezember 1944, BA R5/3167.

[53] Bahndienstfernschreiben, DR, 26 Bau an alle GBL, RBD, Berlin, 9. Dezember 1944, BA R5/2088.

[54] RWKS, Schmidt, Lagebericht, Geheim, 1.-2. Januar 1945, BBA 33/1061; RWKS an alle Gruben, „Dienstkohlen für die Deutsche Reichsbahn", Tgb. Nr. 128, Essen, 24. Januar 1945, BBA 33/1442.

[55] Dr. von Trotha, Planungsamt, „Wochenmeldung Nr. 44/44 vom 31.10.- 4.11.1944", Pla 210/009/11.11. Berlin, 11. November 1944, S. 1-2, BA R3/1930 ff. 435-436; Kehrl, „Vorläufige Richtlinien für die Kohlenversorgung", Pla 00/210/003/3.12,

Geheim, Berlin, 3. Dezember 1944, S. 1-2. BA R3/1854a ff. 352-353, auch in BA R3/1916 ff. 150-151; Pleiger an LWA und Kohlenverteilungsstellen, Rst I 398/45g, 25. Januar 1945, BBA 33/1106.

[56] Dr. von Trotha, Planungsamt, „Wochenmeldung Nr. 49/44 vom 27.11.-3.12.44", Pla 210/090/10.12, 10. Dezember 1944, S. 1, BA R3/1930 f. 427.

[57] Fernschreiben, Ganzenmüller an Lammertz, Berlin, 7. November 1944, BA R5/3173; Speer an Hitler, 11. November 1944, S. 1, abgedruckt in W&F, Vol. 4, Anhang 35, S. 349. Siehe auch NA T-73, R-182, RMfRuK/1840, FR 3394854.

[58] Schmidt, „Aktenvermerk", 10. November 1944, BBA 33/1032.

[59] DR, „Aktenvermerk über die Besprechung am 19. Januar im RVM über eisenbahnbetriebliche Maßnahmen zur Einsparung von Kohle", 23 g. Rs./Bmba 59, Geheime Reichssache, Berlin, 26. Januar 1945, BA R5/54.

[60] Zusammengestellt auf der Grundlage der Tagesberichte, die von Rüdiger Schmidt in seinen persönlichen Aufzeichnungen gemacht wurden, BBA 33/1061.

[61] RWKS an Meinberg, Essen, 20. November 1944; Brief, RWKS an Meinberg, Essen, 8. Februar 1945, BA R10/8/65.

[62] RVM/E-Abt. (L-4), „Die Einwirkungen des Luftkrieges ... 1.-12. November 1944", Berlin, 13. November 1944, S. 2, BA R5/3699.

[63] Aufzeichnungen des USSBS, „Ganzenmüller Interrogation", 30. Mai 1945, S. 4, 8-9; „Dilli Interrogation", 18. Juni 1945, S. 2, NA RG 243, 200(a)127.

[64] RZA, Blatt W 15.1, November, Dezember 1944.

[65] Englische Übersetzung eines Dokuments der RBD Essen mit Datum 2. Juli 1945, NA RG 243, 200(a)1. Das Original ging verloren.

[66] Bahndienstfernschreiben, GBL-West an Mineis 36, Nr. 11, 1. Dezember 1944, BA R5/3181.

[67] RWKS, Abt. 2f, an Schmidt, 16. Januar 1945, BBA 33/1040.

[68] Bahndienstfernschreiben, RVM an RKA Essen und Gleiwitz, und RWKS, Berlin, 8. November 1944; Fernschreiben, RWKS an Kohlenwache Berlin/Ludwigslust, Essen, 9. November 1944, BBA 33/1032.

[69] Bahndienstfernschreiben, RBD Essen an die RBD, OZL u. WG. Hannover, Münster, Hamburg, Wuppertal, Kassel, Frankfurt (Main), Hwa, Mineis 10, 23, Nr. 661, 14. November 1944, BA R5/3173.

[70] Bahndienstfernschreiben, DRB 26 Bau an die GBL, RBD Hamburg, Hannover, Berlin, Halle, Erfurt, Kassel, Hwa, Berlin, 11. November 1944, BA R5/2089.

[71] Bahndienstfernschreiben, DRB 23 Bfg an die RBD Breslau, Oppeln, Osten, Posen, Stettin, GBL-Ost, „Sonderaktion West-Ost", Berlin, 15. November 1944, BA R5/2089.

[72] Bahndienstfernschreiben, DR 10 Vwb (Kohlen), Nr. 243, Berlin, 29. November 1944, BA R5/3181.

[73] RBD Wuppertal 7 Vgba an den Verkehrsbeauftragten für die Wirtschaft, Dr. Peltzer, GWK Düsseldorf, Zweigstelle Wuppertal, „Bahnhofräumung", Wuppertal, 16. Dezember 1944, RWWAzK, 22/246/681.

[74] FWi Amt, Fachabteilung T u. V, „Aktennotiz über die 51. ZVL-Sitzung am 29.12.44", Nr. 3210/45geh, Geheim, Berlin, 2. Januar 1945, S. 1, NA T-77, R-13, Wi/IF 5.105, FR 723682.

[75] RZA, Blatt 90, 45.-52. Woche, 1943, 1.-4., 45.-53., 1944, 1.-4., 1945; Blatt 92, November, Dezember 1943, 1944, Januar 1944, 1945.

[76] Fwi Amt, Fachabteilung T u. V, „Aktennotiz über die 51. ZVL-Sitzung am 29.12.44", Nr. 3210geh, Geheim, Berlin, 2. Januar 1945, S. 3-4, NA T-77, R13, Wi/IF 5.105, FR 723684-5.

[77] GBL-Ost, „Wochenbericht 4.-10.11.1944", Berlin, 11. November 1944, S. 3, BA R5 Anh. II/41; Vermerk in Schmidts Akten mit Datum 11. November 1944, BBA 33/

1054; DRB 26 Bau an die GBL und RBD, Nr. 250, Berlin, 27. November 1944, BA R5/2088.

[78] RMfRuK, Planungsamt, „44. Wochenbericht, 30.10.-4.11.44", Pla 1401 g. Rs./11.11.44, Geheime Reichssache, Berlin, 11. November 1944, S. 6, BA R3/1957 f. 579.

[79] Telegramm, 26 Baü an RBD Frankfurt/Main und Wuppertal, Nr. 280, 19. Dezember 1944, BA R5/2089.

[80] Siehe zum Beispiel RWKS an die Teilnehmer seines Kuriersystems, „Sicherung der Nachrichtenübermittlung/Kurierverbindungen 4. Ergänzungsrundschreiben", Essen, 15. Dezember 1944, BBA 33/1044; W. Müllenhagen an W. M. Buchwald intern bei Ford-Köln-Niehl, 30. November 1944, NA RG 243, I 3b(15); Dr. Peltzer, Rundschreiben, „Postverkehr", P/L, Vertraulich, 15. Januar 1945, RWWAzK, 22/42.

[81] RWKS, Abt. 7a, an angeschlossene Gruben im Ruhrgebiet, 2756, Essen, 18. November 1944, BBA 33/1106.

[82] Hortmann, Oberschlesisches Steinkohlensyndikat, an RWKS, „Aushilfslieferungen/Direktgeschäfte", IVc/5013, H/Gi, Berlin, 23. Dezember 1944; RWKS an die SHG, „Aushilfslieferungen von O/S. Direktgeschäfte", DR.E./STR. 2f, 30. Dezember 1944, BBA 33/589.

[83] RVK, „Aktenvermerk", DR. Pi/Scho-A2182, Berlin, 8. Januar 1945, BA R10 VIII/5.

[84] Schmidt, „Aktenvermerk", Charlottenhof, 17. November 1944, BBA 33/1032.

[85] RVK, Statistischer Bericht Nr. 13, S. 3; Seebauer, Produktionsamt, 5167/45-S/K, 30. Januar 1945, BA R3/1560 f. 69.

[86] Kalkuliert auf der Grundlage von RVK, Statistischer Bericht Nr. 13, S. 16, 18, BBA 15/1103; RZA, Blatt 92, August – Dezember 1943, 1944; Badisches Hafenamt, „Aufstellung über den Verkehr in den Mannheimer Häfen", NA RG 243, 200(a)165; „Durchgangs-Verkehr der wichtigen Schleusen des Dortmund-Ems-Kanals", NA RG 243, 200(a)168. Das Defizit wurde bestimmt, indem die Transporte im angesprochenen Zeitraum mit denen im Vorjahr verglichen wurden.

[87] RVK, Statistischer Bericht Nr. 13, S. 15.

[88] Ebd., S. 5.

[89] Dr. von Trotha, Planungsamt, „Wochenmeldung Nr. 49/44, 27.11.-3.12.1944", Pla 210/090/10.12., Geheim, 10.12.1944, S. 2, BA R3/1930 f. 428.

[90] RVK, Statistischer Bericht Nr. 13, S. 15.

[91] Ebd., S. 6.

[92] RMfRuK, Planungsamt, „50. Wochenbericht 10. bis 16.12.1944", Pla 1401 g. Rs./21.12., Geheime Reichssache, Berlin, 21. Dezember 1944, S. 1, BA R3/1957, f. 651; Liebel, „Kohlenferien", Pla 00/ 210/009/13.11., Berlin, 13. November 1944, BA R3/1854a; RVK an RVM, EA, Ludwigslust, 28. November 1944; RVK an RVM, EA, Ludwigslust, 6. Januar 1945, BA R5/3181.

[93] Dr. Kugler, „OS. Ruhraushilfe November 1944", Berlin, 13. Dezember 1944, BBA 33/1589.

[94] Söhngen an Sogemeier, Berlin, 12. Januar 1945, BBA 33/1589.

[95] Schmidt, „Vermerk", Februar 1945, BBA 33/1106.

[96] RWKS, Sekretariat R, an Söhngen, „Aushilfen", Essen, 27. November 1944, BBA 33/1589.

[97] Schmidt an Sogemeier, 4. Januar 1945, BBA 33/1030.

[98] Söhngen, „Besprechung bei der Generalbetriebsleitung Ost am 14.12.44/Kohlenlieferungen", Ludwigslust, 16. Dezember 1944; Oberschlesisches Steinkohlensyndikat an KK Weyhenmeyer, „Aushilfslieferungen", 10. Januar 1945; Sogemeier an Söhngen, „Leuna-Koks", Ludwigslust, 8. Dezember 1944, BBA 33/1589.

[99] RWKS, „Beiratssitzung, 14. November 1944", S. 7, BBA 33/329; Schmidt an Pleiger, 2. Dezember 1944, BBA 33/1106.

[100] RWKS, „Beiratssitzung", 28. November 1944, S. 6-7; RWKS, „Beiratssitzung", 12. Dezember 1944, S. 4, BBA 33/329.
[101] RWKS, „Beiratssitzung", 14. November 1944, S. 8, BBA 33/329.
[102] Schmidt, „Aktenvermerk", 10. November 1944, BBA 33/1032; RWKS, „Beiratssitzung", 28. November 1944, S. 6, BBA 33/329.
[103] Dr. Grünberg, Planungsamt, „Wochenmeldung Nr. 4/45 vom 22.-27.1.45", Pla 210/09/27.1., Geheim, Berlin, 27. Januar 1945, S. 2, BA R3/1854a f. 294.
[104] Dr. von Trotha, Planungsamt, „Wochenmeldung Nr. 49/44 vom 27.11.-3.12.44", Pla 210/090/10.12., Geheim, Berlin, 10. Dezember 1944, S. 2, BA R3/1930 f. 428.
[105] RWKS, „Beiratssitzung", 27. Dezember 1944, S. 8, BBA 33/329.
[106] Dr. Baudisch, Planungsamt, „Wochenmeldung Nr. 3/45 vom 15.-20.1.45", Geheim, Berlin, 20. Januar 1945, S. 3-4, BA R3/1854a ff. 314-315.
[107] RVE, Zugang Erzen, Nordwest. Im Januar 1945 lag die heimische Erzproduktion um 64,25 % zurück im Vergleich zum Durchschnitt des ersten Quartals 1944. RMfRuK, SSBzKP Februar 1945, S. 2. Die Ursache war ein Koksmangel bei den Gruben aufgrund von Transportschwierigkeiten. RMfRuK, Planungsamt, „50. Wochenbericht 10. bis 16.12.1944", Pla 1401 g. Rs./21.12., Geheime Reichssache, Berlin, 21. Dezember 1944, S. 5, BA R3/1957, f. 654.
[108] RVE, Bestand Erzen, Nordwest.
[109] RVE, Roheisen-Erzeugung.
[110] RVE, Rohstahl-Erzeugung.
[111] RMfRuK, SSBzKP, Februar 1945, S. 6.
[112] RMfRuK, Planungsamt, „Vermerk, Eisen- und Stahlverbrauch", Pla 200/0/11.1., Geheime Reichssache, Berlin, 11. Januar 1945, S. 1-2, BA R3/1842.
[113] Oberstleutnant Böhm, WWi O, Wk 6, „Monatsbericht über die Allgemeine wehrwirtschaftliche Lage nach dem Stande vom 31.10. und 30.11.1944", Nr. 5379/44g, Geheim, Münster, 4. Dezember 1944, S. 2-3, 10, NA T-77, R-353, Wi/IF 5.2299, FR 1192542, 1192543, 1192550; Oberstleutnant Böhm, WWi O, Wk 6, „Monatsbericht über die Allgemeine wehrwirtschaftliche Lage nach dem Stande vom 31.12.44", Nr. 5553/44g, Geheim, Münster, 5. Januar 1945, S. 13, 17-18, NA T-77, R353, Wi/IF 5.2299, FR 1192553, 1192557, 1192558.
[114] 7. Dezember, GWK Düsseldorf, Düsseldorf, 4. Januar 1944, RWWAzK, 22/246/681.
[115] RWM, „Versorgungs- und Produktionsprobleme", Geheim, 18.1.1945, S. 4-5, NA T-77, R-34, RWM/5/10, FR 428595-96.
[116] 6.-7. Dezember, GWK Düsseldorf, „Energie- und Versorgungslage im Gau Düsseldorf", 3099g, Geheim, 18. November 1944, S. 3, RWWAzK, 22/42.
[117] GBL-Ost, „Wochenbericht 2.-8.12.1944", Berlin, 9. Dezember 1944, S. 4, BA R5 Anh. II/41.
[118] RWKS, „Beiratssitzung", 17. Januar 1945, S. 4, BBA 33/329.
[119] RMfRuK, „Die Verkehrslage in Grossdeutschland, (Stichtag 18.1.1945)", Geheim, S. 1, BA R3/1957 f. 727.
[120] Badisches Hafenamt Mannheim, „Aufstellung über den monatlichen Umschlag in den Mannheimer Häfen", NA RG 243, 200(a)165.
[121] GBL-Süd, „Wochenbericht 4.11. bis 10.11.1944", Vertraulich, München, 11. November 1944, S. 1, NA RG 243, 200(a)55.
[122] GBL-Süd, „Wochenbericht 30. Dezember 44 bis 5.1.1945", Vertraulich, Freising, 6. Januar 1945, S. 1, NA RG 243, 200(a)55.
[123] GBL-Süd, „Wochenbericht 16.12. bis 22.12.44", Vertraulich, Freising, 26. Dezember 1944, S. 3, NA RG 243, 200(a)55.
[124] GBL-Süd, Wochenberichte, 25. November 1944, S. 6, 16. Dezember 1944, S. 2, 30. Dezember 1944, S. 7, NA RG 243, 200(a)55.

[125] GBL-Süd, „Wochenbericht 18.11. bis 24.11.44", Vertraulich, München, 25. November 1944, S. 7, NA RG 243, 200(a)55.

[126] Siehe GBL-Süd, Wochenberichte 11. November, 18. November, 25. November, 9. Dezember, 16. Dezember 1944, NA RG 243, 200(a)55.

[127] GBL-Süd, „Wochenbericht 9.12. bis 15.12.44", Vertraulich, München, 16. Dezember 1944, S. 11, NA RG 243, 299(a)55.

[128] Ebd., S. 4.

[129] Fernschreiben, Dilli an GBL-Süd, GBL-West, RBD Augsburg, Essen, Erfurt, Kassel, Nürnberg, Stuttgart, Wuppertal, „Bewegung Westwind Süd", Berlin, 16. Dezember 1944, BA R5/2088.

[130] GBL-Süd, „Wochenbericht 13.1.45 bis 19.1.45", Vertraulich, München, 20. Januar 1945, S. 4, NA RG 243, 299(a)55.

[131] Rü Kdo Ludwigshafen/Rhein, „Bericht über die Lage der Betriebe im Raum Ludwigshafen am Rhein im Januar 1945", Vertraulich, Ludwigshafen, 28. Januar 1945, Anlage 3, S. 1-3, BA/MA RW 21-51/19. Auch in NA T-84, R-44, EAP 66-b-10/14.

[132] Rü Kdo Ludwigshafen, „Verzeichnis über Stillegungen infolge Brennstoffmangels", BA/MA RW 21-40/11. Auch in NA T-84, R-46.

[133] Rü Kdo Ludwigshafen/Rhein, „Bericht über die Lage der Betriebe im Raum Ludwigshafen am Rhein im Januar 1945", Vertraulich, Ludwigshafen, 28.1.1945, S. 2, BA/MA RW 21-40/12. (Diese Kopie hat keine Anlagen, ist jedoch unbeschädigt; Die Kopie in BA/MA RW 21-51/19 umfaßt auch die Anlagen, der Text ist jedoch unvollständig.) Auch in NA T-84, R-44, EAP 66-b-10/14.

[134] Ebd., Anlage 2, 3, S. 1, BA/MA 21-51/19.

[135] USSBS, *Brown, Boveri et Cie, Mannheim, Käfertal*, S. 2, 23-33.

[136] Dr. von Trotha, Planungsamt, „Wochenmeldung Nr. 2/45", Pla 210/09/13.1, Geheim, Berlin, 13. Januar 1945, BA R3/1854a f. 308.

[137] RVM, „Fernspruch aus Hannover", B 22B, 236 45, Berlin, 12. Januar 1945, BA R5/98.

[138] Schnellbrief, Baur, RVM, an RVK, B 19 B 9449/44, Berlin, 30. November 1944, BA R10 VIII/64.

[139] Dr. Ebhardt, RVM, an Teetzmann und Teetz, B 19 B 9821/44, Berlin, 13. Dezember 1944, BA R10 VIII/62.

[140] Aufzeichnungen des USSBS, „Work Sheet, Coal through Minden, Chart 10a", NA RG 243, 200(a)2.

[141] St.-Sek. Fischböck, Planungsamt, „Folgen der Feindeinwirkung im Ruhrgebiet", Pla 210/009/7.11, Geheim, Berlin., 7. November 1944, S. 2, BA R3/1854a f. 394.

[142] Ruhrkohle Berlin an Kohlenwache Ludwigslust, „Bericht aus Hannover", Nr. 212/d, Berlin, 9. Januar 1945, BA R10 8/65; RWKS, „Vermerk: Ruhraushilfe des Sächsischen Steinkohle-Syndikat für Hütte Watenstedt", Berlin, 2.12.1944, BBA 33/1589.

[143] USSBS, *German Transportation*, S. 89, Exhibit 97.

[144] USSBS, Heavy Industry Branch, *Reichswerke Hermann Goering*, Exhibit H.

[145] Ebd., Exhibit K.

[146] Ebd., Exhibit M.

[147] Ebd., Exhibit N.

[148] RMfRuK, Planungsamt, „51. Wochenbericht 18.-29.12.44", Pla 1401 g. Rs./5.1.45, Geheime Reichssache, Berlin, 5. Januar 1945, S. 4, BA R3/1957 f. 656.

[149] USSBS, Ordnance Branch, *Friedrich Krupp Gruson Werke*, S. 7; Motor Vehicles and Tanks Branch, *Friedrich Krupp Grusonwerke*, S. 3-4, 21-22.

[150] RZA, Blatt 90, 45.-52. Woche, 1943, 45.-53., 1944, 1.-4., 1944, 1945.

[151] RZA, Blatt 92, November, Dezember 1943, 1944, Januar 1944, 1945.

[152] Zugleitung Bf Halle, „Gefahrene Züge auf den Zahlstrecken Halle – Großkorbetha und Halle – Eisleben", 26. Mai 1945, NA RG 243, 200(a)42.

[153] RBD Halle, „Rückstau an Güterzügen für den Bezirk der RBD Halle bei den 7

Nachbardirektionen", NA RG 243, 200(a) 153.

[154] RZA, Blatt 90, 45.-52. Woche, 1943, 45.-53., 1944, 1.-4., 1944, 1945; Blatt 92, November, Dezember 1943, 1944, Januar 1944, 1945. RVM, Abt. 3 an Abt. 1 erg, Berlin, 5. Januar 1945, BA R5/3181; RZA, Blatt W 15, November, Dezember 1944.

[155] RBD Oppeln an Eisenbahnabteilung DR, III 7 Wg Vwb, Oppeln, 16. Dezember 1944, BA R5/3173.

[156] GBL-Ost, „Wochenbericht 4.-10.11.1944", Vertraulich, Berlin, 11. November 1944, S. 2, BA R5 Anh. II/41.

[157] GBL-Ost, „Wochenbericht 25.11.-1.12.1944", Vertraulich, Berlin, 2. Dezember 1944, S. 2-3, BA R5 Anh. II/41.

[158] GBL-Ost, „Wochenbericht 2.-8.12.1944", Vertraulich, Berlin, 9. Dezember 1944, S. 4, BA R5 Anh. II/41.

[159] GBL-Ost, „Wochenbericht 9.-15.12.1944", Vertraulich, Berlin, 16. Dezember 1944, S. 3, BA R5 Anh. II/41.

[160] GBL-Ost, „Wochenbericht 16.-22.12.1944", Vertraulich, Berlin, 23. Dezember 1944, S. 6, BA R5 Anh. II/41.

[161] GBL-Ost, „Wochenbericht 11.-17.11.1944", Vertraulich, Berlin, 18. November 1944, S. 5, BA R5 Anh. II/41.

[162] FWi Amt, Fachabteilung T u. V, „Aktennotiz über die 51. ZVL-Sitzung am 29.12.44", Nr. 3210/45 geh, Geheim, Berlin, 2. Januar 1945, S. 1, NA T-77, R-13, Wi/IF 5.105, FR 723682.

[163] Speer an Hitler, Berlin, 16. Januar 1945, BA R3/1532.

[164] RVK, Statistischer Bericht Nr. 13, S. 11, 15; Dr. Frisch, Planungsamt, „Wochenmeldung Nr. 3/45", Pla 210/09/20.1, Geheim, Berlin, 20. Januar 1945, S. 3, BA R3/1854a f. 314.

[165] Oberpräsident der Provinz Niederschlesien, Wasserstraßendirektion, „Oderschiffahrt im Monat November 1944", OP II. 5c S3375, Berlin, 20. Dezember 1944, S. 1, BA R5/80 f. 58; RVM, Waterway Summary, November, December 1944, BA R5/45 ff. 24-25, 34; RVM, Abt. B, „Vermerk", B 21 B 9692/44, Berlin, 4. Dezember 1944, BA R5/100; FWi Amt, Fachabteilung T u V, an Min. Rat Twiehaus in RVM, „Oder Verkehr", B Nr. 562/45, Breslau, 8. Januar 1945, BA R5/100; RVK an Meinberg, Berlin, 16. Januar 1945, BA R10 VIII/62; RVM, Waterway Survey, December 1944, BA R5/45 ff. 24-25.

[166] RVM, Waterway Summary, December 1944, BA R5/45 ff. 24-25.

[167] Oberpräsident Wasserstraßendirektion, „Monatsbericht über die Verkehrslage der Märkischen und der Stettiner Binnenschiffahrt im November 1944", W.S. 6534/44/T22, Potsdam, 20. Dezember 1944, S. 1-2, BA R5/80; Wasserstraßendirektion Potsdam, „Leistungsplan nach Güterarten für den Monat November 1944", BA R5/107 f. 194.

[168] Wasserstraßendirektion Potsdam, „Leistungsplan nach Verkehr für Dekade 11. bis 20. Dezember 1944", W.S. 6655; „Leistungsplan nach Verkehr für Dekade 21. bis 31. Dezember 1944", Anlage zu WS 60, BA R5/108.

[169] USSBS, *Effects of Area Bombing on Berlin*, S. 14.

[170] Wirtschaftsgruppe Gas- und Wasserversorgung, „Übersicht über die Kohlenlage der Rangfolgewerke nach dem Stande von etwa dem 18.1.1945", Geheim, 24. Januar 1945, BA R13 XVII/45.

[171] Dr. Nain, BEWAG, „Niederschrift über die Vorstandssitzung am 18.1.1945", 2/45, 3. Februar 1945, BEWAG-Archiv 0/12.

[172] BEWAG, „Monatsbericht der Abt. Kraftwerkleitung", BEWAG-Archiv 0/60.

[173] BEWAG, „Technische Monatsberichte – Erzeugung", BEWAG-Archiv, 0/60.

[174] FWi Amt, Fachabteilung T u V, „Aktennotiz über die 49. ZVL-Sitzung am 1.12.1944", Geheim, Nr. 3012/44 geh, Berlin, 2. Dezember 1944; „Aktennotiz über die 50. ZVL-Sitzung am 15.12.1944", B. Nr. 3074/44geh, Geheim, Berlin, 18. Dezember 1944, S. 1; „Aktennotiz über die 51. ZVL-Sitzung am 29.12.44", Nr. 3210/45 geh, Ge-

heim, Berlin, 2. Januar 1945, NA T-77, R-13, Wi/IF 5.105, FR 723692, 723686, 723682.

[175] Ganzenmüller, „Verkehrslage", Berlin, 9. Dezember 1944, S. 4, BA R5/3699.

[176] RBD München, „Richtlinien für das Fahren auf Sicht", IV 32 B 3 Bauf, Freising, 26. Januar 1945, als Anlage zur RVM-Order Bauf 536 vom 2. Januar 1945, BA R5 Anh. II/45.

[177] RVM/E-Abt. (L-4) an OKL Ic, „Die Auswirkungen des verschärften Luftkrieges auf die Betriebsführung der DRB", 4. Dezember 1944, S. 2, BA R5/3699 und in NA RG 243, 200(a)137.

[178] RZA, Blatt 90, 45.-52. Woche, 1943, 45.-53., 1944, 1.-4.,1944, 1945.

[179] FWi Amt, Fachabteilung T u V, „Wochenbericht 24.-30.12.1944", B. Nr. 43/45, Geheim, Berlin, 3. Januar 1945, S. 1, NA R-13, Wi/IF 5.105, FR 723621.

[180] FWi Amt, Fachabteilung T u V, „Aktennotiz über die 51. ZVL-Sitzung am 29.12.44", Nr. 3210/45 geh, Geheim, Berlin, 2. Januar 1945, S. 1, NA T-77, R-13, Wi/IF 5.105, FR 723682.

[181] RZA, Blatt 92, November, Dezember 1943, 1944, Januar 1944, 1945.

[182] RVK, Statistischer Bericht Nr. 13, S. 20.

[183] RZA, Blatt W 15.1, Dezember 1944; Dr.-Ing. Schleip, GWK Württemberg-Hohenzollern, dis-be-240g, Geheim, Stuttgart, 30. Januar 1945, S. 2, BA R3/300; RZA an alle RBD, „Braunkohlen als Lokfeuerung", BKo B lst 11/44, Berlin, 6. Januar 1945; RZA, „Vorläufige Richtlinien für die Beimischung von Braunkohlen und Braunkohlenbrikette zur Lokomotivefeuerung", Berlin, Januar 1945, NA RG 243, 200(a)130.

[184] Aufzeichnungen des USSBS, Dilli Interrogation, 18. Juni 1945, S. 4, NA RG 243, 200(a)127; RMfRuK, „Die Verkehrslage in Großdeutschland (Stichtag 18.1.1945)", Geheim, S. 1, BA R3/1957, f. 727; Ganzenmüller, „Verkehrslage", 9. Dezember 1944, S. 4, BA R5/3699; Dr.-Ing. Schleip, GWK Württemberg-Hohenzollern, dis-be-240g, Geheim, Stuttgart, 30. Januar 1945, S. 2, BA R3/300; Fernschreiben, RVM, 10 Vgb an alle RBD, Berlin, 22. Dezember 1944, BA R5/2089; Bahndienstfernschreiben, DRB 26 Bau an alle RBD, „Rückstausondermaßnahmen", 9. Dezember 1944, BA R5/2088; Fernschreiben, Regierungsrat Rossmüller an alle RBD, 28. Januar 1945, BA R5/2089.

[185] Speer, Rü A/AG, Verkehr, Nr. 19681/44g, Geheim, Berlin, 21. November 1944, BA R10 3/81.

[186] Janssen, *Das Ministerium Speer*, S. 261.

[187] (B)ewag hptv Berlin RLV an Bezirkslastverteiler des Mitteldeutschen Frequenzblocks, „Gebietsweise Stromsperren", Fs 2751/44, Geheim, Berlin, 18. Dezember 1944, BA R8 IV/1.

[188] Fischer, Reichslastbln an Bezirkslastverteiler, Fs 2868/45, Geheim, Berlin, 5. Januar 1945, BA R8/4/1.

[189] Kehrl, „Erlaß über eine Kontingentierung von Wirtschaftstransporten", Pla 200 220/18.12, B/Zi, Berlin, 14. Dezember 1944, Anlage zu 10 Val 209, Berlin, 4. Januar 1945, BA R5/95.

[190] Kehrl, *Krisenmanager,* S. 413-414.

[191] ZP, Referat, Dr. Rgl/Gr, „Kohlenversorgungslage Anfang November 1944", 8. November 1944, S. 7, BA R10 VIII/19.

[192] Wagenführ, „Wochenbericht für die Zeit vom 13. bis 18.11.1944", Pla 404/17.11, Berlin, 17. November 1944, S. 1, BA R3/1966.

[193] Speer an Hitler, 11. November 1944, S. 1, abgedruckt in W&F, Vol. 4, Anhang 35, S. 349, 354, 356; Speer, „Informationsdienst Nr. 2", Pla 140 71g/30.11, Geheim, Berlin, 30. November 1944, BA R3/1558; „Speech of Reichsminister Speer at Rechlin on the situation in the Ruhr, 1 December 1944", in W&F, Vol. 4, Anhang 36, S. 370; Speer, „Informationsdienst Nr. 2", Pla 140 71g/12.12, Berlin, 12. Dezember 1944, S. 1-3, BA R3/1558.

[194] RMfRuK, an WiGr. Bergbau, „Einrichtung von Kohlennotstandszügen", RoA

1/630/30.11, Berlin, 30. Januar 1945, BBA 15/278; Telegramm, Söhngen an Schmidt, Ludwigslust, 15. Januar 1945, BBA 33/1466; RWKS, „Beiratssitzung", 17. Januar 1945, S. 13-14, BBA 33/329; Weyres, „Die deutsche Rüstungswirtschaft", S. 157; Vögler an Kehrl, Dortmund, 22. Dezember 1944, BBA 33/1084.

[195] Fernschreiben, Parteikanzlei an Schelp, FS. NR 15542, München, 8. November 1944, BA R5/3181; Robe, RBD Wuppertal, an NSDAP Gauleitung Düsseldorf, „Neue Maßnahmen im Berufsverkehr", RWWAzK, 22/246/681; Chef der Sicherheitspolizei und der SD, „Klagen über die Deutsche Reichsbahn", II D 2 Az 11878/44, Berlin, 2. Januar 1945; Dr. Wendler, 10 Vwb an Chef der Sicherheitspolizei und der SD, Berlin, 19. Januar 1945, BA R5/3174; Speer an Reichsverteidigungskommissare, Berlin, 20. Dezember 1944, BBA 33/1106; Schnellbrief, RMfRuK, Zentralstelle für Rüstungsverkehr und Transportordnung, Amtsgruppe Verkehr (zbV), E 261, Berlin, 29. Januar 1945, BBA 15/278.

[196] Ganzenmüller an Kehrl, „Bevollmächtigte für Wirtschaftstransporte", 5. Dezember 1944, BA R5/95; RMfRuK, „Anordnung über Maßnahmen zur Sicherung kriegswirtschaftlicher Transporte auf Grund der Verordnung zur Durchführung des Vierjahresplans vom 6. Dezember 1944", abgedruckt in „Nachrichten Nr. 50", Vertraulich, 14. Dezember 1944, S. 515, NA RG 243, 100(a)9; Dorpmüller an die RBD, Hwa, „Bestellung von Bevollmächtigten für Wirtschaftstransporte", 10 Val 209, Berlin, 4. Januar 1945, BA R5/95.

[197] Speer, „Vereinfachung der Organisation des Reichsministeriums für Rüstung und Kriegsproduktion durch Auflösung und Zusammenlegung von Ämtern", Berlin, 15. November 1944, abgedruckt in Nachrichten, Nr. 49, 20. November 1944, S. 500-502, NA RG 243, 100(a)10; Boelcke, Deutschlands Rüstung, S. 446, Punkt 13; Speer, ZA/Org. 206-145/44, Berlin, 6. Dezember 1944, BA R10 8/5; Speer, „Aufhebung aller Dringlichkeitsregelungen", Berlin, 14. Dezember 1944, abgedruckt in Nachrichten, Nr. 51, 10. Januar 1945, S. 524-528, NA RG 243, 100(a)9.

[198] Sogemeier an Alfred Krupp, Vertraulich, Ludwigslust, 30. Dezember 1944, BA R10 VIII/3.

[199] RWM, „Versorgungs- und Produktionsprobleme", Geheim, S. 8-13, 16, 19, NA T-71, R-34, RWM/5/10, FR 428599, 428606, 428607, 428610.

[200] Speer, „Rechenschaftsbericht", Nr. M 1362/45, g. Rs., Berlin, 27. Januar 1945, S. 1, 2, 21-22, 24, NA RG 243, 54(a)1. Eine Auszugskopie befindet sich unter BA R3/1560.

[201] Wagenführ, *Deutsche Industrie*, S. 117; RMfRuK, „Notprogramm der Rüstungsendfertigung", Anlage zu Führerbefehl, 31. Januar 1945, BA R10 III/93.

[202] GWK Düsseldorf, „Amtliche Meldebogen", Januar, Februar 1945, Aufzeichnungen des USSBS, NA RG 243, 34(f)1, 34(c)3; RVK, „Die Kohlenwirtschaft im Dezember 1944", 364/45, Geheim, Berlin, 5. Januar 1945, S. 3, BA R10 VIII/5.

[203] Dr. Grünberg, Planungsamt, „Wochenmeldung Nr. 4/45 vom 22.-27.1.45", Pla 210/09/27.1, Geheim, Berlin, 27. Januar 1945, S. 3, BA R3/1854a f. 295.

[204] Speer, „Rechenschaftsbericht", S. 11.

[205] Dr. Grünberg, Planungsamt, „Wochenmeldung Nr. 4/45 vom 22.-27.1.45", Pla 210/09/27.1, Geheim, Berlin, 27. Januar 1945, Anlage, BA R3/1854a f. 296.

[206] RMfRuK, SSBzKP, Februar 1945, S. 48.

[207] USSBS, *Anti-Friction Bearings Industry*, S. 61; RMfRuK, Planungsamt, „51. Wochenbericht, 18.-29.12.44", Pla 1401 g. Rs./5.1.45, Geheime Reichssache, Berlin, 5. Januar 1945, S. 6, BA R3/1957 f. 678.

[208] Wagenführ, *Deutsche Industrie*, S. 179.

[209] Heereswaffenamt, „Überblick über den Rüstungsstand des Heeres, Teil Waffen", Nr. 601/45/45 g. Kdos., Geheime Komman-

dosache, Zossen, 15. März 1945, Blatt 3, 30, BA/MA RH 8/v. 1861 ff. 18, 43.

[210] OKH, Gen. St. d. H./Gen Qu, „Vortragsnotiz über die Munitionslage Stand 1.12.1944", AZ. 2300 Abt. I/Gr. Mun. Nr. 19272/44 g. Kdos., BA/MA RH 8/v. 1019.

[211] DR, „Vermerk", Berlin, 27. Dezember 1944, BA R5/3174.

[212] Von Mellenthin, *Panzer Battles*, S. 323.

Kapitel 8

[1] USAAF, *Ultra*, S. xii, 172; Combined Intelligence Committee, „Estimate of the Enemy Situation: Europe", CIC 47/13, JIC (45) 38, Secret, 30. Januar 1945, S. USAFHRC R-A5109, 505.42-22, FR 397; Erickson, *Road to Berlin*, S. 485.

[2] Arnold an Maj. Gen. Clayton Bissell, Top Secret, 8. Januar 1945; Kuter an Arnold, Top Secret, 13. Januar 1945, USAFHRC, R-A1378, 145. 1-162, FR 97, 103-5; Kuter an Spaatz, 7. Januar 1945, Secret, USAFHRC R-A5534, 519.161-9, FR 1782.

[3] ACIU, „Summary of Damage to Selected Railway Centers for the Week ending 6 December 1944, Intelligence Report No. FD 3", HNJ/PD, Secret, 7. Dezember 1944, USAFHRC R-A5111, 505.43-20, FR 568; USSTAF, „Air Intelligence Summary No. 62", 16. Januar 1945, S. 18-19, NA RG 243, 5q(3) Env. 36c.

[4] USSBS, *Kassel Marshalling Yards*, S. 60.

[5] USSBS, *Railway Viaduct at Bielefeld*, S. 8.

[6] ACIU, „Summary of Damage to Selected Railway Centers for the Week ending 30 December 1944, Intelligence Report No. FD 6", Secret, 30 December 1944, S. 1-2; „Summary of Damage to Selected Railway Centers for the Week ending 11 March 1945, Intelligence Report No. FD 16", Secret, 12 March 1945, S. 1-2, USAFHRC R-A5111, 505.43-20, FR 522-23, 563.

[7] FO-MEW, „Six-Monthly Report", No. 1, Secret, London, 28. Februar 1945, S. 2-4, 16-17, 51-52, USAFHRC, 512.609Q, FR 1139-41, 1149-50, 1184-85.

[8] EOU, War Diary, 5, S. 10.

[9] CSTC, „Review", S. 6.

[10] W&F, 3, S. 245, 249; CSTC, „Minutes of the 7th Meeting of the CSTC at the Air Ministry", Secret, 29. November 1944, S. 3, USAFHRC, R-A5110, 505.43-6, FR 1380; „Minutes of the 14th Meeting of the CSTC at the Air Ministry", Secret, 17. Januar 1945, S. 1-2, USAFHRC R-A5110, 505.43-6, FR 136-37; „The Locomotive Position of German Europe", Secret, 14. Januar 1945, abgedruckt als Anhang 4 in „Review", USAFHRC R-A5223, 509.25B, FR 872-73; Working Committee (Communications), Bulletin No. 5, Top Secret, 10. Januar 1945, S. 1-5, USAFHRC R-A5111, 505.43-23, FR 1319-23.

[11] CSTC, „Review", S. 11.

[12] CSTC, „The Current German Rail Situation and the Problem of Air Attack", 10. Januar 1945, abgedruckt in „Review", S. 13, USAFHRC R-A5223, 509.425B, FR 825.

[13] USSTAF, „Railway Targets in a Limited Area", Januar 1945, S. 3, Top Secret, USAFHRC R-A5617, 519.323-12, FR 238.

[14] CSTC, „The Current German Rail Situation and the Problem of Air Attack", 10. Januar 1945, abgedruckt in „Review", USAFHRC R-A5223, 509.25B, FR 826.

[15] CSTC, „Minutes of the 10th Meeting", Top Secret, 22. Dezember 1944, S. 3, PRO AIR 40/1269. Bottomley hatte ähnliche Vermutungen. SHAEF, D/CoS (Air), Historical Record, Dezember 1944, S. 16, PRO AIR 40/1060.

[16] Als er am 15. Januar 1945 in seinem Hauptquartier gefragt wurde, ob sich seine Reise gelohnt hätte, antwortete Tedder knapp mit „nein". SHAEF, D/CoS (Air), Historical Record, Januar 1945, S. 10, PRO AIR 37/1060.

[17] ACOS G-2, SHAEF, „Notes on the German Railway Situation", Secret, 15. De-

zember 1944, abgedruckt in „Review", Anhang 4, USAFHRC R-A5223, 509.425B, FR 880-84.

[18] SHAEF G-2, „Enemy Communications Summary No. 12", 9. November 1944, S. 3, USAFHRC R-A5178, 506.6111, FR 1785.

[19] SHAEF G-2, „Enemy Communications Summary No. 13", 18. November 1944, S. 1, USAFHRC R-A5178, 506.6111, FR 1804.

[20] SHAEF G-2, „Enemy Communications Summary No. 14", 27. November 1944, S. 1, USAFHRC R-A5178, 506.6111, FR 1837.

[21] SHAEF G-2, „Enemy Communications Summary No. 22", 22. Januar 1945, S. 1, USAFHRC R-A5178, 506.6111, FR 659.

[22] CSTC, „Minutes of the 10th Meeting", Top Secret, 22. Dezember 1944, S. 7, PRO AIR 40/1269. Die GC-CS hatte seit dem Frühjahr 1944 größere Fortschritte gemacht. Im November 1944 hatte sie den Code des Wehrkreises VI, der das Ruhrgebiet umfaßte, entschlüsselt. Im August 1944 entschlüsselte sie den ersten westlichen Reichsbahncode „Blunderbuss" und im Oktober 1944 den zweiten DR-Code „Culverin". Hinsley, *British Intelligence,* 3 (2), S. 527, 847, 856-857.

[23] USAAF, *Allied Strategic Air Force Target Planning,* SRH-017, S. 52, NA RG 457; Hinsley, *British Intelligence,* 3 (2), S. 607 zitiert BAY/BT 65.

[24] Ebd., S. 53; Hinsley, *British Intelligence,* 3 (2), S. 526 zitiert Ultra-Entschlüsselung HP 4397. Hinsley weist darauf hin, daß diese Botschaft am 24. Oktober 1944 entschlüsselt wurde. Es ist sicher, daß diese und andere Entschlüsselungen aus der Zeit gegen Ende des Jahres 1944 vom CSTC bis Ende Februar 1945 ignoriert wurden.

[25] Bennett, *Ultra in the West,* S. 202-208. Aufzeichnungen über das Scheitern der Lieferungen an die Wehrmacht wegen Transportproblemen siehe S. 209-210.

[26] SHAEF G-2, „Enemy Communications and Supply Summary No. 24", 5. Februar 1945, S. 1-2, USAFHRC R-A5178, 506.6111, FR 726-27.

[27] Tedder an Bottomley und Spaatz, FWD-18890, Top Secret, 10. April 1945, PRO AIR 37/1036. In diesem Brief machte Tedder nochmal deutlich, daß der CSTC im Einklang mit den Zielen zu arbeiten habe, die von ihm und seinen Kollegen vorgegeben worden seien.

[28] CSTC, „Minutes of the 25th Meeting", Top Secret, 4. April 1945, S. 7, PRO AIR 40/1269.

[29] SHAEF, „Army Intelligence Review of Current Strategic Bombing Priorities", Secret, 19. Februar 1945, S. 1, USAFHRC R-A5110, 505.43-6, FR 1334; SHAEF G-2, „Enemy Communications and Supply Summary No. 27", 26. Februar 1945, S. 1-2, USAFHRC R-A5178, 506.6111, FR 810-11.

[30] CSTC, „Minutes of the 19th Meeting of the CSTC at the Air Ministry", Secret, 21. Februar 1945, S. 2, USAFHRC R-A5110, 505.43-6, FR 1350. Der JIC hatte die Ansichten des SHAEF über die Wirksamkeit einer Transportbombardierung in Deutschland seit August 1944 geteilt. Hinsley, *British Intelligence,* 3 (2), S. 526, 605, 607.

[31] CSTC, Working Committee (Communications), Bulletin No. 12, Top Secret, 28. Februar 1945, S. 1-6, USAFHRC R-A5111, 505.43-23, FR 1242-48.

[32] Weigley, *Eisenhower's Lieutenants,* S. 623-624.

[33] MEW, „Intelligence Weekly, Report No. 162", Secret, 15. März 1945, S. 4, NA RG 243, 4 22k; ACIU, „Intelligence Report No. FD 18", USAFHRC R-A5111, 505.43-20, FR 518-21.

[34] W&F, 3, S. 97; C&C, 3, S. 721.

[35] W&F, 3, S. 104.

[36] Das beste Werk über die Bombardierung Dresdens ist Bergander, *Dresden im Luftkrieg.*

[37] Tedder, *With Prejudice,* S. 660.

[38] CSTC, Working Committee (Communications), Bulletin No. 7, Top Secret, 24.

Januar 1945, S. 1-8, USAFHRC R-A5111, 505.43-23, FR 1298-1306.

[39] Tedder, *With Prejudice,* S. 660; Derek Wood, CSTC, Memorandum, Top Secret, 29. Januar 1945, USAFHRC R-A5223, 509.425B, FR 1098.

[40] SHAEF, „Allied Air Commanders Conference", Top Secret, 6. Februar 1945, S. 2, 6, USAFHRC R-A5087, 505.25-8, FR 800, 804; D/CoS (Air), SHAEF, Historical Record, Februar 1945, S. 5, PRO AIR 37/1060.

[41] CSTC, „Minutes of Meeting", Secret, 14. Februar 1945, S. 3-4, USAFHRC R-A5110, 505.43-6, FR 1340-41.

[42] SHAEF, „Isolation of the Ruhr", SHAEF(M) Air/S.35102/A-3, Top Secret, 17. Februar 1945, USAFHRC R-A5165, 506.454C, FR 758.

[43] SHAEF, „Allied Air Commanders Conference", Top Secret, 15. Februar 1945, S. 2, USAFHRC R-A5087, 505.25-8, FR 793.

[44] SHAEF, „Allied Air Commanders Conference", Top Secret, 1. Februar 1945, S. 3-4, USAFHRC R-A5087, 505.25-8, FR 810-11; C&C, 3, S. 732-734; Aufzeichnungen des USSBS, Dorpmüller Interrogation, 29. Mai 1945, S. 7-8, NA RG 243, 200(a) 127.

[45] SHAEF, „Allied Air Commanders Conference", Top Secret, 1. März 1945, S. 5, USAFHRC R-A5087, 505.25-8, FR 782; USSBS, *German Transportation,* S. 14-15; SHAEF, D(CoS (Air), Historical Record, Februar 1945, S. 5, PRO AIR 37/1060.

[46] BBSU, *Strategic Air War against Germany,* S. 123.

[47] USSBS, *Rate of Operation,* S. 36, Tabelle 6.

[48] Tedder, *With Prejudice,* S. 671.

[49] OKL, Lwfst, Ic/Wi, „Objektschutz von Verkehrsanlagen", 16. Februar 1945, BA R5/3699.

[50] RZA, Blatt 90, 4.-9. Woche, 1944; Wagenführ, *Deutsche Industrie,* S. 48; Wehde-Textor, „Dokumentarische Darstellung", S. 38, BA R5 Anh. I/11.

[51] RVK, „Wagenstellung für Kohlen nach Revieren", BA R10 VIII/16 ff. 629, 631.

[52] RVM, E-Abt. (L-4), „Lagebericht – Reichsbahn", Geheime Reichssache, Berlin, S. 3, BA R5/3699.

[53] RWKS, „Beiratssitzung", Zeche Carl Funke, 13. März 1945, S. 6, BBA 33/329.

[54] Dr.-Ing. Schleip, Gauwirtschaftskammer Württemberg-Hohenzollern, Abt. Industrie, Stuttgart, 16. Februar 1945, S. 1, BA R3/300.

[55] Dr. Stellwaag, Hauptring Metalle, Hauptring Metallhalbzeug, „Rundschreiben", Berlin, 14. März 1945, BA R13 24-23.

[56] RVM, E-Abt. (L-4), „Lagebericht – Reichsbahn", Geheime Reichssache, S. 3, BA R5/3699.

[57] RVK, Statistischer Bericht Nr. 13, S. 3; RMfRuK, „Steinkohlenförderung und Kokserzeugung in regionaler Gliederung", Berlin, 16. März 1945, BA R3/1930 f. 553.

[58] RVK, Statistischer Bericht Nr. 13, S. 3; RMfRuK, „Steinkohlenförderung und Kokserzeugung in regionaler Gliederung", Berlin, 16. März 1945, BA R3/1930 f. 553.

[59] RVK, Statistischer Bericht Nr. 13, S. 15; RWKS, „Beiratssitzung", Zeche Carl Funke, 27. Februar 1945, S. 4, BBA 33/329.

[60] RVK, Statistischer Bericht Nr. 13, S. 6; RMfRuK, „Braun- u. Hartbraunkohlenförderung in regionaler Gliederung", Berlin, 16. März 1945, BA R3/1930 f. 554.

[61] Dr. Böhm, RVE, „Vermerk über die Sitzung der Zentralverkehrsleitstelle am 9. Februar 1945", Streng Vertraulich, 12. Februar 1945, S. 1, BA R10 III/95 f. 1.

[62] RVE, Rohstahl-Erzeugung.

[63] Wagenführ, *Deutsche Industrie,* S. 66, 114, 178. Im Januar 1945 stand der Index für die Rüstungsproduktion bei 227.

[64] Stinder und Körner an Verkehrsbeauftragten für die Wirtschaft, „Abtransport von Rüstungsgütern durch geschlossene Züge", Velbert, 2. Februar 1945, RWWAzK, 22/246/681.

[65] *OKW/KTB*, 7, S. 22.

[66] Heereswaffenamt, „Überblick über den Rüstungsstand des Heeres, Teil Waffen", S. 17 das Sturmgewehr 44, S. 18 die Schußwaffen, S. 72 die leFH 15 betreffend, BA/MA RH 8 v. 1861; Teil Kfz, S. 108 den Panther betreffend, BA/MA RH 8 v. 1861; Teil Munition, S. 14 Gewehrkugeln betreffend, S. 57 die 8.8 Spr.Patr. betreffend, S. 101 die s.FH Mun betreffend, BA/MA RH 8 v. 1927.

[67] BBSU, *Strategic Air War against Germany*, S. 133.

[68] Speer, *Inside*, S. 435; von Mellenthin, *Panzer Battles*, S. 363.

[69] Kopie der RMfRuK-Order ZA/Org 206-192/45, „Einsatz von Rüstungsbevollmächtigten", Berlin, 14. Februar 1945, BBA 33/1106; Kopie der RMfRuK-Order ZA/Org 206-188/45, „Rüstungsbevollmächtigte", Berlin, 8. Februar 1945, BBA 33/1106.

[70] Saur, „Stichwörter für die Rüstungskartei", 14. Februar 1945, BA R3/989; RMfRuK, „Führererlaß über die Bildung eines Verkehrsstabes vom 18.2.1945", Anlage zum SB 24.2.45, BA R3/300.

[71] Dilli an die RBD, „Reichs- und Rüstungszüge", Berlin, 14. Februar 1945, Ba R5 Anh. II/45.

[72] Schnellbrief, Pleiger an Speer, „Kohlenwirtschaftliche Lage", Rst S-4087/45, Geheime Reichssache, Berlin, 7. März 1945, BA R10 VIII/20, auch in NA T-73, R-4, RMfRuK/73, FR 1049353-54.

[73] RWKS, „Beiratssitzung", Zeche Carl Funke, 28. März 1945, S. 5, BBA 33/329.

[74] Speer, Auszug aus „Rechenschaftsbericht", Berlin, 27. Januar 1945, S. 1-2, 24, BA R3/1560 ff. 4-5, 15. Auch in NA RG 243, 54(a)1.

[75] Speer, M4185/45, Geheim, Berlin, 19. Februar 1945, NA RG 243, 200(a)130.

[76] Speer, Verkehrsstab, „Einsatz von Arbeitskräften zur Schadensbeseitigung bei Verkehrsanlagen", 1 5/45g, Geheim, Berlin, 1. März 1945, NA RG 243, 200(a)130.

[77] RMfRuK an Rü Kdo, Rü In, „Vervielfachung der Arbeitskräfte für die Wiederinstandsetzung der Verkehrsanlagen", ZA Arb E u. Arb L V/1a-570, Geheim, Berlin, 6. März 1945, NA RG 243, 200(a)130; Speer an Rü Kdo's, ZA Arb E u. L 7-731-414/45g, Geheim, Berlin, 12. März 1945, NA T-73, RMfRuK/538, FR 3157423.

[78] Speer, Verkehrsstab, „Richtlinien für Wagenstellung", Berlin, 14. März 1945, BA R3/129 f. 42; Kehrl an Rüstungsbevollmächtigte, Rü Kdo, Hauptausschüsse, Hauptringe, Produktionsausschüsse, Pla 200 220/17.3. Dr. B/Zi, Berlin, 17. März 1945, BA R3/129 f. 41. Auch in BA R5/103 und BBA 15/278.

[79] Speer an Hitler, „Wirtschaftslage März – April 1945 und Folgerungen", Berlin, 15. März 1945, BA R3/1536. Auch in NA T-73, R-180, RMfRuK/679, FR 3392527-30; Janssen, *Das Ministerium Speer*, S. 311-312, 315-316; Speer, Inside, S. 453.

[80] Janssen, *Das Ministerium Speer*, S. 321; Kehrl, *Krisenmanager*, S. 433; Tedder, *With Prejudice*, S. 683-686.

Kapitel 9

[1] Die geheime Geschichtsschreibung bei den Army Air Forces über die Rolle von Ultra bei der Zielauswahl gelangte zu folgendem vernichtenden Urteil: „Now that the full returns are coming in (autumn 1945), it seems probable that Allied intelligence officers did not at the time have a full appreciation of what railway bombing was doing to the German economy". Parenthese im Original. (Nun, da die Gewinne sichtbar werden (Herbst 1945), dürfte es wahrscheinlich sein, daß die Nachrichtenoffiziere der Alliierten seinerzeit nicht den vollen Einblick in das hatten, was die Bombardierung der Eisenbahn in der deutschen Wirtschaft anrichtete.) USAAF, *Target Planning*, S. 29.

[2] „Interrogation of Albert Speer, former Reich Minister of Armaments and War

Production. (6th Session, 15.00 – 17.00 hours, 30 May 1945)", W&F, 4, S. 373, Anhang 37, Para. 4; siehe auch S. 376, Para. 12. Der entscheidende Faktor in Speers Annahme des Jahres 1946 als Grenze war Chrom. Siehe Speer, „Supplies (imports) from Abroad", FIAT, Bericht Nr. 55, Teil 3, 8. August 1945, S. 12-13, einsehbar im Imperial War Museum, zitiert in Becker, „German War Economy under Speer", S. 275-276.

[3] Zwischen dem 16. September 1944 und dem Kriegsende kamen auf die Transportziele 35,5 % der gesamten Bombentonnage, die von den strategischen Luftstreitkräften mitgeführt wurden. BBSU, *Strategic Air War against Germany,* S. 56-58, Tabelle 7, 8, 9. Siehe auch USSBS, *Rate of Operation,* S. 28-60.

Abkürzungsverzeichnis

Abkürzungen im Text

A-2	Nachrichtenabteilung der USAAF-Stäbe	IS	Instandsetzungsdienst des Sicherheits- und Hilfsdienstes
ACIU	Zentrale Auswertungsstelle der Alliierten in Medmenham (Allied Central Interpretation Unit)	JIC	Gemeinsamer Unterausschuß der Nachrichtendienste (Joint Intelligence Sub-Committee)
AEAF	Allied Expeditionary Air Force	KWJ	Kohlenwirtschaftsjahr (Heizjahr, April bis März)
AWPD	Abteilung Luftkriegspläne (Air War Plans Division)	LWA	Landeswirtschaftsamt
Basa	Bahnselbstanschlußanlage	MAAF	Mediterranean Allied Air Force
BBC	Brown, Boveri et Cie.	MEW	Ministerium für Kriegswirtschaft (Ministry of Economic Warfare)
BEWAG	Berliner Kraft und Licht AG		
Bf	Bahnhof	MLK	Mittelland-Kanal
BVL	Bezirksverkehrsleitung	NSDAP	Nationalsozialistische Deutsche Arbeiterpartei
Bw	Bahnbetriebswerk		
CCS	Vereinigte Stabschefs (Combined Chiefs of Staff)	OKL	Oberkommando der Luftwaffe
		OKW	Oberkommando der Wehrmacht
COA	Einsatzuntersuchungsausschuß (Committee of Operations Analysts)	OSS	Oberschlesisches Steinkohlen-Syndikat
CSTC	Ausschuß zur Erarbeitung gemeinsamer strategischer Ziele (Combined Strategic Targets Committee)	OSS	Amt für Strategische Dienste (Office of Strategic Services)
		OT	Organisation Todt
		O-Wagen	Offener Güterwagen
		Ozl	Oberzugleitung
DEK	Dortmund-Ems-Kanal	PW	Prisoner of War (Kriegsgefangener)
DR	Deutsche Reichsbahn		
DRB	Deutsche Reichsbahn	R&A	Forschungs- und Analyse-Zweig des Amts für Strategische Dienste (Research and Analysis Branch of Office of Strategic Services)
EOU	Abteilung Feindliche Ziele (Enemy Objectives Unit)		
ETO	Bericht der Abteilung für materielle Schäden (Physical Damage Division Report)		
		RAF	Royal Air Force
		RAW	Reichsbahn Ausbesserungswerk
EWD	Abteilung für Kriegswirtschaft (Economic Warfare Division)	RBD	Reichsbahndirektion
		Rbf	Rangierbahnhof
GBAG	Gelsenkirchener Bergwerks AG	RBS	Rheinisches Braunkohlen-Syndikat
GBL	Generalbetriebsleitung		
GC and CS	Staatliche Codierungs- und Dechiffrierungsabteilung in Bletchley Park (Government Code and Cypher School)	RHK	Rhein-Herne-Kanal
		RLV	Reichslastverteiler
		RMfRuK	Reichsministerium für Rüstungs- und Kriegsproduktion
GVL	Generalverkehrsleitung	RRS	Eisenbahnforschungsdienst (Railway Research Service)
G-Wagen	Gedeckter Güterwagen		
Hwa	Hauptwagenamt	RVE	Reichsvereinigung Eisen

RVK	Reichsvereinigung Kohle		Left from the Largest Industries", NA RG 243, 30(d), 30(e).
RVM	Reichsverkehrsministerium		
RWE	Rheinisch-Westfälisches Elektrizitätswerk	DRZWK	Wilhelm Deist, Hrsg., Das Deutsche Reich und der Zweite Weltkrieg.
RWHG	Reichswerke Hermann Göring		
RWKS	Rheinisch-Westfälisches Kohlen-Syndikat	EOU War Diary	Walt W. Rostow, „Economic Out post with Economic Warfare Division, War Diary of the OSS London, Enemy Objectives Unit to April 30, 1945", 10 Bände, NA RG 226.
RWM	Reichswirtschaftsministerium		
RZA	Reichsbahn-Zentralamt		
SHAEF	Supreme Headquarters Allied Expeditionary Forces		
SHG	Syndikatshandelsgesellschaft	FIAT	Technische Aufklärung (Field Information Agency Technical)
SIGINT	Funkaufklärung (Signal Intelligence)	FO	Auswärtiges Amt, Großbritannien (Foreign Office, Great Britain)
SNCF	Französische Staatsbahnen (Société Nationale des Chemins de Fer Français)	Fwi Amt	Feldwirtschaftsamt
		Ic/Wi	Abteilung Feindliche Lage/Wirtschaft des OKL
USAAF	United States Army Air Forces	GWK	Gauwirtschaftskammer
USSBS	Gutachten der USA zur strategischen Bombardierung (United States Strategic Bombing Survey)	NA	National Archives, Washington, D.C.
		Nachrichten	Nachrichten des Reichsministers für Rüstungs- und Kriegsproduktion
USSTAF	United States Strategic Air Force		
Vbf	Verschiebebahnhof		
VSt	Vereinigte Stahlwerke A.G.	OKW/KTB	Percy Ernst Schramm, Hrsg., Kriegstagebuch des Oberkommandos der Wehrmacht.
Wi-Rü Amt	Wehrwirtschafts- und Rüstungsamt des OKW		
ZVL	Zentralverkehrsleitstelle	PRO	Public Record Office, Kew, London, Great Britain

Abkürzungen in den Anmerkungen

		Rü In	Rüstungsinspektion
		Rü Kdo	Rüstungskommando
BA	Bundesarchiv, Koblenz	RWWAzK	Rheinisch-Westfälisches Wirtschaftsarchiv zu Köln
BA/MA	Bundesarchiv/Militärarchiv, Freiburg im Breisgau		
		SSBzKP	Statistischer Schnellbericht zur Kriegsproduktion
BBA	Deutsches Bergbau-Archiv, Bochum		
BBSU	Abteilung für Gutachten Großbritanniens zur Bombardierung (British Bombing Survey Unit)	USAFHRC	Geschichtsforschungszentrum der amerikanischen Luftstreitkräfte im Luftwaffenstützpunkt Maxwell, Ala. (United States Air Force Historical Research Center, Maxwell Air Force Base, Ala.)
C&C	Wesley Frank Craven und James Lea Cate, The Army Air Forces in World War II.		
Coal Survey	USSBS, Aufzeichnungen (Records) des USSBS, „National Coal Statistics Office, Essen-Bredeney, Coal Deliveries, Coal Consumption, and Coal Stock	W&F	Sir Charles Webster und Noble Frankland, The Strategic Air Offensive Against Germany.
		WWi O	Wehrwirtschaftsoffizier
		Wk	Wehrkreis
		ZP	Zentrale Planung

Stichwortverzeichnis

Abteilung Auswertung von Luftangriffen (Bombing Analysis Unit) 106
Achte Air Force 19, 20, 76, 77, 78, 82, 86, 89, 91, 110, 115, 116, 135, 136, 139, 143, 182, 183
    Bombenabwürfe 82, 182
    Bombenlast 76
    Stärke 110, 135, 136, 183
ACIU (Zentrale Auswertungsstelle der Alliierten) 79, 135, 169, 170
    Bielefelder Viadukt 57, 116, 138, 139, 148, 183
    Kanäle betreffend 135, 170
    Ladbergen 135, 170
Adolf-Hitler-Kanal 126
AI3(c) Abteilung im Luftfahrtministerium (Air Ministry) 80
Alliierte Luftaufklärung 77-82, 129, 167, 180, 202
Alliierte Luftstreitkräfte 83, 87, 91, 110, 133, 134, 137, 183, 200, 201, 204
    Bombardierung des Transportsystems 87
    Bombenlast 76, 110, 135, 182
    Kommandostruktur 77, 107
    Zielprioritäten 108, 110, 131, 134, 169, 170
Altenbekener Viadukt 57, 138, 139
Forschungs- und Analyse-Zweig (R&A) 81, 83, 84, 87
Amt für Transportorganisation 51
Arbeiterschaft 11, 23
Ardennen-Offensive 137, 138, 146, 148, 156
    Rolle der Reichsbahn 137, 138, 146, 161
Arnold, General Henry H. 79, 81, 82, 107, 129, 130, 169
Arnsberger Viadukt 57
Ausschüsse 13, 15, 18, 19, 23, 51, 80, 84, 102, 164, 199
AWPD (Abteilung Luftkriegspläne) 81, 82, 84, 85
Bayern 37, 39, 131, 189
Berlin 100
    Funktion innerhalb des Arbeitsteilungssystems 43
    schwindende Bedeutung 104
    Verkehr auf den Wasserstraßen 68, 126, 159
BEWAG 43, 100, 121, 126, 127, 160

Bielefelder Viadukt 57, 138, 139, 183
Binnenwasserwege 44, 165, 199, 202
    (siehe auch Wasserstraßen)
    Fahrzeuge 64, 65
    Fracht 44, 65, 68, 69
    Kohleverkehr 65
    Mannschaften 65
    Reparaturen 202
    Wettereinwirkung 68, 69, 135, 137
BMW (Bayerische Motoren-Werke) 155
Bochum 143, 153
Bochumer Verein 39, 153
Böhmen 75
Bomberverband (Bomber Command) 72, 73, 76, 77, 83, 86, 104, 108, 110, 115, 136, 182, 183
    Bombardierung der Kanäle 87, 104, 110, 131, 135, 166, 171
    Bombardierung der Viadukte 110, 166, 181
    Konzept für die Bombenangriffe 73, 182
    Stärke 110, 136, 183
    Zielauswahl 83
Bonn 181
Bormann, Martin 21, 102, 144, 162, 163, 164, 165, 186
    Notprogramm 165
    Verhältnis zur Reichsbahn 102, 144, 162, 163, 164, 165, 186
    Unterstützung Sauckels 21
    Gegnerschaft zu Speer 21, 102, 144, 162, 163, 164, 165, 186
    Gegnerschaft zu Vögler 163, 164
Bottomley, Generalleutnant Sir Norman 107, 108, 110, 172
Bradley, General Omar N. 134
Braunkohle 26, 34, 35, 42, 58, 59, 68, 96, 99, 100, 120, 121, 122, 125, 126, 127, 145, 148, 150, 156, 161, 180, 183
    Beschreibung 34
    Lagerstätten 35
    Produktion 34, 35, 42, 96, 99, 100, 121, 122, 125, 126, 150
    Wagenstellungen 59, 96, 99, 100, 121, 122, 125, 126, 127, 145, 148, 156, 161, 183

Bremen 104, 182
Bufton, Brigadegeneral Sidney O. 80, 129, 180
Casablanca, Konferenz 74
Churchill, Winston S. 74, 75, 77, 91, 181
Clarion 182
COA 81, 82, 83, 84, 85
GC und CS 79, 105, 254
CSTC 130, 131, 134, 135, 138, 170, 171, 172, 180, 181, 182
CSTC und Tedder 78, 83, 84, 87, 88, 89, 90, 91, 92, 105, 106, 107, 108, 130, 131, 133, 134, 135, 138, 143, 162, 167, 170, 171, 172, 180, 181, 182, 191, 200, 201, 202
    Besuch im SHAEF 88, 106, 107, 108, 130, 134, 171, 172, 180, 181
    Gründung 130
    mangelhafte Fotoaufklärung 78, 105, 167, 170, 171, 201
    Meinungsänderung bezüglich Transportbombardierung 87, 105, 133, 180, 202
    Meinungsverschiedenheiten wegen der Prioritätenliste 131, 134, 138, 181
Deutsche Reichsbahn (DR) 9, 17, 35, 38, 42, 43, 44, 45, 46, 47, 48, 49, 50, 51, 54, 55, 57, 58, 59, 62, 63, 64, 69, 71, 79, 81, 83, 85, 86, 87, 91, 92, 93, 96, 101, 102, 103, 104, 105, 106, 110, 115, 116, 118, 119, 120, 121, 124, 125, 126, 127, 128, 129, 130, 131, 135, 136, 137, 138, 139, 144, 145, 146, 147, 148, 149, 150, 151, 152, 153, 154, 155, 157, 159, 160, 161, 162, 163, 164, 165, 166, 167, 170, 171, 172, 180, 182, 183, 186, 187, 189, 199, 200, 201, 202, 203, 205, 206
    Ardennen-Offensive 137, 138, 146, 148
    Basa 48
    Betriebswerke 55
    Beurteilung 85, 87, 106, 170, 217
    Bruch mit dem RMfRuK 128, 145, 151, 152, 163, 164, 186
    Dringlichkeitsregelungen für Wagen 136, 164, 171, 189
    Embargos 118, 145, 146, 161
    Enigma 48, 79, 172
    Entgleisenlassen von Wagen 180, 183
    Erzverkehr 96, 98
    Fernmeldewesen 47, 48, 124, 125, 130, 139, 144, 155, 157, 161, 166, 203
    Ganzzüge 57, 59, 96, 118, 119, 121, 147, 148, 149
    Güterbeförderung 44, 55, 56
    Hwa 46, 47
    Identitätsbewahrung 186
    im Zusammenhang mit den RWHG 17, 42, 120, 155
    Ineffizienz 62, 163
    Judendeportation 8, 216 (Anm. 8)
    Kohle-Priorität 93, 115, 118
    Kohleverkehr 58, 59, 64, 87, 93, 116, 121, 127, 136, 137, 155, 180, 182
    Kriegsvorbereitungen 62, 63
    Länge der Züge 48, 55, 62, 136
    Lokomotiven 46, 50, 51, 55, 59, 63, 85, 86, 96, 106, 124, 125, 126, 145, 147, 148, 152, 154, 157, 159, 161, 170, 171, 172, 180, 183, 200
    Lokomotivkohle 127, 145, 147, 154, 171, 183
    Luftabwehreinrichtungen 49
    Organisation 17, 43, 46, 49, 64, 71, 79, 81, 93, 104, 115, 144, 152, 163, 186, 187, 189
    Personal 48, 49, 50, 81, 160, 186, 205
    RBD 46, 47, 48, 57, 58, 62, 87, 92, 96, 118, 119, 120, 121, 124, 125, 126, 131, 138, 139, 144, 145, 146, 147, 148, 149, 150, 151, 155, 157, 159, 160, 163, 183, 187
    Reichsbahnausbesserungswerke 55
    Reparaturen 48, 49, 69, 104, 115, 118, 120, 127, 129, 135, 136, 139, 144, 146, 154, 163, 170, 171, 182, 183, 202, 203
    Rückstau 118, 119, 125, 127, 148, 155, 160, 161, 183
    RZA 46
    Strecken 48, 49, 50, 55, 57, 62, 63, 64, 124, 135, 138, 139, 146, 147, 148, 160, 170, 171, 182
    Umgehung des MLK 104, 115, 136, 137, 147, 159
    Umlauf 59, 63, 127
    Verhältnis zum RWKS 38, 42, 43, 55, 57, 92, 93, 96, 103, 104, 116, 119, 120, 121, 124, 126, 137, 144, 145, 146, 147, 149, 151, 152, 163, 187, 189
    Verhältnis zur NSDAP 46, 50
    Verkehrsabläufe 59

Verschiebebahnhöfe 55, 57, 58, 59, 62, 63, 69, 85, 86, 87, 91, 92, 93, 104, 105, 106, 110, 115, 118, 119, 120, 121, 124, 125, 127, 128, 131, 135, 138, 139, 144, 145, 146, 148, 151, 154, 157, 160, 161, 162, 166, 170, 171, 172, 180, 182, 189, 199, 200, 203
    Wagenstellungen 59, 62, 96, 121, 124, 125, 126, 127, 144, 145, 148, 151, 154, 157, 161, 183, 203
    Wagentypen 55
    Wagenüberschuß 154
    Zerfall 116, 121, 161, 163, 203
    Zuggeschwindigkeiten 58, 62, 118, 144
Dilli, Gustav 50, 54, 122, 146, 147, 187
    Eingestehen der Niederlage 50, 187
    Ernennung zum Betriebsleiter 50
    Kohlewagenpriorität 122
    seine Rolle 50
    Streichung von Zügen 146
Doolittle, Generalmajor James H. 77, 108
Dornier 124
Dorpmüller, Julius H. 45, 46, 48, 50, 62, 146, 162, 163, 164, 182, 186, 189
    Besuch im Ruhrgebiet 50, 146, 162, 163, 164, 182, 186, 189
    Clarion 182
    Loyalität 186
    Persönlichkeit 45, 46
    Verhältnis zu Kaltenbrunner 163
    Verhältnis zu Kehrl 162, 163, 189
    Verhältnis zu Speer 50, 162, 163,
    Verhaftung 189
    Zugang zu Enigma 48
Dorsch, Xaver 21
Dortmund 57, 68, 99, 104, 135, 182
Dortmund-Ems-Kanal 68, 104, 135
    Bombardierung 104, 114, 135
    Verkehr 68, 104, 135
Douhet, Giulio 72, 73
Duisburg 36, 58, 65, 115, 137, 138, 152
Duisburg-Ruhrort 65
Düsseldorf 39, 58, 98, 138, 143, 154
Düsseldorf-Derendorf 138, 143
Dynamit A.G. 147
Eisenbahnforschungsdienst (Railroad Research Service) 81
    zur Reichsbahn 81

Eisenerz 9, 10, 17, 34, 39, 42, 58, 68, 96, 98, 101, 115, 123, 136, 198
    für die RWHG 10, 17, 42
    Minette 39, 96, 98, 101
    schwedisches Erz 96, 98
    Verbrauch 9, 34, 39, 42, 98, 101, 123
    Versorgungslage 96, 98
    Wagenraum 96, 98, 101
Eisenhower, General Dwight D. 77, 90, 91, 105, 108, 130, 134, 180, 191, 201, 202
    Unternehmen Overlord 77, 90, 91, 134, 202
    Unterstützung Tedders 90, 91, 105, 108, 130, 134, 180, 191, 201, 202
Eisen- und Stahlindustrie 37, 39, 42, 44, 98, 99, 122, 123, 152, 164
    März 1945 164
    Oktober 1944 123
Elbe 35, 68, 99, 136, 137, 155
Emden 104
Emrich, Ernst 51, 93, 160, 162
    Enigma 48, 79, 172
EOU 81, 82, 83, 86, 89, 90, 105, 106, 107, 108, 129, 130, 170, 180, 201
    Beurteilung der EOU 106, 170
    Bombardierungskonzept 83, 86, 89
    Einstellung zur Transportoffensive 107, 108, 170
    Pläne 89, 90, 105, 106, 107, 108, 129, 180
Erster Transportangriffsplan 148, 157, 161, 167
Ezra, Major Derek 106
Falkenberg 58
Fernmeldewesen 124, 125, 130, 155, 157, 161, 166, 203
    GBL-Ost 125, 157
    GBL-Süd 124, 155
    Zusammenbruch 130, 155, 166
Fischer, Richard 9, 35, 43
Plan zur Isolierung des Ruhrgebiets („Flügelhorn"/bugle) 182
Fotoaufklärung 78, 79, 80, 105, 129, 167, 169, 170, 171, 201
Frankfurt/Main 36, 39, 48, 58, 63, 116, 118, 120, 131, 134, 138, 148, 149, 181
Führer-Order Rüstung 14, 15
Führerprinzip 12
Fünfzehnte Air Force 76, 110, 126, 182
Funk, Walther 10, 15, 18, 21,

Galbraith, John Kenneth 191
Galland, General Adolf 20, 104
Ganzenmüller, Albert 9, 50, 51, 62, 75, 92, 93, 96, 103, 104, 122, 128, 130, 133, 144, 146, 149, 160, 162, 163, 183, 186, 187, 189, 191, 199
    Aufstellung von Prioritäten 75, 93, 122, 189
    Erneuerung der Reichsbahn 51, 62, 63
    Gegnerschaft zu Speer 163
    Lagebericht für Hitler 162
    Loyalität 186
    Persönlichkeit 50
    Umgang mit dem Zeitfaktor 133
    Verhältnis zur Luftwaffe 75, 92, 133, 162
    Verhältnis zur Stahlindustrie im Ruhrgebiet 122
    Verhaftung 189
Gasindustrie 34-36
    Kohlequellen 34-36
    Kohlevorräte 27
    Kokereien 36, 165,
    Produktion 36,
    Stadtwerke 36
    Verbrauch 36
Gauleiter 16, 18, 21, 102, 144, 149, 152, 162, 163, 164, 187
    deren Opposition gegen Speer 16, 18, 21, 102, 144, 152, 162, 163, 164, 187
GBL-Ost 46, 51, 100, 119, 120, 125, 127, 131, 154, 157,
GBL-Süd 46, 98, 116, 124, 147, 148, 154, 155
GBL-West 46, 50, 93, 100, 116, 143, 147, 148, 157
GC und CS 79, 105
Gebietsverluste 170, 183
Gelsenkirchener Bergwerks A.G.
Generalbevollmächtigte 19, 20, 123, 146, 164
Geseke 57, 58, 116, 118, 138, 146
Gevelsburg 152
Gießen 134, 143
Gebrüder Giulini 42, 155
Gleiwitz 58, 68, 100, 125, 126, 159
Goebbels, Josef P. 21, 102, 186
Göring, Hermann 9, 10, 12, 13, 15, 16, 17, 18, 21, 39, 42, 68, 125, 155
Gravenhorst 136, 155, 170
Hagen 58, 138

Hamborn 152
Hamburg 39, 51, 63, 104, 120, 121, 191
Hamm 57, 104, 116, 118, 120, 129, 138, 139, 143, 144, 146, 181, 182, 183, 203
    Kapazität 57, 104, 116, 120, 143, 146
    Luftangriffe 104, 118, 139, 143
    Reparaturen 104, 118, 120, 129, 139, 143, 144, 146, 182, 183, 203
Hanau 134
Hanke, Karl 16
Hannover 39, 42, 57, 68, 99, 120, 125, 134, 138, 139, 157
    Rolle innerhalb des Arbeitsteilungssystems 39
    Hafen 68, 99
Harris, General Sir Arthur 73, 77, 78, 80, 84, 87, 91, 108, 129, 201
    seine Absichten 73, 78
    Unternehmen Overlord 77, 78, 91
Hassenpflug, Werner 64
Hauptabfuhrstrecken/Kohlepforten 138, 139, 143, 144, 146, 147, 148, 149, 154, 160, 181
    Bombardierung 154, 181
    Zustände 147
Heidelberg 118, 186
Himmler, Heinrich 21
Hitler, Adolf 9, 10, 11, 12, 13, 14, 15, 16, 18, 20, 21, 37, 44, 46, 50, 62, 64, 73, 90, 93, 98, 101, 102, 103, 116, 118, 123, 126, 129, 144, 159, 162, 163, 164, 165, 166, 167, 181, 183, 186, 187, 189, 198, 205, 206
    ermächtigt die Gauleiter zur Konfiszierung 164
    Ernennung Speers 15, 198
    Kohlemangel 44, 165, 166, 167
    Notprogramm 165
    Reichsbahn 62, 93
    Rüstung 15, 16
    Vorstellungen von der Wirtschaft 12, 13
Hodges, Generalmajor James P. 82
Hohenbudberg 58, 116, 118, 146
Hulvershorn, Fritz 123
Unternehmen Hurricane 110, 115, 131
Verstreute Ansiedlung von Industriebetrieben (infolge der Luftangriffe) 43
Industrielle Eigenverantwortlichkeit 12, 24, 102

Inglis, Generalmajor F. F. 80
Jägerstab 20, 21, 102
Japan 75, 79, 82, 133
JIC 80, 84
Kammler, Heinz 103
Karlsruhe 98, 131, 138, 148, 154, 155
Kassel 39, 42, 57, 120, 131, 134, 138, 139, 143
Kehrl, Hans 17, 19, 20, 51, 69, 84, 101, 103, 104, 116, 128, 162m, 163, 189, 191, 199, 202
   Macht 20, 101, 103, 116, 162, 163, 199, 202
   Overlord-Luftkrieg 202
   Reichsbahn 17, 51, 69, 101, 103, 104, 116, 128, 162, 163, 189, 199, 202
   im RMfRuK 19, 84, 128, 163
   im RWM 51
   Verhaftung 191
Keitel, Feldmarschall Wilhelm 14, 15, 21
Kessler, Philip 19
Klöckner 123
Koblenz 108
Koenig, Generalmajor Pierre J. 91
Kohle (siehe Braunkohle, Steinkohle) 14, 16, 17, 26, 27, 34, 36, 37, 38, 39, 42, 43, 44, 45, 50, 51, 55, 57, 58, 59, 62, 65, 68, 69, 71, 85, 86, 87, 89, 90, 93, 96, 98, 99, 103, 104, 115, 118, 119, 120, 121, 122, 124, 125, 127, 128, 136, 137, 138, 139, 143, 144, 145, 147, 149, 150, 151, 152, 153, 154, 155, 157, 159, 160, 161, 162, 163, 164, 166, 172, 181, 183, 187, 189, 198, 199, 200, 203
Kohle/Transport-Verknüpfung 44, 45, 199, 200
Hauptabfuhrstrecken/Kohlepforten 138, 139, 143, 144, 146, 147, 148, 149, 154, 160, 181
Koks 27, 34, 37, 39, 42, 44, 69, 96, 98, 99, 100, 106, 121, 123, 126, 150, 152, 153, 159, 183
   Beschreibung 27
   Gasproduktion 152
   Produktion 27, 34, 37, 39, 42, 44, 96, 98, 99, 100, 121, 123, 126, 150, 152, 153, 159
   Vorräte 34, 42, 69, 96, 98, 100, 123, 126, 152, 153
Köln 35, 42, 58, 63, 96, 108, 115, 116, 124, 131, 134, 137, 138, 143, 146, 147, 148, 150, 181
Köln-Gereon 115

Köln-Mülheimer-Brücke 115, 124, 137
Kopfenberg 186
Körner, Paul 16, 186
Krupp-Gruson 42, 156
Kugellager herstellende Industrie 91, 105, 165
Küstenkanal 104, 137
Kuter, Generalmajor Lawrence 129, 169
Ladbergen 104, 135, 136, 137, 155, 170
Lammertz, Maximilian 120, 121, 139, 144, 146, 147, 148
Lawrence, Oliver L. 80, 129, 172, 180
Leigh-Mallory, General Sir Trafford 77
Leipzig 35, 39, 92, 125, 131, 181
Lenkungsbereiche 17
Leuna 92, 151
Liebel, Willi 51, 93, 124
Lokomotiven 56, 59, 63, 77, 85, 86, 88, 96, 98, 106, 124, 125, 126, 143, 145, 147, 148, 152, 154, 157, 159, 161, 170, 171, 172, 180, 183, 200
Ludwigshafen 39, 42, 98, 138, 155
Luftfahrtministerium (Air Ministry) 9, 16, 80, 81, 83, 169
Lüschen, Dr. Friedrich 104
MAAF 85, 86, 129
MacDonald, Brigadegeneral George 82
MacLeish, Archibald 81
Magdeburg 35, 37, 42, 131, 156
MAGIC 79, 129
Magistrale 58, 159
Mainz 148, 181
Mannheim 39, 58, 68, 96, 98, 99, 118, 120, 124, 131, 134, 138, 151, 154, 155, 181
   Hafen 68, 99, 124
   Verschiebebahnhöfe 58, 118, 120, 124, 131, 134, 138, 151, 154, 181
Marburg 181
Marshall, General George C. 129
Messerschmitt 124
MEW 79, 81, 83, 84, 85, 86, 105, 106, 129, 130, 170, 200
   Auffassungen zum RMfRuK 84
   Einstellung zur Reichsbahn 79, 81, 83, 85, 86, 105, 106, 129, 130, 170, 200
   Handbücher 86
   zur deutschen Wirtschaft 79, 81, 83, 84, 85, 86, 105, 129, 130, 170, 200

Milch, Feldmarschall Erhard 16, 20, 51
Militärischer Nachrichtendienst (MI 8) 87
Minden 68, 104, 136, 155
Mitchell, Brigadegeneral William 73, 217
Mitteldeutschland 10, 68, 92, 99, 104, 110, 115, 124, 125, 126, 136, 137, 147, 152, 155, 156
   Arbeitsteilung 124, 137
   Braunkohleabbaugebiete 35
Mittelland-Kanal 68, 125, 136
   Beschreibung 68
   Bombardierung 114
   Verkehr 68, 136
Mittleres Rheinland 155
Münster 58, 68, 92, 104, 116, 118, 136, 138, 143, 146, 181, 183
   Bombardierung 104, 116, 181
   Verkehr 58, 68, 92, 104, 118, 136, 138, 143, 146, 181, 183
Münster-Schleuse 104, 136
Neunte Air Force 137, 138
Neuwieder Brücke 137
Niederschlesisches Steinkohlen-Syndikat 99
Nordvietnam 206
Notprogramm des Führers 165
NSDAP 10, 11, 12, 46, 50, 84
   Einstellung zur Wirtschaft 10, 11, 12, 46, 84
   Kritik an der Reichsbahn 46, 50
   Verhältnis zum RWKS 152
Nürnberger Prozesse 191
Oberhütten Gleiwitz 126
Oberschlesien 26, 27, 34, 37, 38, 39, 43, 55, 58, 68, 69, 87, 96, 99, 100, 121, 122, 124, 126, 127, 131, 145, 147, 149, 150, 151, 152, 154, 157, 159, 160, 165, 167, 172, 180, 187, 198
   Kohleindustrie 38, 43
   Kohlequalität 27
   Rolle 34, 39, 58, 68, 87, 159
   Verschiebebahnhöfe 58,
   Wasserstraßen 68, 159
Oberschlesisches Steinkohlen-Syndikat 37, 120, 151
   Beschreibung 37
   Aushilfslieferungen für RWKS 99, 120, 151
Oder-Spree-Kanal 68
Öl 20, 90, 91, 92, 105, 107, 108, 110, 130, 131, 134, 169, 181, 182, 198, 201, 206
Oldenburg 104

Opel 149, 155
Oppeln 58, 62, 87, 100, 124, 126, 127, 131, 139, 145, 157, 159
Organisation Todt 21, 49, 115, 144
Osnabrück 104, 138, 139, 143
Ostelbisches Braunkohlen-Syndikat 35
Paderborn 139, 181
Planungsamt 18, 19, 20, 25, 36, 154, 156, 199, 205
Pleiger, Paul 10, 17, 36, 37, 44, 54, 69, 121, 135, 136, 151, 152, 155, 164, 187
   Eingestehen der Niederlage 187
   im Zusammenhang mit den Binnenwasserstraßen 54, 135, 136
   Kohlemangel 44, 121, 152, 155
   Kohleverteilung 17, 121
   RVK 17, 36, 37, 164
   RWHG 10, 17, 155
   Verhältnis zu Schmidt 37, 121, 151, 152, 187
Portal, Marschall der Royal Air Force Sir Charles 77, 90, 91, 107, 108, 130, 201
Prag 186
Bombardierung mit Radar 108, 110
RBD Berlin 59
RBD Essen 57, 58, 62, 120, 121, 139, 144, 145, 146, 147, 148, 150, 157
   Beschreibung 57
   im Verhältnis zur RBD Wuppertal 58, 148, 149
   leere Wagen 120, 147, 148, 157
   Lokomotiven 145, 147, 148, 157
   Wagenstellungen 62, 121, 144, 145, 148, 157
RBD Frankfurt/Main 118, 148, 149
RBD Halle 58, 87, 92, 99, 125, 126, 131, 151, 156, 157, 159, 160, 183
   Verschiebebahnhöfe 58, 87, 92, 125, 131, 151, 157, 160
RBD Hannover 125, 139, 157
RBD Karlsruhe 148, 155
RBD Kassel 57
RBD Köln 58, 138, 148
RBD Mainz 148
RBD Münster 146
RBD Oppeln 58, 124, 131, 145, 157
   Kohleverkehr 58
   Verschiebebahnhöfe 58, 124, 131, 145, 157
   Wagenstellungen 124, 145, 157
RBD Regensburg 119

RBD Saarbrücken 96, 98
RBD Schwerin 119
RBD Stuttgart 155
RBD Wuppertal 58, 149
Reichslastverteiler 35, 43
Reichsluftschutzbund 49
Reichsministerium für Ernährung und Landwirtschaft 96
Reichsschleppbetrieb 135, 137
Reisholz 152
Reparaturen 48, 49, 69, 90, 104, 115, 118, 120, 127, 129, 133, 135, 136, 139, 143, 144, 146, 154, 163, 170, 171, 182, 183, 202, 203
    Fernmeldeeinrichtungen 49, 139, 144
    Reichsbahneinrichtungen 146
Rhein 42, 58, 65, 68, 92, 96, 99, 100, 104, 108, 115, 116, 118, 122, 124, 125, 127, 129, 135, 136, 137, 139, 145, 146, 147, 150, 152, 154, 155, 157, 160, 164, 167, 180, 182, 189
Rhein-Herne-Kanal 68, 136
Rheinisches Braunkohlen-Syndikat 42
Rheinisches Braunkohlerevier 34, 150
Ringe 18, 19, 23, 51, 84, 164, 186, 199
RMfRuK 19, 21, 84, 128, 145, 151, 152, 163, 164, 186
    Gründung 19, 84,
    interne Unstimmigkeiten 19
    Umstrukturierung 164
    Verhältnis zur Reichsbahn 128, 145,
    Verhältnis zum RWKS 152,
Röchling, Hermann 17, 96
Rohland, Walter 17, 39, 98, 122, 123, 149, 164
Roosevelt, Franklin D. 74, 75, 82, 91
Rote Armee 14, 76, 100, 126, 145, 149, 157, 159, 172, 203, 204
    Oberschlesien 100, 126, 145, 149, 157, 159, 172
    RBD Oppeln 145, 157
Rückstau 118, 119, 125, 127, 148, 155, 160, 161, 183
    insgesamt 118, 119, 125, 127, 148, 155, 160, 161, 183
    GBL-Ost 119, 125, 127
    GBL-Süd 148, 155
    GBL-West 148
Rudorf, Dr. Fritz 163

Ruhrgebiet 10, 26, 27, 34, 36, 37, 38, 39, 42, 43, 50, 57, 58, 65, 68, 69, 85, 86, 87, 89, 96, 98, 99, 100, 103, 104, 106, 108, 110, 115, 116, 118, 119, 120, 121, 122, 123, 124, 125, 126, 127, 128, 131, 136, 137, 138, 139, 144, 145, 146, 147, 148, 149, 150, 151, 152, 153, 154, 155, 156, 157, 159, 160, 162, 163, 164, 165, 172, 180, 181, 182, 183, 186, 187, 189, 198
    Eisen- und Stahlindustrie 37, 39, 98, 152
    Gasindustrie 121, 152
    Isolation 181, 187
    Kohlehauptabfuhrstrecken/-pforten 116, 118, 122, 137, 138, 148, 180, 181, 183
    Kohleindustrie 38, 43, 86, 146
    Rolle innerhalb der Wirtschaft 27
    Stromversorgung 121, 152
    Wasserwege 43, 68, 69, 100, 104, 115, 124, 127, 128, 136, 137, 151, 159
Ruhrgebietsplan 182
Ruhrgebietsstab 118, 123, 163, 164
Rüstung 14, 15, 16, 18, 19, 20, 21, 23, 24, 36, 39, 43, 50, 54, 62, 69, 76, 83, 84, 85, 93, 98, 99, 100, 101, 102, 103, 104, 105, 116, 118, 119, 121, 123, 124, 125, 127, 128, 144, 145, 146, 148, 154, 155, 156, 160, 161, 162, 163, 164, 165, 166, 170, 172, 180, 183, 186, 187, 189, 198, 199, 200, 203
    erster Boom 101, 200
    Krisen 14, 20, 50, 54, 69, 93, 116, 163
    Produktion 14, 15, 16, 18, 19, 20, 21, 23, 24, 36, 39, 43, 62, 76, 83, 84, 85, 93, 98, 99, 100, 101, 102, 103, 119, 121, 123, 124, 125, 128, 154, 155, 162, 164, 165, 166, 170, 172, 186, 198, 199, 203
    Wehrwirtschaftsoffiziere 11
RVE 17, 96, 122, 163
RVK 17, 36, 37, 62, 120, 164
    Kohleverteilung 17
RVM 37, 54, 92, 96, 100, 136, 137, 144, 145, 186
    Ruhrgebiet 37, 96, 100, 136, 137, 144, 145, 186
    Struktur 186
    Wasserstraßen 100, 136, 137
RWHG 10, 17, 42, 120, 155, 156
    Gründung 10
    Kohlevorräte 156

RWKS 37, 38, 42, 43, 55, 57, 92, 93, 96, 99,
    100, 103, 104, 116, 119, 120, 121, 124,
    126, 137, 144, 145, 146, 147, 149, 151,
    152, 163, 187, 189
    Binnenwasserstraßen 92, 104
    Ganzzüge 57, 96, 119, 121, 147, 149
    GBL-West 93, 100, 116, 147
    Kohleverteilung 38, 121
    Verhältnis zur Regierung 38, 149, 151, 189
    Transporte 42, 55, 57, 92, 93, 96, 99, 100,
        104, 119, 120, 121, 124, 126, 137, 144,
        145, 146, 147, 151, 152, 163, 187, 189
    Unterstützungen 93, 144, 187
    Verlegung des Verwaltungssitzes 104
    Zusammenbruch 151, 187
RWM 11, 12, 51
Saar 17, 27, 34, 37, 96, 98, 99, 100, 101, 106,
    134, 149, 150, 204
Saarbrücken 96, 98, 134
Sächsisches Steinkohlen-Syndikat 155
Salzgitter 10, 42, 68, 120, 156
Sarter, Adolf 93, 100, 121, 146
Sauckel, Fritz 16, 19, 21
Saur, Karl 18, 20, 21, 102, 164, 165
Schacht, Hjalmar 9, 10
Schelp, Fritz 50, 121, 122
Schieber, Walter 19
Schiffahrtsstellen 64
Schmidt, Rüdiger 37, 38, 99, 100, 103, 121,
    146, 151, 152, 154, 163, 187
    seine Macht 37, 100, 103, 121, 146, 151, 154,
        163
    Treffen mit Dorpmüller 146
    Verhältnis zu Speer 152,
    Verhältnis zur Regierung 38, 151
    Wasserstraßen 100, 154
    Zusammenbruch des RWKS 187
    zu Sarter 100, 121, 146
Schmiermittel 165
Schutzstaffel (SS) 21, 102, 106, 163, 164
Seddin 157
SHAEF (Oberstes Hauptquartier) 88, 106, 107,
    108, 129, 130, 134, 171, 172, 180, 181
    SHAEF G-2 106, 107, 171, 172, 180
Sherrington, C. E. R. 81, 86, 87
Siegen 138, 146, 181
SNCF 106

Soest 57, 108, 116, 118, 129, 138, 139, 146,
    181, 183
    Bombardierung 108, 116, 129, 181
    Rolle 181, 183
    Verkehr 57, 118, 129, 138, 139, 146, 181, 183
Sohl, Hans-Günter 122, 146
Spaatz, General Carl 77, 78, 83, 84, 87, 91, 105,
    107, 108, 130, 133, 134, 181, 182, 202
    Einstellung zum Öl 91, 105, 107, 108, 130,
        134, 181, 182
    Einstellung zur Transportbombardierung 87,
        105, 133, 202
    Streben nach alleinigem Erfolg der Luftstreit-
        kräfte 77, 78, 83, 87, 91, 108, 130, 133,
        134, 181, 202
    Unstimmigkeit mit der EOU 83, 105, 107,
        108, 130
    Veränderung der Prioritäten 107, 108, 134, 181
    Verhältnis zu Clarion 182
    Verhältnis zu Tedder 78, 83, 84, 87, 91, 105,
        107, 108, 130, 133, 134, 181, 182, 202
    zum Zeitfaktor 133, 202
Speer, Albert 9, 15, 16, 17, 18, 19, 20, 21, 23,
    24, 25, 26, 38, 39, 44, 50, 51, 54, 62, 64, 69,
    71, 75, 76, 84, 85, 88, 89, 91, 92, 93, 96, 98,
    101, 102, 103, 104, 108, 110, 116, 118, 119,
    121, 123, 125, 128, 130, 131, 133, 134, 135,
    136, 144, 145, 152, 154, 159, 162, 163, 164,
    165, 170, 186, 187, 189, 191, 198, 199, 200,
    202, 203, 204, 205
    Abschaffung der Dringlichkeitsregelungen
        136, 164, 189
    Bericht vom 27. Januar 1945 164
    Beurteilung 84, 85, 133, 170
    Binnenwasserstraßen 136
    Bombardierung von Minden 104, 136
    Einsatz von Generalbevollmächtigten 16, 19,
        20, 123, 164
    Einstellung zum Notprogramm 165
    Ernennung zum Minister 15
    Gründung der Rüstungsunterausschüsse 102
    Kapitulation 187, 191
    Luftwaffenrüstung 20
    Magistrale 159
    Memorandum vom 11. November 1944 162
    Rede in Posen 102, 125
    Rede in Rechlin 163

Umstrukturierung seines Ministeriums 25, 164
Verhältnis zu Dorsch 21
Verhältnis zu Ganzenmüller 9, 162
Verhältnis zu Geilenberg 20
Verhältnis zu Göring 9, 15, 16, 17, 18, 21, 39, 125
Verhältnis zu Hitler 15, 164, 165
Verhältnis zu Saur 18, 20
Verhältnis zum RWKS 151
Verhältnis zur Industrie 103
Verhältnis zur Reichsbahn 51, 54, 96, 116, 186, 187, 189
Verhaftung 191
Versorgungselastizität 154, 202, 203
Verwundbarkeit seines Systems 71, 135
Vorhersage der Luftangriffe 69, 202
Zeitfaktor 133, 202
Zentralisierung 16, 18, 20, 24
zum Wi-Rü Amt 17
zur Eisen- und Stahlindustrie 16, 17, 18
zur RVE 17, 96, 163
Schutzstaffel (SS) 21, 102, 106, 163, 164, 220
Stahl (siehe Eisen- und Stahlindustrie) 9, 17, 38, 42, 51, 75, 85, 86, 96, 99, 105, 122, 123, 124, 128, 153, 154, 156, 198
Steinkohle 26, 27, 34, 35, 36, 37, 42, 43, 55, 57, 58, 59, 68, 96, 99, 100, 104, 120, 121, 126, 128, 144, 145, 148, 149, 150, 151, 152, 155, 156, 157, 159, 161, 183
  Beschreibung 26
  Produktion/Oberschlesien 26, 27, 34, 37, 43, 55, 58, 68, 96, 99, 100, 121, 126, 145, 149, 150, 151, 152, 157, 159
  Produktion/Reich 27, 35, 36, 37, 42, 43, 55, 57, 58, 59, 68, 96, 99, 100, 104, 120, 121, 126, 128, 144, 145, 148, 149, 150, 151, 152, 155, 157, 159, 161, 183
  Produktion/Ruhrgebiet 26, 27, 34, 36, 37, 42, 43, 57, 58, 68, 96, 99, 100, 104, 120, 121, 126, 128, 144, 145, 148, 149, 150, 151, 152, 155, 156, 157, 159, 183
  Verbrauch 26, 34, 35, 36, 42, 43, 55, 120, 126, 128, 145, 152, 156
  Verteilung 26, 35, 36, 37, 96, 151
  Vorräte 34, 42, 43, 55, 59, 96, 100, 120, 126, 151, 152, 155
Stinder und Körner Werke 186

Stinnes, Hugo, Jr. 187
Strategische Bombardierung 76, 84, 88, 130, 201, 205, 206
Stromerzeugung 34, 35, 43, 155, 162, 165
Stuttgart 36, 48, 63, 98, 131, 148, 154, 155
Stuttgart-Kornwestheim 154
Syndikats-Handelsgesellschaften 37
Synthetischer Brennstoff 10
Taktische Abteilung des Air Corps 81, 82
Tedder, General Sir Arthur 78, 83, 84, 87, 88, 89, 90, 91, 92, 105, 106, 107, 108, 130, 131, 133, 134, 138, 143, 162, 167, 171, 180, 181, 182, 191, 200, 201, 202
  Autorität 91, 130, 162, 167
  Bombardierungskonzept 89
  Bombardierungsprioritäten 88
  Leitung des Luftkriegs 200
  Meinung zum Lokomotivmangel 143
  Offizielle Kapitulation Deutschlands 191
  Persönlichkeit 88
  Reise nach Moskau 171, 180
  Ruhrgebietsplan 182
  Unternehmen Overlord 78, 83, 90, 91, 92, 106, 107, 134, 202
  Verhältnis zum CSTC 130, 131, 134, 138, 171, 180, 181, 182
  Zeitfaktor 133, 202
Terboven, Josef 187
Thomas, General Georg 11, 14, 15, 17, 21
Todt, Fritz 13, 14, 15, 17, 20, 21, 49, 115, 144
Tranportbombardierungsplan Overlord 77, 78, 83, 85, 90, 91, 92, 106, 107, 134
Transportwesen 34, 36, 62, 134, 135
Trenchard, Hugh Lord 73
Twining, Generalleutnant Nathan F. 77
Übergangsplan 181, 182
Ultra 79, 80, 81, 105, 129, 167, 172, 201
  Aussagen über die Reichsbahn 79, 81, 105, 129, 167, 172, 201
  Beschreibung 79
  im Zusammenhang mit dem MEW 79, 81, 105, 129
  Umfang 79, 167
  Verfügbarkeit 79
Umlauf 59, 63, 127
USSTAF 76, 77, 82, 83, 85, 86, 129, 130, 171
USSTAF A-2 82

Vandenberg, Generalleutnant Hoyt S. 134
Vereinigter Nachrichtenausschuß (Combined Intelligence Committee) 169
Verkehrsabläufe 59
Verschiebebahnhöfe 55, 56, 57, 58, 59, 62, 63, 69, 85, 86, 87, 91, 92, 93, 104, 105, 106, 107, 108, 110, 115, 118, 119, 120, 121, 122, 124, 125, 127, 128, 131, 134, 135, 138, 139, 143, 144, 145, 146, 148, 151, 154, 157, 160, 161, 162, 166, 169, 170, 171, 172, 180, 181, 182, 189, 199, 200, 203
Vierjahresplan 9, 10, 12, 13, 14, 16, 18, 51, 198
Vögler, Albert 98, 163, 164
Volkssturm 160, 165
Vorhalle 58, 116, 138, 143, 146, 183
   Bombardierung 116
   Kapazität 58, 116, 143, 146
VSt 17, 39, 42, 122, 123, 146, 153
   Beschreibung 39, 42
Wagenführ, Rolf 17
Wagenstellungen 59, 62, 96, 99, 100, 121, 122, 124, 125, 126, 127, 143, 144, 145, 148, 151, 154, 156, 157, 161, 183, 203
   RBD Essen 62, 121, 144, 145, 148, 157
   RBD Halle 99, 125, 126, 151, 156, 157, 183
   RBD Oppeln 124, 145, 157
   RBD Saarbrücken 96
Wasserstraßen (siehe Binnenwasserwege) 104, 110, 115, 120, 124, 127, 131, 135, 136, 137, 150, 154, 166, 171
Wasserstraßendirektionen 64
Wedau 58, 92, 116, 118, 138, 143, 146, 149
   Bombardierung 116
   Kapazität 58, 116, 143, 146
Wehrkreise 11
Wehrmacht Waffenmangel 11, 14, 48, 49, 64, 75, 82, 83, 86, 88, 90, 93, 102, 107, 119, 128, 133, 134, 138, 143, 144, 145, 146, 157, 160, 166, 171, 183, 186, 187, 204
Wehrwirtschaftsoffiziere 11
Werdohl 152
Weser 104, 137, 182
Wi-Rü Amt 11, 17
Wirtschaft Deutschlands 37, 182
   Effizienz 23
   Ideologie 11, 12
   Kohleverbrauch 27, 34

Konfusion 12, 13
privater Konsum 10
Konsumgüter 10
Rolle der Reichsbahn 182
Rüstungsausgaben 10
Struktur 11-13
Zusammenbruch 165, 166
Wood, Derek 180
Wustermark 157
Zentrale Planung 16, 17, 18, 19, 20, 54, 69, 84, 151, 162, 199
   Sitzung vom 25. Mai 1944 69
   Auflösung 151, 162
   Bedeutung 84, 199
   Kohleverteilung 17
   Stahlverteilung 16
Zentrale Transportdirektion (siehe ZVL)
ZVL
   Aushilfslieferungen für RWKS 124
   Binnenwasserwege 93, 114
   Gründung 51, 54
   Kohleverkehr 87, 118
   Luftangriffe 93
   Verschiebebetrieb 89, 106, 200
   Wahrnehmung durch das OSS R&A 87
Zublin 139
Zuckerman, Solly 83, 87, 88, 89, 106, 107, 169, 200, 201
Züge 46, 48, 49, 55, 59, 63, 96, 98, 116, 118, 124, 125, 127, 131, 138, 143, 148, 149, 151, 154, 155, 156, 157, 160, 161, 183, 186, 189
   Anzahl 48, 59, 116, 118, 143, 148, 151, 156, 161, 186
   Geschwindigkeiten 118
   Kohle aus dem Ruhrgebiet 55, 59, 96, 98, 118, 124, 125, 127, 138, 143, 149, 151, 154, 155, 157, 160, 161, 183, 189
   Reparatur von Kommunikationssystemen 48
   Reparatur auf Strecken 48, 49, 118, 127, 143, 154, 183
   innerhalb und außerhalb des Ruhrgebiets 96, 98, 116, 118, 124, 125, 127, 131, 138, 148, 149, 151, 154, 155, 156, 157, 160, 183, 186, 189
   Typen 55, 143, 161, 186
Zwölfte Army Group 134

Bibliographie

Nachschlagewerke, Archivführer, Bibliographien

Daniels, Gordon, Hrsg. *A Guide to the Reports of the United States Strategic Bombing Survey*. London: Royal Historical Society, 1981.

Eyll, Klara van, u.a. *Deutsche Wirtschaftsarchive*. Wiesbaden: Steiner, 1978.

Granier, Gerhard, u.a. *Das Bundesarchiv und seine Bestände*. 3. Aufl., Boppard am Rhein: Boldt, 1977.

Guptil, Marilla B., und John Mendelsohn. *Records of the United States Strategic Bombing Survey. Inventory of Record Group 243*. Washington, D.C.: National Archives and Records Service, 1975.

Kroker, Evelyn. *Das Bergbauarchiv und seine Bestände*. Bochum: Deutsches Bergbau-Museum, 1977.

Kroker, Evelyn, und Norma von Ragenfeld. *Rheinisch-Westfälisches Kohlen-Syndikat 1893-1945*. Findbuch zum Bestand 33. Bochum: Deutsches Bergbau-Museum, 1980.

Mayer, Sidney L., und William L. Kolney. *The Two World Wars: A Guide to Manuscript Collections in the United Kingdom*. London: Bowker, 1976.

Minerva Handbuch. *Archive im deutschsprachigen Raum*. 2 Bände Berlin: Walter de Gruyter, 1974.

United States. American Historical Association and National Archives and Records Service. *Guides to Captured German Documents Microfilmed at Alexandria, Virginia*. No. 1, Reichswirtschaftsministerium; No. 4, Organisation Todt; No. 5, Miscellaneous Records; No. 7, Oberkommando der Wehrmacht, Part 1; No. 5, Miscellaneous Records; No. 10, Reichsministerium für Rüstung und Kriegsproduktion; No. 32, Reichsführer SS und Chef der Deutschen Polizei, Part 1. Washington, D.C.: National Archives and Records Service, 1958

United States. National Archives. *Guide to the National Archives of the United States*. Washington, D.C.: Government Printing Office, 1974.

United States. United States Strategic Bombing Survey. *Index to the Records of the United States Strategic Bombing Survey*. Washington, D.C.: United States Strategic Bombing Survey, Juni 1947.

Verein deutscher Archivare. *Archive und Archivare in der Bundesrepublik Deutschland, Österreich und der Schweiz*. Darmstadt: Selbstverlag des Vereins deutscher Archivare, 1982.

Volkmann, Hans-Erich. *Wirtschaft im Dritten Reich. Teil 1: 1933-1939. Eine Bibliographie*. München: Bernard & Graefe, 1980.

ders. *Wirtschaft im Dritten Reich. Teil 2: 1939-1945. Eine Bibliographie*. Koblenz: Bernard & Graefe, 1984.

Wer Leitet? Die Männer der Wirtschaft und der einschlägigen Verwaltung. 1940. 3 Bände Berlin: Hoppenstedt, 1940.

Werrell, Kenneth P. *Eighth Air Force Bibliography: An Extended Essay and Listing of Published and Unpublished Materials*. Manhattan, Kans.: Military Affairs/Aerospace Historian Publishing, 1981.

Archive

Bergbau-Archiv, Bochum.
  Bergbaugruppe Ruhr. 13/829, 830, 830, 834, 836, 838, 839.
  Wirtschaftsvereinigung Bergbau e. V. 15/471(1), 471(2).
  Rheinisch-Westfälisches Kohlen-Syndikat. 33/320-1, 320-2, 329, 340-41, 380, 421, 571, 583, 644, 904, 1030, 1032, 1036, 1040, 1044, 1046, 1048, 1051, 1052, 1054, 1056, 1059, 1061, 1078, 1080, 1082, 1084, 1099, 1105, 1106, 1205, 1213, 1214, 1215, 1220, 1422,

1423, 1235, 1237, 1351, 1412, 1422, 1423, 1425, 1433, 1435, 1436, 1437, 1442, 1454, 1461, 1465, 1466, 1589, 1614, 1638.

BEWAG-Archiv, Berlin.

Bundesarchiv, Koblenz.

Reichsministerium für Rüstung- und Kriegsproduktion. R 3/74, 75, 129, 300, 1532, 1536, 1558, 1559, 1560, 1561, 1658, 1661, 1690, 1704, 1726, 1727, 1729, 1730, 1736, 1740, 1789, 1842, 1845a, 1861, 1916, 1927, 1930, 1948, 1957, 1959, 1961, 1966, 1969, 1989, 3006, 3007.

Generalinspekteur für Wasser und Energie. R 4/94, 276, 277, 278, 299.

Reichsverkehrsministerium. R 5/6, 7, 8, 13, 25, 26, 30, 37, 39, 43, 44, 45, 47, 51, 54, 55, 57, 59, 64, 71, 73, 79, 80, 82, 85, 86, 87, 93, 94, 95, 97, 98, 100, 103, 125, 107, 108, 109, 110, 111, 113, 116, 117, 122, 589, 2073, 2083, 2086, 2092, 2418, 2419, 2420, 2421, 2422, 2423, 2424, 2430, 2431, 2433, 2432, 2456, 2978, 2980, 2986, 2987, 2988, 3002, 3003, 3005, 3007, 3008, 3015, 3016, 3017, 3026, 3029, 3040, 3109, 3110, 3167, 3172, 3173, 3174, 3177, 3179, 3180, 3181, 3182, 3183, 3184, 3204, 3640, 3641, 3642, 3649, 3666, 3680, 3699, 3743, RD 98/64-1944, 72.

Sammlung Sarter, R 5 Anh I/9, 11, 18, 19, 21, 26, 27, 28, 30, 31, 32, 35, 36, 37, 38, 39, 41, 42, 43, 44, 45, 46,47, 50, 56, 69, 71, 72, 74, 77, 80, 81, 82, 83, 86, 96, 100, 118, 124, 132.

Sammlung Kreidler, R 5 Anh II/29, 34, 38, 39, 40, 41, 45, 46, 49, 51.

Reichslastverteiler, R 8 IV/1, 3, 12.

Reichsvereinigung Eisen, R 10 III/81, 87, 89, 90, 93, 94, 95, 111, 114.

Reichsvereinigung Kohle, R 10 VIII/2, 3, 4, 5, 7, 10, 14, 16, 18, 19, 20, Fol. 1, 21, 22, 24, 27, 28, 47.

Reichswirtschaftskammer, R 11/75, 76.

Wirtschaftsgruppe Eisenschaffende Industrie, R 13 I/531, 532, 534, 537, 543, 544, 549, 550, 552, 573.

Wirtschaftsgruppe Gas- und Wasserversorgung, R 13 XVII/45, 46, 48.

Wirtschaftsgruppe Metallindustrie, R 13 XXIV/13, 16, 17, 23.

Bundesarchiv-Militärarchiv, Freiburg i. Br.

Heer, RH 8/v. 1018, 1019, 1025, 1032a, 1032b, 1042, 1043a, 1043b, 1086, 1087a, 1087b, 1087c, 1103, 1103b, 1104, 1126, 1364, 1861, 1927, 2598.

Rüstungsamt, RW 19-40/11, 19/69, 209.

Rüstungsamt, RW 20-4/20, 26, 20-5/31, 20-7/15, 20-8/29, 35, 20-10/22, 23, 20-11/33, 40, 20-12/16, 29, 37, 20-13/7, 20-17/8.

Rüstungsamt, RW 21-2/9, 21-3/11, 21-4/19, 21-5/5, 21-6/7, 21-7/18b, 21-8/13, 21-10/9, 21-11/20, 21-17/17, 21-19/20, 21-22/20, 21-27/8, 9, 21-30/18, 21-36/20, 21-40/12, 21-48/9, 21-51/19, 21-52/3, 21-64/3.

Rüstungsamt, RW 46/433, Teil I, 433 Teil II, 427, 434, 444, 455, 456, 458, 462, 466.

Wehrwirtschafts- und Rüstungsamt, Wi/IF 5/993, 996, 997, 998, 1848, 3197.

Wehrwirtschafts- und Rüstungsamt, Wi/IF VI 174.

National Archives, Washington D.C.

Department of State. Record Group 26.

Office of Strategic Services, Research and Analysis Reports 410, 674, 788, 799, 975, 1156, 1194. 1323, 1450, 1514, 1628.2, 1760.1, 1760.2, 1933, 1938, 2106, 2306, 2470, 2539, 2566, 2712, 2935.

Records of the Office of Strategic Services. Record Group 226.

Enemy Objectives Unit-Economic Warfare Division. War Diary,

Research and Analysis Branch, Office of Strategic Services, London, England. 10 Bände 1. Februar 1946.

Records of the United States Strategic Bombing Survey.

Record Group 243.

Reference Library. 3 (a), 3, 4, 21, 24, 33, 36, 37, 50, 51, 52, 68, 74, 77; (b) 4, 7, 13, 14, 15; (c) 45. 4(e)1-3, 6, 15. 24(a,b). 30 (a) 13. 31 (d), (e), (i). 33 (d) 1-6, (f)2, (j)3, 5, 7-10, (r). 34 (b), 1, 3-5, (c)1-10, (d)2-11, (f). 35 (b)3, (f)2, (i)2, (m)1. 36 (j)1, 3, (l)1, 3. 37 (b)1-2, (c)1-2, (e)2, 4, 6, (f)1-2. 39 (b)4, 12, 16, (c)7, (d)4, 9, (f)4, (h)3, 7-8, (k)8, 10, 16, 17, 19, 20. 40 (b), 20, 23-24, 26-28, 30-31. 50 (b)53,

271

56, 59, 61, 65. 53 (c)35-37. 54 (a)1, 10. 66 (a)4. 67 (a)14. 68 (a)1-2. 71 (a)6. 76 (g)1, 4, 8, 15-16, 19, 21. 91 (a)1, 5. 92 (a)7. 101 (a)8-10, 12. 106 (a). 110 (b)17, (d)36, 135. 134 (a)26, 28-29, 54-57, (b)15-21, 26, 28, 30, 47, 59. 174 (a)1.181 (a)1. 190 (a). 191 (a). 198 (a). 200 (a)1-8, 28-29, 34, 36-38, 40, 41, 42, 44, 46, 47, 48, 50, 52, 58, 59, 62, 82-88, 91-130, 137-138, 140-141, 143, 147-48, 153, 157, 167, 174, 178, 190.

European Intelligence Library. 5 (b)2, (j)8, (q)3, (w)22. 13 (q)3, (u), (w). 17 (a) (Env. No. 95), 6 (Env. 395), (c) (Env. 395), (e)4 (Env. No. 135). 22 (k) (Env. No. 1), (o) (Env. No. 135). 41 (b) (Env. No. 134). 62 (e)5 (Env. No. 393), (o) (Env. No. 431). 64 (i) (Env. No. 450).

European Target Intelligence. 2 (o)1k; 2 (o)20(a), (b).

Records of the National Security Agency, Record Group 457. SRQ-02, SRH-013, -015, -017, -033, -035, -041, -044, -062, -099, -116, -117, -132, -141, -146, -153, -185, -228.

    Japanese Diplomatic Messages - Magic. Boxes 17, 18, 20, 21, 85, 94, 99, 100, 101, 102, 104, 105.

Captured German Documents Microfilmed at Alexandria, Virginia.

    Reichswirtschaftsministerium, T-71, Filmrolle 74.

    Reichsministerium für Rüstung- und Kriegsproduktion, T-73, Filmrollen 1, 3, 4, 13-14, 19-23, 29, 105, 110, 112-13, 132, 173-74, 179-82.

    Oberkommando der Wehrmacht, T-77, Filmrollen 13, 163, 188-89, 200, 202, 206, 209, 215, 286, 288-89, 299, 303, 305, 313, 315, 326, 340, 353-54, 364-66, 370, 375, 382, 397, 401-2, 420-22, 435, 748, 750.

    Miscellaneous German Records Collection, T-84, Filmrollen 46, 52.

    Reichsführer SS und Chef der deutschen Polizei, T-175, Filmrolle 68.

    Records of Private Austrian, Dutch, and German Enterprises, T-83, Filmrollen 42, 69, 70, 76.

Office of Air Force History, Washington, D.C.

    Microfilmed Document Rolls A 1005-9, 1176-77, 1239-40, 1260, 1248, 1256, 1260, 1270-72, 1298, 1377-78, 1380, 5087-88, 5110-13, 5165-66, 5169-70, 5178-79, 5223A, 5224, 5248, 5346, 5615-7, 5719, 5719A, 5724, 5358-59, 5378, 5387, 5534, 5686-87, 5867, B5047-48, 5063, 5065.

Rheinisch-Westfälisches Wirtschaftsarchiv zu Köln e. V.

    Gauwirtschaftskammer Wuppertal, Abteilung 22: 38; 42; 106; 232/640, 641, 642; 233/643, 644; 236, 237/654, 655, 656; 238; 245/682, 683, 684; 246/678, 681, 685; 253/707, 708.

Public Record Office, Kew, London, Great Britain.

    Air Ministry (AIR). 14/281, 902, 1197, 1207, 1228, 1229, 1230, 2427; 22/81, 82, 436, 502, 503; 37/1005, 1009, 1013, 1014, 1034, 1036, 1037, 1042, 1043, 1044, 1052, 1060, 1106, 1126; 40/1146, 1147, 1189, 1263, 1264, 1265, 1266, 1269, 1270, 1272, 1467, 1514, 1954, 2059, 2060, 2070, 2071, 2161.

    Cabinet (CAB). 84/67, 68; 101/27.

    Foreign Office (FO). 837/30, 31, 122, 123, 385, 1146, 1147, 1189, 1263, 1264.

Veröffentlichte Dokumente

Akten zur deutschen auswärtigen Politik 1918-1945. Serie D, 1937-1941. Band 1. Baden-Baden: Imprimerie Nationale, 1950.

Bernsee, Hubert, Gustav Röhr, Hrsg. *Die Dienststellen der Deutschen Reichsbahn einschließlich der ehemaligen Österreichischen Bundesbahn, Protektoratsbahnen Böhmen und Mähren, Polnische Staatsbahnen (Ostbahn), Elsaß-Lothringen sowie Dienststellen der Privat- und Kleinbahnen Stand 1944.* Krefeld, Bochum: Private Veröffentlichung, 1974. Nachdruck des von der Deutschen Reichsbahn 1944 veröffentlichten Originals.

Boelcke, Willi A., Hrsg. *Deutschlands Rüstung im Zweiten Weltkrieg. Hitlers Konferenz mit Albert Speer 1942-1945.* Frankfurt/Main: Akademische Verlagsgesellschaft, Athenaion, 1969.

Bundesbahndirektion Mainz. *Verzeichnis der Knotenbahnhöfe mit den zugehörigen Nichtknotenbahnhöfen im Gebiet der Bundesrepublik Deutschland.* Mainz: Oscar Schneider, 1959.

Deutsche Reichsbahn Gesellschaft. *Deutsche Reichsbahn Geschäftsberichte 1927-1935.* Berlin: Reichsdruckerei, 1928-1936.

dito. *Güterkursbuch,* Sommer 1930. Berlin: Reichsdruckerei, 1922. Neudruck. Landsberg/Lech: Ritzau KG Verlag für Eisenbahn-Geschichte, 1970.

Dobmaier, A. *Das Fernmeldewesen der Reichsbahn.* Berlin: Tetzlaff, 1942. Erhältlich als BA R5 Anh II/46.

Domarus, Max, Hrsg. *Hitler: Reden und Proklamationen, 1932-1945.* 2 Bände Neustadt a. d. Aisch: Verlagsdruckerei Schmidt, 1962.

Frank-Ausschuß für Energiewirtschaft im Ruhrgebiet. „Zechenwirtschaft und öffentliche Elektrizitätsversorgung", Essen: Oktober 1950.

Deutschland. Deutsche Reichsbahn. *Statistische Angaben über die Deutsche Reichsbahn im Geschäftsjahr 1943.* Berlin: Reichsdruckerei, 1944. Erhältlich als National Archives, Record Group 243, 200(a)124.

dito. *Verzeichnis der Maschinenämter, Bahnbetriebswerke, Bahnbetriebswagenwerke, Lokomotivbahnhöfe, Bahnhofsschlossereien und Hilfszüge.* Wien, Staatsdruckerei, 1941. Neudruck. Freiburg: Eisenbahn-Kurier, 1976.

dito. *Verzeichnis der oberen Reichsbahnbeämter 1943.* Leipzig: Verkehrswissenschaftliche Lehrmittel-Gesellschaft, Rheinhold Rudolf, 1943. Erhältlich in der Library of Congress.

dito. Kursbuchbüro. *Deutsches Kursbuch. Jahresfahrplan 1944/45.* Berlin: Generalbetriebsleitung Ost, 3. Juli 1944. Erhältlich in der Library of Congress.

dito. Zentralamt Berlin. *Amtliches Bahnhofsverzeichnis der Deutschen Reichsbahn 1938.* Berlin: Deutsche Reichsbahn, 1938.

Deutschland. Reichsverkehrsministerium. Kartographisches Büro. *Sammlung von Übersichtsplänen von wichtigen abzweigenden Bahnhöfen der Reichsbahn.* Berlin: Reichsdruckerei, n. d. Neudruck. Inzlingen: Ferrovia-Verlag, 1976.

Deutschland. Statistisches Reichsamt. *Statistik des deutschen Reichs. Band 593. Die Seeschiffahrt im Jahre 1941.* Berlin: Verlag für Sozialpolitik, Wirtschaft und Statistik, Paul Schmidt, 1943. Neudruck. Osnabrück: Otto Zeller, 1979.

dito. *Statistik des deutschen Reichs. Band 596. Hlbd. 1. Die Güterbewegungen auf deutschen Eisenbahnen im Jahre 1942.* Berlin: Verlag für Sozialpolitik, Wirtschaft und Statistik, Paul Schmidt, 1943. Neudruck. Osnabrück: Otto Zeller, 1979.

dito. *Statistik des deutschen Reichs. Band 596. Hlbd. 2. Die Güterbewegungen auf deutschen Eisenbahnen im Jahre 1942.* Berlin: Verlag für Sozialpolitik, Wirtschaft und Statistik, Paul Schmidt, 1944. Neudruck. Osnabrück: Otto Zeller, 1979.

dito. *Statistisches Jahrbuch für das Deutsche Reich. Band 59, 1941/42.* Berlin: Statistisches Reichsamt, 1942.

Geschäftsführung, Reichsgruppe Industrie. *Gliederung der Reichsgruppe Industrie.* Leipzig: Lühe-Verlag, 1941.

Great Britain. Air Ministry Intelligence. *The Rise and Fall of the German Air Force.* London: Air Ministry, 1948. Neudruck. New York: St. Martin's, 1983.

Great Britain. Foreign Office and Ministry of Economic Warfare, Economic Advisory Branch. *Economic Survey of South-Western Germany, Zone 7. Württemberg, Baden, the Saar and Bavarian Palatinate.* Restricted. London: Januar 1945. Erhältlich in der Library of Congress.

dito. *Germany Zone Handbook No. 5 West (Rhine Province, Westphalia, Lippe, Schaumburg-Lippe) Part 2,* Economic Survey. Restricted. London: Juli 1944, April 1945. Erhältlich in der Library of Congress.

dito. Interservice Topographical Department. *Plans and Photographs of German Railway Facilities.* London: Inter-Service Topographical Department, 1944. Erhältlich in der Library of Congress.

Heiber, Helmut, Hrsg. *Hitlers Lagebesprechungen: Die Protokollfragmente seiner militärischen Konferenzen, 1942-1945.* Stuttgart: Deutsche Verlags-Anstalt, 1962.

International Military Tribunal. *Trials of the Major War Criminals.* 42 Bände Englische Ausgabe. Nürnberg: n. p., 1946-48.

dito. *Trials of War Criminals before the Nuernberg Military Tribunals.* 15 Bände Washington: U. S. Government Printing Office, 1949.

Länderrat des Amerikanischen Besatzungsgebiets. S*tatistisches Handbuch von Deutschland 1928-1944.* München: Franz Ehrenwirth-Verlag, 1949.

MacIsaac, David, Hrsg. *The United States Strategic Bombing Survey.* Bände 1-6. New York: Garland, 1976. Dies ist eine Neuauflage von zwanzig Berichten, die sich mit der strategischen Bombardierung Deutschlands befassen.

Picker, Henry, u.a., Hrsg. *Hitlers Tischgespräche im Führerhauptquartier 1941-1942.* Stuttgart: Seewald, 1965.

Schramm, Percy Ernst, Hrsg. *Kriegstagebuch des Oberkommandos der Wehrmacht.* 4 Bände Frankfurt/Main: Bernard & Graefe, 1961-79; Herrsching: Pawlak, 1982.

United States. Chief Counsel for the Prosecution of Axis Criminality. *Nazi Conspiracy and Aggression.* 8 Bände Washington, D.C.: U.S. Government Printing Office, 1946-48.

United States. Department of Commerce. *Statistical Abstract of the United States.* Washington, D.C.: U.S. Government Printing Office, 1970.

dito. Bureau of the Census. *Historical Statistics of the United States.* 2 Bände Washington, D.C.: U.S. Government Printing Office, 1975.

United States. Engineer Research Office, North Atlantic Division, Corps of Engineers, Military Intelligence Division. *Navigable Waterways of Germany.* 9 Bände Washington, D.C.: Office, Chief of Engineers, U.S. Army, August 1944. Erhältlich als National Archives, Record Group 243, 200(a)183, und in der Library of Congress.

United States. United States Army Air Force. *Ultra and the History of the United States Strategic Air Force in Europe vs. the German Air Force.* SRH-13. Neudruck. Frederick, Md.: University Publications of America, 1980.

United States. United States Strategic Bombing Survey. *Adam Opel A.G., Rüsselsheim, Germany.* Washington, D.C.: U.S. Government Printing Office, Januar 1947.

dito. *Aircraft Division Industry Report.* Washington, D.C.: U.S. Government Printing Office, Januar 1947.

dito. *Air Force Rate of Operation.* Washington, D.C.: U.S. Government Printing Office, Januar 1947.

dito. *August Thyssen Hütte A.G.* Washington, D.C.: U.S. Government Printing Office, Januar 1947.

dito. *A brief Study of the Effects of Area Bombing on Berlin, Augsburg, Bochum, Leipzig, Hagen, Dortmund, Oberhausen, Schweinfurt, and Berlin.* Washington, D.C.: U.S. Government Printing Office, Januar 1947.

dito. *A brief Study of the Effects of Area Bombing on Wuppertal.* Washington, D.C.: U.S. Government Printing Office, Januar 1947.

dito. *Brown, Boveri and Cie, Mannheim Käfertal.* Washington, D.C.: U.S. Government Printing Office, Januar 1947.

dito. *Daimler-Benz A.G. (Untertürkheim).* Washington, D.C.: U.S. Government Printing Office, Januar 1947.

dito. *The Defeat of the German Air Force.* Washington, D.C.: U.S. Government Printing Office, Januar 1947.

dito. *Dortmund-Hoerder Hüttenverein AG.* Washington, D.C.: U.S. Government Printing Office, Januar 1947.

dito. *The Effects of Strategic Bombing on German Transportation.* Washington, D.C.: U.S. Government Printing Office, Juni 1947.

dito. *The Effects of Strategic Bombing on the German War Economy.* Washington, D.C.: U.S. Government Printing Office, 31. Oktober 1945.

dito. *Electrical Generating Station, Mannheim, Germany.* Washington, D.C.: U.S. Government Printing Office, April 1947.

dito. *Gebrueder Giulini GmbH, Ludwigshafen.* Washington, D.C.: U.S. Government Printing Office, Oktober 1945.

dito. *The German Anti-Friction Bearings Industry*. Washington, D.C.: U.S. Government Printing Office, Januar 1947.

dito. *German Electric Utilities Industry Report*. Washington, D.C.: U.S. Government Printing Office, Januar 1947.

dito. *Hoesch A.G. Hüttenwerk, Dortmund, Germany*. Washington, D.C.: U.S. Government Printing Office, Januar 1947.

dito. *Kassel Marshalling Yards, Kassel, Germany*. Washington, D.C.: U.S. Government Printing Office, Oktober 1945.

dito. *Ludwigshafen-Oppau Works of I. G. Farbenindustrie, Ludwigshafen*. Washington, D.C.: U.S. Government Printing Office, Januar 1947.

dito. *Maschinenfabrik Augsburg-Nürnberg*. Washington, D.C.: U.S. Government Printing Office, Januar 1947.

dito. *Oil Division Final Report*. Washington, D.C.: U.S. Government Printing Office, Januar 1947.

dito. *Overall Report (European War)*. Washington, D.C.: U.S. Government Printing Office, 30. September 1945.

dito. *Physical Damage Division Report (ETO)*. Washington, D.C.: U.S. Government Printing Office, April 1947.

dito. *Railway Viaduct at Altenbecken, Germany*. Washington, D.C.: U.S. Government Printing Office, 18. Oktober 1945.

dito. *Railway Viaduct at Bielefeld, Germany*. Washington, D.C.: U.S. Government Printing Office, 19. Oktober 1945.

dito. *Summary Report (European War)*. Washington, D.C.: U.S. Government Printing Office, 30. September 1945.

dito. *21 Rheinisch-Westfalische Elektrizitaetswerke AG*. Washington, D.C.: U.S. Government Printing Office, April 1947.

dito. *Heavy Industry Branch. Friedrich-Alfred Huette Rheinhausen, Germany*. Washington, D.C.: U.S. Government Printing Office, Januar 1947.

dito. *Reichswerke Hermann Goering A.G., Salzgitter*. Washington, D.C.: U.S. Government Printing Office, Januar 1947.

dito. *Motor Vehicles and Tanks Branch. Friedrich Krupp Grusonwerke, Magdeburg, Germany*. Washington, D.C.: U.S. Government Printing Office, Januar 1947.

dito. *Friedrich Krupp AG, Borbeck Plant Essen, Germany*. Washington, D.C.: U.S. Government Printing Office, Januar 1947.

dito. *Ordnance Branch. Friedrich Krupp Grusonwerke A.G., Magdeburg, Germany*. Washington, D.C.: U.S. Government Printing Office, Januar 1947.

United States. War Department. Office of Strategic Services. Research and Analysis Branch. *Civil Affairs Guide. Administration of German Railroads*. No. 31-144. Confidential. Washington, D.C.: War Department, 22. Juli 1944. Erhältlich in der Library of Congress.

dito. *Civil Affairs Guide. German Inland Waterways under Military Government*. No. 17060.1. Confidential. Washington, D.C.: War Department, 22. Juli 1944. Erhältlich in National Archives, Record Group 26, und in der Library of Congress.

dito. *Export Surpluses, Import Requirements and Rail and Water Traffic of South Germany*. Washington, D.C.: War Department, 1944. Confidential. Erhältlich in der Library of Congress.

Sekundärliteratur

Andrews, Allan. *The Air Marshals – Arnold, Dowding, Portal, Tedder, Goering – in World War II*. New York: Morrow, 1970.

Arnold, Henry H. *Global Mission*. New York: Harper, 1949.

Babington-Smith, Constance. *Air Spy: The Story of Photo Intelligence in World War II*. New York: Harper, 1957.

Bagel-Bohlan, Anja E. *Hitlers Industrielle Kriegsvorbereitungen 1936-1939*. Koblenz: Wehr & Wissen, 1975.

Barkai, Avraham. „Sozialdarwinismus und Antiliberalismus in Hitlers Wirtschaftskonzept, zu Henry A. Turner Jr. »Hitlers Einstellung zu Wirtschaft und Gesellschaft vor 1933«." *Geschichte und Gesellschaft* 3 (1977), S. 406-417.

ders. *Das Wirtschaftssystem des Nationalsozialismus.* Köln: Verlag Wissenschaft und Politik, 1977.

Baumann, Hans. Hrsg. *Deutsches Verkehrsbuch.* Berlin: Deutsche Verlagsgesellschaft, 1931.

Baumgart, Winfried. „Eisenbahnen und Kriegsführung in der Geschichte." *Technikgeschichte* 38 (1971), S. 191-219.

Becker, Peter W. „The Basis of the German War Economy under Albert Speer, 1942-1944." Ph. D. Dissertation, Stanford University, 1971.

Bell, Ernest L. *An Initial View of Ultra as an American Weapon.* Keene, N.H.: TSU, 1977.

Below, Nicolaus von. *Als Hitlers Adjutant.* Mainz: von Hase & Koehler, 1981.

Bennett, Ralph. *Ultra in the West: The Normandy Campaign 1944-45.* London: Hutchinson, 1979.

Bergander, Götz. *Dresden im Luftkrieg. Vorgeschichte – Zerstörung – Folgen.* Köln: Böhlau, 1977. München: Heyne, 1979.

Bernhardt, Wolfgang. *Die deutsche Aufrüstung 1934-39. Militärische und politische Konzeptionen und ihre Einschätzung durch die Alliierten.* Frankfurt/Main: Bernard & Graefe, 1969.

Birkenfeld, Wolfgang. *Der Synthetische Treibstoff 1933-1945.* Göttingen: Musterschmidt, 1964.

Block, Herbert. *German Transportation Policy during the War.* New York: New School for Social Research, (1944).

Boelcke, Willi A. *Die deutsche Wirtschaft 1930-1945. Interna des Reichswirtschaftsministeriums.* Düsseldorf: Droste, 1983.

ders. *Die Kosten von Hitlers Krieg.* Paderborn: Schöningh, 1985.

ders. „Kriegsfinanzierung im internationalen Vergleich." In *Kriegswirtschaft und Rüstung 1939-1945,* herausgegeben von Friedrich Forstmeier und Hans-Erich Volkmann, S. 14-69. Düsseldorf: Droste, 1977.

Boog, Horst. *Die deutsche Luftwaffenführung 1935-1945. Generalausbildung, Führungsprobleme, Spitzengliederung.* Stuttgart: Deutsche Verlags-Anstalt, 1982.

Borgert, Heinz-Ludger. „Grundzüge der Landkriegführung von Schlieffen bis Guderian." In *Deutsche Militärgeschichte,* herausgegeben vom Militärgeschichtlichen Forschungsamt, 6:427-584. München: Bernard & Graefe, 1983; Herrsching: Pawlak, 1983.

Boyle, Andrew. *Trenchard: Man of Vision.* London: Collins, 1962.

Boyne, Walter J. *Messerschmitt Me-262: Arrow to the Future.* Washington, D.C.: Smithsonian, 1980.

Bracher, Karl-Dietrich. *The German Dictatorship: The Origins, Structure and Effects of National Socialism.* Übersetzt von Jean Steinberg. New York: Praeger, 1970.

Brandt, Karl. „Germany's Vulnerable Spot: Transportation." *Foreign Affairs* 21, No. 2 (Januar 1943), S. 221-238.

Brauer, Karl. „Die deutsche Kohlenwirtschaft im Kriege." *Jahrbücher für Nationalökonomie und Statistik* 153 (1941), S. 81-88, 203-205.

Brehmer, G. „Grundzüge der staatlichen Lenkung der Industrieproduktion in der deutschen Kriegswirtschaft von 1939 bis 1945 (unter besonderer Berücksichtigung der Verhältnisse in der elektronischen Industrie)." Ph. D. Dissertation, Universität Bonn, 1968.

Broszat, Martin. *Der Staat Hitlers.* München: Deutscher Taschenbuch Verlag, 1969.

ders. *The Hitler State.* Übersetzt von John Hiden. London: Longmans, 1983.

Carroll, Berenice. *Design for Total War: Arms and Economics in the Third Reich.* The Hague: Mouton, 1968.

Carter, Ernest F. *Railways in Wartime.* London: F. Muller, 1964.

Clark, J. Maurice, Hrsg. *Readings in the Economics of War.* Chicago: University of Chicago Press, 1918.

Clayton, Aileen. *The Enemy is Listening.* London: Hutchinson, 1980.

Coffey, Thomas M. *Decision over Schweinfurt. The U.S. Eighth Air Force Battle for Daylight Bombing.* New York: David McKay, 1977.

Cooke, Ronald C., und Roy Conyers Nesbit. *Target, Hitler's Oil: Allied Attacks on German Oil Supplies 1939-1945.* London: Kimber, 1985.

Cooper, Matthew. *The German Air Force 1933-1945: An Anatomy of Failure*. London: Jane's, 1981.

ders. *The German Army 1933-1945: Its Political and Military Failure*. New York: Stein and Day, 1978.

Copp, DeWitt S. *A Few Great Captains: The Men and Events that shaped the Development of U.S. Air Power*. Garden City: Doubleday, 1980.

ders. *Forged in Fire: Strategy and Decision in the Airwar over Europe 1940-1945*. New York: Doubleday, 1982.

Craven, Wesley Frank, und James Lea Cate. *The Army Air Forces in World War II*. 7 Bände Chicago: University of Chicago Press, 1947-58.

Creveld, Martin Van. *Fighting Power: German and U.S. Army Performance 1939-1945*. Westport, Conn.: Greenwood Press, 1982.

Dalton, Hugh. *The Fateful Years: Memoirs 1931-1945*. London: Muller, 1957.

Davidson, Eugene. „Albert Speer and the Nazi War Plants." *Modern Age* 4 (1966), S. 383-398.

Davies, W. J. *Continental Railway Handbook: West Germany*. London: Ian Allen, 1971.

Deist, Wilhelm. *The Wehrmacht and German Rearmament*. Toronto: University of Toronto Press, 1981.

dito, Hrsg. *Das Deutsche Reich und der Zweite Weltkrieg*. Bände 1-4. Stuttgart: Deutsche Verlags-Anstalt, 1979-83.

Demps, Laurens. „Zum weiteren Ausbau des staatsmonopolitischen Apparates der faschistischen Kriegswirtschaft in den Jahren 1943 bis 1945 und zur Rolle der SS und der Konzentrationslager im Rahmen der Rüstungsproduktion." Ph. D. Dissertation, Humboldt-Universität zu Berlin, 1970.

Deutsche Kohlenbergbau-Leitung. *Die Kohle in der Elektrizitätswirtschaft*. Essen: Verlag Glückauf, 1952.

Deutsche Reichsbahn Gesellschaft. *Die Deutschen Eisenbahnen in ihrer Entwicklung 1835-1935*. Berlin: E. S. Mittler und Sohn, 1935.

Die deutschen Rheinbrücken. Köln: Stahlbau-Verlag, 1956.

Donat, Gerhard. „Die Leistungen der deutschen Rüstungsindustrie im 2. Weltkrieg". *Wehrwissenschaftliche Rundschau* 17 (1967), S. 329-339.

Dorman, James R., Jr. „Hitler's Economic Mobilization." *Military Review* 28 (November 1953), S. 46-57.

Douhet, Giulio. *The Command of the Air*. Übersetzt von Dino Ferrari. New York: Coward-McCann, 1942. Neudruck. Washington, D.C.: U.S. Government Printing Office, 1984.

Droege, John A. *Freight Terminals and Trains*. New York: McGraw-Hill, 1912.

Dupuy, Trevor N. *Numbers, Predictions and War: Using History to Evaluate Combat Factors and Predict the Outcome of Battles*. Indianapolis: Bobbs-Merrill, 1979.

Eicholz, Dietrich. *Geschichte der deutschen Kriegswirtschaft 1939-1945*. Band 1, *1939-1941*. Berlin (East): Akademie-Verlag, 1969.

ders. „Das Minette-Revier und die deutsche Montanindustrie: Zur Strategie der deutschen Monopole im zweiten Weltkrieg (1941-1942)." *Zeitschrift für Geschichtswissenschaft* 25 (1977), S. 816-838.

Erbé, René. *Die nationalsozialistische Wirtschaftspolitik im Lichte der modernen Theorie*. Zürich: Polygraphischer Verlag, 1958.

Erickson, John. *The Road to Berlin*. Boulder: Westview, 1983.

ders. *The Road to Stalingrad*. London: Weidenfeld and Nicolson, 1975. Neudruck. Boulder: Westview, 1984.

Esenwein-Rothe, Ingeborg. *Die Wirtschaftsverbände von 1933 bis 1945*. Berlin: Duncker & Humblot, 1965.

Eucken, Walter. „On the Theory of the Centrally Administered Economy: An Analysis of the German Experiment." *Economica*, n. s. 15, pt. 1 (Mai 1948), S. 79-100.

Fabyanic, Thomas A. *Strategic Air Attack in the United States Air Force: A Case Study*. Manhattan, Kans.: Military Affairs/Aerospace Historian Publishing, 1976.

Facius, Friedrich. *Wirtschaft und Staat. Die Entwicklung der staatlichen Wirtschaftsverwaltung in Deutschland*. Boppard am Rhein: Boldt, 1959.

Ferrero, Guglielmo. *Peace and War.* Übersetzt von B. Pritchard. New York: Macmillan, 1933.

Feuchter, Georg W. *Geschichte des Luftkrieges: Entwicklung und Zukunft.* Bonn: Athenäum, 1954.

Fischer, Wolfram. *WASAG: Die Geschichte eines Unternehmens 1891-1966.* Berlin: Duncker & Humblot, 1966.

ders. *Die Wirtschaftspolitik des Nationalsozialismus.* Hannover: Niedersächsische Landeszentrale für Politische Bildung, 1961.

Fischer, Irving. *The Making of Index Numbers.* Boston: Houghton, Mifflin, 1922.

Forstmeier, Friedrich, und Hans-Erich Volkmann, Hrsg. *Kriegswirtschaft und Rüstung 1939-1945.* Düsseldorf: Droste, 1976.

Frankland, Noble. *Bomber Offensive: The Devastation of Europe.* New York: Ballantine, 1971.

ders. *The Bombing Offensive against Germany: Outlines and Perspectives.* London: Faber and Faber, 1965.

Freeman, Roger A. *The Mighty Eighth: A History of the U.S. Eighth Army Air Force.* Garden City: Doubleday, 1970.

ders. *Mighty Eighth War Diary.* London: Jane's, 1981.

ders. *Mighty Eighth War Manual.* London: Jane's, 1984.

Fremdling, Rainer. *Eisenbahnen und deutsches Wirtschaftswachstum, 1840-1879: Ein Beitrag zur Entwicklungstheorie und zur Theorie der Infrastruktur.* Dortmund: Gesellschaft für Westfälische Wirschaftsgeschichte, 1975.

Friedensburg, Ferdinand. *Die Bergwirtschaft der Erde: Bodenschätze, Bergbau, Mineralversorgung der einzelnen Länder.* Stuttgart: Ferdinand Enke, 1938.

ders. *Die mineralischen Bodenschätze als weltpolitische und militärische Machtfaktoren.* Stuttgart: Ferdinand Enke, 1936.

Galland, Adolf. *The First and the Last.* Übersetzt von Mervyn Savill. New York: Ballantine, 1968.

Ganzenmüller, Albert. „Eisenbahner und Eisenbahnerinnen!" *Die Reichsbahn,* Jahrgang 1945 (Januar), S. 1, Erhältlich als BA R5 Anh II/45.

Garlinski, Josef. *The Enigma War.* New York: Scribner's, 1980.

Gebhardt, Gerhard. *Ruhrbergbau. Geschichte, Aufbau, und Verflechtung seiner Gesellschaften und Organisationen.* Essen: Verlag Glückauf, 1957.

Geer, Johann S. *Der Markt der geschlossenen Nachfrage: Eine morphologische Studie über die Eisenkontingentierungen in Deutschland 1937-1945.* Berlin: Duncker & Humblot, 1961.

Georg, Enno. *Die wirtschaftlichen Unternehmungen der SS.* Stuttgart: Deutsche Verlags-Anstalt, 1963.

Deutschland. Preußischer Minister der Öffentlichen Arbeiten, Bayerischer Staatsminister für Verkehrsangelegenheiten, und Eisenbahn-Zentralbehörde anderer deutscher Bundesstaaten. *Das deutsche Eisenbahnwesen der Gegenwart.* 2 Bände Berlin: Reimar Hobbing, 1911.

Deutschland. Reichsverkehrsministerium. „Albert Ganzenmüller." *Großdeutscher Verkehr,* Jahrgang 1942, S. 259. Erhältlich in Bundesarchiv R5 Anh I/49.

ders. *Hundert Jahre Deutsche Eisenbahnen.* Leipzig: Verkehrswissenschaftliche Lehrmittelgesellschaft, 1935.

Geyer, Michael. *Aufrüstung oder Sicherheit: Die Reichswehr in der Krise der Machtpolitik 1924-1936.* Wiesbaden: Steiner, 1980.

ders. *Deutsche Rüstungspolitik 1860-1980.* Frankfurt/Main: Suhrkamp, 1984.

Gillingham, John R. *Industry and Politics in the Third Reich: Ruhr Coal, Hitler and Europe.* New York: Columbia University Press, 1985.

Girbig, Werner. *1 000 Tage über Deutschland: Die 8. Amerikanische Luftflotte im 2. Weltkrieg.* München: Lehmans, 1964.

Goldsmith, R. W. „The Power of Victory: Munitions Output in World War II." *Military Affairs* 10 (1946), S. 69-72.

Golücke, Friedhelm. *Schweinfurt und der strategische Luftkrieg 1943.* Paderborn: Schöningh, 1980.

Gordon, David L., und Royden Dangerfield. *The Hidden Weapon: The Story of Economic Warfare.* New York: Harper, 1947.

Gottwald, Alfred B. *Deutsche Eisenbahnen im zweiten Weltkrieg: Rüstung, Krieg und Eisenbahn.* Stuttgart: Franckh, 1983.

ders. *Deutsche Kriegslokomotiven 1939-45: Lokomotiven, Wagen, Panzerzüge und Geschütze.* Stuttgart: Franckh, 1973.

Gräfe, S. „Die Eisenbahn und das Militärwesen". *Eisenbahn-Jahrbuch* 10 (1972), S. 58-65.

Grainger, Leslie, und J. Gibson. *Coal Utilisation: Technology, Economics and Policy.* New York: Halstead, 1981.

Green, William. *Famous Bombers of the Second World War.* Band 1. New York: Doubleday, 1967.

Greenfield, Kent Roberts. *American Strategy in World War II: A Reconsideration.* Baltimore: John Hopkins University Press, 1970.

Gritzbach, Erich. *Hermann Goering: The Man and His Work.* London: Hurst and Blackett, 1939. Neudruck. New York: AMS Press, 1973.

Grunberger, Richard. *The Twelve Year Reich: A Social History of Nazi Germany 1933-1945.* New York: Holt, Rinehart, Winston, 1971.

Gumz, Wilhelm. *Die Kohle. Warenkunde für den Kohlenkaufmann.* Berlin: Verlag Deutsche Kohlenzeitung Wilhelm Ohst, 1943. Erhältlich in Bundesarchiv R 3/1930.

Hamilton, Nigel. *Master of the Battlefield: Monty's War Years 1942-1944.* New York: McGraw-Hill, 1983.

Hampe, Erich. „Luftschutztruppen Einst, Jetzt und in Zukunft." *Wehrwissenschaftliche Rundschau,* Jahrgang 1959, S. 455-465.

ders. „Technische Wehrmachthilfe: Ihre geschichtliche und ihre aktuelle Bedeutung." *Wehrwissenschaftliche Rundschau,* 1963, S. 280-286.

ders. *Der Zivile Luftschutz im zweiten Weltkrieg: Dokumentation und Erfahrungsbericht über Aufbau und Einsatz.* Frankfurt/Main: Bernard & Graefe, 1963.

Hampe, Erich, und Dermot Bradley. *Die Unbekannte Armee: Die Technischen Truppen im zweiten Weltkrieg.* Osnabrück: Biblio, 1979.

Hamsher, William. *Albert Speer: Victim of Nuremberg?* London: Frewin, 1970.

Hansell, Haywood S., Jr., T*he Air Plan That Defeated Hitler.* Atlanta: Higgins-McArthur/Longino and Porter, 1972.

Hansen, Reiner. „Albert Speers Konflikt mit Hitler." *Geschichte in Wissenschaft und Unterricht* 17, Nr. 10 (Oktober 1966), S. 596-621.

ders. „Der Ungeklärte Fall Todt". *Geschichte in Wissenschaft und Unterricht* 181 (1967), S. 604-605.

Hardach, Gerd. *The First World War 1914-1918.* Berkeley: University of California Press, 1977.

Hardach, Karl. *The Political Economy of Germany in the Twentieth Century.* Berkeley: University of California Press, 1980.

Haufe, Helmut. *Die Geographische Struktur des deutschen Eisenbahnverkehrs.* Langensalza: Verlag von Julius Belz, 1931.

Harris, Arthur T. *Bomber Offensive.* London: Collins, 1947.

Hastings, Max. *Bomber Command.* New York: James Wade/Dial Press, 1979.

Heiman, Grover. *Aerial Photography: The Story of Aerial Mapping and Reconnaisance.* New York: Macmillan, 1972.

Heinkel, Ernst. *Stormy Life.* Übersetzt von Jürgen Thorwald. New York: E. P. Dutton, 1956.

Henke, Ernst. *Das RWE nach seinen Geschäftsberichten 1898-1948.* Essen: Girardet, 1948.

Herbst, Ludolf. *Der Totale Krieg und die Ordnung der Wirtschaft: Die Kriegswirtschaft im Spannungsfeld von Politik, Ideologie und Propaganda 1939-1945.* Stuttgart: Deutsche Verlags-Anstalt, 1982.

Herington, John A. *Air Power Over Europe, 1944-1945.* Canberra: Australian War Memorial, 1963.

ders. *The Air War Against Germany and Italy, 1939-1943.* Canberra: Australian War Memorial, 1954.

Heyl, John D. „Hitler's Economic Thought: A Reappraisal." *Central European History* 6, No.1 (März 1973), S. 83-96.

Hilberg, Raul. „German Railroads/Jewish Souls." *Society* 14, No. 1 (Nov.-Dez. 76), S. 60-74.

ders. *Sonderzüge nach Auschwitz.* Mainz: Dumjahn, 1981.

Hinsley, Frances H. *British Intelligence in the Second World War*. 3 Bände London: Her Majesty's Stationary Office, 1979-1988.

Hitler, Adolf. *Illustrierter Beobachter*, Heft 39 (1929), S. 490-492.

ders. *Mein Kampf*. Übersetzt von Ralph Mannheim. Boston: Houghton Mifflin, 1943.

Höhne, Heinz. *The Order of the Death's Head: The Story of Hitler's SS*. Übersetzt von Richard Barry. New York: Ballantine, 1971.

Holley, Irving B., Jr. *Buying Aircraft: Material Procurement für the Army Air Forces*. Washington, D.C.: U.S. Government Printing Office, 1964.

Homze, Edward L. *Arming the Luftwaffe: The Reich Air Ministry and the German Aircraft Industry 1919-1939*. Lincoln, Nebraska: University of Nebraska Press, 1976.

ders. *Foreign Labor in the Nazi Germany*. Princeton: Princeton University Press, 1967.

Huber, Ernst R. *Selbstverwaltung der Wirtschaft*. Stuttgart: W. Kohlhammer, 1958.

Hunke, Heinrich. *Grundzüge der deutschen Volks- und Wehrwirtschaft*. Berlin: Haude und Spener, 1943.

Hüttenberger, Peter. „Nationalsozialistische Polykratie." *Geschichte und Gesellschaft* 2 (1976), S. 417-442.

Hyde, H. Montgomery. *British Air Policy Between the Wars 1918-1939*. London: Heinemann, 1976.

Iklé, Fred Charles. *The Social Impact of Bomb Destruction*. Norman: University of Oklahoma Press, 1958.

Infield, Glen B. *Unarmed and Unafraid*. New York: Macmillan, 1970.

Irving, David. *The Rise and Fall of the Luftwaffe*. Boston: Little Brown, 1973.

Jäckel, Eberhard. *Hitlers Weltanschauung*. Übersetzt von Herbert Arnold. Cambridge: Harvard University Press, 1981.

Jäger, Jörg-Johannes. *Die wirtschaftliche Abhängigkeit des Dritten Reiches vom Ausland dargestellt am Beispiel der Stahlindustrie*. Berlin: Berlin Verlag, 1969.

ders. „Sweden's Iron Ore Exports to Germany, 1933-1944. A Reply to Rolf Karlbom's Article on the Same Subject." *Scandinavian Economic History Review* 15, Nos. 1-2 (1967), S. 139-147.

Janis, Irving L. *Air War and Emotional Stress: Psychological Studies of Bombing and Civilian Defense*. New York: McGraw-Hill, 1957. Erstellt unter der Aufsicht der Rand Corporation.

Janssen, Gregor. *Das Ministerium Speer: Deutschlands Rüstung im Krieg*. Frankfurt/Main: Ullstein, 1968.

Joachimsthaler, Anton. *Die Breitspurbahn Hitlers. Eine Dokumentation über die geplante transkontinentale 3-m-Breitspur-Eisenbahn der Jahre 1942-1945*. Freiburg: Eisenbahn-Kurier, 1981.

Johnson, Brian. *The Secret War*. New York: Methuen, 1978.

Jones, Reginald V. *The Wizard War: British Scientific Intelligence 1939-1945*. New York: Coward, McCann and Geohagen, 1978.

Jung, Hermann. *Die Ardennen-Offensive 1944-1945. Ein Beispiel für die Kriegsführung Hitlers*. Göttingen: Musterschmidt, 1971.

Kaldor, Nicholas. „The German War Economy." *Review of Economic Studies* 13 (1), No. 23 (1945-46), S. 33-52.

Karlbom, Rolf. „Sweden's Iron Ore Exports to Germany, 1933-1944." *Scandinavian Economic History Review* 15, Nos. 1-2 (1967), S. 65-73.

Kehrl, Hans. *Krisenmanager im Dritten Reich: 6 Jahre Frieden – 6 Jahre Krieg*. Düsseldorf: Droste, 1973.

Kindelberger, Charles P. „World War II Strategy." *Encounter* 51, No. 5 (November 1978), S. 39-42.

Kingston-McCloughry, Edgar J. *The Direction of War*. London: Jonathan Cape, 1955.

ders. *War in Three Dimensions*. London: Jonathan Cape, 1949.

Klass, Gerd von. *Albert Vögler*. Tübingen: Rainer Wunderlich Verlag, 1957.

Klee, Wolfgang. *Preußische Eisenbahngeschichte*. Stuttgart: Kohlhammer, 1982.

Kleinmann, Wilhelm. „Dr.-Ing. Julius Dorpmüller." *Die Reichsbahn* 29-30 (19.-26. Juli 1939), S. 721-723.

Knorr, Klaus. *The War Potential of Nations*. Princeton: Princeton University Press, 1956.

Koch, Horst-Adalbert. *Flak. Die Geschichte der deutschen Flakartillerie und der Einsatz der Luftwaffenhelfer.* Bad Nauheim: Podzun, 1965.

Krauskopf, Robert W. „The Army and the Strategic Bomber." *Military Affairs* 22, No. 2 (Summer 1958), S. 85-94.

Kreidler, Eugen. *Die Eisenbahnen im Machtbereich der Achsenmächte während des zweiten Weltkrieges.* Göttingen: Musterschmidt, 1975.

Krüger, Peter. „Zu Hitlers Nationalsozialistischen Wirtschaftskenntnissen." *Geschichte und Gesellschaft* 6 (1980), S. 263-283.

Kube, Alfred. *Pour le Mérite und Hakenkreuz: Hermann Göring im Dritten Reich.* München: Oldenbourg, 1986.

Kurowski, Franz. *Der Luftkrieg über Deutschland.* Düsseldorf: Econ, 1977.

Lee, Asher. *Goering: Air Leader.* London: Duckworth, 1972.

Lewin, Ronald. *Ultra Goes to War.* New York: Pocket Books, 1980.

Lichtenstein, Heiner. *Mit der Reichsbahn in den Tod: Massentransporte in den Holocaust.* Köln: Bund-Verlag, 1985.

ders. „Räder rollen für den Mord: Die Deutsche Reichsbahn und der Holocaust." *Tribune* 21, No. 82 (1982), S. 82-99.

Liebl, Toni, u.a. *Offizieller Jubiläumsband der Deutschen Bundesbahn: 150 Jahre deutsche Eisenbahnen.* München: Eisenbahn-Lehrbuch Verlagsgesellschaft, 1985.

Lochner, Louis P., Hrsg. and trans. *The Goebbels Diaries 1942-1943.* New York: Doubleday, 1948.

Longmate, Norman. *The Bombers: The RAF Offensive Against Germany 1939-1945.* London: Hutchinson, 1983.

Ludwig, Karl-Heinz. „Die deutsche Kriegs- und Rüstungswirtschaft 1939-1945: Ein Bericht über den Forschungsstand." *Militärgeschichtliche Mitteilungen* 2 (1968), S. 135-155.

ders. *Technik und Ingenieure im Dritten Reich.* Düsseldorf: Athenäum-Droste, 1979.

Lumer, Hyman. *War, Economy and Crises.* New York: International, 1954.

Lüthgen, Helmut. *Das Rheinisch-Westfälische Kohlensyndikat in der Vorkriegs-, Kriegs- und Nachkriegszeit und seine Hauptprobleme.* Leipzig: A. Deichert, 1926.

Lutz, Walter. *Verkehrs-Entwicklung in Deutschland.* Leipzig: A. G. Teubner, 1910.

Lytton, Henry D. „Bombing Policy in the Rome and Pre-Normandy Invasion Aerial Campaigns of World War II: Bridge-Bombing Strategy Vindicated and Railyard Bombing Strategy Invalidated." *Military Affairs* 47 (April 1983), S. 53-58.

MacDonald, Charles. *A Time for Trumpets.* New York: Morrow, 1984.

MacIsaac, David. „Reflections on Air Power in World War II." *Air Force* 13, No. 9 (September 1980), S. 128-139.

ders. *Strategic Bombing in World War II: The Story of the Strategic Bombing Survey.* New York: Garland, 1976.

ders. „Voices from the Central Blue." In *Makers of Modern Strategy from Machiavelli to the Nuclear Age,* herausgegeben von Peter Paret, S. 624-647. Princeton: Princeton University Press, 1986.

Manvell, Roger, und Heinrich Fraenkel. *Goering.* New York: Simon and Schuster, 1962.

Markmann, Fritz, Hrsg. *Die deutschen Wasserstraßen.* Heidelberg: Vowinckel, 1938.

Medlicott, William N. *The Economic Blockade.* 2 Bände London: Her Majesty's Stationary Office, 1952, 1959. Neudruck. Nendeln, Liechtenstein: Kraus, 1978.

Meinck, Gerhard. *Hitler und die deutsche Aufrüstung 1933-1937.* Wiesbaden: F. Steiner, 1959.

Mellenthin, Friedrich W. von. *Panzer Battles.* Übersetzt von H. Betzler. Norman: University of Oklahoma Press, 1956.

Mellor, Roy E. H. *German Railways: A Study in Historical Geography of Transport.* Aberdeen: Department of Geography, University of Aberdeen, 1979.

Mendershausen, Horst. *The Economics of War.* New York: Prentice-Hall, 1941.

Messenger, Charles. *Bomber Harris and the Strategic Bombing Offensive, 1939-1945.* London: Arms and Armour Press, 1984.

Messerschmidt, Wolfgang. *Taschenbuch Deutsche Lokomotivfabriken.* Stuttgart: Franckh, 1977.

Middlebrook, Martin. *The Nuremberg Raid: The Worst Night of the War, 31 March 1944.* New York: Morrow, 1974.

Militärgeschichtliches Forschungsamt. *Deutsche Militärgeschichte.* 6 Bände München: Bernard & Graefe, 1983; Herrsching: Pawlak, 1983.

Milward, Alan S. „Could Sweden have stopped the Second World War?" *Scandinavian Economic History Review* 15, No. 15 (1967), S. 127-138.

ders. *The German Economy at War.* London: Athlone Press, 1965.

ders. *The New Order and the French Economy.* London: Oxford University Press, 1970.

ders. *War, Economy and Society 1939-1945.* Berkeley: University of California Press, 1979.

Mitchell, Brian R. *European Historical Statistics 1750-1970.* New York: Columbia University Press, 1975.

Moscow Institut Marksizma-Leninizma. *Geschichte des Großen Vaterländischen Krieges der Sovjetunion.* 6 Bände Berlin: Deutscher Militärverlag, 1968.

Mosley, Leonard. *The Reich Marshal: A Biography of Hermann Goering.* Garden City: Doubleday, 1974.

Müller, Max. „Der plötzliche und mysteriöse Tod Dr. Fritz Todt." *Geschichte in Wissenschaft und Unterricht* 18 (1967), S. 602-604.

Murray, Williamson. *Strategy for Defeat: The Luftwaffe 1933-1945.* Maxwell Air Force Base, Ala.: Air University Press, 1983.

Musgrove, Gordon. *Pathfinder Force: A History of 8 Groups.* London: MacDonald and Jane's, 1976.

Nathan, Otto. *The Nazi Economic System: Germany's Mobilization for War.* Durham, N.C.: Duke University Press, 1944.

Neal, Alfred C. Hrsg. *Introduction to War Economics.* Chicago: Irwin, 1942.

Neumann, Franz. Behemoth: *The Structure and Practice of National Socialism 1933-1944.* Rev. Hrsg. New York: Oxford University Press, 1944.

Obermayer, Horst J. *Taschenbuch der Eisenbahn. Band 1, Fahrzeuge und Bahntechnik. Band 2, Bahnanlagen und Fahrdienst.* Stuttgart: Francklı, 1975, 1977.

O'Brien, Patrick K. *The New Economic History of Railways.* New York: St. Martin's, 1977.

ders. *Railways in the Economic Development of Western Europe 1830-1914.* New York: St. Martin's, 1983.

Orlow, Dietrich. *History of the Nazi Party.* 2 Bände Pittsburgh: University of Pittsburgh Press, 1969.

Ostendorf, Rolf. *Eisenbahn-Knotenpunkt Ruhrgebiet.* Stuttgart: Motorbuch, 1979.

Ottmann, Karl, und Hans Joachim Ritzau. *Deutsche Eisenbahn-Geschichte.* Landsberg: Pürgen, 1975.

Overy, Richard James. *The Air War, 1939-1945.* London: Europa, 1980.

ders. *Goering: The „Iron Man".* London: Routledge and Kegan Paul, 1984.

ders. „Heavy Industry and the State in Nazi Germany: The Reichswerke Crisis." *European History Quarterly* 15 (1985), S. 313-340.

ders. „Hitler's War and the German Economy: A Reinterpretation." *Economic History Review* 35 (1982), S. 272-291.

ders. *The Nazi Economic Recovery 1932-1938.* London: The Macmillan Press, 1982.

Pahl, Walther. *Weltkampf um Rohstoffe.* Leipzig: Wilhelm Goldmann, 1939.

Perera, Guido R. *Leaves from My Book of Life. Band 2, The Washington and War Years.* Boston: Stinehour Press, 1975.

Persico, Joseph E. *Piercing the Reich. The Penetration of Nazi Germany by American Secret Agents during World War II.* New York: Viking, 1979.

Petzina, Dietmar. *Autarkiepolitik im Dritten Reich. Der Nationalsozialistische Vierjahresplan.* Stuttgart: Deutsche Verlags-Anstalt, 1968.

ders. „Hauptprobleme der deutschen Wirtschaftspolitik 1932-1933." *Vierteljahreshefte für Zeitgeschichte* 15, Nr. 1 (Januar 1967), S. 18-55.

ders. „Hitler und die deutsche Industrie. Ein kommentierter Literatur- und Forschungsbericht." *Geschichte in Wissenschaft und Unterricht* 17 (1966), S. 482-491.

ders. „Die Mobilisierung deutscher Arbeitskräfte vor und während des zweiten Weltkrieges." *Vierteljahreshefte für Zeitgeschichte* 18, Nr. 4 (Oktober 1970), S. 443-455.

Piekalkiewicz, Janusz. *Die Deutsche Reichsbahn im Zweiten Weltkrieg.* Stuttgart: Motorbuch, 1979.

Pigou, Arthur C. *The Political Economy of War.* London: Macmillan, 1921, 1940.

Pogue, Forest C. *The Supreme Command.* Washington, D.C.: U.S. Government Printing Office, 1954.

Postan, Michael M. *British War Production.* London: Her Majesty's Stationary Office, 1953. Neudruck. Liechtenstein: Kraus, 1975.

Pounds, Norman J. G. *The Ruhr: A Study in Historical and Economic Geography.* Bloomington: Indiana University Press, 1952. Neudruck. Westport, Conn.: Greenwood Press, 1968.

Pounds, Norman J. G., und William N. Parker. *Coal and Steel in Western Europe: The Influence of Resources and Techniques on Production.* Bloomington: Indiana University Press, 1957.

Powys-Lybbe, Ursula. *The Eye of Intelligence.* London: Kimber, 1983.

Prest, Alan R. *War Economics of Primary Producing Countries.* Cambridge: Cambridge University Press, 1948.

Price, Alfred. *Instruments of Darkness: The History of Electronic Warfare.* London: MacDonald and Jane's, 1978.

Rauschning, Hermann. *Gespräche mit Hitler.* New York: Europa, 1940.

Regul, Rudolf. *Der Kohlenbergbau des vereinigten Wirtschaftsgebietes.* Essen: Verlag Glückauf, 1949.

Rehbein, Elfried, u.a. *Deutsche Eisenbahnen 1835-1985.* Berlin: Transpress, 1985.

Das Reich. Nr. 44, 31. Oktober 1942, S. 1; Nr. 47, 22. November 1942, S. 10.

Richards, Denis. *Portal of Hungerford.* London: Heinemann, 1977.

Richardson, Helen R. *Railroads in Defense and War.* Washington, D.C.: Association of American Railroads, 1953.

Riedel, Matthias. *Eisen und Kohle für das Dritte Reich: Paul Pleigers Stellung in der NS-Wirtschaft.* Göttingen: Musterschmidt, 1973.

ders. „Die Eisenerzversorgung der deutschen Hüttenindustrie zu Beginn des Zweiten Weltkrieges." *Vierteljahresschrift für Sozial- und Wirtschaftsgeschichte* 58, Nr. 4 (Viertes Quartal 1971), S. 482-496.

Ritzau, Hans J., und Werner Mertl. *Das Kursbuch- und Fahrplanwesen der deutschen Eisenbahnen.* Landsberg/Lech: Ritzau KG Verlag für Eisenbahngeschichte, 1978.

Robbins, Michael. „The Third Reich and Its Railways." *Journal of Transport History* 2, No. 2 (1979), S. 83-90.

Robertson, Bruce. *Lancaster – The Story of a Famous Bomber.* Hertfordshire: Harleyford, 1964.

Robertson, Esmond M. *Hitler's Pre-War Policy and Military Plans 1933-1939.* New York: Citadel Press, 1967.

Rohland, Walter. *Bewegte Zeiten: Erinnerungen eines Eisenhüttenmannes.* Stuttgart: Seewald, 1978.

Roosevelt, Kermit. *War Report of the OSS (Office of Strategic Services).* Band 1. New York: Walker, 1976.

ders. *The Overseas Targets: War Report of the OSS.* Band 2. New York: Walker, 1976.

Rostow, Walt W. *Pre-Invasion Bombing Strategy: General Eisenhower's Decision of March 25, 1944.* Austin: University of Texas Press, 1981.

Rumpf, Hans. *The Bombing of Germany.* Übersetzt von Edward Fitzgerald. New York: Holt, Rinehart and Winston, 1963.

Rust, Kenn C. *Eighth Air Force Story.* Temple City, Calif.: Historical Aviation Album, 1978.

ders. *Fifteenth Air Force Story.* Temple City, Calif.: Historical Aviation Album, 1976.

Salweski, Michael. „Die bewaffnete Macht im Dritten Reich 1933-1939." In *Deutsche Militärgeschichte,* herausgegeben vom Militärgeschichtlichen Forschungsamt, 4, S. 13-286. München: Bernard & Graefe, 1983; Herrsching: Pawlak, 1983.

ders. *Die Deutsche Seekriegsleitung, 1933-1945.* Band 2, 1942-1945. München: Bernard & Graefe, 1975.

Sarter, Adolf. *Die Deutschen Eisenbahnen im Kriege*. Stuttgart: Deutsche Verlags-Anstalt, 1930.

ders. *Landesverteidigung und Eisenbahn*. Bad Hersfeld: Gerstenberg, 1955.

Saward, Dudley. *„Bomber" Harris: The Authorised Biography*. London: Cassell, 1984.

Schaffer, Ronald. *Wings of Judgment: American Bombing in World War II*. New York: Oxford, 1985.

Schausberger, Norbert. *Rüstung in Österreich 1938-1945*. Wien: Hollinek, 1970.

Schmidt, Mathias. *Albert Speer: Das Ende eines Mythos*. München: Goldmann, 1983.

ders. *Albert Speer: The End of a Myth*. Übersetzt von Joachim Neugroschel. New York: St. Martin's, 1984.

Schnatz, Helmut. *Der Luftkrieg im Raum Koblenz 1944-1945: Eine Darstellung seines Verlaufs, seiner Auswirkungen und Hintergründe*. Boppard: Harald Boldt, 1981.

Schoenbaum, David. *Hitler's Social Revolution*. New York: Norton, 1980.

Schultze-Rhonhof, Friedrich C. *Die Verkehrsströme der Kohle im Raum der Bundesrepublik Deutschland 1913-1957*. Bad Godesberg: Bundesanstalt für Landeskunde und Raumforschung, 1964.

Schweitzer, Arthur. *Big Business in The Third Reich*. Bloomington: Indiana University Press, 1964.

Schymanietz, Peter A. *Die Organisation der deutschen Eisenbahnen 1835-1975*. Freiburg: Eisenbahn-Kurier, 1977.

Scotland, R. „Rückwirkungen der Kriegszerstörungen und Betriebseinschränkungen auf den Verkehr der Deutschen Reichsbahn in den Jahren 1945-1946." Ph. D. Dissertation, Technische Hochschule Hannover, 1949.

Seebold, Gustav-Hermann. *Ein Stahlkonzern im Dritten Reich: Der Bochumer Verein 1927-1945*. Wuppertal: Hammer, 1981.

Seidler, Franz W. *Fritz Todt: Baumeister des Dritten Reiches*. München: Herbig, 1986.

Sherry, Michael S. *The Rise of American Air Power: The Creation of Armageddon*. New Haven: Yale University Press, 1987.

75 Jahre Dortmunder Hafen 1899-1974. Dortmund: Dortmunder Hafen und Eisenbahn AG, 1974.

Simon, Gerhard. „Verkehrsausweitung, Verkehrslenkung und Transportentflechtung in der deutschen Kriegswirtschaft des zweiten Weltkriegs." *Jahrbuch für Sozialwissenschaft* 20 (1969), S. 419-441.

Slessor, Sir John. *The Central Blue*. New York: Praeger, 1957.

Smith, Malcolm. *British Air Strategy Between the Wars*. London: Oxford University Press, 1984.

Smith, Richard H. *OSS: The Secret History of America's First Central Intelligence Agency*. Berkeley: University of California Press, 1972.

Speer, Albert. *Inside the Third Reich*. Übersetzt von Richard und Clara Winston. New York: Macmillan, 1970.

ders. *The Slave State: Heinrich Himmler's Masterplan for SS Supremacy*. Übersetzt von Joachim Neugroschel. London: Weidenfeld and Nicolson, 1981.

ders. *Spandau: The Secret Diaries*. Übersetzt von Richard und Clara Winston. New York: Macmillan, 1976.

ders. *Technik und Macht*. Herausgegeben von Adelbert Reif. Esslingen: Bechtle, 1979.

Spiegel, Henry William. *The Economics of Total War*. New York: Appleton-Century, 1942.

Stanley, Roy M. *World War II Photo Intelligence*. New York: Scribner's, 1981.

Steller, Paul. *Führende Männer des Rheinisch-Westfälischen Wirtschaftslebens*. Berlin: R. Hobbing, 1930.

Stieler, Karl. *Aus meinem Leben: Ein Stück deutscher Eisenbahngeschichte*. Köln: Röhrig-Verlag, 1950.

Stolper, Gustav, Karl Hauser, und Knut Borchart. The German Economy: 1870 to the *Present*. Übersetzt von Toni Stolper. New York: Harcourt, Brace and World, 1967.

Streetly, Martin. *Confound and Destroy: 100 Group and the Bomber Support Campaign*. London: Macdonald and Jane's, 1978.

Strössenreuther, Hugo, Hrsg. *Eisenbahnen und Eisenbahner zwischen 1941 und 1945*. Bände 3, 4, 5. Frankfurt/Main: Redactor, 1973.

Stumpf, Berthold. *Geschichte der deutschen Eisenbahnen.* Mainz: Verlagsanstalt Huhig und Dreyer, 1960.

Sweetman, John. *The Dams Raid: Epic or Myth. Operation Chastise.* London: Jane's, 1982.

ders. *Schweinfurt: Disaster in the Skies.* New York: Ballantine, 1971.

Syrett, David. „The Secret War and the Historians." *Armed Forces and Society* 9, No. 2 (Winter 1983), S. 293-328.

Sywotek, Jutta. *Mobilmachung für den Totalen Krieg.* Opladen: Westdeutscher Verlag, 1976.

Tedder, Lord. *With Prejudice.* London: Cassell, 1966.

Terraine, John. *A Time for Courage: The Royal Air Force in the European War, 1939-1945.* New York: Macmillan, 1985.

Thomas, George. *Geschichte der deutschen Wehr- und Rüstungswirtschaft (1919-1944/45).* Herausgegeben von Wolfgang Birkenfeld. Boppard: Boldt, 1966.

Thompson, Harry C., und Lida Mayo. *The Ordnance Department: Procurement and Supply.* Washington, D.C.: U.S. Government Printing Office, 1960.

Tipton, Frank B., Jr. *Regional Variations in the Economic Development of Germany During the Nineteenth Century.* Middletown, Conn.: Wesleyan University Press, 1976.

Treue, Wilhelm. *Die Feuer verlöschen nie: August Thyssen Hütte 1926-1966.* Düsseldorf: Econ, 1969.

ders. *Die Geschichte der Ilseder Hütte.* München: Bruchmann, 1961.

ders. „Hitlers Denkschrift zum Vierjahresplan 1936." *Vierteljahresheft für Zeitgeschichte* 3 (1955), S. 184-210.

ders. „Politische Kohle im ersten und zweiten Weltkrieg." *Welt als Geschichte* 11 (1951): Heft 4, S. 185-202.

ders. Gunther Frede. *Wirtschaft und Politik 1933-1945.* Braunschweig: 1953.

Turner, Henry Ashby, Jr. „Fascism and Modernization." *World Politics* 24, No. 4 (Juli 1972), S. 547-564.

ders. *German Big Business and the Rise of Hitler.* New York: Oxford University Press, 1985.

ders., Hrsg. *Hitler: Memoires of a Confidant.* Übersetzt von Ruth Hein. New Haven: Yale University Press, 1985.

ders. „Hitler's Secret Pamphlet for Industrialists." *Journal of Modern History* 40, No. 3 (September 1968), S. 348-374.

Ulrich, Johann. *Der Luftkrieg über Österreich 1939-1945.* Wien: Österreichischer Bundesverlag, 1967.

Verein Deutscher Eisenhüttenleute. *100 Jahre VDE, 1860-1960.* Düsseldorf, Stahleisen, 1960.

Verrier, Anthony. *The Bomber Offensive.* New York: Macmillan, 1969.

Volkmann, Hans-Erich. „L'importance économique de la Lorraine pour le IIIe Reich." *Revue d'histoire de la Deuxiéme Guerre Mondiale* 120, No. 198 (1980), S. 69-93.

ders. „Die NS-Wirtschaft in Vorbereitung des Krieges." In *Das Deutsche Reich und der Zweite Weltkrieg,* herausgegeben von Wilhelm Deist, 1, S. 177-368. Stuttgart: Deutsche Verlags-Anstalt, 1979.

ders. „Zur Interdependenz von Politik, Wirtschaft und Rüstung im NS-Staat." *Militärgeschichtliche Mitteilungen* 1 (1974), S. 161-172.

VRB, Information. „Gustav Dilli." *Die Bundesbahn,* Nr. 14 (Dezember 1971), S. 5.

Wagenführ, Rolf. *Die Deutsche Industrie im Kriege 1939-45.* Berlin: Duncker & Humblot, 1954.

Wagner, Alfred. „Die Rüstung im »Dritten Reich« unter Albert Speer." *Technikgeschichte* 33 (1966), S. 205-227.

Walz, Werner. *Deutschlands Eisenbahnen 1835-1985.* Stuttgart: Motorbuch, 1985.

Weber, Hans-Adolf. *Betriebsdienst der Deutschen Reichsbahn.* Berlin: Verlag Beamtenpresse, 1944.

Webster, Sir Charles, und Noble Frankland. *The Strategic Air Offensive Against Germany 1939-1945.* 4 Bände London: Her Majesty's Stationary Office, 1961.

Wehde-Textor, Otto. „Die Leistungen der Deutschen Reichsbahn im zweiten Weltkrieg."

Archiv für Eisenbahnwesen, Nr. 71 (1961), S. 1-47.

Wehner, Heinz. „Der Einsatz der Eisenbahnen für die verbrecherischen Ziele des faschistischen deutschen Imperialismus im 2. Weltkrieg." Ph. D. Dissertation, Hochschule für Verkehrswesen, Dresden, 1961.

Weigley, Russell F. *Eisenhower's Lieutenants: The Campaigns of France and Germany, 1944-1945.* Bloomington: Indiana University Press, 1981.

Weir, Gary E. „The Imperial Naval Office and the Problem of Armor Prices in Germany, 1897-1914." *Military Affairs* 48, No. 2 (April 1984), S. 62-65.

Welter, Erich. *Falsch und richtig Planen: Eine kritische Studie über die deutsche Wirtschaftslenkung im zweiten Weltkrieg.* Heidelberg: Quelle und Mezer, 1954.

Westwood, John N. *Railways at War.* San Diego: Howell-North, 1981.

Weyres von Levetzow, Hans-Joachim. „Die deutsche Rüstungswirtschaft von 1942 bis zum Ende des Krieges." Ph. D. Dissertation, Universität zu München, 1975.

Wiedenfeld, Kurt. *Die Eisenbahn im Wirtschaftsleben.* Berlin: Springer, 1938.

Winterbotham, Frederick W. *The Ultra Secret.* New York: Dell, 1975.

Wisotzky, Klaus. *Der Ruhrbergbau im Dritten Reich: Studien zur Sozialpolitik im Ruhrbergbau und zum sozialen Verhalten der Bergleute in den Jahren 1933-1939.* Düsseldorf: Schwann, 1983.

Wittekind, Kurt. „Aus 20 Jahren deutscher Wehrwirtschaft 1925-1945." *Wehrkunde* 6 (1957), S. 495-504.

Wolf, Werner. *Luftangriffe auf die deutsche Industrie 1942-1945.* München: Universitas, 1985.

Woolf, Stuart J. *The Nature of Fascism.* London: 1968.

Woolston, Maxine B. (Sweezy). *The Structure of the Nazi Economy.* New York: Russell and Russell, 1968.

Zilbert, Edward R. *Albert Speer and the Nazi Ministry of Arms: Economic Institutions and Industrial Production in the German War Economy.* Rutherford, N.J.: Fairleigh Dickinson University Press, 1981.

Zuckerman, Solly. *From Apes to Warlords.* New York: Harper and Row, 1978.

Zumpe, Lotte, und Helga Nussbaum, eds. *Wirtschaft und Staat in Deutschland 1933 bis 1945.* Berlin: Akademie-Verlag, 1979.

EK-Bibliothek
Eisenbahn-Geschichte

Grenze über deutschen Schienen
1945 – 1990

Mit der Maueröffnung im November 1989 änderte sich schlagartig auch das Eisenbahnwesen in Deutschland. Der Eisenbahnjournalist Ralf Roman Rossberg beschreibt das Geschehen zwischen der Deutschen Bundesbahn und der Deutschen Reichsbahn von der Teilung Deutschlands 1945 bis zur Wiedervereinigung am 3. Oktober 1990. Jede durch die Folgen des Zweiten Weltkriegs getrennte Bahnstrecke (von Nord- bis Süddeutschland) wird vorgestellt. R. R. Rossberg geht darüber hinaus auch auf das Berliner Eisenbahngeschehen (einschl. der S-Bahn) ein. Eine Zeittafel gibt Aufschluß über das Geschehen von 1945 bis 1990. Im Anhang werden die die DB und DR betreffenden Verträge (z.B. das Transitabkommen von 1971 und die Eisenbahnbetriebsvereinbarung von 1990) im Faksimile wiedergegeben. **Großformat DIN A 4, 288 Seiten, ca. 160 s/w-Abbildungen, DM 68,00**

75 Jahre Mitropa
1916 – 1991

Anläßlich des 75. Geburtstags der Mitropa am 24. November 1991 erschien dieses Standardwerk zur Geschichte der Speisewagendienste in Deutschland. In dem ausführlichen und repräsentativen Werk, für das Dr. Albert Mühl als Herausgeber verantwortlich zeichnet, ist die wechselhafte Geschichte der Mitropa von den Anfängen im Ersten Weltkrieg über den für die Mitropa verlustreichen Zweiten Weltkrieg bis zum heutigen Tag detailliert und fundiert aufgezeichnet. Das Buch enthält einen umfangreichen Anhang, u.a. werden Fahrzeugverzeichnisse und der Verbleib des großen Wagenparks nach Ende des Zweiten Weltkriegs abgedruckt. Schwerpunkte bilden die Schlaf- und Speisewagendienste, ebenso die Beschreibung der Wagen vom Holzspeisewagen bis zum modernen Schlafwagen. **288 Seiten, über 250 s/w-Abbildungen, DM 78,00**

Auszug aus unserem umfangreichen Buchprogramm:

H.-W. Scharf/B. Wollny
Die Gäubahn
476 Seiten mit ca. 420 S/W- und 16 Farbaufnahmen,
Großformat DIN A4
DM 78,00

Steffen Lüdecke
Die „Schiefe Ebene"
352 Seiten mit ca. 510 S/W- und 28 Farbabbildungen,
Großformat DIN A 4
DM 78,00

Albert Mühl
Internationale Luxuszüge
240 Seiten mit ca. 120 S/W- und 16 Farbabbildungen,
Großformat DIN A 4,
DM 68,00

Bestellen per Postkarte, Telefax oder Telefon beim:
EK-Verlag • Postfach 5560 • W-7800 Freiburg
Fax 0761/70 310-50 • Tel. 0761/70 310-0

EK-Bibliothek
Lokomotiv-Geschichte

Die sächsische IV K
Die Reichsbahn-Baureihe 99.51-60

Gerhard Moll
Reiner Scheffler

Bei Eisenbahnfreunden gehört sie zu den beliebtesten Dampflok-Bauarten der DR: die sächs. IV K. Die Autoren Gerhard Moll und Reiner Scheffler setzen mit diesem Buch den „Meyer-Loks" ein bleibendes Denkmal. Ausführlich beschreiben sie die Entwicklung und den Bau der als sächsische IV K in Dienst gestellten Dampfloks. Eigene Kapitel zeigen die Loks während einer Hauptuntersuchung und bei der Rekonstruktion. Alle, auch die außerhalb Sachsens gelegenen Strecken, auf denen die 99.51-60 zum Einsatz kamen und auch heute noch kommen, werden mit interessantem Bildmaterial vorgestellt. Ein weiteres Kapitel beschreibt die als Denkmalloks erhaltenen und als betriebsfähige Traditionsloks eingesetzten Schmalspurmaschinen. Ebenso enthält das Buch eine Aufstellung aller gebauten IV K und deren Verbleib. **336 S., ca. 500 S/W- und 29 Farbabb., Format DIN A 4, DM 78,00**

Preußische Normal-Güterzugloks G 3 und G 4
Reichsbahn-Baureihe 53

Dieses EK-Baureihenbuch behandelt eine preußische Lokgattung, die schon zur Reichsbahnzeit keine Bedeutung mehr hatte: Die dreifach gekuppelten Güterzugloks der Gattungen G3 und G4, deren wenige noch vorhandenen Exemplare bei der DRG zur Baureihe 53 zusammengefaßt wurden. Basierend auf den Untersuchungen zur Geschichte der Museumslok „Saarbrücken 3143" hat Autor Horst Troche in den letzten Jahren zahlreiche Dokumente untersucht, um den Werdegang dieser Baureihe soweit wie möglich zu erforschen. Obwohl der Baubeginn mehr als einhundert Jahre zurückliegt, konnten die intensiven Nachforschungen noch erstaunlich viele Informationen zum Vorschein bringen. So gelingt es dem Autor, diese Lokomotiven wieder lebendig werden zu lassen. **370 Seiten mit circa 150 S/W-Abb., DM 78,00**

Auszug aus unserem umfangreichen Buchprogramm:

Steffen Lüdecke
Die Baureihe 96
380 Seiten mit 320 z.T. seltenen Aufnahmen, Großformat DIN A 4,
DM 78,00

Heinz R. Kurz
Die Triebwagen der Reichsbahnbauarten
448 Seiten, ca. 400 S/W-Abbildungen, Großformat
DM 78,00

Aus Carl Bellingrodts Schatzkammer
DB-Dampflokomotiven
180 Seiten mit 250 S/W-Aufnahmen,
DM 48,00

Bestellen per Postkarte, Telefax oder Telefon beim:
EK-Verlag • Postfach 5560 • W-7800 Freiburg
Fax 0761/70 310-50 • Tel. 0761/70 310-0